교실에서 바로 쓰는
**학교자율시간
실전 가이드**

교실에서 바로 쓰는
학교자율시간 실전 가이드

초판 1쇄 2025년 8월 25일

지은이 송해남, 전혜린, 임지은, 박기림, 김태령
발행인 최홍석

발행처 (주)프리렉
출판신고 2000년 3월 7일 제 13-634호
주소 경기도 부천시 길주로 77번길 19 세진프라자 201호
전화 032-326-7282(代) **팩스** 032-326-5866
URL www.freelec.co.kr

편 집 박영주
디자인 황인옥

ISBN 978-89-6540-418-7

이 책은 저작권법에 따라 보호받는 저작물이므로 무단 전재와 무단 복제를
금지하며, 이 책 내용의 전부 또는 일부를 이용하려면 반드시 저작권자와
㈜프리렉의 서면 동의를 받아야 합니다.

책값은 표지 뒷면에 있습니다.

잘못된 책은 구입하신 곳에서 바꾸어 드립니다.

이 책에 대한 의견이나 오탈자, 잘못된 내용의 수정 정보 등은 프리렉 홈페이지(freelec.co.kr)
또는 이메일(help@freelec.co.kr)로 연락 바랍니다.

교실에서 바로 쓰는

학교자율시간 실전 가이드

범교과학습 10주제로 꾸리는 308차시! 교육과정 편성, 설계, 운영, 노하우 올인원 지침서

송해남·전혜린·임지은·박기림·김태령 지음

진로교육
인성교육
안전·건강교육
환경·지속가능발전교육
민주시민교육

프리렉

•• 차례

들어가며 | 학교자율시간으로 배움의 틀을 넓혀요!

01 학교자율시간의 개념 및 배경 · 14
- 1.1 2022 개정 교육과정 핵심 짚어보기 · 14
- 1.2 학교자율시간이란? · 18

02 학교자율시간 편성 및 운영 · 19
- 2.1 학교자율시간의 편성 · 20
- 2.2 학교자율시간 운영의 유의점 · 23

03 학교자율시간 설계 · 26
- 3.1 핵심 아이디어와 내용 요소 · 26
- 3.2 성취기준 · 27

04 범교과학습과 학교자율시간 · 29
- 4.1 범교과학습의 정의와 필요성 · 29
- 4.2 범교과학습 실천 방법으로서의 학교자율시간 · 30

PART I | 초3 안전·건강교육 안전 지킴이, 건강 히어로 되기!

01 수업 준비 · 34
- 1.1 활동 필요성 및 목표 · 34
- 1.2 내용 체계 및 성취기준 · 35
- 1.3 교수학습 단계·평가·교육과정 편제 · 36

02 수업 운영 · 38
- 2.1 건강: 튼튼한 습관, 바른 생활 시작하기 1~13차시 · 38
  - ① 운동과 건강: 나만의 운동 습관 1~4차시 · 38
  - ② 건강한 생활 실천 5~8차시 · 42

	③ 질병과 감염병 이해 9~11차시		47
	④ 건강한 생활을 위한 다짐 12~13차시		51
2.2	안전: 재난 상황과 일상 속 위험에 대처하기 14~29차시		53
	① 안전 규칙과 생존수영 준비 14~15차시		53
	② 교통 안전 16~17차시		58
	③ 친구 사이 갈등 해결 18~19차시		62
	④ 스마트폰 중독 예방 20차시		65
	⑤ 화재 대피 훈련 21~23차시		68
	⑥ 지진 안전교육 24~26차시		72
	⑦ 응급처치 27~29차시		76

PART II | 초3 환경·지속가능발전교육 내일을 바꾸는 실천

01 수업 준비   82

1.1	활동 필요성 및 목표	82
1.2	내용 체계 및 성취기준	83
1.3	교수학습 단계·평가·교육과정 편제	84

02 수업 운영   86

2.1	지속가능 환경 만들기: 생활 속 환경 실천 행동하기 1~12차시	86
	① 기후 위기의 심각성 인식하고 생태 감수성 높이기 1~5차시	86
	② 우리가 사는 곳의 생태 탐색하기 6~7차시	89
	③ 멸종 위기의 심각성과 생태 균형의 중요성 알기 8~9차시	92
	④ 지속가능한 환경을 위한 해결책 실천하기 10~11차시	95
	⑤ 식물 키우며 자연과 함께하기 12차시	98
2.2	지속가능 경제 추구하기: 생활 속 합리적인 경제 선택하기 13~20차시	100
	① 잔반 줄이기 캠페인 포스터 만들기 13~15차시	100
	② 업사이클링 체험하기 16~18차시	104
	③ 중고 장터 참여하기 19~20차시	107
2.3	지속가능 사회 나아가기: 생활 속 함께하는 사회 실현하기 21~27차시	110
	① 가정 내 집안일 평등 실천하기 21~23차시	110
	② 지속가능한 국가유산 보존하기 24~27차시	113
2.4	이야기 바꾸어 표현하기: 더 나은 내일로 나아가기 28~29차시	118

PART III 초4 인성교육 감성 톡톡! 미술과 함께하는 인성 성장

01 수업 준비 · · · 122
- **1.1** 활동 필요성 및 목표 · · · 122
- **1.2** 내용 체계 및 성취기준 · · · 123
- **1.3** 교수학습 단계·평가·교육과정 편제 · · · 124

02 수업 운영 · · · 126
- **2.1** 효·예/존중/배려: 심미적 감성 1~9차시 · · · 126
  1. 효·예 1~2차시 · · · 126
  2. 존중 3~5차시 · · · 129
  3. 배려 6~9차시 · · · 133
- **2.2** 책임/성실/정직: 자기관리 10~18차시 · · · 138
  1. 책임 10~12차시 · · · 138
  2. 성실 13~15차시 · · · 142
  3. 정직 16~18차시 · · · 145
- **2.3** 공감/소통: 협력적 소통 19~26차시 · · · 149
  1. 공감 19~21차시 · · · 149
  2. 소통 22~26차시 · · · 154
- **2.4** 협동: 공동체 27~29차시 · · · 157

PART IV 초4 경제·금융교육 슬기로운 경제·금융 생활

01 수업 준비 · · · 162
- **1.1** 활동 필요성 및 목표 · · · 162
- **1.2** 내용 체계 및 성취기준 · · · 163
- **1.3** 교수학습 단계·평가·교육과정 편제 · · · 164

02 수업 운영 · · · 166
- **2.1** 합리적 선택과 경제: 경제와 합리적 의사결정 1~6차시 · · · 166
  1. 자원의 희소성 및 화폐 개념 알기 1~2차시 · · · 166
  2. 필요과 욕구 구별하기 3~4차시 · · · 169

	3	경제 주체(생산/소비) 이해하기 5~6차시	171
2.2		올바른 소비자 되기: 주체적인 소비 탐색 7~13차시	174
	1	광고 앞에서 현명한 소비자 되기 7~8차시	174
	2	용돈 소비 계획 세우기 9~11차시	177
	3	소비자의 권리와 책임 탐구하기 12~13차시	181
2.3		생산자로 거듭나기: 유의미한 생산 과정에의 참여 14~22차시	184
	1	생산자와 생산 과정 알아보기 14~15차시	184
	2	나만의 생산품 만들기 16~19차시	187
	3	직업 활동으로서의 생산 체험하기 20~22차시	192
2.4		똑똑한 금융 실천: 미래 사회의 금융 23~25차시	195
2.5		사회적 공정: 공정한 경제를 실천하는 가치관과 태도 26~29차시	199
	1	사회적 기업과 공정한 분배 26~27차시	199
	2	공정한 사회로 나아가기 위한 실천 태도 기르기 28~29차시	202

PART V 초5 인권교육 인권이 숨쉬는 교실

01 수업 준비

1.1	활동 필요성 및 목표	208
1.2	내용 체계 및 성취기준	209
1.3	교수학습 단계·평가·교육과정 편제	210

02 수업 운영

2.1		책 읽기: 《사람이 사는 미술관》 읽기 1~3차시	212
2.2		문제 인식: 실생활 속 인권 탐색하기 4~6차시	214
2.3		해결책 설계 및 창작물 만들기: 인권 문제 해결 및 실천하기 7~28차시	218
	1	인종 차별 문제 해결 7~9차시	218
	2	아동 노동 문제 해결 10~13차시	221
	3	성차별 문제 해결 14~17차시	225
	4	사회적 약자 문제 해결 18~24차시	229
	5	생활 속 인권 문제 해결 25~28차시	236
2.4		이야기 바꾸어 쓰기: 인권이 숨쉬는 교실 만들기 29~32차시	239
	1	우리 반 인권 공모전 개최 29~30차시	239
	2	인권 의식을 담은 새로운 이야기 31~32차시	241

PART VI 초5 독도교육 독도로 쓰는 편지

01 수업 준비 — 246
- **1.1** 활동 필요성 및 목표 — 246
- **1.2** 내용 체계 및 성취기준 — 247
- **1.3** 교수학습 단계·평가·교육과정 편제 — 248

02 수업 운영 — 250
- **2.1** 책 읽기: 《우리 독도에서 온 편지》 읽기 1~3차시 — 250
- **2.2** 문제 인식: 독도 영토 문제 인식하기 4~5차시 — 252
- **2.3** 해결책 설계: 독도에 한걸음 다가서기 6~14차시 — 255
  1. 독도를 지키려는 사람들의 노력 알아보기 6~8차시 — 255
  2. 독도에 관한 정확한 정보 탐색하기 9~11차시 — 257
  3. 독도의 지리적 정보 탐색하기 12~14차시 — 261
- **2.4** 창작물 만들기: 우리 땅 독도 표현하기 15~27차시 — 264
  1. 독도 우표 제작하기 15~16차시 — 264
  2. 독도 포스터 제작하기 17~18차시 — 266
  3. 독도 여행 8컷 만화 그리기 19~20차시 — 269
  4. 독도 소개 영상 만들기 21~24차시 — 272
  5. 독도 신체 표현 활동하기 25~27차시 — 275
- **2.5** 이야기 바꾸어 쓰기: 독도로 편지 쓰기 28~32차시 — 279

PART VII 초5 진로교육 내가 만드는 진로 로드맵

01 수업 준비 — 282
- **1.1** 활동 필요성 및 목표 — 282
- **1.2** 내용 체계 및 성취기준 — 283
- **1.3** 교수학습 단계·평가·교육과정 편제 — 284

02 수업 운영 — 286
- **2.1** 문제 인식: 변화하는 일자리 살펴보기 1~6차시 — 286
  1. 내가 상상한 미래 한 컷 만화 그리기 1~2차시 — 286

		② 변화하는 미래 일자리 조사하기 3~6차시	288
	2.2	자아 탐색: 자아 탐색하고 진로 찾기 7~10차시	292
	2.3	진로 탐구: 나의 진로 탐구 분석하기 11~14차시	296
		① 일과 노동의 가치 인식하기 11~12차시	296
		② 새로운 진로 아이디어 설계하기 13~14차시	299
	2.4	진로 설계: 나만의 진로 아이디어 설계하기 15~26차시	303
		① 매체를 활용해 미래 진로 정보 탐색하기 15~18차시	304
		② 진로 소개 영상 & 진로 체험 프로그램 만들기 19~22차시	307
		③ 진로 체험 프로그램 안내 포스터 만들기 23~24차시	311
		④ 나의 미래 프로필 만들기 25~26차시	314
	2.5	진로 체험: 미래 진로 부스 체험하기 27~32차시	316
		① 미래 진로 체험하기 27~30차시	316
		② 미래 진로 체험 되돌아보기 31~32차시	318

PART VIII 초6 민주시민교육 함께 만드는 민주교실

01 수업 준비 — 322

	1.1	활동 필요성 및 목표	322
	1.2	내용 체계 및 성취기준	323
	1.3	교수학습 단계·평가·교육과정 편제	324

02 수업 운영 — 326

	2.1	개념 이해: 법의 의미와 역할 이해하기 1~6차시	326
		① 전래동화 속 법의 의미와 역할 알기 1~3차시	326
		② 민주주의의 의미 이해하기 4~6차시	330
	2.2	개념 적용: 우리 반 민주주의 씨앗 뿌리기 7~16차시	333
		① 민주적인 교실을 위해 필요한 가치 탐색하기 7~10차시	333
		② 더불어 사는 교실을 위한 우리 반 헌법 만들기 11~13차시	336
		③ 우리 교실에 필요한 역할 정하기 14~16차시	339
	2.3	문제 인식: 교실·학교·공동체 문제 찾기 17~22차시	342
		① 학급 문제 해결을 위한 모의자치법정 열기 17~18차시	342
		② 우리 학급 문제 자치활동으로 민주적으로 해결하기 19~20차시	345
		③ 우리 학교 문제 넛지 아이디어로 개선하기① 21~22차시	349

2.4	협력적 소통: 협력적 소통으로 교내외 문제 해결하기 23~30차시	352
	① 우리 학교 문제 넛지 아이디어로 개선하기② 23~25차시	352
	② 학생자치법정 참여하기 26~27차시	354
	③ 지역 문제 해결에 참여해보기 28~30차시	358
2.5	실천·성찰: 나의 생활 성찰하고 실천 다짐하기 31~32차시	362

PART IX 초6 통일교육 우리가 만드는 통일 이야기

01 수업 준비 — 366

1.1	활동 필요성 및 목표	366
1.2	내용 체계 및 성취기준	367
1.3	교수학습 단계·평가·교육과정 편제	368

02 수업 운영 — 370

2.1	책 읽기: 《남북 공동 초등학교》 읽기 1~3차시	370
2.2	문제 인식: 우리의 역사, 통일이 필요할까? 4~7차시	373
	① 남북한의 역사적 배경 탐구하기 4~5차시	373
	② 통일 이후 발생할 어려움 토의하기 6~7차시	375
2.3	해결책 설계: 미래 통일 한반도 체험하기 8~16차시	379
	① 북한에 대한 관심 가지기 8~9차시	379
	② 북한 여행 계획 세우기 10~12차시	383
	③ 남북한 민속놀이 체험하기 13~16차시	385
2.4	창작물 만들기: 남북이 함께하는 우리 학교 17~27차시	388
	① 남북표준대사전 만들기 17~19차시	388
	② 남북 공동 초등학교 교가 만들기 20~21차시	391
	③ 남북 공동 초등학교 교표 디자인하기 22~23차시	392
	④ 남북한 대표 음식 조리해보기 24~27차시	396
2.5	이야기 바꾸어 쓰기: 통일 신문 만들기 28~32차시	400

PART X 초6 다문화교육 다름을 넘어 함께하는 세상

01 수업 준비 — 406

1.1	활동 필요성 및 목표	406
1.2	내용 체계 및 성취기준	407
1.3	교수학습 단계·평가·교육과정 편제	408

02 수업 운영　　　　　　　　　　410

2.1	책 읽기: 《다문화 친구 민이가 뿔났다》 읽기 1~3차시	410
2.2	문제 인식: 세상을 바라보는 다양한 시선 탐구하기 4~7차시	414
	1 문화적 편견 및 차별 사례 조사 4~5차시	414
	2 다양한 문화적 상황 체험 6~7차시	417
2.3	해결책 설계: 다양한 문화를 보고, 듣고, 즐기기 8~15차시	420
	1 다양한 문화권의 생활 모습 탐구 8~9차시	420
	2 다양한 문화권의 음악 10~13차시	423
	3 다양한 문화권의 놀이 14~15차시	426
2.4	창작물 만들기: 함께 어울리는 다문화 세상 16~29차시	429
	1 다양한 문화권의 전통 민속 무용 16~20차시	429
	2 지구촌 마을 21~24차시	432
	3 다문화 음악극 25~29차시	436
2.5	이야기 바꾸어 쓰기: 세계 시민으로 하나 되는 우리 30~32차시	442

🔊 **일러두기**

- 이 책의 수업 자료와 활동지는 프리렉 홈페이지(www.freelec.co.kr) 자료실에서 내려받아 사용하실 수 있습니다.
- 이 책의 참고문헌 및 인용 출처는 도서 분량 관계상 별도 문서로 제공합니다. 역시 프리렉 홈페이지 자료실에서 확인하실 수 있습니다.
- 이 책에 실린 활동지는 일부 재편집되었습니다. 전체 활동지 구성과 발문은 프리렉 홈페이지 자료실에서 제공하는 활동지 원본을 참고 바랍니다.
- 이 책의 QR 코드는 독자의 편의를 위해 추가한 것으로, 프리렉이 제작, 소유한 영상 및 자료가 아니오니 참고 차원에서 활용 바랍니다.

들어가며

학교자율시간으로
배움의 틀을 넓혀요!

01 학교자율시간의 개념 및 배경

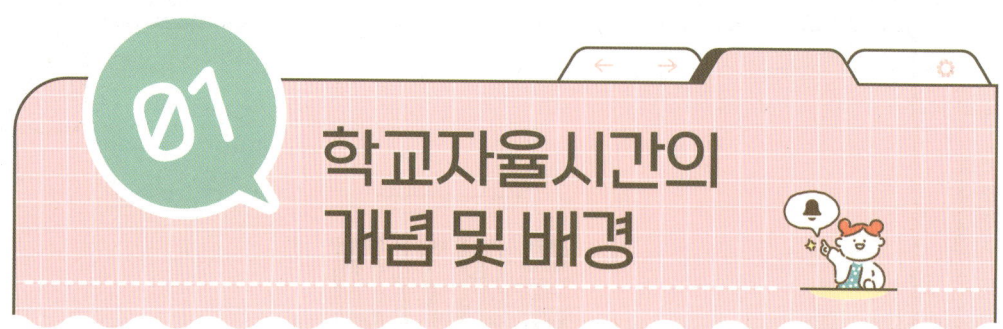

1.1 2022 개정 교육과정 핵심 짚어보기

학교자율시간의 도입에 대해 이해하기 위해서는 먼저 2022 개정 교육과정의 주요한 변화에 대해 먼저 탐색할 필요가 있다.

> ### 1. 교육과정 구성의 중점
>
> (중략)
>
> 이에 그동안의 교육과정 발전 방향을 계승하면서 미래 사회를 살아갈 학생들이 **주도적**으로 삶을 이끌어가는 능력을 함양할 수 있도록 교육과정을 구성한다.
>
> 이 교육과정은 우리나라 교육과정이 추구해 온 교육 이념과 인간상을 바탕으로, 미래 사회가 요구하는 핵심역량을 함양하여 포용성과 창의성을 갖춘 **주도적**인 사람으로 성장하게 하는 데 중점을 둔다.
>
> 1) 디지털 전환, 기후·생태환경 변화 등에 따른 미래 사회의 불확실성에 능동적으로 대응할 수 있는 능력과 자신의 삶과 학습을 스스로 이끌어가는 **주도성**을 함양한다.
>
> (하략)

2022 개정 교육과정은 미래 사회의 불확실성(디지털 대전환, 기후·생태 환경 변화, 인구 구조 변화 등)이 증가하고 있다는 것에 주목하여, **학습자 주도성을 핵심으로 제시**하였다. 이에 교육과정의 핵심 인재상을 '**포용성과 창의성을 갖춘 주도적인 사람**'으로, 이를 위해 교육을 통하여 길러야 하는 역량으로

'미래 대응 능력, 주도성, 공동체 의식, 기초 소양'을 역설하고 있는 것이다.[1]

(학습자) 주도성

이 주도성이란 미래 사회의 불확실성에 대응하는 능력뿐만 아니라, 삶을 스스로 이끌어가는 능력으로 2022 개정 교육과정에서 중시하는 첫 번째 역량이다. 이렇듯 학습자가 자신의 삶을 설계하고 학습 경험을 구조적인 지식으로 받아들이기 위해서는 교육과정의 변화가 필요할 것이다. 이에 2022 개정 교육과정에서는 학생이 가지게 되는 학습 경험을 위해서, 또 학교와 교사의 자율성을 강조하기 위해서 교육과정의 '설계'로의 전환을 명시하였다.[2]

2015 개정 교육과정	2022 개정 교육과정
I. 교육과정 구성의 방향 II. 학교급별 교육과정 편성·운영의 기준 III. 학교 교육과정 편성·운영 IV. 학교 교육과정 지원	I. 교육과정 구성의 방향 II. 학교 교육과정 설계와 운영 III. 학교급별 교육과정 편성·운영의 기준 IV. 학교 교육과정 지원

깊이 있는 학습

더불어 2022 개정 교육과정에서 강조하고 있는 것이 '깊이 있는 학습'이다. 깊이 있는 학습은 2022 개정 교육과정에서 일컫는 올바른 학습의 상태를 의미하며, 교과 지식을 단순히 받아들이는 수준을 넘어서 각 교과의 고유한 기저 개념을 탐구하여 세계를 이해하고 학습할 수 있어야 한다는 것이다.

그렇다고 교과 지식을 더 많이, 더 심화하여 학습할 필요는 없다. 어떠한 내용을 공부할 때 핵심 개념과 원리를 올바로 이해할 수 있도록, 학습 내용을 학생 자신의 경험과 연결하고 내면화하는 과정이 일어나도록 힘써야 한다는 말이다.

예를 들면 학교 생활 질서를 암기하듯이 외우는 것이 아니라, 우리 반과 학교 상황에 맞게 지켜야 나와 친구들이 행복하고 안전함을 알고 실천하는 것. 그것이 바로 깊이 있는 학습이다. 이렇듯 깊이 있는 학습을 지향할 때 학생들은 삶의 다양하고 예측 불가한 상황에서 문제를 해결할 수 있게 된다.

2. 교수·학습

가. 학교는 학생들이 **깊이 있는 학습**을 통해 핵심역량을 함양할 수 있도록 교수·학습을 설계하여 운영한다.

1) 단편적 지식의 암기를 지양하고 각 교과목의 **핵심 아이디어**를 중심으로 지식·이해, 과정·기능, 가치·태도의 **내용 요소를 유기적으로 연계**하며 학생의 발달 단계에 따라 학습 경험의 폭과 깊이를 확장할 수 있도록 수업을 설계한다.

2) **교과 내 영역 간, 교과 간 내용 연계성**을 고려하여 수업을 설계하고 지도함으로써 학생들이 융합적으로 사고하고 창의적으로 문제를 해결하는 능력을 함양할 수 있도록 한다.

3) 학습 내용을 **실생활 맥락 속에서 이해하고 적용하는 기회**를 제공함으로써 학교에서의 학습이 학생의 삶에 의미 있는 학습 경험이 되도록 한다.

(하략)

깊이 있는 학습을 위한 수업 설계 방안

또한 교육과정 총론에서는 깊이 있는 학습을 위한 수업 설계 방안으로 **핵심 아이디어 중심의 수업, 교과 간 연계성 고려, 실생활 맥락을 강조**하고 있다.

핵심 아이디어는 교과 학습을 통하여 궁극적으로 내면화, 자기맥락화해야 할 개념으로서, 추상적이고 광범위한 수준으로 표현된다. 예를 들어 책을 읽는 행위를 살펴보자. 책 속 이야기를 표면적으로 받아들일 수 있지만, 그 안에서의 인간 삶의 구조를 탐색하거나 실생활의 문제를 발견하기도 한다. 국어 교과의 문학 영역 핵심 아이디어 중 "문학은 인간의 삶을 언어로 형상화한 작품을 통해 즐거움과 깨달음을 얻고 타자와 소통하는 행위이다."가 있다. 이렇듯 책을 읽는 행위 자체를 넘어서 이야기를 탐독하고 그 속에서 삶으로 내면화시킬 수 있는 교훈을 얻는 것이 문학과 독서가 주는 기저의 개념일 것이다. 즉 학습의 기저와 토대가 되는 근본적인 개념으로 다가가기 위한 교육과정이 필요하다는 것이 첫 번째 강조점이다.

두 번째로는 **교과 간 연계성**을 고려해야 한다는 것이다. 교과나 과목에서 익힐 수 있는 지식, 기능, 태도를 분절적으로 학습하게 되면 실생활의 복잡한 문제를 해결하는 것에 어려움을 느낀다. **학습**

자가 여러 교과의 지식과 기능을 서로 관련지어 습득하고 이를 적용하여 문제를 해결할 수 있도록 지원해야 한다. 이는 대한민국 교육과정뿐만 아니라 세계적인 교육에서의 지향점이기도 하다. OECD 학습나침반 2030에서는 예측 불가능한 미래 사회에 대한 대비로 갖추어야 할 변혁적 역량을 강조하고 있으며, 지식, 기능, 태도를 포괄적인 역량으로 끌어갈 것을 이야기하고 있다.[3]

즉 교과 간의 연계와 통합을 추구한 수업을 통해, 학생들은 다양한 영역에서 통합적인 역량을 연결할 수 있게 되고, 창의적인 문제 해결과 새로운 가치를 창출할 수 있게 된다. 이를 OECD에서는 변혁적 역량이라 지칭하기도 하며, 창의성, 비판적 사고, 공감 능력, 존중, 성찰, 협동 등으로 해석할 수 있다.[4] 학습자들이 잘 살아가기 위한 능력으로, 이를테면 2022 개정 교육과정에서 강조하는 '주도성'과 그 맥락을 함께하고 있다고 봐도 과언이 아닐 것이다.

세 번째로 **실생활 맥락**을 중시해야 한다는 것이다. 교과 학습의 내용이 학생들의 일상생활 맥락과 연계되어 있음을 인지할 때, 의미 있는 학습 경험으로 작용할 수 있다. 실생활 문제에 배움을 적용하고 문제를 창의적으로 해결하는 과정을 통해 학습자들의 역량을 극대화시킬 수 있다. 즉, 배움이 실생활로 전이되도록 다양한 수업 기회를 부여해야 할 것이다.

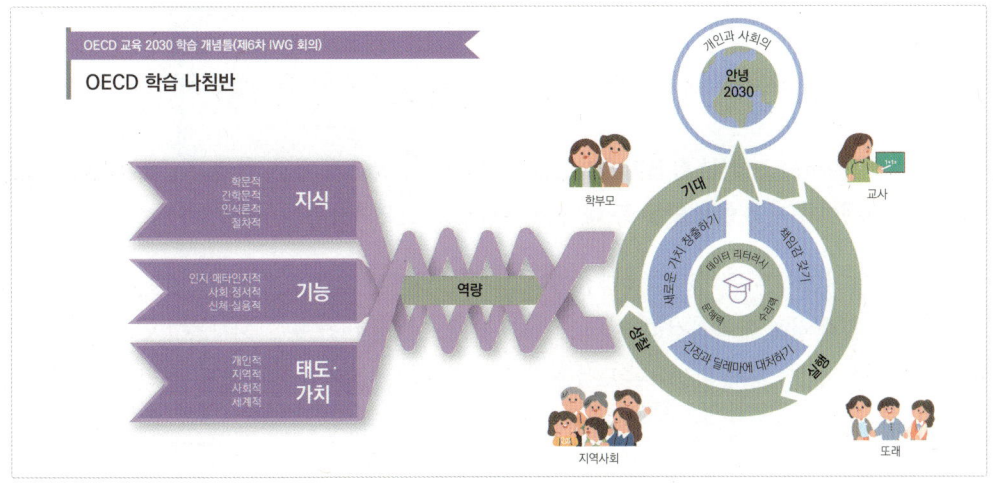

▲ [자료] OECD 교육 2030 학습 개념틀[5]

1.2 학교자율시간이란?

'주도성'과 '깊이 있는 학습'

앞서 2022 개정 교육과정에 나타난 두 가지 키워드를 살펴보았다. 요약하자면 **교사는 예측할 수 없이 빠르게 변화하는 미래 사회를 살아갈 학생들이 꼭 가져야 할 역량인 '주도성'을 위하여 '깊이 있는 학습'을 교육과정을 통해 제공**해야 한다.

이를 위해서는 교과 내용 단순 전달식 학습을 넘어서, 학습자들이 삶의 맥락과 연계시킬 수 있는 주제와 교과를 아우르는 창의적인 문제를 해결할 과정을 고민할 필요가 있다. 이에 등장한 것이 바로 **학교자율시간**이다.

『초·중등학교 교육과정 총론』에서 제시하고 있는 학교자율시간의 정의를 정리하면 다음과 같다.

> 지역과 학교의 여건 및 학생의 필요에 따라
> 교과 및 창의적 체험활동의 일부 시수를 확보하여
> 국가 교육과정에 제시되어 있는 교과 외 새로운 과목이나 활동을 개설·운영하는 시간

교육과정 총론에서는 이러한 **학교자율시간을 통해 지역과 학교의 여건, 학생의 필요를 반영한 맞춤형 프로그램이나 지역 연계 활동 등 다양한 특색 있는 교육과정을 편성·운영하도록** 하고 있다.

학교자율시간의 도입은 '주어진 교육과정'에서 '만들어 나가는 교육과정'으로의 전환, 단위 학교의 교육과정 자율화 실현, 교육과정 디자이너로서의 교사의 역할 변화 등을 시사하고 있다. 궁극적으로는 학교자율시간을 통해 학생이 주도성을 기르고 깊이 있는 학습을 제공받을 수 있어야 하는 것이다.

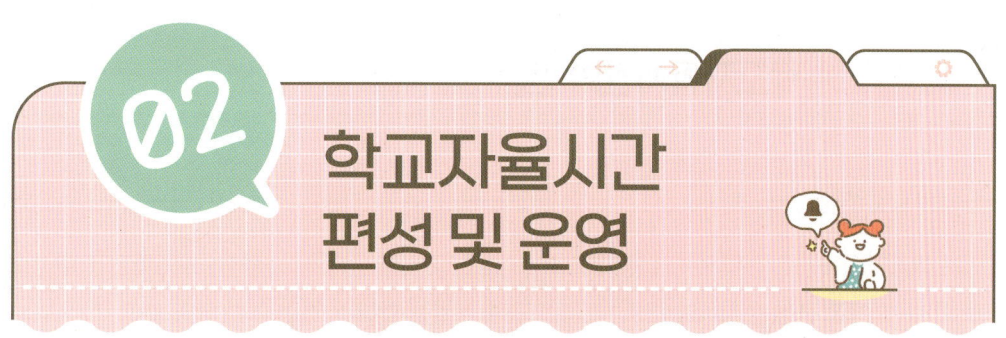

02 학교자율시간 편성 및 운영

그럼 구체적으로 학교자율시간은 어떻게 편성하고 운영해야 할까? 『초·중등학교 교육과정 총론』에는 다음과 같이 편성 및 운영 기준이 안내되어 있다.

> 3) 학교는 **3~6학년별**로 지역과 연계하거나 다양하고 특색 있는 교육과정 운영을 위해 **학교자율시간을 편성·운영**한다.
>
> 　가) 학교자율시간을 활용하여 이 교육과정에 제시되어 있는 **교과 외에 새로운 과목이나 활동을 개설**할 수 있으며, 이 경우 시·도 교육감이 정하는 지침에 따라 사전에 필요한 절차를 거쳐야 한다.
>
> 　나) 학교자율시간에 운영하는 과목과 활동의 내용은 지역과 학교의 여건 및 학생의 필요에 따라 학교가 결정하되, 다양한 과목과 활동으로 개설하여 운영한다.
>
> 　다) 학교자율시간은 학교 여건에 따라 **연간 34주를 기준으로 한 교과별 및 창의적 체험활동 수업 시간의 학기별 1주의 수업 시간을 확보**하여 운영한다.

지금부터 각 항목을 하나씩 자세히 살펴보자.

2.1 학교자율시간의 편성

학교자율시간의 편성 지침

먼저 학교자율시간은 선택으로 결정되는 교육과정이 아니다. 초등학교에서는 **3~6학년을 대상으로 한 학기 이상 편성·운영**해야만 하며, 그 학년과 시기는 학교가 결정할 수 있다. 다만 시·도별로 상이한 부분이 있는데, 예를 들어 경기도교육청에서는 3~6학년 중 한 학년, 한 학기 이상 운영하면 되지만 경상남도교육청에서는 3~4학년군에서 한 학기 이상, 5~6학년군에서 한 학기 이상 운영해야 한다. 따라서 자세한 내용은 시·도별 지침을 확인하는 것이 좋겠다.

활동 및 과목 개설

학교자율시간은 교과 외에 새로운 과목이나 활동으로 개설되어야 한다. 여기서 교과, 과목, 활동을 구분해보자.[6]

교과	과목	활동
초·중등교육법 시행령에 명시된 10개 교과(국어, 도덕, 사회, 수학, 과학, 실과, 체육, 음악, 미술, 영어)	교과의 하위 개념으로 교과 안에 여러 과목으로 편성	교과와 상호 보완적인 관계 속에서 운영되는 경험과 실천 중심의 교육과정 영역

▲ [표] 교과, 과목, 활동의 구분

교과와 과목의 예시는 다음 표를 살펴보면 쉽게 이해할 수 있다. 수학 교과 내의 미적분, 기하, 경제 수학, 수학과 문화 등은 과목에 해당한다.

교과	과목
수학	미적분
	기하
	경제 수학
	수학과 문화

▲ [표] 수학 교과 내 과목 예시

다시 학교자율시간으로 돌아가보면, 학교자율시간은 **교과가 아니라 과목이나 활동으로만 개설이 가능**하다. 이때 시·도 교육감이 정하는 지침에 따라 절차를 거쳐야만 학교에서 운영하는 학교자율시간으로서의 설계, 편성이 가능하다. 따라서 이 부분은 각 시·도별 지침을 확인하는 것이 가장 좋

겠다. 다음 표는 서울특별시교육청의 과목과 활동 개설 절차를 비교한 것이다.[7]

	과목	활동
절차	①고시 외 과목 승인 신청 전 학교운영위원회 심의 ②고시 외 과목 교육청 승인 신청 및 승인 ③학교교육과정에 과목 운영계획 포함하여 학교운영위원회 심의	학교교육과정에 활동 운영계획 포함하여 학교운영위원회 심의
인정도서·교재	자체 개발 인정도서(교육감 승인 필요) 시중 유통 도서 활용(교육감 승인 필요) 자체 개발 교재(학교운영위원회 심의)	자체 개발 교재(학교운영위원회 심의 필요) 교수학습자료 활용(교사가 개발한 학습지, 독서 활동을 위한 도서 등은 심의 필요 없음)
승인자	교육감	학교장
평가	편성된 교과(군)에 준하여 시·도교육청의 학업성적관리지침에 따라 실시한다. → 필수	평가 여부, 평가 방식은 시·도교육청 지침에 따른다. → 선택
	과목과 활동 모두 학교생활기록부 '세부능력 및 특기사항'에 입력해야 한다.	

▲ [표] 과목과 활동 개설 절차 비교

이미 타 시·도나 타 학교에서 승인 절차가 완료된 '고시 외 과목'을 활용하는 방법도 가능하다. 다만 이 '고시 외 과목'은 시·도별로 활용 절차가 다르기 때문에 이 역시 각 시·도별 지침을 미리 확인하자. 예를 들어 경상남도교육청에서는 기승인 과목을 학교장 승인 후 사용할 수 있지만[8], 서울특별시교육청에서는 교육감의 승인을 받아야 한다.[9]

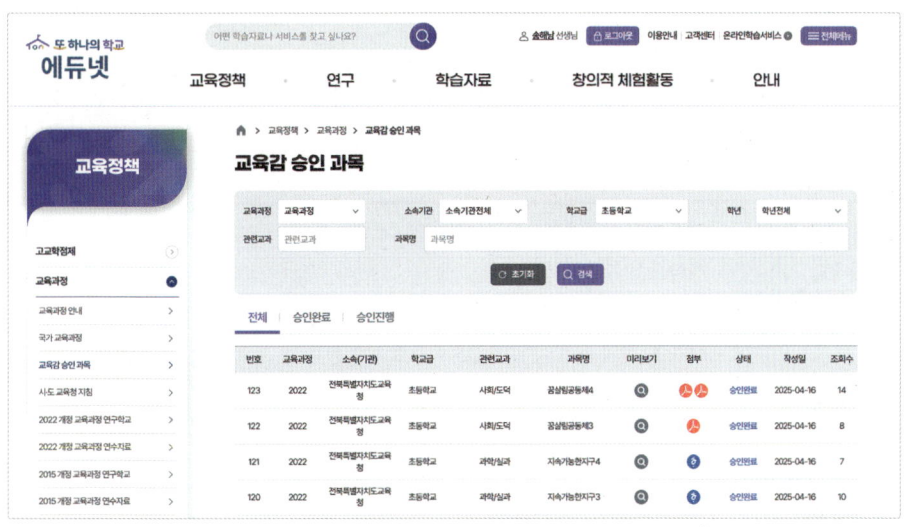

▲ [자료] 에듀넷 티클리어 교육감 기승인 과목

시수 확보 및 운영 유형

학교자율시간은 **연간 34주를 기준으로 학기 단위로 운영**된다. 연간 34주를 두 학기로 나누면 한 학기의 수업은 17주 동안 이루어진다. 그중 1주를 확보하여 운영하게 되면 16주만큼은 교과와 창의적 체험활동의 시간, 1주는 학교자율시간의 시간인 것이다.

그렇다면 그 1주의 수업 시간은 어떻게 산출할까? 학교자율시간은 **실제 교육과정을 운영하는 각 학년의 '총 수업 시간 수'에 따라 편성**된다. 학년별 총 수업 시간 수는 3~4학년의 경우 986차시, 5~6학년의 경우 1,088차시이다. 이 학년별 총 수업 시간 수를 34주로 나누어 나오는 시간만큼이 학교자율시간의 시수인 것이다.

만약 특정 학교의 4학년에서 (기준 시수는 986시간이지만) 총 수업 시간 수를 순증하여 1,039시간을 수업했다고 가정해보자. 이 경우 총 수업 시간 수 ÷ 34를 계산해보면 30.56이므로, 학교자율시간은 30시간 또는 31시간으로 운영할 수 있다. 즉 학교자율시간의 운영 시수는 해당 학년의 총 수업 시간 수에 따라 달라진다.

여기서 다시 한번 교육과정 총론에서 강조하는 '학기별'에 유의하자. 학교자율시간은 **반드시 학기 단위로 운영되어야** 하며 차시를 나누어 1, 2학기에 분산 배치할 수 없다. 표로 정리해보자.

	3~4학년군	5~6학년군
학년별 총 수업 시간 수	986	1,088
학교자율시간 운영 시수	986÷34=29	1,088÷34=32
운영 방법	한 학기에 29차시 모두 운영 (1학기 10차시, 2학기 19차시 운영 X)	한 학기에 32차시 모두 운영 (1학기 12차시, 2학기 20차시 운영 X)

▲ [표] 학교자율시간 시수와 운영 방법

학교자율시간은 학교의 상황에 맞게 지속형, 집중형, 혼합형 3가지 유형 중 택해 운영 가능하다.

지속형	매주 특정 시간에 학교자율시간 운영 (예: 매주 목요일 5-6교시 운영) 지속성, 안정성 확보 활동보다는 과목 운영 시 좀 더 유리
집중형	학기 초, 학기 중, 학기 말에 집중적으로 시수 활용 교육으로의 몰입 및 집중도 향상 과목보다는 활동 운영 시 좀 더 유리 행사나 이벤트로 치우지지 않도록 노력할 필요
혼합형	지속형과 집중형의 혼합

▲ [표] 학교자율시간 운영 방식

 2.2 학교자율시간 운영의 유의점

첫째. 학교자율시간은 관련 교과(군)에 편성해야 한다.

학교자율시간의 과목(활동)은 교과의 성격을 띠고 있기 때문에, 그 **내용을 종합적으로 고려하여 가장 관련도가 높다고 판단되는 교과(군)에 편성해야** 한다. 예를 들어 단위 학교에서 학교자율시간을 활용하여 '책으로 풀어가는 사회' 과목을 개설하는 경우, 해당 과목의 성격이나 내용을 고려하여 국어 교과에 편성할 수 있는 것이다. 당연한 말이겠지만 **교과(군)에 편성하기 때문에 창의적 체험활동에는 편성할 수 없다.**

구분			
교과 (군)	공통교과	국어	
		학교자율시간	
		사회/도덕	사회
			도덕
		수학	
		과학	과학
		체육	
		예술	음악
			미술
		영어	

▲ [표] 학교자율시간 편제표 예시

둘째. 기준 수업 시수를 감축할 수 없는 교과가 있다.

2022 개정 교육과정 총론 해설에 따르면, **학교자율시간이 편성되는 교과(군)와 창의적 체험활동에서는 20% 범위 내에서 시수를 증감하여 편성·운영**할 수 있다. 다음 표에서 시수 증감 범위를 확인해보자.

구분		3~4학년 (기준 수업 시수)	증감 범위	5~6학년 (기준 수업 시수)	증감 범위
교과(군)	국어	408	±81	408	±81
	사회/도덕	272	±54	272	±54
	수학	272	±54	272	±54
	과학/실과	204	±40	340	±68
	체육	204	+40	204	+40
	예술 (음악/미술)	272	+54	272	+54
	영어	136	±27	204	±40
창의적 체험활동		204	±40	204	±40

▲ [표] 시수 증감 범위

이때 유의해야 할 점은 **체육, 예술(음악/미술) 교과의 경우 기준 수업 시수를 감축하여 편성·운영할 수 없다**는 것이다. 체육, 예술(음악/미술) 교과의 기준 수업 시수는 반드시 준수해야 한다. 즉 체육 교과 시수를 활용하여 학교자율시간을 편성 운영할 수는 있으나, 기준 수업 시수는 꼭 충족시켜야 한다는 것이다. 초등 3~4학년의 체육 기준 수업 시수 204시간을 유의하여 다음 표의 수업 시수 계산 예시를 확인해보자.

체육 과목(204시간)+체육 교과로 편성된 학교자율시간(29시간) =총 체육 교과 수업 시수(233시간)	가능
체육 과목(174시간)+체육 교과로 편성된 학교자율시간(30시간)=총 체육 교과 수업 시수(204시간)	가능
체육 과목(170시간)+체육 교과로 편성된 학교자율시간(12시간)=총 체육 교과 수업 시수(182시간)	불가
체육 과목(203시간)+체육 외 교과로 편성된 학교자율시간(29시간)=총 체육 교과 수업 시수(203시간)	불가

▲ [표] 체육 교과로 살펴보는 기준 수업 시수 충족 예시

셋째. 한 학기에 여러 개의 활동을 편성할 수 있다.

초등학교 학교자율시간은 다음 표에 제시된 경우의 수로 운영될 수 있겠다. 초등 3~4학년의 29시간 운영을 기준으로 예를 든 것이다. 특히 일부 시·도교육청에서는 과목의 최소 시수를 17차시로 규정하고 있으므로 소속 시·도교육청의 지침을 꼭 확인해보자.

1	1개 과목(29차시)로 운영	
2	1개 활동(29차시)으로 운영	
3	2개의 활동(A활동:14차시, B활동:15차시)으로 운영	
4	1개의 활동(A활동:12차시)과 1개의 과목(B과목: 17차시)으로 운영	

▲ [표] 학교자율시간 운영 경우의 수

만약 3과 4의 사례처럼 과목이나 활동을 2개로 분할하여 운영할 경우, 서로 다른 교과(군)에 편성하는 것도 가능하다. 예를 들어 앞서 '책으로 풀어가는 사회' 과목을 '책과 삶'이라는 과목으로 국어 교과에 17차시 편성하고, '민주 사회 속의 나' 활동으로 사회/도덕 교과군에 12차시 편성할 수 있는 것이다. 다만 모두 한 학기에 편성·운영되어야 한다.

넷째. 당해 학년도의 동일 활동명 개설이 불가하다.

당해 학년도의 동일 학교 내에서는 동일한 활동명으로 개설, 운영하는 것이 불가하다. 예를 들어 5학년과 6학년에서 동일하게 디지털 교육을 주제로 학교자율시간을 운영하더라도, '디지털 세상', '디지털 한걸음' 등으로 다른 활동명을 개설해야 한다.[10] 또 한 개 학년에서 1, 2학기에 모두 학교자율시간을 운영하는 경우에도 각 학기에 서로 다른 과목과 활동으로 운영해야 한다. 3학년 1학기에 '지구와 생태' 학교자율시간 활동을 진행했다면, 3학년 2학기에는 다른 이름의 활동이나 과목이 운영되어야 하는 것이다.[11] 물론 해당 부분은 각 시·도교육청의 지침을 한번 더 확인하는 것이 좋겠다.

03 학교자율시간 설계

이제 2022 개정 교육과정의 핵심 아이디어, 내용 요소, 성취기준에 대해 알아보자. 학교자율시간 역시 2022 개정 교육과정을 기반으로 하고 있기에 교육과정 요소에 대한 이해가 선행되어야 한다.

3.1 핵심 아이디어와 내용 요소

핵심 아이디어와 내용 요소의 정의

> 가. 학교는 학생들의 깊이 있는 학습을 통해 핵심역량을 함양할 수 있도록 교수·학습을 설계하여 운영한다.
>
> 1) 단편적 지식의 암기를 지양하고 각 교과목의 **핵심 아이디어**를 중심으로 **지식·이해, 과정·기능, 가치·태도의 내용 요소를 유기적으로 연계**하며 학생의 발달 단계에 따라 학습 경험의 폭과 깊이를 확장할 수 있도록 수업을 설계한다.
>
> (중략)

앞서 언급하였듯, **핵심 아이디어**는 교과 학습의 근본이며 기저에 깔린 개념을 의미한다. 핵심 아이디어는 추상적이고 포괄적이며, 지식이나 앎의 관점으로 진술이 되고, 해당 영역의 정체성을 나타낸다.[12] 일반적으로 '~할 수 있다.'체의 명확한 학습 목표 진술에 익숙한 교사들에게, 핵심 아이디어는 낯설게 다가올 수도 있다. 여기서 중요한 점은 핵심 아이디어를 기반으로 학습의 내용 요소가 잘 연계되어 있는지를 살펴야 한다는 것이다.

내용 요소는 교과 학습을 통해 배워야 하는 필수적인 요소로, 지식·이해, 과정·기능, 가치·태도의 세 범주로 구분된다.

- **지식·이해**는 인지적 이해의 부분으로, 해당 교과 영역에서 **알고 있어야 하는 개념과 원리 등**을 의미한다.

- **과정·기능**은 지식을 습득하는 데 활용되는 **사고와 탐구의 과정**으로, 그 자체에서 학습되는 **절차적인 지식 역시 포함**하고 있다.

- **가치·태도**는 교과 학습을 통해 기를 수 있는 **고유한 가치와 태도**를 의미한다.

핵심 아이디어와 내용 요소의 연계성

이제 학교자율시간의 내용 체계 예시를 통해 **핵심 아이디어와 내용 요소의 연계성**을 살펴보자. 다음 표는 경기도교육청에서 제공하는 학교자율시간 자료 중 일부이다.

핵심 아이디어	전통 시장은 우리 삶에 중요한 역할을 하고 있다. 전통시장과 관련된 놀이 및 체험활동은 우리 삶과 연관된 것이다. 마을 체험활동은 서로를 배려하는 마음과 공동체를 위한 마음이 필요하다.		
지식·이해	**과정·기능**		**가치·태도**
전통시장의 경험, 문화 전통시장의 기능과 역할	전통시장 조사하기 전통시장 체험하고 지도 그리기 시장 놀이하기		배려와 질서 마을사람들에게 감사하는 마음 협력과 공동체성

▲ [표] 경기도교육청 학교자율시간 과목 '초3 마을 한 바퀴' 내용체계표 중 일부[13]

핵심 아이디어와 내용 요소의 유기적인 연계성이 잘 드러나는 부분에 동일한 색으로 표시를 해보았다. 핵심 아이디어를 토대로 학습의 세 차원이 이루어지도록 해야 하는 것이다. 따라서 학교에서 학교자율시간의 내용체계표를 작성할 때에는, **핵심 아이디어를 기준으로 개념 요소를 추출하고 있는지** 세심하게 살펴보아야겠다.

3.2 성취기준

성취기준

성취기준은 **학습이 완료되었을 때 나타나는 도달점에 대한 진술로**[14], 학생들의 성취 목표이자 교사의 학습 지표가 된다. 현장 교사들에게 있어 핵심 아이디어보다 친숙하게 느껴질 것이다. 성취기준에 의거하여 수업-평가-기록의 일체화를 지향하고 있기 때문이다.

3	사	마을	02	-	01
학년	편성 교과명	학교자율시간 과목/활동명	영역번호		성취기준 번호(순서)

다만 학교자율시간의 성취기준은 기존 성취기준과 일부 다른 부분이 있다. 첫 번째로 기존 성취기준이 학년군의 상위 학년 숫자를 사용한 것과 달리(1~2학년군 성취기준에서는 2, 3~4학년군 성취기준에서는 4, 5~6학년 성취기준에서는 6) 학교자율시간 성취기준은 편성되는 학년으로 기재가 가능하다.

두 번째로 교과명만 사용하던 성취기준과 달리 교과명과 함께 과목/활동명을 간략하게 요약하여 표기한다. 위 예시에서는 '초3 마을 한 바퀴' 과목의 성취기준이라 '마을'로 요약하여 사용하였다.

성취기준 정합성

성취기준을 개발할 때에 중요한 점은 '**정합성**'이다. 정합성이란 **내용체계표의 내용 요소와 성취기준이 연계성을 가지도록 진술하는 것**을 의미하는데[15], 예를 들어 내용체계표에 있는 요소가 성취기준에는 빠지지 않도록 그 체계성을 고려해야 한다는 것이다. 다음 표를 통해 살펴보자.

지식·이해	과정·기능	가치·태도
전통시장의 경험, 문화 **전통시장의 기능과 역할**	**전통시장 체험하고 지도 그리기** 전통시장 조사하기 시장 놀이하기	배려와 질서 **마을사람들에게 감사하는 마음** 협력과 공동체성
성취기준	[3사마을-01] 마을 **전통시장의 특징과 역할** 등의 탐색과 **체험**을 통해 우리가 사는 곳을 폭넓게 이해하며 **마을 사람들에게 감사하는 태도**를 기른다.	

▲ [표] 경기도교육청 학교자율시간 과목 '초3 마을 한 바퀴' 내용체계표 중 일부[16]

해당 성취기준은 지식·이해, 과정·기능, 가치·태도의 세 범주를 모두 결합하여 개발되었다. 한국교육과정평가원에서는 세 가지 범주 중 두 가지 이상의 범주를 정합하는 방식을 권하고 있다.[17] 예를 들어 두 번째 성취기준을 개발한다면, "[3사마을-02] **시장 놀이**를 통해 다른 사람을 **배려하고 협력하는 태도**를 지닌다."로 결합이 가능하다. 과정·기능 요소와 가치·태도의 두 범주를 정합한 것이다.

이렇듯 학교의 필요에 맞는 과목이나 활동을 개설하더라도 교육과정 자체에서 강조하고 있는 내용 요소와 성취기준의 정합성을 꼭 살펴야 한다. **성취기준을 기반으로 교육 활동이 이루어지고, 성취기준을 이정표로 삼아 평가를 진행하기 때문**이다. 학교자율시간의 목표-내용체계표-성취기준-수업-평가의 일체화가 가능하도록 노력해야 할 것이다.

04 범교과학습과 학교자율시간

4.1 범교과학습의 정의와 필요성

범교과학습이란 "개인과 사회가 마주하는 문제를 교육과정으로 수용하여, 삶과 연계된 유의미하고 실제적인 학습이 여러 교과를 통하여 통합적으로 이루어질 수 있도록 하는 영역"을 의미한다.[18]

범교과학습이 가지는 첫 번째 특성은 **삶과 밀접하게 연관되는 실제적이고 유의미한 학습**이어야 한다는 것이다. 특히 2022 개정 교육과정에서 명시하고 있는 범교과학습 주제는 현재 우리나라 사회와 학습자가 요구하는 방향이 반영된 것이다. 한마디로 삶과 현실의 문제가 반영된 학습 주제가 핵심이다.

두 번째 특성은 **여러 교과를 가로지르는(cross curricular) 학습**이라는 점에 있다. 우리의 삶 자체가 분절된 교과처럼 이루어져 있지 않기 때문에, 통합적인 사고와 접근 방식이 필요하다. 이 과정에서 다양한 교과의 지식을 종합적으로 활용할 수 있게 되며, 더 나아가 학습자들의 능동적인 참여가 유발된다.

그런 만큼 (학습자) 주도성을 강조하는 2022 개정 교육과정에서도 다음과 같은 **범교과학습 주제**를 명시하였으며, 교과와 창의적 체험활동 등 교육 전반에 걸쳐 통합적으로 지도할 것을 권장하였다.[19]

> 안전·건강교육, 인성교육, 진로교육, 민주시민교육, 인권교육, 다문화교육, 통일교육, 독도교육, 경제·금융교육, 환경·지속가능발전교육

아직 학교 현장에서의 범교과학습은 단순히 법정 시수를 채우기 위해 관습적으로만 운영되고 있다.[20] 실질적으로 범교과학습 주제와 관련된 내용요소들이 교과 교육과정에 존재하기 때문에(체육

교과-안전·건강교육 요소, 사회 교과-민주시민교육 요소, 도덕 교과-통일교육 요소, 실과 교과-경제·금융교육 요소 등), 따로 시간을 내어 수업하기보다는 교과 수업에 녹여내 수업하는 경우가 많은 것이다.

하지만 범교과학습 이행 여부를 확인하기 위해 시수를 배정하고 이를 보고하는 방식으로 운영하면서, 결국에는 형식적인 운영과 그에 따른 수업의 질적 저하가 일어나는 상황이다.[21] 응당 범교과학습을 강조한 본래의 목적에 맞게, 교육과정을 통해 삶과 관련된 유의미한 학습 경험을 제공해야 하지만, 교육 현실은 그리 녹록지 않은 것이다.

그럼에도 범교과학습의 주제로 선택된 내용들은 국가적 요구에 의해 필요하다고 판단된 것이며, 학생들의 삶과도 연계되어 있다. 이 범교과학습을 깊이 있게 탐구할 수 있도록 시수 확보와 교육과정 적정화가 필요하지 않겠는가. 그러려면 각 교과의 내용요소를 아우르며 통합적으로 제공할 그릇이 필요하다. 그리고 필자는 '학교자율시간'이라는 그릇을 통해 유의미하고 실제적인 범교과학습 맥락을 제공할 수 있다고 판단하였다.

4.2 범교과학습 실천 방법으로서의 학교자율시간

필자가 학교자율시간과 범교과학습의 연계성을 주장하는 이유는 다음과 같다.

> 첫째, **학교자율시간과 범교과학습의 궁극적인 목적이 부합**한다. 학교자율시간은 앞서 언급했듯 깊이 있는 학습을 반영하기 위해 탄생한 것으로, 깊이 있는 학습의 주요 키워드는 '교과 간 연계와 통합', '실생활 맥락'이었다. 범교과학습 역시 학습자의 실제 삶과 가까운 학습 경험을 강조하고 있다. 분절적인 학문의 경계를 넘어서 실생활에서의 문제 해결 능력을 키우는 것이 그 목표이다.
> 이 두 목적을 부합시켜 **학교자율시간을 방식으로, 범교과학습을 주제로 교육과정을 구성**한다면 실생활 맥락을 강조하는 깊이 있는 학습을 지향할 수 있을 것이다.
>
> 둘째, **학교자율시간과 범교과학습의 요구가 부합**한다. 범교과학습을 독자적으로 운영하기에는 교과 지식을 가르치기에도 시수가 부족하고, 교과와 통합적으로 가르치기에는 실질적인 운영이 어렵다.
> 교육부에서도 「2022 개정 교육과정에 따른 범교과 학습 주제 적용 안내자료」를 통하여 교과별 성취기준을 범교과 주제와 연결하는 방식으로 현장 활용을 돕고 있지만[22], 특정 교과 영역을 그대로 유지하면서 범교과 주제를 연결하는 방식은 오히려 교육과정의 중복성을 높일 우려가 있다. 범교과학습 자체가 특정 교과에서 다루는 것이 아니라 여러 교과를 연결하여 가르치고 배우는 것이기

때문이다.[23]

이때 교육과정을 구성하는 **그릇 자체를 학교자율시간으로 삼는다면, 범교과학습의 주제를 중심으로 여러 교과의 자연스러운 연계가 가능**할 것이다. 교육과정 시수 측면에서도 학교자율시간은 교과(군)과 창의적 체험활동 시수 20% 범위 내에서 증감하여 운영할 수 있기에, **실질적인 시수 운용이 기대**된다.

셋째, 학교 현장의 부담을 경감할 수 있다. 학교자율시간과 범교과학습은 학교 현장의 안착이 필요하다는 점에서 역설적인 공통점을 가진다. 범교과학습은 여러 교과에 걸쳐질 수 있는 분명한 교육 내용을 가지고 있지만, 교육과정 총론에는 구체적인 실천 방식이 제시되어 있지 않다. 이에 별도의 시수를 배분하여 보고시키는 방식으로 학교 현장의 부담을 높이고 있는 실정이다.[24] 반대로 학교자율시간은 국가 교육과정 수준에서의 분명한 편성·운영 지침이 존재하지만 그 내용적인 면에서의 학교 현장 준비도는 미흡한 편이다.[25]

이에 **내용적인 측면의 범교과학습과 방법적인 측면의 학교자율시간을 결합**시키는 것은 학교 현장의 효율성을 추구하는 방법이 될 수 있다. 일례로 전라북도교육청에서는 교육과정 자율화를 위하여 '학교교과목' 제도를 공시한 바 있는데, 해당 제도에서는 교과와 범교과 학습 주제를 모두 포함하여 교육과정을 개설할 수 있었다.[26] 또 이미 학교자율시간을 운영하고 있는 연구학교 대다수가 기존의 범교과학습 주제를 사용하고 있기도 하다.[27]

물론 학교자율시간과 범교과학습 각각 별도로 시수를 편성하고 보고해야 하는 실정은 제도적인 개선이 필요한 상황이다.[28] 하지만 학교자율시간의 방법으로 범교과학습을 유의미하게 실천한다면 진정한 의미의 교육과정 자율화를 추구하여, 현장 일선의 부담과 혼란을 줄여줄 수 있지 않을까?

이에 필자는 교과 연계성, 학습 활동의 다양성. 학교 현장의 실천가능성을 고민하며 **범교과학습을 주제로 한 학교자율시간**을 제안하게 되었다. 학교 현장의 활용을 높이기 위하여 교육부에서 제공하는 「2022 개정 교육과정에 따른 범교과 학습 주제 적용 안내자료」의 활동을 참고하였다. 교육과정 자율화와 학교의 재량을 높이기 위한 정책인 만큼, 이 도서를 기준으로 저마다의 재구성을 가미한다면 교과를 가로질러 학습자들의 삶으로 다가가는 유의미한 학교자율시간이 가능할 것이다. 본 도서를 통해 학교 현장에 실제적인 범교과학습과 학교자율시간 운영이 정착하기를 바란다.

PART 1

초3 안전·건강교육

안전 지킴이, 건강 히어로 되기!

01 수업 준비

1.1 활동 필요성 및 목표

활동 필요성

2022 개정 교육과정에서는 **건강하고 주도적인 삶을 위한 기반으로 신체 활동을 강조하며, 이를 통해 신체적, 정신적, 사회적 건강을 증진하도록 권장**하고 있다. 또한, 건강한 삶은 건강 문제에 적극적으로 대응하려는 주도적인 노력 속에서 실현된다는 점을 강조한다.[1] 이에 따라 학생들이 건강에 대한 지식과 기능을 익히고, 건강한 삶을 실천하려는 의지와 태도를 함양함으로써, 더 나아가 건강 관련 신체 활동에 적극 참여하는 문화를 조성하는 것이 목표인 것이다.[2]

학교 안전교육은 **다양한 위험 요인에 대한 위험인지 감수성과 위험 상황에서의 대처 능력을 길러주는 방향으로 변화**해왔다.[3] 예를 들어, 과거에는 "불이 나면 119에 신고하세요."와 같은 기본적인 지식을 가르쳤다면, 이제는 "연기의 이동 경로를 파악하고, 낮은 자세로 대피하는 이유를 이해하며, 가장 안전한 탈출 경로를 스스로 판단하는 훈련"을 강조하고 있다. 그러나 '안전한 생활'이 통합교과 등에 흡수되면서 독립적인 안전교육을 충분히 실시하기 어려운 현실이다.[4]

따라서 학생들이 운동과 자기 주도적 생활 습관 관리를 통해 건강을 증진하며, 재난 대처 및 질병·감염병 예방 방법을 익히고 실천할 수 있도록 역량을 기르는 학교자율시간이 필요하다. 이를 위해 **학년별 발달 특성을 반영하여 신체적, 정신적, 사회적 건강 영역**을 다루고, **학교 안전 7대 표준안의 대분류**를 중심으로 교육 내용을 설계하였다. 또한, 학교의 안전교육 계획과 연계하는 한편 실생활 기반의 체험 중심 안전·건강교육을 제공하고자 한다.

목표

'안전 지킴이, 건강 히어로 되기!'에서는 질병, 감염병 예방과 재난 대처 방법을 알고 운동을 포함한 건강한 생활 습관을 실천하여, 안전하고 심신이 건강한 삶을 살 수 있는 역량을 기르고자 한다.

1. 운동과 체력의 관계를 이해하고, 기본 체력 운동을 실천함으로써 체력과 건강을 관리하는 태도를 갖는다.
2. 건강 관련 지식을 이해하고, 건강한 생활 습관을 시도함으로써 건강 증진과 관리에 필요한 가치와 태도를 실천한다.
3. 과학기술이 건강 증진과 질병 예방에 미친 영향을 탐색하고, 질병·감염병 예방 수칙을 실천하여 개인과 공동체의 건강을 지킨다.
4. 재난 상황에 적절히 대처하는 방법을 익히고, 안전한 생활 습관을 실천함으로써 안전한 사회에 기여한다.

1.2 내용 체계 및 성취기준

내용 체계

핵심 아이디어	-인간은 다양한 신체활동을 통해 체력과 건강을 관리하고, 일상 속에서 운동을 즐기며 심신의 조화를 이루는 삶을 살아간다. -건강은 신체적 특성에 맞는 운동과 자기 주도적인 생활 습관 관리를 통해 증진되며, 타인과의 협력적인 관계 속에서 더욱 강화 및 지속된다. -안전은 일상생활과 재난 상황에서 발생할 수 있는 다양한 위험을 예방하고, 위기 상황에 적절히 대응하는 능력을 바탕으로 건강한 삶을 유지하는 데 필수적인 요소이다.		
범주	지식·이해	과정·기능	가치·태도
내용 요소	-운동, 체력과 건강 -건강한 생활 습관 -과학기술과 건강의 관계 이해 -재난 대처방법	-기본 체력운동하기 -건강한 생활 습관 계획하고 실천하기 -질병·감염병 예방 탐구하기 -재난과 위험 요인 분석하기	-긍정적 신체 인식 -운동 습관 형성 -건강관리 중요성 인식 -과학의 사회적 가치 -안전한 생활태도

성취기준

- [3과안전건강-01] 운동이 체력과 건강에 미치는 영향을 이해하고, 기본 체력 운동을 실천하며 긍정적 신체 인식을 바탕으로 건강한 운동 습관을 형성한다.

- [3과안전건강-02] 건강한 생활 습관의 중요성을 알고, 자신의 생활에 맞는 건강한 습관을 계획하여 실천하며, 건강관리의 중요성을 인식한다.

- [3과안전건강-03] 과학기술이 건강에 미치는 영향을 이해하고, 질병과 감염병의 예방 방법을 탐구하며, 과학이 건강한 삶과 사회에 기여하는 가치를 인식한다.

- [3과안전건강-04] 재난 상황과 일상 속 위험 요인을 분석하고, 적절한 대처 방법을 익혀 실천하며, 안전한 생활태도를 기른다.

1.3 교수학습 단계·평가·교육과정 편제

교수학습 단계

개념 이해 → 자기 점검 → 해결책 탐색 → 실천 내면화			
1~4차시	5~8차시	9~13차시	14~29차시
[건강] 운동과 건강: 튼튼한 몸, 나만의 운동 습관 만들기	[건강] 나의 생활 습관을 점검하고 건강한 삶 만들기	[건강] 우리를 지켜주는 건강 기술을 알고 예방 습관 익히기 건강한 생활을 위한 다짐하기	[안전] 재난상황과 일상생활 속 다양한 위험 요인 찾아보고 대처 방법 익히기
[3과안전건강-01]	[3과안전건강-02]	[3과안전건강-03]	[3과안전건강-04]

평가

성취기준	평가요소	수업·평가 방법	평가기준	평가시기
[3과안전건강-01] 운동이 체력과 건강에 미치는 영향을 이해하고, 기본 체력 운동을 실천하며 긍정적 신체 인식을 바탕으로 건강한 운동 습관을 형성한다.	운동이 체력과 건강에 미치는 영향을 이해하고, 기본 체력 운동 방법을 익혀 실천하기	[탐구 수업] 운동과 건강 관리의 관계를 탐구하여 운동의 필요성을 스스로 깨달음. 체력 증진에 효과적인 운동을 탐색한 후 실천함. (발표)	운동을 통해 체력과 건강을 관리할 수 있음을 이해하고, 기본 체력 운동을 실천하며, 긍정적 신체 인식과 건강한 운동 습관을 형성하고자 하는 의지를 다진다.	4월

| [3과안전건강-02] 건강한 생활 습관의 중요성을 알고, 자신의 생활에 맞는 건강한 습관을 계획하여 실천하며, 건강관리의 중요성을 인식한다. | 실천할 수 있는 건강한 생활 습관 계획을 수립하여 실행하며, 건강관리의 중요성을 인식하기 | [문제해결 수업] 자신의 생활 속에서 건강과 관련된 문제를 탐색함. 실천 가능한 건강 습관을 계획하여 해결책을 모색하고, 건강관리의 중요성을 스스로 인식함. (산출물) | 건강한 생활 습관 실천 계획을 세워 실행한 후, 건강관리의 중요성을 반영하여 결과를 정리한다. | 5월 |

교육과정 편제

구분			국가 기준	3-4학년군		
				3학년	4학년	계 (증감)
교과 (군)	공통 교과	국어	408	200	204	404 (-4)
		사회/도덕 사회	272	204	99	102	201 (-3)
		사회/도덕 도덕		68	31	34	65 (-3)
		수학	272	136	136	272
		과학 과학	204		92	102	194 (-10)
		과학 학교자율시간			29	0	(+29)
		체육	204	102	102	204
		예술 음악	272	136	68	68	136
		예술 미술		136	68	68	136
		영어	136	68	68	136
창의적 체험활동(자·동·진)			204	93	102	195 (-9)
소계			1,972	986	986	1,972

02 수업 운영

2.1 건강: 튼튼한 습관, 바른 생활 시작하기 1~13차시

체력과 건강은 학생들이 평생 건강한 삶을 살아가기 위한 기본 요소이다. 하지만 학생들이 단순히 '운동이 중요하다'는 사실을 아는 것만으로는 충분하지 않다. 운동이 우리 몸에 미치는 영향을 직접 체험하고, 지속적인 습관을 형성하는 과정을 경험하는 것이 중요하다.

1 운동과 건강: 나만의 운동 습관 1~4차시

지도안 함께 보기

건강과 안전을 주제로 한 학교자율시간의 첫 수업이다. 학생들이 운동과 건강의 관계를 이해하고, 건강한 생활 습관을 형성하는 것의 중요성을 배우는 것으로 시작해보자. 체력 요소(근력, 지구력, 유연성, 순발력)를 알아보고, 자신에게 맞는 운동 습관을 계획하며 실천하는 시간으로 운영할 것이다. 학교와 지역 상황에 따라 스포츠클럽 등과 연계도 가능하다.

차시	1~4차시	준비물	운동복, 운동매트, 활동지
수업 주제	운동과 건강: 튼튼한 몸, 나만의 운동 습관 만들기		
학습목표	운동이 체력과 건강에 미치는 영향을 이해할 수 있다. 기본 체력 운동 방법을 익혀 건강한 운동 습관을 계획하고 실천할 수 있다.		

	활동 흐름
도입(40분)	▶운동과 체력, 건강의 관계 알아보기 -운동을 하면 우리 몸이 어떻게 변할지 질문 던지기 ▶운동이 건강에 미치는 영향 관련 영상 함께 보기 -운동을 꾸준히 하면 어떤 점이 좋을지 이야기 나누기 ▲ [영상] 학생들이 운동을 해야 하는 이유(초등백과) ▶운동과 체력 요소 카드 매칭 게임하기 -운동 종류와 체력 요소(근력, 지구력, 유연성, 순발력) 연결하기 -친구들과 토론하며 맞춰보기 ▶운동이 건강을 위해 중요한 이유 정리해보기 ▶간단한 스트레칭 해보기
전개(80분)	▶기초 체력 운동 방법 배우기 -기본 체력 요소(근력, 지구력, 유연성, 순발력) 알아보기 ▶운동 체험 활동하기 -체력 운동 해보기(팔벌려뛰기, 암워킹, 스쿼트, 버피, 와이드스쿼트) ▲ [영상] 초등학생의 기초체력향상과 운동능력 발달을 위한 운동(국민체력100) ▶운동을 직접 해보고 어떤 체력 요소와 관련 있을지 맞혀보기 -친구와 가장 재미있었던 혹은 힘들었던 운동과 이유 공유하기 ▶운동 습관 계획하기 -운동 습관을 기르려면 어떻게 해야 할지 생각해보기 -운동 계획 세우기
정리(40분)	▶운동 실천해보기 -스트레칭으로 몸 풀기 -운동 루틴 계획하고 해보기, 운동 루틴 보완하기 -운동 후 느낌 나누기, 친구들과 나만의 운동 습관 공유하기 ▶개인 목표 정하고 실천 다짐하기 "나는 앞으로 하루에 ○○만큼 운동을 실천하겠습니다."

도입: 운동과 건강의 관계 탐색하기

"운동을 하면 힘이 더 세질까?", "운동을 하면 더 빨리 뛸 수 있을까?"와 같이 운동과 건강의 관계를 탐색하는 질문을 던지고, 운동이 건강에 좋은 것임을 영상 자료를 통해 확인하며 수업을 시작하자. 제시한 〈학생들이 운동을 해야 하는 이유〉 영상은 '운동할 시간이 어디 있어?'라는 누구나 한 번쯤 해봤을 법한 고민에 대해, 학생이 운동을 해야 하는 이유를 명쾌하게 설명해준다.

학생들이 운동을 해야 하는 이유
(초등백과)

전개: 기초 체력 운동 배우기

운동을 해야 하는 이유를 알았으니, 기초 체력 운동을 배워보자. 팔벌려뛰기, 암워킹, 스쿼트, 버피 등 학생들이 운동 동작을 하나하나 직접 해보도록 하자. 영상 자료(QR코드)의 도움을 받으면 좋다.

초등학생의 기초체력향상과
운동능력발달을 위한 운동
(국민체력100)

이어지는 활동은 운동 종류와 체력 요소(근력, 지구력, 유연성, 순발력)를 연결하는 매칭 게임이다. 각 운동이 어떤 체력 요소와 관련이 있는지 탐구하여 운동 속 체력 요소를 찾아 매칭하게 하자. 하나의 운동에 반드시 하나의 체력 요소만 있는 것은 아니다. 학생들이 체력 요소의 용어를 어려워할 수 있으므로 운동 선수 이미지를 함께 제시하거나 또는 순발력은 치타, 지구력은 거북이와 같이 동물 이미지로 설명한다면 이해하는 데 도움을 줄 것이다.

활동지 1_4차시(1)

운동과 체력 요소 매칭해보기

1. 운동을 해보며 각각의 운동이 어떤 체력 요소와 관련이 있는지 매칭해봅시다.

근력	지구력	유연성	순발력
근육의 힘	오랜 시간 동안 버티고 지속하는 힘	몸을 부드럽게 움직이고 구부릴 수 있도록 하는 힘	순간적으로 빠르게 반응하여 발휘하는 힘

운동 이름	체력 요소	비유
팔벌려뛰기 •	• 근력 •	• 100m 육상선수
암워킹 •	• 지구력 •	• 체조선수
스쿼트 •	• 유연성 •	• 마라톤 선수
버피 •	• 순발력 •	• 역도선수
와이드스쿼트 •		

예시) 팔벌려뛰기(지구력, 순발력) / 암워킹(근력, 유연성) / 스쿼트(근력, 지구력) / 버피(지구력, 근력, 순발력) / 와이드스쿼트(근력, 유연성)

정리: 운동 루틴 계획 및 실천하기

배운 기초 체력 운동 중에서 하루 10분 이상 실천할 운동을 학생이 직접 선택하게끔 하고, 실천 기록이 가능하게 운동 습관 체크표를 만들도록 해주자. 〈나만의 운동 루틴 계획 세우기〉 활동지(QR코드)를 제공해도 좋다. 스스로의 계획을 실천하고자 하는 동기부여가 될 것이다.

활동지 1_4차시(2)
나만의 운동 루틴 계획 세우기

자신만의 운동 루틴을 계획했다면 바로 직접 실천해보는 시간을 가진다. 스트레칭 → 근력운동 → 지구력운동 → 유연성운동 등 계획한 순서로 운동 루틴을 따라 한 뒤, 직접 운동을 해본 느낌을 발표하게 하자. 이때 운동 루틴의 수정과 보완도 가능하다. "운동을 하니 어떤 기분이 들었나요?", "앞으로 꾸준히 실천할 수 있을까요?"와 같은 질문을 던진다면 운동의 필요성과 효과를 다시 한번 되새기게 할 수 있다. 또한, 거창한 목표를 세우기보다 하루 5~10분이라도 꾸준히 실천하는 것이 중요함을 강조하며, 자연스럽게 운동 습관을 형성할 수 있도록 응원해주도록 하자.

▲ [활동] 친구, 가족과 함께 운동 실천하기

📋 **평가** 학생들이 운동과 건강의 관계를 이해하고, 기본 체력 운동을 실천하며, 긍정적인 신체 인식을 형성하는지를 평가하는 기준이다. 실천 여부뿐만 아니라 운동 습관 형성과 신체에 대한 태도를 함께 평가할 것이다. 다음의 4단계 평가기준을 참고해보자.

매우잘함	운동을 통한 건강 관리의 의미를 잘 이해하고, 기본 체력 운동을 꾸준히 실천하며, 긍정적인 신체 인식과 운동 습관 형성 의지가 뚜렷하다.
잘함	운동을 통한 건강 관리의 의미를 이해하고, 기본 체력 운동을 실천하며, 긍정적인 신체 인식과 운동 습관 형성 의지를 다진다.
보통	운동을 통한 건강 관리의 의미를 부분적으로 이해하고, 기본 체력 운동 실천이 다소 부족하며, 신체 인식이나 운동 습관에 대한 의지가 낮다.
노력요함	운동을 통한 건강 관리의 이해가 부족하고 운동 실천이 미흡하며, 긍정적 신체 인식이나 운동 습관 형성 의지가 드러나지 않는다.

2 건강한 생활 실천 5~8차시

🔍 지도안 함께 보기

이번 차시는 학생들이 자신의 생활 습관을 점검하고, 건강한 생활 습관의 중요성을 깨달아 스스로 실천 계획을 세우는 과정으로 구성하였다.

차시	5~8차시	준비물	활동지, 도미노 블록
수업 주제	나의 생활 습관을 점검하고 건강한 삶 만들기		
학습목표	자신의 생활 습관을 점검하고 개선할 점을 찾을 수 있다. 건강한 생활 습관이 무엇인지 알고 필요한 습관을 계획 및 실천할 수 있다.		
활동 흐름			
도입(40분)	▶나의 생활 돌아보기 -나는 건강한 생활을 하고 있는지 질문 던지기 -건강한 생활 습관이란 무엇일지 생각해보게 하기		

	▶나의 생활 습관 점검해보기 -나의 하루 생활 체크 활동지 작성하기 -친구와 비교하며 서로의 생활 습관 이야기 나누기 ▶자신의 생활 중 고치고 싶은 부분을 찾고 이유 발표하기	▲ [영상] 아삭아삭 폴짝폴짝 건강습관 실천하기(한국건강증진개발원)
전개(80분)	▶건강한 생활 습관 탐색하기 -건강한 생활 습관(균형 잡힌 식사, 규칙적인 운동, 충분한 수면, 올바른 자세, 올바른 손 씻기 등) 도미노 게임으로 알아보기 -자신의 생활 습관과 비교해보기 ▶나에게 필요한 습관을 찾고 선택한 이유에 대해 발표하기 ▶앞으로 꼭 실천할 건강습관 3가지 적어보기 ▶나의 건강한 생활 습관 계획하기 ▶나의 계획 발표하고 친구들에게 응원 메시지 받기	
정리(40분)	▶건강한 생활 습관 실천하고 경험 나누기 -나의 실천 경험 공유하기 ▶각자 실천했던 습관으로 건강 습관 빙고놀이 하기 ▶실천할 새로운 습관 하나씩 말하는 건강 습관 릴레이하기 ▶꾸준히 실천할 나의 건강습관 최종 1가지 선택하며 마무리하기 "나는 건강을 위해 ○○○할 거예요."	

도입: 자신의 생활 돌아보기

학생들과 다음 영상(QR코드)을 함께 시청하고, 올바른 건강습관이 무엇인지 알아보자. 그리고 "나는 건강한 생활을 하고 있을까?" 스스로 질문하게 하자. 많은 학생이 이미 '규칙적인 운동 습관이나 건강한 식습관이 필요하다'는 것을 알고는 있다. 하지만 정작 자신의 생활 습관이 어떠한지, 어떤 점을 개선해야 하는지 생각해볼 기회는 많지 않다.

아삭아삭 폴짝폴짝 건강습관 실천하기 (한국건강증진개발원)

따라서 자신의 생활을 되돌아보고, 건강한 습관을 직접 선택하고 실천할 수 있도록 하는 것을 수업의 핵심 목표로 삼는다. 가장 먼저 <나의 생활 습관 점검해보기> 활동부터 시작해보자. 아침 기상시간, 식사, 운동 여부, 스크린 타임, 수면 시간 등을 점검하고, 친구와 비교하며 서로의 생활 습관에 대해 이야기하게 하자. 학생들이 솔직하게 자신의 생활 습관을 적을 수 있도록 해야 하며, 잘못된 습관을 발견했을 때 부정적인 감정을 갖지 않도록 고칠 점을 찾아냈으니 건강해질 수 있는 기회라고 긍정적인 분위기로 이끄는 것이 중요하다.

활동지 5_8차시(1)

나의 생활 습관 점검해보기

▶ "나는 건강한 생활을 잘하고 있을까?" 나의 생활습관을 점검해봅시다.

1. 올바른 식습관

   ☐ 아침, 점심, 저녁을 골고루 잘 챙겨 먹는다.
   ☐ 채소, 과일, 단백질(고기, 생선, 두부, 계란 등)을 균형 있게 먹는다.
   ☐ 물을 하루에 5~8잔 이상 마신다.
   ☐ 음식을 천천히 꼭꼭 씹어 먹는다.
   ☐ 패스트푸드나 탄산음료 등 간식을 너무 많이 먹지 않는다.

2. 규칙적인 운동 습관

   ☐ 하루 30분 이상 몸을 움직이며 운동한다.
   ☐ 학교에서 쉬는 시간이나 운동장에서 활동적으로 논다.
   ☐ 몸을 쭉 펴는 스트레칭을 매일 한다.
   ☐ TV나 핸드폰을 보는 시간보다 몸을 움직이는 시간이 더 많다.
   ☐ 바른 자세를 유지하며 걷고 앉는다.

3. 건강한 수면 습관

   ☐ 밤 9시까지는 잠자리에 든다.
   ☐ 잠을 충분히 푹 잘 잔다.
   ☐ 잠자기 전 스마트폰이나 TV를 보지 않는다.
   ☐ 기상 시간과 취침 시간을 일정하게 유지한다.
   ☐ 낮잠을 너무 오래 자지 않는다.

4. 위생과 청결 습관

   ☐ 손을 씻을 때 비누를 사용하고 꼼꼼히 씻는다.
   ☐ 양치질을 하루 3번 이상 한다.
   ☐ 손톱을 깨끗하게 유지한다.
   ☐ 땀을 흘린 후에는 깨끗이 씻고 옷을 갈아입는다.
   ☐ 내 물건(책상, 가방, 필통 등)을 깨끗하게 정리한다.

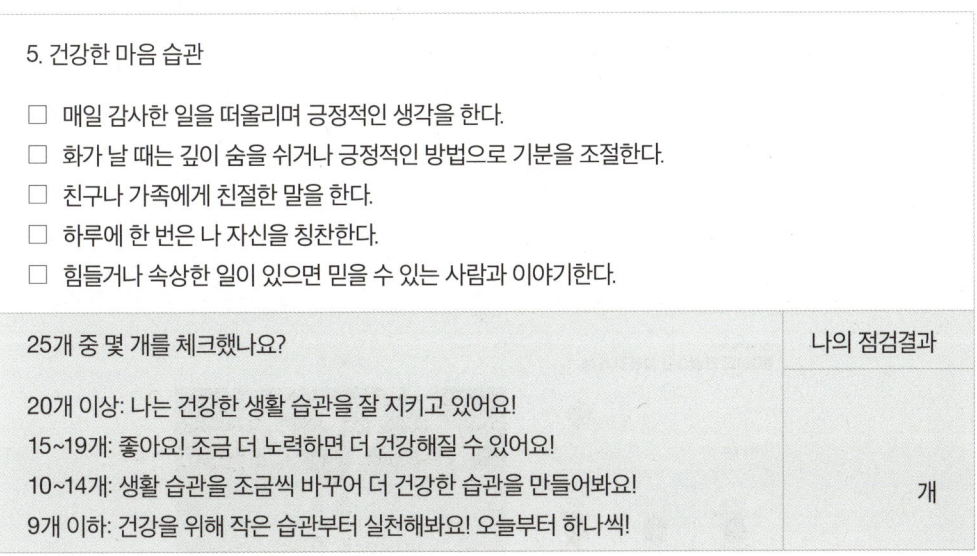

전개①: 건강한 생활 습관 도미노 게임하기

다음으로 〈건강한 생활 습관 도미노 게임〉을 통해 건강한 습관에 무엇이 있는지 알아보면 좋다. 도미노 블록 하나에 건강한 습관 하나씩을 적어 붙이고, 다음 그림처럼 순서대로 나열해 완성하는 것이다. 도미노 블록들이 앞 블록에 밀려서 넘어지듯이, 건강한 생활 습관과 그 습관이 연쇄적으로 가져오는 좋은 결과를 직접 탐색하여 연결함으로써 적극적으로 배울 수 있다. 내가 가장 신경 써서 실천해야 할 것이 무엇인지 생각하게 될 것이다.

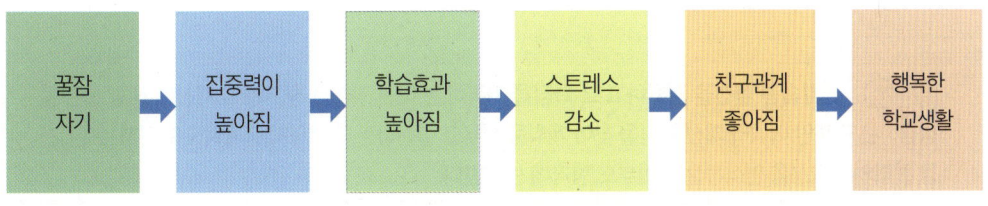

▲ [활동] '건강한 생활 습관 도미노 게임' 블록 예시

> **TIP** 도미노 블록은 학교에 이미 구비되어 있는 경우도 있지만, 활동에 따라 색상이나 수량이 부족할 수 있으므로 사전에 준비 상황을 점검해보는 것이 좋다. 도미노 교구는 한번 구비해두면 다양한 수업에서 창의적 사고, 협력 활동, 감정 표현 등 여러 방식으로 활용할 수 있어 수업 자료로서 활용도가 높다. 구입이 어렵다면, 보드게임 속 블록이나 수학교구용 나무 블록으로 대체할 수도 있다.
> 연달아 쓰러지는 재미와 효과를 살리기 위해 실제 블록을 사용할 때 학생들의 반응이 가장 좋을 것이다. 〈도미노 기본기법 4가지(도미노랜드_도미노학교)〉 영상(QR코드)을 참고하면 더 다채로운 놀이를 즐길 수 있다.

전개②: 나의 건강습관 계획하기

지금껏 탐색한 정보로 나의 건강습관을 계획할 차례다. 학생들이 막연한 목표가 아닌 매일 물 6잔 마시기, 하루 10분 스트레칭 하기와 같이 구체적인 실천 목표와 방법을 정하게 하자. 계획한 건강습관 3가지를 친구들과 공유하며 응원 메시지를 주고받는 시간을 갖게 하면 어떨까?

이어서 건강습관 계획을 일정 기간 동안 실천하게 하고, 사진, 일기, 건강 앱 등을 활용해 기록하는 미션을 과제로 제시한다. '건강습관 실천 달력'을 만들어 기록하게 하는 활동도 효과적일 것이다.

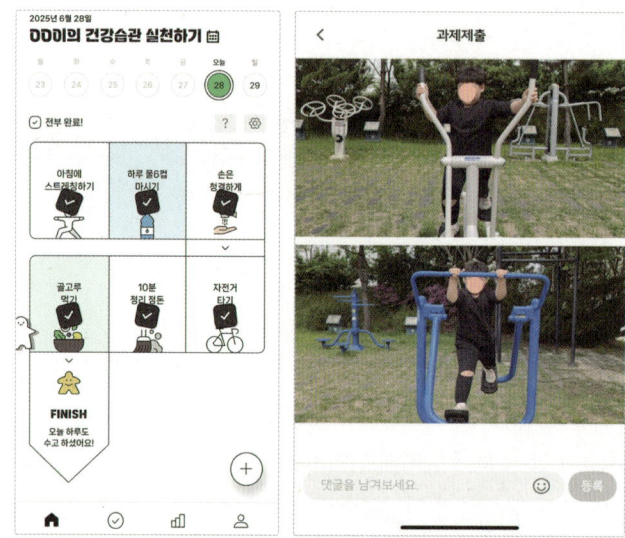

▲ [산출물] 나의 건강습관 계획 실천 기록

> 📋 **평가** 건강습관 실천을 계획하고 그 과정을 기록하는 미션 과제를 참고하여 자신의 생활 습관을 점검하는 것뿐만 아니라 개선할 점을 찾아 계획을 세우고 실천하는 과정까지 평가하도록 하자. 또한, 건강 관리의 중요성을 인식하는지 여부도 평가에 반영한다.
>
> | | |
> |---|---|
> | 매우잘함 | 건강한 생활 습관 실천 계획을 스스로 구체적으로 세워 실행한 후, 건강관리의 중요성을 반영하여 결과를 체계적으로 정리한다. |
> | 잘함 | 건강한 생활 습관 실천 계획을 세워 실행한 후, 건강관리의 중요성을 반영하여 결과를 정리한다. |
> | 보통 | 건강한 생활 습관 실천 계획을 세워 부분적으로 실행한 후, 건강관리의 중요성을 간단히 반영하여 결과를 정리한다. |
> | 노력요함 | 건강한 생활 습관 실천 계획을 세워 실행하는 데에 도움이 필요하며, 건강관리의 중요성이 충분히 반영되지 않은 결과를 정리한다. |

정리: 내가 실천해본 습관으로 빙고놀이 하기

과제 확인 후 "어떻게 실천했나요?", "어려웠던 점은 무엇이며, 어떻게 극복했나요?" 등 실천 경험을 자유롭게 공유하도록 한다. 실천이 어려웠던 학생들도 부담 없이 이야기할 수 있게 해주자. 이후 〈건강 습관 빙고놀이하기〉(QR코드) 활동과 새롭게 실천할 건강한 습관 릴레이 말하기 "나는 건강을 위해 ○○○할 거예요."를 진행하며 수업을 즐겁게 마무리하면 꾸준한 실천을 독려할 수 있다.

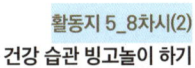 

활동지 5_8차시(2)
건강 습관 빙고놀이 하기

3 질병과 감염병 이해 9~11차시

🔍 지도안 함께 보기

이번 차시는 질병과 감염병의 차이를 알고, 건강한 습관과 백신이 우리 몸을 보호하는 원리를 배우며, 건강 기술이 발전하면서 건강 관리가 어떻게 변화했는지 탐색하는 과정으로 구성되었다.

차시	9~11차시	준비물	스마트 기기, 활동지
수업 주제	우리를 지켜주는 건강 기술과 예방 습관 익히기		
학습목표	질병과 감염병의 차이를 알고 건강을 지키는 습관을 익힐 수 있다. 백신과 건강 기술이 건강을 유지하는 데 어떤 역할을 하는지 이해할 수 있다.		
활동 흐름			
도입(40분)	▶질병과 감염병에 대해 알아보기 -사람은 왜 아플까? 배탈과 감기는 같은 병일까? 　　질병: 몸이 아픈 상태(배탈, 충치, 비만, 당뇨) 　　감염병: 세균이나 바이러스로 생기는 병(감기, 독감, 수두) ▶감염병이 어떻게 옮는지 알아보기 -형광 가루를 손에 바르고 친구들과 악수 후 손을 확인해보기 -기침할 때 입을 가리지 않으면 어떤 일이 생기는지 알아보기 ▶올바른 손 씻기, 기침 예절 실습하기		▲ [영상] 기침, 이렇게 하면 감염병을 예방할 수 있다?(질병관리청 아프지마TV)

전개(40분)	▶예방접종이 중요한 이유 알기 -백신을 맞으면 우리 몸 속에서 어떤 일이 생길까? ▶우리 몸의 면역군 vs. 바이러스군 역할극 해보기
정리(40분)	▶우리 주변에서 건강을 지켜주는 기술 탐색하기 ▶건강 기술의 발전이 질병 예방과 치료에 미친 영향 알아보기 ▶새롭게 알게 된 내용, 느낀 점 나누기 "나는 질병과 감염병 예방을 위해 ○○○ 할 거예요!"

▲ [영상] 백신, 그것이 알고 싶다!
(국립어린이과학관)

도입: 질병과 감염병 알아보기

먼저 우리 몸이 아픈 이유와 질병 및 감염병의 차이를 배운다. 감염병은 세균이나 바이러스 같은 병원체에 의해, 질병은 유전적 요인이나 생활 습관 등 다양한 원인으로 발생할 수 있다. "사람은 왜 아플까?", "배탈은 감기와 같은 병일까?" 생각해보며 스스로 개념의 차이를 인식하게 하자.

다음으로 감염병이 어떻게 전파되는지 알아보자. 직접 형광 가루를 손에 묻히고 친구들과 악수를 한 후 손을 확인해보거나, 기침할 때 입을 가리지 않으면 어떤 일이 발생하는지 실험한 영상(QR코드)도 보면서 손 씻기의 중요성과 기침 예절을 체험적으로 이해하도록 한다. 손 씻기와 기침 예절은 실습을 통해 직접 따라 해보며 익히도록 하는 것이 중요하다.

[질병청 실험맨] 기침, 이렇게 하면 감염병을 예방할 수 있다?!
(질병관리청 아프지마TV)

전개: 우리 몸의 면역군 vs. 바이러스군 역할극 하기

백신과 예방접종의 역할을 배우며 백신을 맞으면 우리 몸속에서 어떤 일이 벌어지는지 볼 것이다. 이를 쉽게 이해하기 위해 〈우리 몸의 면역군 vs. 바이러스군 역할극〉 활동을 하면서 학생들이 백신으로 몸을 보호하는 원리를 체험해보도록 하면 어떨까?

활동지 9_11차시(1)

우리 몸의 면역군 vs. 바이러스군 역할극 해보기

1. 우리 몸의 면역군 vs. 바이러스군 역할극을 하며 백신으로 몸을 보호하는 원리를 체험해봅시다.

(바이러스 대장과 부하들이 몸속으로 침입한다)
바이러스 대장: "하하하! 우리는 강력한 바이러스 군대다! 이 몸속을 점령하러 왔다!"
바이러스 부하들: "맞아요! 우리는 몸을 약하게 만들고 병에 걸리게 할 거예요!"

(면역군 대장이 등장하여 병사들을 소집한다)
면역군 대장: "비상! 바이러스 군이 침입했다! 우리 몸을 지켜야 한다!"
면역군 병사들: "네, 대장님! 하지만… 이 바이러스는 처음 보는 녀석이에요. 어떻게 싸워야 하죠?" (이때, 백신 용사가 등장한다)
백신 용사: "걱정 마세요! 저는 백신입니다! 여러분이 이 바이러스를 알아볼 수 있도록 훈련시켜 드릴게요!"
바이러스 대장: "뭐라고?! 백신이 오면 우리가 쉽게 잡힌다고?! 안 돼!"

(백신 용사가 면역군 병사들에게 훈련을 시킨다)
백신 용사: "이제 이 바이러스를 기억하세요! 다음에 진짜 바이러스가 오면 바로 공격할 수 있어요!"
면역군 병사들: "이제 알았어요! 다음에 바이러스가 오면 바로 물리칠 수 있어요!"

(바이러스군이 다시 공격하려 하지만, 면역군이 바로 반격한다)
면역군 병사들: "바이러스 발견! 모두 공격!"
바이러스 대장: "어떻게 된 거지? 왜 이렇게 강해졌지?!"
바이러스 부하들: "백신 때문에 우리를 이미 알고 있었나 봐요! 도망가요!"

(바이러스군 퇴장, 면역군 승리)
면역군 대장: "이제 이 바이러스에 강해졌어요! 백신 덕분에 몸이 안전해졌어요!"
백신 용사: "예방접종을 하면 면역군이 훈련을 받아 병에 걸리지 않도록 도와줘요!"

2. 백신을 맞으면 우리 몸에서는 어떤 일이 생길까요?

3. 왜 예방접종이 중요한가요?

활동지 대본을 바탕으로 조를 나누어 학생마다 역할을 맡게 하고, 직접 역할극을 해보며 백신을 맞으면 어떤 일이 생기는지, 왜 예방접종이 중요한지 이해할 수 있도록 한다.

▲ '우리 몸의 면역군 vs. 바이러스군 역할극' 진행 모습

정리: 생활 속 건강 기술 조사하기

"병원에 가면 어떤 기계를 볼 수 있을까?", "우리 집에는 건강을 위해 사용하는 어떤 물건이 있을까?" 우리 주변의 기술을 탐색하는 활동을 하며 건강, 질병 관리가 실제 삶의 이야기라는 것을 깨닫게 할 수 있다. 건강 기술의 발전이 우리 삶에 미친 영향을 이해할 수 있도록 최신 건강 기술의 발전 모습을 책, 뉴스나 검색엔진을 활용해 보여줘도 좋겠다.

활동지 9_11차시(2)

생활 속 건강 기술 조사하기
1. 조사하고 싶은 생활 속 건강 기술을 정해봅시다. 예시) 체온계, 손 세정기, 마스크, 정수기, 스마트 건강 앱, 자동 심장충격기 등
2. 조사한 내용을 글과 그림으로 표현하고 친구들 앞에서 발표해 봅시다. 제목: 〈   〉
사진 또는 그림

4 건강한 생활을 위한 다짐 12~13차시

🔍 지도안 함께 보기

건강 주제의 마지막 수업이다. 학생들이 배운 건강한 생활 습관과 감염병 예방 수칙을 다시 한번 정리하고, 이를 창의적으로 표현하는 과정으로 꾸려가보자.

차시	12~13차시	준비물	미술 도구
수업 주제	건강한 생활을 위한 다짐하기		
학습목표	배운 내용을 바탕으로 건강한 생활 습관을 실천하며, 그 과정에서 스스로 실천 의지를 다지고 바람직한 태도를 형성할 수 있다.		
활동 흐름			
도입(10분)	▶건강한 생활 습관 OX 퀴즈로 배운 내용 확인하기		
전개(60분)	▶포스터 주제 선정하기 (실천해야 할 감염병 예방 수칙, 건강을 지키는 올바른 생활 습관 등) ▶내용 정하고 포스터 제작하기		
정리(10분)	▶자신이 만든 포스터를 짝에게 소개하고 직접 전시하기 ▶짝과 느낀 점 나누기		

도입: 건강한 생활 습관 OX 퀴즈 풀기

학생들과 OX 퀴즈를 통해 건강한 생활 습관을 복습하자. 앞서 배운 내용을 O, X로 답할 수 있는 퀴즈로 제시한다. 예를 들면, 손을 씻으면 감기 같은 감염병을 예방할 수 있다. (O), 운동을 하지 않아도 건강에는 큰 영향이 없다. (X), 백신을 맞으면 우리 몸이 병에 더 잘 걸린다. (X), 체온계는 건강을 체크하는 데 도움이 된다. (O) 등이다.

전개~정리: 감염병 예방, 건강한 생활 습관 포스터 제작 및 전시하기

실천해야 할 감염병 예방 수칙, 건강을 지키는 올바른 생활 습관 등을 주제로 포스터를 제작하며 배운 내용을 되새기고 실천 의지를 높인다.

▲ [산출물] '감염병 예방 포스터' 학생 작품

완성한 후에는 직접 내용을 구상하고 그린 포스터를 짝에게 소개해보자. 서로의 작품을 비교하고 대화를 나누며 감염병 예방에 대한 다양한 시각을 공유할 수 있다. 이 과정에서 학생들은 서로의 생각을 듣고 자신의 태도를 되돌아보게 된다. "마스크를 왜 써야 하는지 설명하다 보니 저도 더 잘 실천해야겠다고 느꼈어요.", "친구들마다 중요한 내용을 강조하는 방식이 달라서 보는 재미가 있어요."라며 감염병 예방의 중요성을 새롭게 인식하는 모습을 보였다.

또한 학생들의 작품을 교실과 복도 등의 장소에 게시하면, 자신의 작품이 공동체에 기여할 수 있음을 경험하게 될 것이다. 이러한 배움은 학생으로 하여금 생활 속에서 자신이 실천할 수 있는 또 다른 작은 변화를 찾도록 만든다.

2.2 안전: 재난 상황과 일상 속 위험에 대처하기 14~29차시

14차시부터 29차시까지는 재난 상황과 일상 속 위험 요인을 분석하고, 적절한 대처 방법을 익혀 실천하며, 안전한 생활태도를 기르는 안전교육 과정이다. 제시된 순서를 반드시 따를 필요는 없으며, 학교 및 학급 상황에 맞게 유연하게 재구성하여 활용해보자.

▲ [자료] 국민안전체험센터 홈페이지(왼쪽) | 한국어린이안전재단 어린이 안전체험교실 홈페이지(오른쪽)

또한, 매년 학교 공문을 통해 '학교로 찾아가는 이동안전체험버스', '안전체험기관 활용 안전교육 지원', '찾아가는 안전체험교실' 등의 안전 체험 교육 프로그램을 신청할 수 있으므로 이를 적극 활용하는 방법도 추천한다. 아울러 각 학교의 안전교육 계획에 맞춘 행사와 연계하여 실시하면 더욱 효과적인 교육이 될 것이다.

1 안전 규칙과 생존수영 준비 14~15차시

🔍 지도안 함께 보기

이 수업은 학생들이 생활 속에서 다칠 수 있는 순간을 인식하고, 안전한 행동을 실천할 수 있도록 구성하였다. 덧붙여 초등학교 3학년부터 필수로 실시되는 생존수영 수업과도 사전 교육으로서 연계가 가능하다.

차시	14~15차시	준비물	활동지
수업 주제	재난상황과 일상생활 속 다양한 위험 요인 찾아보고 대처 방법 익히기		
학습목표	재난 상황 시 대처 방법을 알고, 물에서의 안전 수칙을 배울 수 있다.		

활동 흐름		
도입(10분)	▶생활 속에서 다칠 수 있는 순간 이야기 나누기 -최근 다쳤던 경험과 이에 대한 생각 발표해보기 ▶학교 안전사고 얼마나 많이 일어나는지 탐색하기	
전개(60분)	▶실제 사례를 통해 위험한 행동 알아보기 -이 행동은 왜 위험할까 생각해보고 일어난 결과 알기 -교실, 복도, 운동장에서 지켜야 할 생활 안전 규칙 작성해보기 ▶학교에서 지켜야 할 안전 규칙 익히기 -장소별로 위험한 행동 찾기 교실 / 복도와 계단 / 화장실 / 운동장 / 급식실 -어떻게 하면 더 안전하게 생활할 수 있을지 찾아 안전약속 제안하기 ▶생존수영교육 사전 안전 약속하기 -수영장에 가기 전 반드시 지켜야 할 5가지 안전 수칙 배우기 -물에 빠졌을 때 해야 할 일과 하면 안 되는 행동 구별하기 -HELP 자세 교실에서 연습해보기 -수영장에서 지켜야 할 수칙 알기	▲ [영상] 안전교육2단계-수영장 안전과 예절(EBS Kids)
정리(10분)	▶안전 약속 실천 다짐하기 "나는 학교에서 ○○○을 꼭 지킬 거예요!" "나는 수영장에서 ○○○을 꼭 지킬 거예요!"	

도입: 생활 속에서 다칠 수 있는 순간 나누기

우선 학생들의 실제 경험을 바탕으로 이야기를 할 수 있도록 유도하고 "다치지 않으려면 어떻게 해야 했을까?"라는 질문을 던져 스스로 해결책을 찾도록 하자. 실제로 일상 생활 속에서 안전사고가 얼마나 많이 일어나고 있는지 체감할 수 있도록 정보를 탐색하는 활동으로 시작해보자. 다음 활동지를 활용한다.

02 수업 운영

활동지 14_15차시(1)

학교 안전사고 탐색하기

1. 자료를 보고 실제로 생활 속 안전사고가 얼마나 일어나고 있는지 알아봅시다.

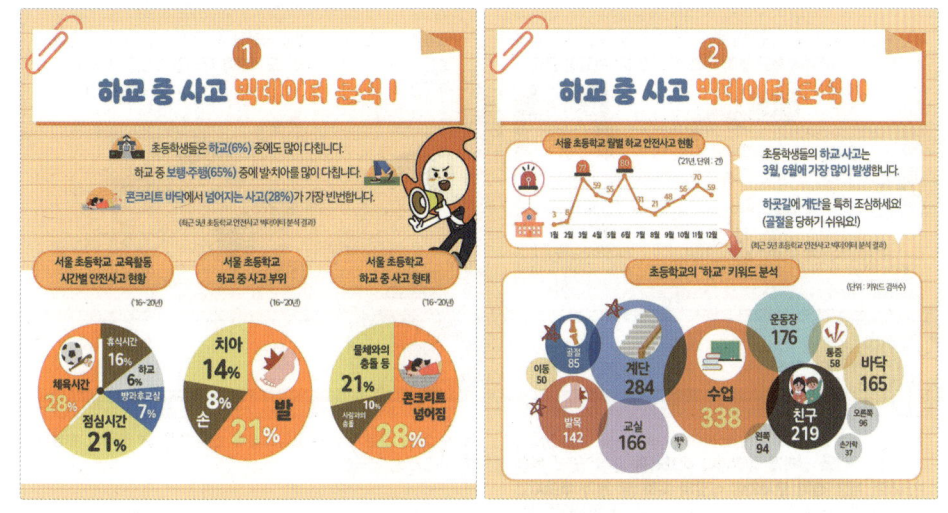

▲ [자료] 하교 중 사고 빅데이터 분석 (출처: 서울교육블로그)[5]

2. 학교 교육활동 시간 중 안전사고는 주로 언제 많이 발생했나요?

3. 하교 중 가장 많이 일어난 사고는 무엇인가요?

4. 하굣길 특히 조심해야 할 장소는 어디인가요?

전개①: 위험한 행동 알아보고 안전 규칙 작성하기

이어서 실제 사례를 통해 위험한 행동의 종류와 그 결과를 알아보자. 서울교육블로그(blog.naver.com/seouledu2012)에 '초등학교 안전사고 사례'가 소개되어 있어 이를 활용하였다. "어떻게 하면 이 안전사고를 예방할 수 있었을까?" 고민하며, 학생들이 스스로 예방 방법을 작성하도록 하면 더욱 효과적이다.

활동지 14_15차시(2)

실제 사례를 통해 위험한 행동 알아보기

1. 안전사고를 예방할 수 있는 생활 안전 규칙을 적어봅시다.

▲ [자료] 초등학교 안전사고 사례 (출처: 서울교육블로그)[6]

이 과정에서 시각자료를 활용해 발표하도록 하여 듣는 학생들의 이해를 돕고, 안전 정보가 확실하게 공유되도록 한다. 학생들과 함께 직접 해당 장소로 이동해 발표하도록 한다면 현장감이 높아져 더욱 실질적인 안전사고 예방 효과를 낼 수 있다.

▲ [산출물] 학생이 캔바로 만든 '장소별 안전약속 발표자료'

전개②: 생존수영교육 사전 안전 약속하기

▲ [활동] 생존수영교육 진행 모습

초등학교 3학년은 처음 수영 실습을 받는 시기이다. 따라서 다이빙하지 않기, 숨 참기 게임하지 않기, 미끄러운 바닥에서 뛰지 않기 등 수영장과 물에서의 올바른 행동을 익히고, 위험을 예방하는 법을 생존수영 실습 사전 교육을 통해 반드시 배워야 한다. 또한 사전에 안전 수칙을 숙지하면 실습 중 당황하지 않고 침착하게 대응할 수 있으며, 실제 위기 상황에서도 자신의 생명을 지키는 기본 역량을 기를 수 있다.

따라서, 수영 전 준비운동하기, 구조 요원이나 선생님 지시에 따르기, 깊은 물에 들어가지 않기, 물에서 장난치거나 밀지 않기, 몸이 이상하면 즉시 물 밖으로 나오기 등 필수적인 안전 약속이 필요하다. "하지 마세요!"라고 확실하게 전달하는 것도 필요하지만, 영상 자료(QR코드)를 활용해 위험한 행동의 결과를 설명하면 학생들이 안전 약속의 중요성을 인식하는 데 효과적일 것이다.

안전교육 2단계 - 수영장 안전과 예절 (EBS 키즈)

정리: 안전 약속 실천 다짐하기

오늘 배운 내용을 바탕으로 스스로 지킬 안전 약속을 정하고 말로 표현해본다. 학교와 물놀이를 하는 장소에서 구체적으로 어떤 안전 수칙을 지킬 것인지 친구들과 다짐을 나누며 실천 의지를 다지고 마무리하자.

2 교통 안전 16~17차시

🔍 지도안 함께 보기

초등학교 3학년 학생들은 위험을 예측하는 능력과 순간적인 대처 능력이 부족하기 때문에 보행 시 그리고 자전거·킥보드를 이용할 때 지켜야 할 안전수칙을 단순한 설명보다는 직접적인 실습과 체험을 통해 몸에 밴 습관으로 만들어주는 것이 중요하다. 이 점에 중점을 두고 교통 안전 수업을 구상하였다.

차시	16~17차시	준비물	헬맷, 보호대, 활동지
수업 주제	재난상황과 일상생활 속 다양한 위험 요인 찾아보고 대처 방법 익히기		
학습목표	보행자의 교통 규칙과 자전거·킥보드 이용 시 안전 수칙을 이해하고, 올바른 보행 습관과 보호 장비 착용을 실천할 수 있다.		

활동 흐름	
도입(30분)	▶〈빨간망토는 할머니를 무사히 찾아갈 수 있을까?(한국교통안전공단)〉 영상 함께 보기 ▶교통 안전 중요성 이야기 나누기 -횡단보도를 건널 때 어떤 점을 주의해야 할까요? ▶어린이 교통사고 사례 알아보기 -《실제 블랙박스 영상을 통해 알아보는 어린이 교통사고 5가지 유형(안전한TV)》 영상) ▲ [영상] 빨간망토는 할머니를 무사히 찾아갈 수 있을까?(왼쪽) 실제 블랙박스 영상으로 알아보는 어린이 교통사고 5가지(오른쪽)

전개(40분)	▶보행자의 기본 교통 규칙 익히기
	-신호등 색깔의 의미 이해하기
	-보행자가 꼭 지켜야 하는 3가지 원칙 배우기
	
	    1. 신호를 꼭 확인한다.
	    2. 좌우를 살펴보고 건넌다.
	    3. 건널 때는 뛰지 않고 천천히 간다.
	
	▶우리 학교 주변 교통 상황 살펴보기

	▶횡단보도 건너기 실습하기 -교실에서 모형 횡단보도를 만들어보며 직접 건너는 연습하기 ▶자전거와 킥보드 이용 시 안전 수칙 배우기 -자전거와 킥보드의 위험요소 알아보기 ▶안전 장치 착용 실습하기 -헬멧, 보호대 착용법 익히기 -친구들과 올바르게 착용하는 방법 연습하기 ▶자전거, 킥보드 안전하게 타는 방법 알아보기 -차도에서 자전거를 타면 안 되는 이유 이해하기 -킥보드를 안전하게 타는 방법 배우기(속도를 줄이고 주변을 살피기) ▶자전거 안전표지판 배우기 -자전거 전용 도로와 보행자 도로 구별하기
정리(10분)	▶새롭게 알게 된 내용 발표하고 다짐 말하기 "나는 길을 건널 때 ○○○을 꼭 지킬 거예요!" "나는 자전거를 탈 때 ○○○을 꼭 지킬 거예요!"

▲ [영상] 어린이 안전사고 예방법
(자전거·킥보드)

도입: 교통 안전의 중요성 알기

한국교통안전공단에서 제작한 [만화로 배우는 교통안전교육] 시리즈 영상은 친숙한 동화로 교통 안전 수칙을 전달해 이해가 쉽고 기억에도 잘 남는다. <빨간망토는 할머니를 무사히 찾아갈 수 있을까?> 영상(QR코드)을 시청하고, 활동지에 빈 칸 채우기 활동을 하며 교통 안전 수칙을 숙지하도록 한다.

[만화로 배우는 교통안전교육]
빨간망토는 할머니를
무사히 찾아갈 수 있을까?
(한국교통안전공단 교통안전TV)

다음으로 관련 뉴스 영상(QR코드)이나 통계 자료로 어린이 교통사고 실제 사례를 공유하고, "이 사고가 왜 발생했을까요?" 질문하며 사고의 원인과 예방 방법을 함께 고민하는 것이 좋다. 실제 사례를 활용하면 몰입도가 높아지고, 학생들의 경험을 통해 공감대가 형성되어 효과적이다.

실제 블랙박스 영상을 통해
알아보는 어린이 교통사고 5가지
유형 (안전한TV)

활동지 16_17차시(1)

교통 안전의 중요성 알기

1. 각 장면 속 빈칸에 들어갈 교통 안전 규칙을 영상 속에서 찾아봅시다.

정답: 신호등, 횡단보도

정답: 선다 본다 건넌다

정답: 좌우를 살핀다.

정답: 위험하다

2. 횡단보도를 건널 때 어떤 점을 주의해야 할까요?

3. 새롭게 알게 된 내용은 무엇인가요?

전개: 교통 안전 실습하기

교통 안전의 중요성에 대해 알아보았다면, 이제 실습을 통해 교통 규칙을 몸소 익힐 차례다. 학생들이 당장 알아야 할 교통 안전 영역을 꼽자면 '보행(길 건너기)', '자전거·킥보드'가 대표적이다. 학교 주변의 횡단보도나 길을 건너야 하는 장소의 사진을 미리 촬영해 보여주거나, 거리뷰를 활용해 함께 확인하자. 자신이 매일 다니는 길을 직접 보면서 학습하면 수업 내용을 더욱 현실적으로 받아들이게 될 것이고, 실제 삶과 연결되어 안전한 행동을 스스로 실천할 가능성이 더욱 높아진다.

▲ [활동] 우리 학교 주변 교통 환경 확인하기 (출처: 대전광역시교육청, 네이버 거리뷰)

그다음은 실제 길이라고 생각하며 〈횡단보도 건너기〉 활동을 한다. 교실 바닥에 테이프로 횡단보도를 만들어 직접 건너보게 하자. 신호를 무시하고 뛰어가기 등의 잘못된 예를 연출하면, 학생들이 위험성을 바로 깨달을 수 있다.

'자전거·킥보드' 교통 안전의 중요성은 안전보건공단의 〈어린이 안전사고 예방법〉 영상에 잘 나타나 있다. 영상에서는 사고 위험의 순간 '안전보건 안젤이'가 등장한다. 예상하지 못한 순간 위험한 상황이 발생할 수 있음에 학생들을 집중시키자. 영상 시청 후 실제 헬멧과 보호대를 준비하여 학생들이 착용해보게 하면 더욱 좋다.

[어린이 안전교육] 어린이 안전사고 예방법(자전거·킥보드,마트,학교) (안전보건공단)

학생들과 자전거 표지판을 살펴보는 것도 추천하는 활동이다. 의외로 학생들은 자전거 표지판에 대해 잘 알지 못한다. 보행자와 자전거 도로, 차도를 구별하여 안전하게 자전거를 타도록 학습시킬 필요가 있다.

활동지 16_17차시(2)

자전거 안전표지판 알아보기

▶자전거 안전표지판에 대해 알아보고 자전거 전용도로와 보행자도로를 구별해봅시다.
(표지판 출처: 한국도로교통안전공단)[7]

자전거와 (보행자)가 (함께) 다닐 수 있는 도로	(자전거)와 보행자가 다니는 곳이 (구분)된 도로	자전거를 (탄 채)로 건널 수 있는 도로	(자전거)만 다닐 수 있는 도로	차도의 일정 부분을 자전거만 다닐 수 있도록 구분해 놓음	(자전거)가 지나갈 수 없는 곳

정리: 새롭게 알게 된 내용 발표하고 다짐 말하기

오늘 배운 교통안전 수칙 중 가장 기억에 남는 것을 발표하며 수업을 마무리해보자. 보행과 자전거, 킥보드 이용은 학생들의 삶과 가까운 수업 요소이다. 다시 한번 지켜야 할 약속을 언급하며, 안전한 생활 실천 의지를 다져보면 어떨까?

3 친구 사이 갈등 해결 18~19차시

지도안 함께 보기

학생들은 또래 관계에서 크고 작은 갈등을 경험한다. 감정 조절과 갈등 해결 능력이 충분히 발달되지 않아 작은 오해는 큰 다툼으로 이어진다. 폭력 없는 건강한 관계를 형성하기 위해서는 평화로운 갈등 해결 방법을 익히고, 친구를 존중하는 태도를 배우는 것이 중요하다.

차시	18~19차시	준비물	활동지, 주사위, 게임판
수업 주제	재난상황과 일상생활 속 다양한 위험 요인 찾아보고 대처 방법 익히기		
학습목표	친구 사이에서 생길 수 있는 갈등에 적절히 대처하는 방법을 익혀 실천하고, 이를 통해 안전하고 건강한 삶을 위한 태도를 기를 수 있다.		

활동 흐름	
도입(30분)	▶사전과제: 《만복이네 떡집》 책 읽어오기 ▶'만복이네 떡집' 온라인 퀴즈 참여하기 ▶친구 사이에서 갈등이 생기는 순간 알아보기 -친구와 갈등이 있었던 경험 나누기 -이럴 땐 어떻게 해야 할까? 짝과 서로의 생각 들어보기 ▲ [도서] 만복이네 떡집(김리리 글·이승현 그림, 비룡소, 2010)
전개(40분)	▶갈등을 평화롭게 해결하는 방법 배우기 -좋은 해결 방법 vs. 나쁜 해결 방법 토론하기 -해결책을 비교하여 어떤 해결 방법이 더 좋을지 이유 생각하게 하기 -이럴 땐 어떤 떡이 필요할지 해결책 제시해보기 -평화로운 친구 관계를 위한 3가지 약속 만들고 교실에 게시하기 ▶갈등 해결 보드게임하기
정리(10분)	▶우정 종이비행기로 다짐하기 "나는 앞으로 친구와 갈등이 생기면 ○○○할 거예요!"

도입:《만복이네 떡집》책 읽기

이 수업에서는 온책읽기와 연계하여《만복이네 떡집(김리리 글·이승현 그림, 비룡소)》을 도입자료로 활용해보자. 거친 말과 행동으로 문제를 일으키던 만복이가 신비한 떡집에서 특별한 경험을 하며, 말의 힘과 배려의 중요성을 깨닫고 변화하는 이야기이다. 수업 전 학생들에게《만복이네 떡집》을 읽어 오도록 안내하고, 이때 같이 할 수 있는 활동지(QR코드)도 미리 제공해주면 좋다. 활동지의 내용을 3학년 국어 교육과정과 연계하면 학습의 깊이를 더할 수 있다.

활동지 18_19차시(1)
이야기를 읽고 일어난 일 파악하기

학생들과 만복이네 떡집에 관한 퀴즈를 풀어보며 수업을 열어보자. 학생들이 온라인에 접속해서 퀴즈에 참여할 수 있도록 띵커벨이나 카훗 등을 활용하면 재미있다.

▲ [활동] 만복이네 떡집 온라인 퀴즈 띵커벨

전개①: 좋은 해결 방법 vs. 나쁜 해결 방법 토론하기

학생들이 실제 생활에서 겪을 수 있는 갈등 상황을 다루어 참여도를 높이고, 감정 표현을 이끌어내며 특히 "나는 이 상황에서 기분이 어땠을까?" 생각하게 만들자. 〈좋은 해결 방법 vs. 나쁜 해결 방법 토론하기〉 활동에서는 학생들이 직접 해결책을 고민하게 하고, 그 이유도 발표하게 하여 스스로 판단할 수 있도록 유도하는 것이 좋다.

활동지 18_19차시(2)

갈등을 평화롭게 해결하는 방법 배우기
1. 주어진 상황에 따라 어떤 해결 방법이 좋을지 제시해봅시다.

상황 1: 친구가 실수로 책상을 밀어 내 필통이 바닥에 떨어졌어. 그런데 친구가 미안하다고 하지 않고 그냥 가버렸어. 속상한 마음이 들었어. 어떻게 하면 좋을까?	예시) 진심 설기떡이 필요해! (친구가 내 마음을 이해하고 미안한 마음을 전할 수 있도록 도와주기 위해 말을 하고 싶지만 망설일 때 필요하다)
상황 2: 모둠활동을 하는데 나는 빨간색으로 꾸미고 싶어. 그런데 친구는 파란색이 더 좋다고 주장해. 서로 자기 의견만 맞다고 해서 활동이 계속 늦어지고 있어. 어떻게 하면 모둠활동을 잘 마무리할 수 있을까?	예시) 반반 모둠떡이 필요해! (이 떡을 먹으면 내 생각도 반, 친구 생각도 반 섞여서 더 좋은 아이디어가 나올 수 있다)
상황 3: 운동장에서 친구들이랑 축구를 하는데 한 친구가 자꾸 자기만 찬다고 하는 거야. 다른 친구들은 불만이 쌓였지만 말하기 어려워하고 있어. 어떻게 하면 모두가 즐겁게 놀 수 있을까?	
상황 4: (자신의 경험을 떠올려 직접 상황을 제시해보세요)	

토론 활동을 통해 나온 해결책을 정리하여 '평화로운 친구관계를 위한 우리들의 약속'을 만들자. 《만복이네 떡집》과 연결시켜 '우리 반에서 갈등이 생겼을 때 해결을 도와줄 수 있는 떡 메뉴판'을 함께 만들어보는 것은 어떨까?

전개②: 갈등 해결 향상 보드게임하기

앞서 진행한 활동을 바탕으로, 친구들과 〈갈등 해결 향상 보드게임〉을 하면서 다양한 해결 방법을 재미있게 익힐 수 있게 하자. 갈등 해결 및 소통 기법을 익히기 위해 개발된 게임으로, 2~4명이 모여 약 30분 동안 할 수 있다. 게임은 보드판, 카드(해결카드, 생각카드, 갈등카드), 주사위, 게임 말, 게임 포인트 등으로 구성되어 있다. 이 보드게임은 인터넷 오픈마켓이나 교구몰에서 구입할 수 있으며, 국어·도덕·사회 등 갈등 상황을 다루는 과목이나 의사소통 관련 수업에서도 활용할 수 있을 것이다.

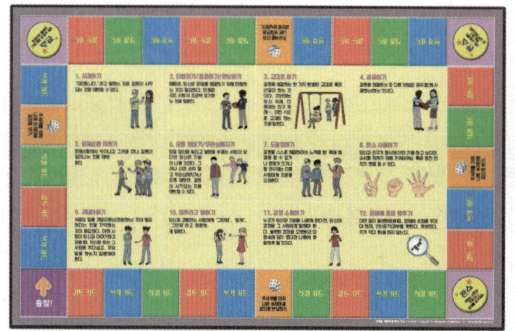

▲ [자료] 갈등 해결 향상 게임 (출처: 마인드프레스)

정리: 우정 종이비행기로 다짐하기

학생들에게 종이비행기를 나눠주고 수업을 통해 새롭게 알게 된 점, 느낀 점 등을 적은 뒤 날리는, 몸을 움직이는 활동을 하도록 하여 긍정적인 분위기로 수업을 마무리해도 재미있다. 랜덤으로 비행기를 주워 '나는 앞으로 친구와 다투면 어떻게 해결할 것인지' 친구들이 적은 내용들을 낭독해 보게 하는 것도 의미 있을 것이다.

 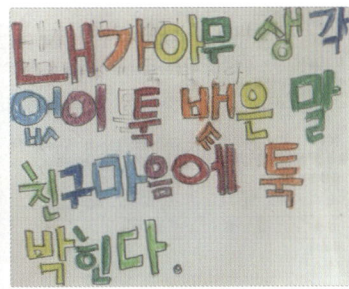

▲ [활동] 종이비행기로 다짐하기

4 스마트폰 중독 예방 20차시

지도안 함께 보기

요즘 학생들은 스마트폰과 디지털 기기 사용이 일상화되어 있지만, 자신의 사용 습관과 그 영향에 대해 깊이 고민할 기회는 많지 않다. 단순히 사용을 줄이는 것이 아니라, 스스로 습관을 점검하고 건강한 디지털 생활을 실천하도록 돕는 것이 목표다.

차시	20차시	준비물	활동지, 경매카드
수업 주제	재난상황과 일상생활 속 다양한 위험 요인 찾아보고 대처 방법 익히기		
학습목표	인터넷과 스마트 기기를 올바르게 사용하고 적절히 관리하는 태도를 기를 수 있다.		
활동 흐름			
도입(10분)	▶나의 스마트 기기 사용 습관 점검 보고서 사전 과제 발표하기 -하루에 몇 시간 스마트폰을 사용하는지 체크하기 -나는 스마트폰을 어떤 목적으로 가장 많이 사용하는지 공유하기	▲ [영상]내가 설마…스마트폰 중독이라고? (행정안전부)	

전개(25분)	▶스마트폰이 우리 몸과 생활에 미치는 영향 알아보기 -사진작품이 의미하는 것이 무엇일지 생각해보기 -스마트폰을 오래 사용하면 어떤 문제가 생길까요? ▶스마트폰 생활 습관 경매로 건강한 스마트 기기 사용법 배우기 ▶최종적으로 자신이 획득한 습관을 1주일 동안 실천하는 챌린지하기	▲ [자료] 안토니 가이거, SUR-FAKE 시리즈(2015) (출처: 작가 인스타그램 @antoinegeiger)
정리(5분)	▶나만의 챌린지 게시하고 실천 다짐하기 "나는 앞으로 스마트폰을 ○○○시간만 사용할 거예요!"	

도입: 나의 스마트 기기 사용 습관 점검 보고서 발표하기

수업은 〈나의 스마트 기기 사용 습관 점검하기(QR코드)〉 사전 과제 발표로 시작한다. 이 과제는 부모님과 함께 작성하도록 안내해 가정에서도 지속적으로 실천할 수 있도록 하자. 등굣길에 게임을 하는지, 자기 전 유튜브를 시청하는지 등 자신의 습관을 객관적으로 바라볼 기회가 될 것이다.

또 어떤 상황에서 스마트폰을 가장 많이 사용하는지 돌아보고, 만약 사용하지 않았다면 그 시간을 어떻게 활용했을지도 생각해보게 하여 자신의 디지털 습관을 객관적으로 분석할 수 있도록 유도하자. 스마트쉼센터(www.iapc.kr) 등 온라인으로 하는 '스마트폰 과의존 검사'를 직접 실시하게 해보는 것도 추천한다.

활동지 20차시(1)
나의 스마트 기기 사용 습관 점검하기

전개~정리: 스마트폰 생활 습관 경매 게임하기

〈스마트폰 생활 습관 경매 게임〉은 학생들이 건강한 스마트폰 사용습관을 스스로 선택하도록 유도하는 활동이다. 학생들이 직관적으로 이해하고 선택할 수 있도록 A5 크기의 실제 게임 카드 형태로 제작하면 효과적이다. 카드는 한쪽에는 아이콘을 넣고, 뒷면에는 해당 습관의 필요성을 간략하게 설명해줘도 좋다.

▲ [자료] '스마트폰 생활 습관 경매 게임' 카드 예시

카드를 교사가 미리 제작하여 제공할 수도 있지만, 〈나의 스마트 기기 사용 습관 점검 보고서〉 문항을 참고해 학생들이 직접 한두 장씩 제작한 후 게임에 활용하면 더욱 의미있겠다. 게임 방법은 다음 활동지를 참고한다.

활동지 20차시(2)

스마트폰 생활 습관 경매 게임하기

1. 스마트폰 생활 습관 경매 게임 방법을 알아보고 게임에 참여해봅시다.

① 카드 살펴보기
 모든 카드를 우선 한 장씩 읽어보면서 어떤 습관들이 있는지 알아보세요.

② 습관 카드 설명 듣기
 카드마다 해당 습관이 왜 중요한지 귀 기울여 듣고 중요한 이유를 기억해두면 좋아요.

③ 우리 팀의 우선 습관 3개 정하기
 3~4명이 팀이 되어 우리 팀이 가장 중요하다고 생각하는 습관 카드 3장을 먼저 골라보세요. 친구들과 이야기하면서 정해야 해요.

④ 디지털 건강 포인트 받기
 각 팀은 디지털 건강 포인트 100점을 받아요. 이건 돈처럼 사용할 수 있어요. 이 포인트는 경매할 때 아주 중요해요!

⑤ 경매 시작
 카드가 경매로 불리면 갖고 싶은 팀은 얼마를 낼지 손 들고 불러보세요.

⑥ 입찰해서 카드 얻기
 가장 높은 포인트를 낸 팀이 그 카드를 가져가요. 포인트를 아껴 가며 똑똑하게 쓰는 게 중요해요!

⑦ 작전 바꾸기(중간 점검)
 포인트는 정해져 있으니까 전략이 필요해요. 중간에 남은 포인트를 보고 작전을 다시 세울 수 있어요.

⑧ 디지털 건강 챌린지 계획 세우기
 게임이 끝나면 우리 팀이 얻은 카드들을 보고 그중 하나를 골라서 실천 계획을 세워요.

나만의 디지털 건강 챌린지 계획 세우기

내가 도전할 습관:	
○월 ○일 실천 내용 기록	챌린지 ○일차 소감:

〈스마트폰 생활 습관 경매 게임〉 말미에 각자 〈나만의 디지털 건강 챌린지〉 계획을 세웠을 것이다. 잘 보이는 곳에 학생들의 챌린지 목록을 게시하고, 이후 달성 여부를 확인하여 보상과 격려를 해주자. 참여도가 더욱 높아지며 반응도 훨씬 좋아질 것이다.

5 화재 대피 훈련 21~23차시

지도안 함께 보기

화재는 예고 없이 발생하며, 학생들은 실제 상황에서 빠르고 올바르게 대처하는 능력을 길러야 한다. 이번 수업은 화재 발생 시 대피 방법을 배우고, 실제 학교 내 대피 훈련을 통해 안전한 대처법을 익히며, 화재 예방을 위한 실천 방법을 고민할 수 있도록 구성하였다. 학교 안전계획에 따른 안전교육 주간 화재대피 훈련과 연계하여 운영하거나 여름, 겨울방학 사전 안전교육 시기에 실시해도 좋다.

차시	21~23차시	준비물	활동지
수업 주제	재난상황과 일상생활 속 다양한 위험 요인 찾아보고 대처 방법 익히기			
학습목표	화재 발생 시 대피할 때의 주의사항을 알고, 신속하고 안전한 대피 방법을 연습할 수 있다.			
활동 흐름			

도입(30분)	▶화재가 발생하면 어떻게 해야 할까? 뉴스 영상 함께 보기
	▶우리 학교 안전대피 지도 그리기
	  -학교 출입구에서 교실로 오는 여러 가지 방법 떠올리기
	  -우리 교실과 가장 가까운 출입구는 어디에 있는지 생각해보기
	  -가장 최적의 대피 경로 나타내어 보고 약속하기			

전개(80분)	▶소화기 구조 및 사용법 알아보기
	▶화재 발생 시 대피 방법 배우기
	  -몸을 낮추고 이동하기, 젖은 수건으로 코와 입 가리기,
	   119에 신고하기 등 행동요령 알아보기
	▶ [영상] 아파트에서 화재가 발생하면 도대체 어떻게 하라는 걸까? (소방청TV)			

	-화재 시 안전하고 신속한 대피를 위해 주의할 사항 숙지하기 ▶119안전체험관 메타버스 앱으로 화재발생 체험하기
정리(10분)	▶화재 안전 대피 일기 쓰기 "나는 화재가 나면 ○○○을 할 거예요!"

도입: 우리 학교 안전대피 지도 그리기

화재가 발생하면 어떻게 해야 할까? 빠르고 안전하게 대피하는 것이 가장 중요할 것이다. 도입에서는 TV 뉴스로 보도되는 화재 사고 시 대피 영상(QR코드)을 시청하자. 학생들의 집중도를 높이고, 실제 행동을 쉽게 이해하도록 돕는다. 올바른 대피가 생명을 지키는 데 있어 얼마나 큰 역할을 하는지도 알 수 있다. 소개한 영상을 활용해도 좋고, 유사한 것이라면 무엇이든 무방하다.

"젖은 수건으로 입 막아"..
대피요령 지켜 인명피해 '0' / KBS
2024.12.02. (KBS News)

따라서 평소 생활 공간의 대피 경로는 늘 숙지해두어야 한다. 학생들에게 학교 출입구에서 교실까지의 다양한 동선을 직접 떠올리게 하고, "가장 빠르고 안전한 대피 경로는 어디일까요?"라는 질문으로 고민해보도록 유도한다. 또한 "불이 났을 때 무조건 뛰어나가야 할까요?" 등의 질문을 던져 사고를 확장하고, 올바른 대처방법에 대해 관심을 가질 수 있도록 하자. 이 과정에서 실제 학교 배치도를 활용하면 대피 경로를 보다 명확하게 이해하는 데 도움이 된다.

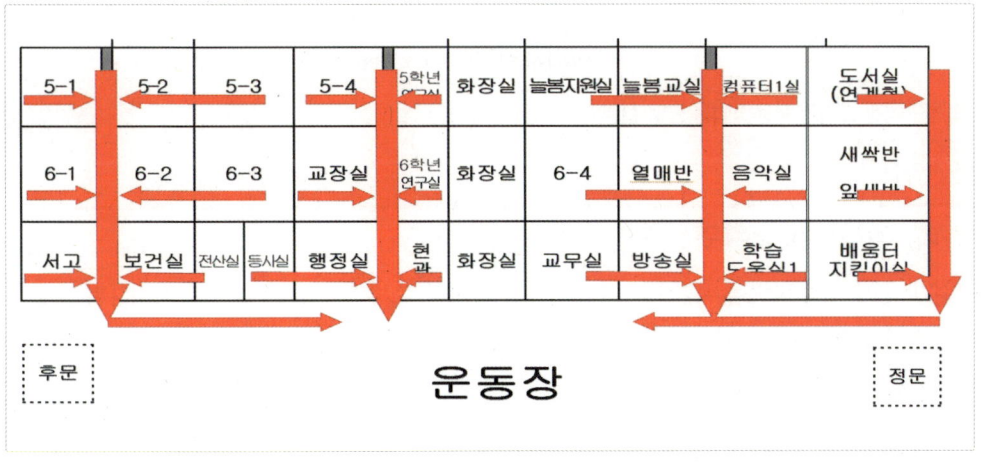

▲ [활동] 학교 배치도를 활용해 재난 대피 지도 그리기

전개①: 화재 발생 시 행동 요령 배우기

소방청TV의 〈아파트에서 화재가 발생하면 도대체 어떻게 하라는 걸까?〉 영상(QR코드)은 단순한 대피 방법 안내를 넘어, 화재 사건 통계를 분석하여 상황별로 효과적인 행동요령을 판단하는 방법을 알려준다. 자기 집으로 화염이나 연기가 들어오지 않을 때, 화염이나 연기가 들어오고 복도나 계단에 화염이나 연기가 없을 때, 복도나 계단에 화염이나 연기가 있을 때 등, 다양한 상황에서의 적절한 행동요령을 알 수 있다.

[소방청N] - 아파트에서 화재가 발생하면 도대체 어떻게 하라는 걸까? (소방청TV)

추가로 만일의 사태에 대비해 소화기 구조 및 사용법도 활동지를 통해 숙지하면 좋다.

활동지 21_23차시

소화기 구조 및 사용법 알아보기

1. 빈칸에 알맞은 말을 넣어 봅시다.

▲ 소화기 사용 방법 (출처: 소방청)

2. 친구에게 소화기 사용방법을 말로 설명하며 시연해 봅시다.

전개②: 화재 대피 모의 훈련하기

화재 발생 시 대피 방법을 배웠으니 이제 실습할 차례다. 소방청의 '119안전체험관 메타버스' 앱을 활용해 가상 체험을 하거나, 학교로 찾아오는 화재 안전체험 프로그램을 이용해 실전 모의 훈련을 해도 좋다.

▲ [활동] 소방청 '119안전체험관' 앱 내려받기 화면(왼쪽) | 화재안전 체험장 메뉴(오른쪽)

'메타버스 119안전체험관'은 멀티미디어북과 OX퀴즈 형태의 게임형 교육 프로그램으로, 안전교육 공간, 장비 전시 공간, 안전체험 공간으로 구성되어 있다. 화재 안전 카테고리는 안전체험 공간에 포함되며, 아바타 설정이 가능하고 체험 미션을 완료하면 수료증도 발급해준다. 이 프로그램은 소방청 누리집(nfa.go.kr/nfa)에서 PC버전 설치파일을 내려받거나, 구글 플레이스토어 및 앱 스토어에서 '119안전체험관'을 검색하여 설치 가능하다.

▲ [활동] 화재 체험: 코와 입을 보호할 수 있는 물건 찾기(왼쪽) | 화재 체험: 화재 진압하기(오른쪽)

화재 대피 모의 훈련은 실제 상황을 가정하여 진행하는 만큼, 화재 발생 시 주의해야 할 사항을 학습하는 기회로 활용하자. 예를 들어, "문을 열기 전에 손으로 문 손잡이를 만져보는 이유는 무엇일까요?", "불길이 있는 곳으로 대피할 수 없는 경우 어떻게 해야 할까요?" 등의 문제를 내주며 상황에 따라 적절한 판단을 하고 행동하도록 강조한다.

정리: 화재 안전 대피 일기 쓰기

훈련 후 학생들이 배운 내용을 바탕으로 '화재가 발생했을 때 나는 어떻게 행동할 것인가?'를 주제로 화재 안전 대피 일기를 작성하게 하는 것도 좋겠다.

6 지진 안전교육 24~26차시

지도안 함께 보기

최근 우리나라에서도 지진이 발생하면서 지진 안전교육의 중요성은 더욱 커지고 있다. 이번 수업에서는 지진 사례를 통해 위험성을 인식하고, 지진 발생 전·중·후 대처법을 배우며, 실제 대피훈련을 통해 위기 대응 능력을 키울 수 있도록 의도하였다. 학교 안전교육주간에 실시하는 지진 대피 훈련과 연계하여 운영하면 더욱 효과적일 것이다.

차시	24~26차시	준비물	스마트 기기, 활동지
수업 주제	재난상황과 일상생활 속 다양한 위험 요인 찾아보고 대처 방법 익히기		
학습목표	지진 발생 전, 중, 후의 대처 방안을 익혀, 상황에 따라 안전하게 행동하는 방법을 실천할 수 있다.		

활동 흐름

도입(40분)
- ▶지진 사례 뉴스 영상 함께 보기
  - 우리나라에서도 최근 지진이 발생하고 있음을 상기시키기
- ▶지진에 관해 조사해보기
  - 조사한 정보를 정리하여 지진 관련 조사 보고서 만들기

전개(70분)
- ▶지진이 발생했을 때 안전하게 대처하는 방법 알아보기
  - 지진이 발생했을 때 장소별로 어떤 일이 발생할지 예상해보기
  - 팀을 나눠 각 장소에서 지진이 발생했을 경우를 상상하여 어떻게 대처해야 할지 토론 후 대처 행동 제안하게 하기
  - 지진이 발생한 후에는 어떻게 대처해야 할지 행동요령 확인하기
- ▶지진 옥외 대피 장소를 나타내는 표지판 보여주기
  - 우리 학교나 집 주변 지진 대피 장소 찾아보기
- ▶실제 상황을 가정하고 지진 대피 훈련하기

▲ [자료] 안전디딤돌 앱

정리(10분)
- ▶우리 집 지진 대피 현황 점검할 수 있도록 과제 안내하기
- ▶느낀 점 나누기
  "나는 지진이 나면 이렇게 행동할 거예요!"

도입: 우리나라는 지진 안전지대가 아니다

가장 먼저 국내에서 발생한 지진을 보도하는 뉴스 영상(QR코드)을 활용해 우리나라에서도 지진이 발생하고 있음을 인식하게 하고, 뉴스 속 피해 상황을 보며 지진의 위험성을 생생하게 체험하도록 하자.

한반도 지진 안전지대 아니다?...최근 지진 피해 상황은? (MBN News)

이어서 지진에 관해 더 알아보고 싶은 것을 중심으로 조사하여 보고서를 작성해보고 친구들과 공유하게 한다. 조사한 내용을 친구들 앞에서 발표하게 해도 좋다. 필자 학급에서는 조사보고서 작성과 공유에 '패들렛 샌드박스'를 활용하였다. 친구의 조사보고서를 보고 인상 깊은 부분에 표식을 달아주게 하면 반응이 좋을 것이다.

▲ [산출물] '지진 조사보고서' 학생 산출물

전개: 장소별 지진 대처법 토론하기

본격적으로 팀을 나누어 장소카드를 뽑고, "이 장소에서 지진이 발생하면 어떻게 행동해야 할까?"를 주제로 대응책을 토론하도록 해보자. 장소는 교실, 복도, 운동장, 엘리베이터, 도서관, 대중교통 이용 중 실제 학생들이 자주 가는 곳으로 설정하여 현실적이고 구체적인 대처 행동을 제안해보도록 한다.

토론 후 영상 자료, 안전디딤돌 앱, 국민재난안전포털(www.safekorea.go.kr) 등을 활용해 올바른 판단이었는지 확인하고, 다음 활동지를 이용해 장소별 행동요령을 완성한다.

활동지 24_26차시(1)

지진 발생 시 장소별 행동요령 알아보기

1. 지진이 발생했을 때 안전하게 대처하는 방법을 알아봅시다.

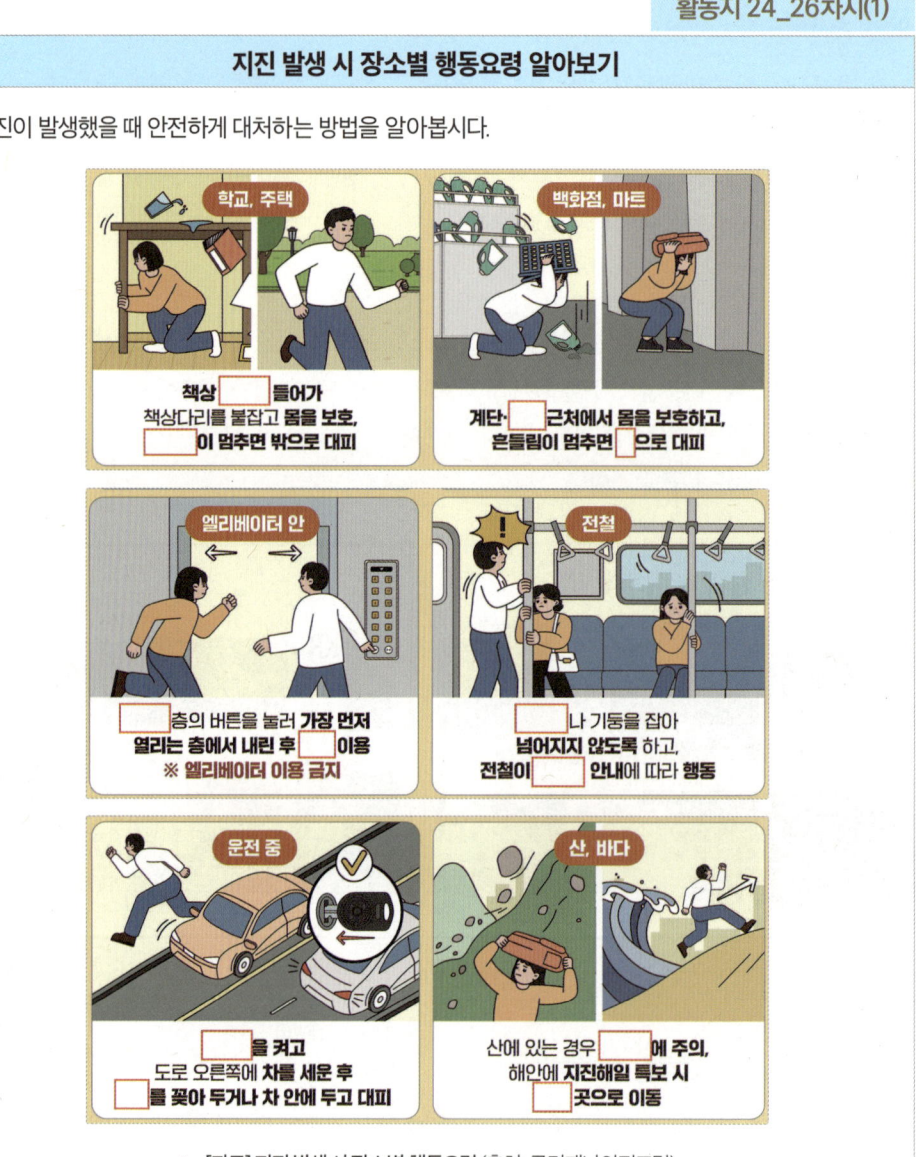

▲ [자료] 지진 발생 시 장소별 행동요령 (출처: 국민재난안전포털)

실전은 더욱 중요하다. 다음 활동지를 통해 우리 학교 또는 집 주변의 지진 대피장소를 함께 찾아보며 위치를 숙지하도록 하자.

활동지 24_26차시(2)

지진 대피 장소 찾아보기

1. 우리 학교나 집 주변 지진 대피 장소를 찾아보고 알아둡시다.

방법: '국민재난안전포털-재난현황-지역상황-지진대피장소-시도선택-검색'으로 우리 주변 지진 옥외대피소 찾기

▲ [자료] 지진대피소 표지판(출처: 국민안전교육플랫폼)(왼쪽) | 지진 옥외대피소 검색결과(오른쪽)

2. 시설명: _____ 상세주소: _____
   연락처: _____

그리고 실제 상황을 가정한 지진 대피 훈련을 하게 된다면, 사전에 교실 내 대피 순서와 경로를 정해 약속한 대로 대피할 수 있도록 연습한다.

▲ [활동] '지진 대피 훈련' 활동 모습

정리: 우리 집 지진 대피 현황 점검하기

학생들이 부모님과 함께 '우리 집 지진 대피 현황'을 점검해볼 수 있도록 간단한 체크리스트(QR코드)를 제공해 가정과 연계하는 것도 필요하겠다.
우리 집에서 가장 안전한 대피 장소, 가장 안전한 대피 경로, 비상시 가족이 모일 약속 장소나 친인척의 연락처 등도 미리 의논해두면 좋을 것이다.

활동지 24_26차시(3)
우리 집 지진 대피 현황 점검하기

7 응급처치 27~29차시

지도안 함께 보기

이번 차시는 응급처치가 필요한 이유와 기본적인 응급처치 방법을 배우고 익히는 것에 중점을 둔다. 초등학교 3학년 학생들은 아직 응급처치 경험이 적기 때문에, 단순한 설명보다 직접 실습하여 몸으로 익히는 과정이 중요하다. 교실 내 미니부스를 운영하여 다양한 응급처치 상황을 직접 체험하며 실습하는 방식으로 진행한다. 너무 무서운 사례를 들면 학생들이 겁을 낼 수 있으니 일상에서 쉽게 접할 수 있는 사례를 중심으로 다루자.

차시	27~29차시	준비물	응급처치키트
수업 주제	재난상황과 일상생활 속 다양한 위험 요인 찾아보고 대처 방법 익히기		
학습목표	응급처치의 기본 원리를 익혀 실습할 수 있다.		
활동 흐름			
도입(10분)	▶응급처치가 필요한 상황 이야기 나누기 -일상에서 겪을 수 있는 응급 상황 떠올려보기 -잘못된 응급처치에 대한 질문으로 관심 유발하기		
전개(80분)	▶응급처치 도구 알아보기 -응급처치 키트 안에 있는 물품 소개하기 -어떤 상황에서 어떤 도구를 사용하는지 알아보기 ▶미니부스 체험-응급처치 실습하기 ▶실천 다짐하기 "나는 다쳤을 때 ○○○할 거예요." "나는 친구가 다쳤을 때 ○○○할 거예요."		▲ [영상] 비상약품, 구급상자를 알아요 (토모노트)
정리(30분)	▶'안전 골든벨'에 참여하기		

도입: 응급처치가 필요한 상황은?

학생들이 일상에서 겪을 수 있는 응급 상황을 함께 떠올리며, 응급처치의 필요성을 자연스럽게 인식하게 한다. 이때 잘못된 응급처치 상식에 대한 질문을 활용하여 흥미를 유발하면 학습동기를 높일 수 있다. 학생들이 응급 상황에 대해 불안해하기보다는 도움이 되는 지식을 배우고 있다는 긍정적인 인식을 갖도록 유도하는 것이 중요하다. 짧은 사례 영상으로 응급처치가 실제 생활과 밀접하게 연결되어 있음을 체감하게 하면 더 효과가 좋을 것이다.

전개①: 응급처치 도구 알아보기

먼저 가정이나 보건실에서 사용하는 기본적인 응급처치 도구부터 배운다. 영상(QR코드)을 함께 보

| 비상 약품을 알아요 | 구급상자 | 비상 약품 | 안전교육 (토모노트) |

면서 구급상자에는 무엇이 필요한지 알아보고 나만의 구급상자를 구성해보도록 하면 어떨까? 그린 물품이나 도구에 이름과 용도를 간단히 적게 해도 좋겠다.

활동지 27_29차시(1)

응급처치 도구 알아보기

▶ 필요한 응급처치 도구를 그려서 나만의 구급상자를 완성해 봅시다.

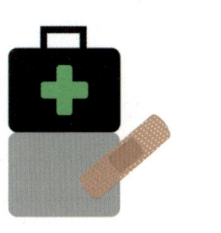

전개②: 미니부스 응급처치 실습하기

응급처치를 직접 배울 수 있는 교실 내 미니부스를 운영해보자. 학생들이 잘못된 응급처치를 경험한 경우가 의외로 많을 수 있으므로, 정확한 방법을 배워야 더 효과적인 응급처치를 할 수 있음을 강조하며 긍정적으로 지도한다.

부스 1: 상처가 났을 때	부스 2: 코피가 날 때
올바르게 소독하고 밴드 붙이기 손을 베었을 때 지혈하는 방법	코피가 났을 때 올바른 대처법 코를 눌러 지혈하는 방법
부스 3: 넘어져 타박상을 입었을 때	**부스 4: 심폐소생술(CPR)**
발목을 삐었을 때 대처방법 멍이 들었을 때 냉찜질하는 방법	심폐소생술(CPR) 방법 배우기 자동 심장충격기(AED) 알아보기

▲ [표] 미니부스 응급처치 실습 구성 예시

총 4개의 미니부스를 마련하고, 학생들은 조를 이루어 각 부스를 순환하며 실습에 참여하도록 해주자. 체험 내용은 제시와 다르게 재구성하여 운영해도 괜찮다. 각 부스에는 실습을 돕는 보조 역할의 학생을 배치하고, 조별로 시간을 정해 원활하게 체험할 수 있도록 조율하는 것이 효과적이다.

부스 1에서는 스티커를 이용해 가짜 상처를 손이나 팔에 붙여 본 뒤, 깨끗한 물로 씻고 소독한 후 밴드를 붙이는 실습을 진행해보자. 또한, 소독을 하지 않으면 감염 위험이 있다는 내용을 자료와 설명을 통해 안내할 것이다.

〈부스 1 예상 시나리오〉
"앗! 손을 베었어요! 어떻게 해야 하지?"
"먼저 깨끗한 물로 씻고 소독약을 발라야 해!"
"그냥 밴드 붙이면 안 돼요?"
"아니야! 소독을 안 하면 세균이 들어가 감염될 수 있어. 조심해서 발라보자."
(학생들이 서로 도와가며 상처 치료 연습하기)

부스 2에서는 코피가 났을 때 머리를 뒤로 젖히는 것이 잘못된 방법임을 알려주는 영상을 시청한 후, 깨끗한 휴지나 거즈를 이용해 올바르게 코를 눌러 보는 실습을 하게 된다. 부스 3에서는 스티로폼이나 가짜 붕대를 활용해 발목을 삐었을 때의 응급처치를 익히고, 냉찜질을 직접 체험해보면 어떨까? 부스 4에서는 심폐소생술(CPR) 방법을 배우고 자동 심장충격기(AED)에 대해 알아보도록 하자.

▲ [활동] '심폐소생술(CPR)' 실습 모습

> **TIP** 물론, 학교 및 학급 상황에 따라 반드시 부스 운영이 필요하지는 않다. 교실 환경이나 수업 시간을 고려해 더 효과적인 방법을 선택할 수 있다. 예를 들어, 응급처치 키트를 활용한 시연을 중심으로 구성할 수도 있고, 학생들이 직접 상황을 가정하고 대처 방법을 토론하는 방식도 실습 효과를 높이는 좋은 방법이 될 수 있다. 중요한 것은 학생들이 직접 몸으로 익히고, 응급 상황에서 자신 있게 대처할 수 있는 경험을 쌓도록 돕는 것이다.

정리: 도전! 안전 골든벨

이 수업의 마지막 30분은 그동안의 안전교육 내용을 총 정리하는 〈도전! 안전 골든벨〉 퀴즈로 마무리하여, 배운 내용을 자연스럽게 되새기고 스스로 안전한 생활 습관을 확립할 수 있도록 돕는다. 골든벨 퀴즈 문제 예시는 제시한 활동지를 참고하라(분량상 일부만 실었으며, 전체 문항은 온라인 부록에서 확인할 수 있다). 학생들의 흥미를 유발하기 위해 팀 대항전으로 운영하거나 우승한 학생에게 시상하여 동기를 부여해보자.

활동지 27_29차시(2)

도전! 안전 골든벨

▶안전 골든벨 문제를 풀며 배운 내용을 정리해 봅시다.

예시) 1. 횡단보도를 건널 때는 초록불이 켜지자마자 뛰어간다. (O,X)

2. 친구가 갑자기 쓰러졌을 때 가장 먼저 해야 할 일은 무엇인가요?

① 친구를 흔들어 깨운 후, 반응이 없으면 도움을 요청한다.
② 바로 심폐소생술을 시작한다. 등…

> **TIP** 활동 하나를 마칠 때마다 '안전 지킴이, 건강 히어로!' 인증 도장을 받도록 격려하면 좋은 동기부여를 할 수 있다. (QR코드 활동지를 참고하라.)

활동지 27_29차시(3)
나는 안전 지킴이, 건강 히어로!

✕✕✕✕

지금까지 학교자율시간 '안전 지킴이, 건강 히어로 되기!' 안전·건강교육은 단순한 지식 습득을 넘어 스스로 건강한 생활 습관을 형성하고, 다양한 위험 요소에 대비하는 실천적 역량을 키우는 것을 핵심으로 삼았다. 이제 학생들이 건강하고 안전한 삶을 실천하며, 더 나아가 주변의 안전까지 배려하는 시민으로 성장하는 계기가 되길 바란다.

PART II

초3 환경·지속가능 발전교육

내일을 바꾸는 실천

01 수업 준비

1.1 활동 필요성 및 목표

활동 필요성

2023년 IPCC(International Panel on Climate Change, 기후 변화에 관한 정부 협의체) 발표에 따르면, 기후 위기의 최후 방어선인 티핑포인트가 점점 가까워지고 있다. 지구 평균 온도 1.5도 상승이 곧 일어날 가능성이 높다면서, 기후 행동의 시급성을 강조하며 특히 지속가능발전을 위한 전 세계의 인식 제고를 촉구하였다.[1]

지속가능발전(Sustainable Development)이란 **미래 세대의 필요를 저해하지 않는 범위에서 현 세대의 필요를 충족시키는 발전**을 의미한다.[2] 이러한 지속가능발전을 사람들의 생애 전반 목표로 삼고, 실제적인 변화를 주도하도록 제시한 것이 지속가능발전교육(Education for Sustainable Development)이다. 특히 2023년 11월 유네스코는 적극적 실천으로 확대되는 참여적 관점을 지향할 것을 강조하였다.[3]

우리나라 역시 교육기본법에 생태전환교육을 받을 수 있도록 시책을 수립해야 한다는 내용을 개정하고, 2022 개정 교육과정에서도 기후, 생태 환경 변화에 대한 대응 능력을 기르는 교육을 강조하며 교육적 중요성을 명시하였다.[4] 하지만 학교 현장의 교육은 지속가능 환경적 측면에 치우쳐져 있다는 분석과 함께, 사회적, 경제적 관점으로의 확장이 필요한 상황이다.[5]

따라서 여러 **교과의 연계성을 높이며 지속가능 환경, 사회, 경제적 영역을 모두 아우르는 통합적인 관점의 학교자율시간을 구성**하고자 하였다. 특히 지속가능발전을 효과적으로 교수학습하기 위해서 구체적인 사례와 스토리텔링, 다양한 매체 활용, 실제 삶으로의 실천 등의 전략을 활용할 것이다. 가치관, 태도, 관점 형성에 중요한 초등학교 중학년 시기에 지속가능 행동과 실천으로 이어질 수 있도록 구성한 학교자율시간을 함께해보자.

목표

'내일을 바꾸는 실천'에서는 지속가능한 환경, 경제, 사회적 관점을 통합적으로 아우르는 문제 해결 학습을 통해 지속가능한 실천 능력을 지닌 어린이를 키우고자 한다.

1. 기후 위기의 심각성을 알고 자연과 공생하기 위해 할 수 있는 일을 실천하며 생태 감수성을 기른다.
2. 합리적인 생산과 소비를 실천하며 지역-국가 간 공정을 구현한다.
3. 다양한 생활 속 문제를 해결하는 과정에서 지속가능한 사회로 기여한다.

1.2 내용 체계 및 성취기준

내용 체계

핵심 아이디어	-지속가능한 삶에 대한 앎과 실천은 지구환경의 생태 전환을 이끈다. -인류의 상호 협력과 연대를 통해 다양한 사회 문제를 대응하고 더 나아가 지속가능한 사회를 만들어 간다. -합리적인 소비와 선택을 통해 불공정성을 줄여 나가고, 인류의 지속가능한 번영에 기여한다.		
범주	지식·이해	과정·기능	가치·태도
내용 요소	-우리가 사는 곳의 환경과 생태 -기후 위기 대응 -합리적인 생산과 소비 -다양하고 공정한 사회	-자연과 공생하기 위해 내가 할 수 있는 일 탐구하기 -지속가능한 선택하기 -생활 속 문제 해결을 위한 노력 조사하기 -공정 사회를 위한 해결책 구상하기	-생태 감수성 -공정을 실천하려는 태도 -지속가능한 사회로의 기여

성취기준

- [3과지속-01] 우리가 사는 곳의 생태 문제를 인식하고 자연과 공생하기 위해 할 수 있는 일을 탐구한다.
- [3과지속-02] 기후 위기에 대응해야 하는 이유를 알고 해결책을 실천하여 생태 감수성을 기른다.

- [3과지속-03] 공정한 사회의 필요성을 이해하고, 공정 사회를 위한 해결책을 구상함으로써 실천 태도를 함양한다.

- [3과지속-04] 합리적인 생산과 소비에 대한 이해를 바탕으로 지속가능성을 담은 선택을 실현한다.

- [3과지속-05] 다양한 생활 속 문제를 파악하고, 문제 해결을 위한 노력을 탐색하며 지속가능한 사회로 기여한다.

1.3 교수학습 단계·평가·교육과정 편제

교수학습 단계

지속가능 환경 만들기	지속가능 경제 추구하기	지속가능 사회 나아가기	이야기 바꾸어 표현하기
1~12차시	13~20차시	21~27차시	28~29차시
생활 속 환경 실천 행동 하기	생활 속 합리적인 경제 선택하기	생활 속 함께하는 사회 실현하기	더 나은 내일로 나아가기
[3과지속-01] [3과지속-02]	[3과지속-04]	[3과지속-03] [3과지속-05]	[3과지속-05]

평가

성취기준	평가요소	수업·평가 방법	평가기준	평가시기
[3과지속-04] 합리적인 생산과 소비에 대한 이해를 바탕으로 지속가능성을 담은 선택을 실현한다.	생활 속 경제 문제의 심각성을 이해하고, 지속적으로 실천하기	[경험-실천 수업] 잔반 남기지 않기 등의 구체적인 실천 행동을 스스로 기록함. 실천 후 느낀 점을 밝히고 실생활로 내면화함. (보고서법)	자신이 정한 해결책을 생활 속에서 꾸준히 실천하고 구체적으로 기록하여 습관으로 내면화한다.	9월

| [3과지속-05] 다양한 생활 속 문제를 파악하고, 문제 해결을 위한 노력을 탐색하며 지속가능한 사회로 기여한다. | 지속가능한 관점에서 해결책 제안하고 미래의 모습 표현하기 | [STS 수업] 생활 속 문제를 정확히 파악하고 그 중요성을 앎. 지속가능한 관점에서 해결 방안을 제시하고 변화하는 미래를 구체적으로 상상함. (산출물) | 다양한 실생활 문제를 해결하기 위하여 실천 해결책을 제안하고, 지속가능한 사회로 변화된 미래를 상상하여 나타낸다. | 10월 |

교육과정 편제

구분				국가 기준	3-4학년군		
					3학년	4학년	계 (증감)
교과 (군)	공통 교과	국어		408	200	204	404 (-4)
		사회/도덕	사회	272	92	102	194 (-10)
				204			
			도덕	68	28	34	62 (-6)
		수학		272	136	136	272
		과학	과학	204	93	102	195 (-9)
			학교자율시간		29	0	(+29)
		체육		204	102	102	204
		예술	음악	272	68	68	136
				136			
			미술	136	68	68	136
		영어		136	68	68	136
창의적 체험활동(자·동·진)				204	102	102	204
소계				1,972	986	986	1,972

02 수업 운영

2.1 지속가능 환경 만들기: 생활 속 환경 실천 행동하기 1~12차시

본 학교자율시간에서는 환경, 경제, 사회적 관점의 통합적인 접근을 주축으로, 그림책을 활용하여 실생활과 연결할 것이다. 학교 현장 적용성을 고려하여 주제를 환경, 경제, 사회로 나누어 제시하였지만 생활 속 이슈들은 분절적으로 이루어져 있지 않으므로, 우리가 살아갈 가치 있는 내일을 위한 통합된 시간으로 꾸려 나갈 것을 권한다.

1 기후 위기의 심각성 인식하고 생태 감수성 높이기 1~5차시

🔍 지도안 함께 보기

본 학교자율시간에서 환경적 관점을 실생활 맥락으로 연결하고 공감하기 위해 선정한 도서는 《미세미세한 맛 플라수프》다. 글밥이 많지 않아 중학년이 읽기에도 부담이 없으며, 학생들의 공감을 불러일으킬 수 있는 다채로운 색감의 그림이 눈에 띈다. 도서를 통해 썩지 않는 미세 플라스틱 문제를 생생히 인식하고, 환경 문제는 결국 인간에게로 돌아온다는 사실을 체득할 수 있도록 구성하였다.

차시	1~5차시	준비물	온책읽기 도서, 도화지, 채색도구
수업 주제	생활 속 환경 실천 행동하기		
학습목표	기후 위기의 심각성을 인식하고 생태 감수성을 높일 수 있다.		
활동 흐름			
도입(10분)	▶《미세미세한 맛 플라수프》 책 표지 살펴보기 -'플라수프'가 무엇일지 떠올려보기		

전개(180분)	▶《미세미세한 맛 플라수프》책 읽기 -그림의 의미 생각하며 읽기 ▶생활 속 경험 연결하기 -플라스틱 사용 경험 나누기 -플라스틱 쓰레기를 본 경험 나누기 ▶학교 내 쓰레기 줍기 -생활 속 환경을 위한 방안 떠올리기 -운동장 쓰레기 줍기 ▶플라스틱 콜라주하기 -직접 주워 온 쓰레기를 활용하여 어두운 면 떠올리기 -플라스틱 문제가 해결되지 않을 경우 어떤 어려움이 생길까? -플라스틱 콜라주 작품 만들기 -친구들과 공유하기
정리(10분)	▶느낀 점 나누기 ▶환경을 지키기 위해 우리가 할 수 있는 일 떠올리기

▲ [도서] 미세미세한 맛 플라수프
(김지형, 조은수 글·김지형 그림·안윤주 감수,
두마리토끼책, 2022)

도입~전개①: 《미세미세한 맛 플라수프》책 읽기

《미세미세한 맛 플라수프(김지형, 조은수 글·김지형 그림·안윤주 감수, 두마리토끼책)》는 글의 양이 많지 않은 그림책이므로, 각자 읽기보다는 교사와 함께 그림을 살펴보며 다 같이 읽기를 권한다. 읽기에 앞서 제목의 '플라수프'란 단어가 무엇을 의미하는지 떠올려보면 좋다. 책에 따르면, 버려진 다음 썩지 않은 플라스틱은 미세한 조각으로 남아 바다로 흘러가고, 물고기의 몸 속에서 결국 사람의 몸 속으로 이동한다고 한다. 우리는 매일 '미세미세한 맛의 플라스틱 수프'를 먹는 셈이다.

책을 읽은 다음에는 학생들과 함께 실생활에서 플라스틱을 쓴 경험, 그리고 버려진 플라스틱을 본 경험을 나누며 실제 플라스틱 사용량에 대해 인지시켜주자. 이때 플라스틱 쓰레기가 마치 섬을 이루듯이 모여 있는 태평양의 쓰레기 섬 뉴스 영상(QR코드)를 함께 시청해도 좋겠다.

[단독] '태평양 쓰레기섬'에 한국 쓰레기가?!…최초 발견
(KBS News)

전개②: 학교 내 쓰레기 줍기

이후 생활 속 실천으로 〈학교 내 쓰레기 줍기〉 활동을 진행하였다. 창의적 체험활동의 봉사 활동과 연계하여 실내와 실외로 나누어서 진행해보아도 좋겠다. 필자는 쓰레기를 줍고 버리는 활동 2차시,

플라스틱 콜라주 활동으로 2차시를 운영하였으니 참고하자.

필자는 활동을 위해 학생들과 작은 쓰레기 봉투를 들고 운동장으로 나갔다가, 생각보다 많은 양의 쓰레기에 깜짝 놀랐다. 플라스틱 쓰레기 외에도 종이컵, 비닐, 일회용 수저 등의 생활 쓰레기가 대부분이었으며, 학생들도 씁쓸한 표정으로 쓰레기를 주웠다.

> 📢 **주의** 활동에 앞서 철사, 못 등의 날카로운 쓰레기나 부피가 큰 쓰레기의 경우 줍지 말고 선생님에게 먼저 말하라고 주의를 주는 것이 안전하다.

주운 쓰레기는 한곳에 모은다. 큰 쓰레기들은 분리하여 버리고, 이후 플라스틱 콜라주 활동에 사용할 작은 쓰레기로 분류한 후 느낀 점을 나누는 시간까지 진행한다.

 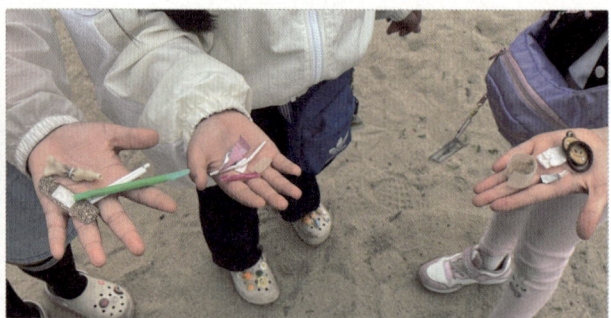

▲ [활동] '쓰레기 줍기' 학생 활동 모습

> ✓ **TIP** 만약 학교에서 쓰레기 줍기 활동을 실천하기 어렵다면, 등하굣길의 쓰레기 줍기, 일주일 동안 플라스틱 사용하지 않기 등의 여타 실천 활동으로 대체해도 좋다.

전개③: 플라스틱 콜라주 만들기

이후 미술 활동과 연계하여 플라스틱 콜라주를 만들어 보자. **콜라주**(Collage) 기법은 **종류가 다른 여러 가지 재료를 붙여 화면을 구성하는 방법**이다. 플라스틱 쓰레기 문제를 해결하지 못한다면 어떤 최악의 상황이 나타날지 콜라주로 시각화해보는 것이다. 특히 직접 주운 쓰레기를 활용한 콜라주는 학생들에게 위기 의식과 생태 감수성을 길러주는 데 효과적일 것이다.

플라스틱 콜라주 활동 시 유의할 점은 그림의 정교함보다는, 플라스틱 문제의 심각성을 알리는 데 중점을 두어야 한다는 것이다. 따라서 배경 그림을 먼저 스케치한 다음에 주워온 쓰레기를 붙이도록 안내했다.

▲ [산출물] '플라스틱 콜라주' 학생 산출물

물고기의 뱃속이 플라스틱으로 꽉 찬 모습을 상상한 학생도 있었고, 그림책에서 우리 몸이 모두 플라스틱으로 변해버리는 것처럼 주변의 식물마저도 플라스틱으로 변해버린 미래를 떠올린 학생도 있었다. 여타 미술시간처럼 즐겁게 활동하기보다는 플라스틱 사용에 대해 체감하고 환경 수호의 필요성을 느끼는 분위기로 이루어질 수 있도록 하자.

정리: 느낀 점 나누기

총 5차시의 활동을 마무리하며 학생들과 느낀 점을 나누어 보았다. 학생들은 "쓰레기로 미술 작품을 만드니, 만들면서도 기분이 좋지 않았다."거나 "무심코 버린 쓰레기가 이렇게 많을 줄은 몰랐다."며 반성하는 모습을 보였다. 하지만 수업을 적용한 교사로서 놀랐던 점은, 이후 점심시간에 운동장에서 놀이를 하고 온 아이들이 하나씩 쓰레기를 주워 왔다는 것이다. 또 전교어린이회 회의 때 "학교 행사로 줍깅(걷거나 뛰면서 쓰레기를 줍는 일)을 하자."고 의견을 낸 학생도 있었다. 이렇듯 실제 삶의 문제를 인식하고 공감할 수 있도록 도와주면, 작은 실천의 한걸음을 내딛을 수 있을 것이다.

2 우리가 사는 곳의 생태 탐색하기 6~7차시

🔍 지도안 함께 보기

앞 차시에서 전반적인 생태 문제를 조망했으니, 이번 6~7차시에서는 생태 문제를 좀 더 학생들의 삶 가까이에서 찾아볼 것이다. 각 지역, 학교의 생태로 초점을 확대해보자.

차시	6~7차시	준비물	루페, 색연필, 사인펜

수업 주제	생활 속 환경 실천 행동하기
학습목표	우리가 사는 곳의 생태를 탐색하고 자연과 함께하려는 마음을 가질 수 있다.

활동 흐름	
도입(15분)	▶깃대종이란? -깃대종의 뜻 알기 -우리 지역의 깃대종에 대해 알아보기
전개(60분)	▶학교 생태 탐험하기 -학교의 꽃, 나무, 곤충 등 생태 탐색하기 ▶학교 생태 지도 만들기 -우리 학교의 생태 지도 나타내기 -환경을 지키려는 마음 다지기 ▶우리 학교의 깃대종 정하기 -우리 학교의 생태 중 기념으로 할 만한 깃대종 정하기
정리(5분)	▶느낀 점 나누기

도입: '깃대종' 알아보기

먼저 수업의 도입에 '깃대종'에 대해 학생들과 이야기를 나눈다. **깃대종**(flagship species)은 **특정 지역의 생태적, 지리적, 문화적 특성을 반영하는 상징적인 동식물**을 의미한다. 가장 대표적인 예시로 지리산의 반달가슴곰이 있다. 이 동식물들의 멸종이 생태계의 균형에 크게 영향을 주지는 않지만, 그 지역의 특별성을 가지고 있다고 해석된다. 각 지역의 깃대종이 무엇인지 흥미를 가지는 것은 생물의 다양성에 관심을 유도하는 도입 활동이 될 것이다.

전개①: 학교 생태 체험하기

이후 교정 곳곳의 꽃, 나무, 곤충 등을 직접 관찰하며 학교의 생태를 체험하는 시간으로 연결해보자. 교사가 미리 학교 인근의 꽃, 나무, 곤충 등에 대해 탐색해두면 훨씬 유의미하게 활동이 가능하다. 다음 쪽 표를 참고하여 다채로운 탐색이 가능하도록 하자.

또 지역이나 교육청의 생태 체험 활동을 미리 신청해두는 것도 좋다. 학교자율시간을 구성하기 전에 다양한 지역화 활동과 연계할 수 있도록 계획을 세워두면 좀 더 유의미한 활동 구성이 가능하다. 필자 학급의 경우 경기도 파주시의 지속가능발전협의회와 연계하는 '찾아가는 생태환경교실'을 신청하여 운영하였다.

식물 관련 탐색	곤충 관련 탐색
잎맥 패턴 관찰	곤충 실시간 관찰
꽃의 구조(암술, 수술) 관찰	다리 개수, 더듬이, 날개 관찰
나무껍질의 질감 비교	먹이 활동, 숨는 곳 살펴보기
꽃잎, 나뭇잎 루페로 관찰	곤충의 움직임 경로 그리기
나무에 귀를 대고 바람 소리 듣기	곤충 실제로 만져보기

▲ [표] 학교 생태 체험 활동 세부 탐색 예시

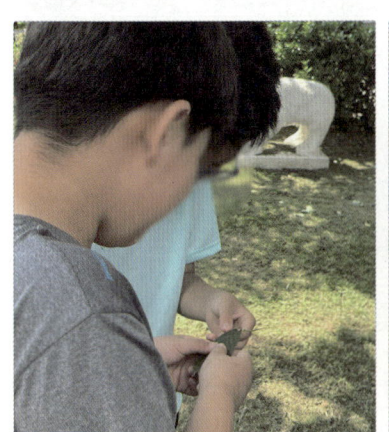 

▲ [활동] '학교 생태 체험' 학생 활동 모습

이때 후속 활동을 위하여 우리 학교의 생태 현황과 위치를 간단하게 기록해두자. 학교의 우측에 어떤 나무가 있는지, 어떤 꽃이 피어 있는지 정도의 수준이면 된다. 이후 차시에서는 이 내용을 바탕으로 생태 지도를 만들어 볼 것이다.

전개②: 생태 지도 만들기

〈생태 지도 만들기〉 활동은 그저 그림 그리기가 아닌, 자연적 인식과 생태적 가치관을 갖고 우리 지역을 바라볼 수 있게 하는 활동이다. 특히 다양한 생물이 어떻게 살아가는지를 시각적으로 확인할 수 있게 되고, 자연에 대한 친밀감과 책임감, 더 나아가 생태 감수성을 함양할 수 있다.

활동 방법은 학급의 특성에 맞게 운영해도 좋다. 디지털 플랫폼을 이용해서 지도를 나타내도 좋고, 직접 도화지에 그려봐도 의미 있겠다. 필자의 학급에서는 큰 도화지에 나무와 꽃을 그려 붙이는 방식으로 진행했다.

▲ [활동] '생태 지도 만들기' 활동 모습

전개③~정리: 깃대종 정하고 느낀 점 나누기

마지막으로 완성한 생태 지도를 보며 우리 학교의 깃대종을 정해보자. 도입에 언급했듯, 깃대종은 그 지역의 특성을 반영한 상징물이다. 우리 학교의 생태 현황을 잘 탐험하고 지도를 만들었다면, 구체적으로 우리 학교의 상징이 될 깃대종을 정할 수 있게 될 것이다.

깃대종을 정할 때에는 해당 식물이나 곤충(동물)이 우리 학교의 특성을 반영하는 이유를 설명할 수 있도록 해주자. 무엇이 깃대종이 되는지가 중요한 것이 아니라, 학생들로 하여금 우리 지역/학교의 생태 환경에 관한 주체성을 가질 수 있도록 해주어야 한다.

3 멸종 위기의 심각성과 생태 균형의 중요성 알기 8~9차시

지도안 함께 보기

8~9차시에는 6~7차시의 깃대종과 연계하여 핵심종을 수업 주제로 가져와보자. 깃대종과 달리 핵심종은 그 멸종 여부가 생태 다양성에 결정적인 역할을 한다. AR 기술을 통해 멸종 위기의 심각성을 피부로 느끼고, 생태계 균형의 중요성을 체험해보자.

차시	8~9차시	준비물	멸종 위기 동물 AR 엽서, 스마트 기기, 색연필
수업 주제	생활 속 환경 실천 행동하기		
학습목표	멸종 위기의 심각성을 알고 우리가 할 수 있는 일을 탐색할 수 있다.		
활동 흐름			

도입(10분)	▶전시 학습 상기 -우리 학교 깃대종 떠올려보기 -생태 다양성이 중요한 이유 알아보기
전개(60분)	▶멸종 위기의 심각성 알기 -동물 멸종이 불러올 영향 알아보기 ▶멸종 위기 동물 AR 체험하기 -멸종 위기 동물 엽서 색칠하기 -AR로 멸종 위기 동물 만나기 ▶동물 멸종을 막기 위해 우리가 할 일 생각해보기 -생태계 균형의 중요성 알기 -우리가 할 수 있는 일 다짐하기
정리(10분)	▶느낀 점 나누기

도입: 생태계 균형과 생태 다양성 개념 알기

도입에서는 인간이 처음으로 멸종시킨 도도새를 예시로 '생태계 균형'과 '생태 다양성'에 대해 설명해줄 수 있다. 도도새가 멸종한 후 카바리아 나무마저 멸종하게 되었다. 도도새가 카바리아 나무의 번식을 돕는 존재였는데, 도도새가 멸종함으로써 씨앗을 뿌리내릴 수 없게 된 것이다.

이렇게 생태계는 서로 복잡한 관계를 단단하게 유지하며 그 다양성을 만들어가고 있다. 국립생태원의 멸종위기종 관련 동영상(QR코드)을 함께 시청해도 좋겠다.

멸종위기종이 사라진다면 인간도 큰일난다고? (국립생태원)

전개①: 멸종 위기 동물 만나기

하지만 학생들에게 멸종 위기 동물은 너무나 먼 존재이다. 동물에 대한 관심과 애착, 수호 의지가 생기기에는, 잘 모르는 동물이 많다. 따라서 <mark>증강 현실</mark>(Augmented Reality) 기술을 수업에 활용해보았다. 증강 현실은 <u>실제 세계에 가상의 존재를 불러와서 함께 볼 수 있도록 해주는 기술</u>이다. 멸종 위기 동물처럼 실제로 보기 어려운 소재를 교수학습하기에 효과적이어서 여러 교과에서 활용되고

있다.[6]

본 학교자율시간에 활용한 준비물은 '에코플레이'에서 제작, 판매하는 '멸종위기 동물 카드엽서'이다. 아이스크림몰과 네이버 스마트스토어에서 5,000원대에 구매 가능하므로, 학습 준비물로 사용하기 부담스럽지 않다. 총 10종의 멸종 위기 동물을 AR로 체험할 수 있으며, 뒷면에는 동물들을 지키기 위해 내가 할 수 있는 일을 적을 수 있다.

▲ [자료] AR 멸종위기 동물 카드엽서
(출처: 에코플레이)

▲ [활동] '멸종위기 동물 카드엽서' 학생 활동 모습(위) | 에코조이 앱 안내(아래)

활동 방법은 비교적 간단하다. 각자의 동물을 색연필로 색칠한 후 스마트 기기로 AR을 불러오면 된다. 에코플레이에서는 '에코조이'라는 AR 앱을 배포하고 있는데, 이 앱으로 색칠한 엽서를 스캔하면 학생들이 색칠한 대로 증강 현실이 나타난다. 이후 친구들과 엽서를 바꾸며 10종의 멸종 위기 동물들을 모두 만나볼 수 있도록 해주자. 또 수업의 흐름이 단순히 흥미나 재미 위주로 흐르지 않도록, 멸종 위기 동물에 대한 관심을 가지는 방향으로 분위기를 조성해야 한다.

전개②~정리: 멸종 위기 동물을 위해 할 수 있는 일 생각하기

이후 엽서 뒷면을 활용하여 멸종 위기 동물들을 위해 우리가 할 수 있는 일을 적어보는 방식으로 마무리할 것을 권한다. 새롭게 알게 된 점이나 느낀 점을 작성해도 좋다. 멸종 위기 동물에 대해 잘 몰랐거나, 그 심각성을 인지하지 못했던 학생들 역시 AR로 동물을 만난 이후 관심을 가지는 모습을 보였다. 또 뒷면의 QR코드를 통해 추가 정보도 알아볼 수 있으므로, 차시를 더 확보해서 조사학습으로 연계해도 좋을 것이다.

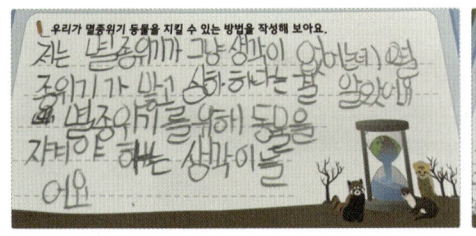 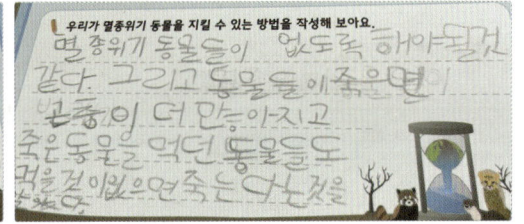

▲ [산출물] 멸종 위기 동물을 만나고 느낀 점

> **TIP** 멸종 위기를 주제로 교실에서 활동할 수 있는 교구는 다양하다. 키링, 팬던트, 스마트톡, 무드등 등으로 수업의 매체를 바꾸어 활용해도 무방하다. 중요한 것은 인간만이 생태계의 주인이 아니며, 동·식물과 공생하려는 태도를 길러주어야 한다는 것이다.

4 지속가능한 환경을 위한 해결책 실천하기 10~11차시

지도안 함께 보기

이번 10~11차시에는 지속가능한 환경을 주제로 직접 실천하는 데 중점을 둘 것이다. 환경 그림책 읽기, 학교 쓰레기 줍기, 플라스틱 콜라주, 생태 지도 만들기, 멸종 위기 동물 AR 체험 등의 일련의 과정을 거친 학생들은, 이제 환경을 지키기 위한 첫 걸음이 실천 행동으로부터 나온다는 것을 알았을 것이다.

차시	10~11차시	준비물	친환경 샴푸바 만들기 키트
수업 주제	생활 속 환경 실천 행동하기		
학습목표	지속가능한 환경을 위한 해결책을 실천할 수 있다.		
활동 흐름			
도입(10분)	▶전시 학습 상기 -환경을 지키기 위해 우리가 할 수 있는 일은 무엇일지 생각해보기		
전개(60분)	▶친환경 샴푸바 만들기 -분말 가루와 샴푸 오일 재료 섞기 -반죽하여 샴푸바 모양 만들기		

	-건조시키기 -완성한 샴푸바 공유하기
정리(10분)	▶느낀 점 나누기 -생활 속 실천 다짐하기

도입~전개①: 환경을 지키기 위한 친환경 샴푸바 만들기 준비하기

도입에서는 지금까지의 수업 내용을 돌이켜보고, 환경을 지키기 위해 우리가 할 수 있는 일은 무엇이 있을지 다 함께 이야기 나누어보자. 교사는 사전에 중학년 학생들이 직접 만들거나 실천할 수 있는 수준의 친환경 물품/활동을 계획해두는 것이 좋겠다.

본 학교자율시간에서는 샴푸바 만들기 활동을 선정하였다. 샴푸는 모두가 사용하는 생활용품으로, 샴푸 대신 샴푸바를 사용함으로써 플라스틱 용기 사용을 줄일 수 있다. 학생들이 직접 자신만의 샴푸바를 만든다면 더 애착을 가지고 친환경 실천을 습관화할 수 있으리라 기대하였다. 또 가정과의 연계를 통하여 환경 인식을 확장시키고, 가정 내 다른 행동 실천도 유도할 수 있을 것이다.

> **TIP** 물론 본 학교자율시간에서 제시하는 실천 활동 외에도 학급 상황에 맞게 재구성 가능하다. 텀블러 제작 후 일정 기간 동안 사용하기, 업사이클링 무드등 만들기, 양치컵 사용 캠페인하기, 플로깅하기 등, 우리 반 상황에 맞는 활동을 선택하면 된다.

샴푸바 만들기 키트는 대략 1인당 7,000원~8,000원대의 가격이다. 대부분 샴푸 분말 가루가 담긴 PLA 봉투(생분해성 비닐 봉투)에 오일 등의 재료를 넣고 반죽하는 공통된 방식이니, 예산에 맞는 키트를 구입하자.

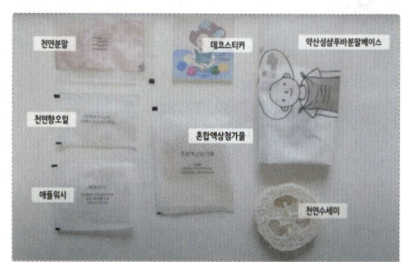

▲ [자료] 샴푸바 만들기 키트 구성 (출처: 제로웨이스트의 첫 시작! 약산성 샴푸바 만들기/마타바)

전개②: 샴푸바 만들기

샴푸바 만들기 활동의 경우, QR코드 영상을 비롯해 제작 방법 영상이 유튜브에 충분히 제공되므로, 학생들과 함께 시청하며 제작해볼 것을 권한다.

제로웨이스트의 첫 시작! 약산성 샴푸바 만들기 (마타바)

분말 가루가 날리지 않도록, 반죽할 때에는 비닐의 입구를 꼭 잡아야 한다. 또 10분 정도 제대로 반죽해주어야 충분히 뭉친다는 점을 상기시켜주자. 플라스틱 사용을 줄이는 것이 목표인 수업이므로 최대한 비닐 사용을 자제하는 것이 학습 흐름에 부합할 것이다. 필자는 비닐 장갑 없이 반죽할 것을 권하고, 손이 많이 미끄러운 경우에만 비닐 장갑을 배부하였다.

▲ [활동&산출물] '샴푸바 만들기' 학생 활동 모습(왼쪽) | 완성된 샴푸바들(오른쪽)

샴푸바 완성품은 친환경 수세미를 받침대 삼아 하루 정도 건조한 후 가정으로 가져가게 해주자. 직접 조작하여 만든 샴푸바가 완성되자 학생들은 만족감과 동시에 사용해보고 싶다는 의지를 드러냈다.

정리: 생활 속 제로웨이스트 실천 다짐하기

샴푸바는 비누처럼 오래 쓸 수 있어 경제적인 가치도 있으며, 샴푸 용기에 사용되는 플라스틱 사용량을 줄일 수 있는 실질적인 대안이다. 샴푸바가 어색하게 느껴져 결론적으로 다시 샴푸를 사용한다 해도, 학생들이 직접 친환경, 플라스틱 저감을 실천할 수 있는 한 스텝을 제공해주는 것이 어떨까? 이후 샴푸바 사용 소감을 나누는 차시를 따로 운영한다면 가정과 연계한 지속가능환경 실천 학습이 가능할 것이다.

5 식물 키우며 자연과 함께하기 12차시

이번 12차시에서는 식물 키우기 활동으로 지속가능한 환경을 위한 실천을 이어 나가고자 한다.

지도안 함께 보기

차시	12차시	준비물	마리모 키우기 키트
수업 주제	생활 속 환경 실천 행동하기		
학습목표	식물 키우기를 실천하며 자연과 함께할 수 있다.		
활동 흐름			
도입(5분)	▶전시학습 상기 -환경을 지키기 위해 우리가 할 수 있는 일은 무엇일지 생각해보기		
전개(30분)	▶식물 키우기 -마리모가 무엇인지 알아보기 -나만의 마리모 어항 꾸미기 -마리모와 물 넣기		
정리(5분)	▶실천 다짐하기 -가정과 연계하여 마리모 키우기		

도입~전개①: 마리모에 대해 알아보기

식물 키우기는 초등학생들을 대상으로 가장 많이 진행되는 생태교육 활동이 아닐까? 그러나 막상 식물 키우기 수업은 쉽지 않다. 흙, 모종, 화분 등을 구매하는 번거로움이 있을 뿐더러, 학생들 역시 분갈이를 진행하거나 영양제를 챙기는 등의 실천을 꾸준히 이어 나가기가 어렵다.

본 학교자율시간에서는 '마리모'라는 식물을 키울 것이다. 마리모는 녹조류의 일종으로 둥근 공 모양으로 뭉쳐서 자란다. 생장이 빠르지 않은 대신 일주일에 한 번 정도 물을 갈아주고, 직사광선을 피해주기만 하면 쉽게 키울 수 있다.

> **TIP** 물론 키우는 식물 종류는 대체하여 진행해도 무방하다. 실제로 식물 모종을 키워보아도 좋고, 개운죽으로 수경재배를 체험해도 좋다.

전개②: 나만의 마리모 어항 꾸미기

마리모 키우기 키트는 다양한 금액대로 판매되고 있다. 대부분 마리모가 자라는 용기의 종류에 따라 금액이 달라진다. 필자의 경우 지속가능한 환경이 주제인 만큼, 생분해성 플라스틱 컵을 사용하는 키트를 구매하였으니 참고하자. 마리모가 살 플라스틱 컵 겉면을 사인펜으로 꾸며주고, 안쪽에는 색 자갈을 넣으면 간단하게 어항이 완성된다.

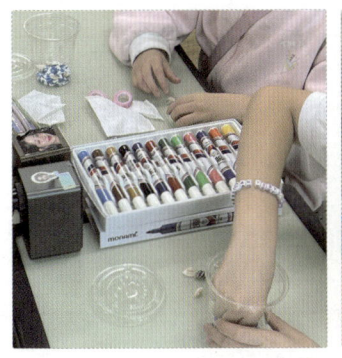 

▲ [활동] '마리모 어항 만들기' 학생 활동 모습

정리: 가정과 연계하여 마리모 키우기

어항 자체는 1차시만에 완성되지만, 이러한 식물 키우기 수업에서는 학생이 식물을 직접 키우고 실천할 수 있도록 하는 것이 중요하다. 실천 일지를 작성할 수 있도록 하거나, 월 1회 마리모 인증샷 촬영 등의 실천 과제와 연계하는 것을 추천한다.

> **TIP** 더 나아가 생활 속에서 자연을 위한 행동을 실천해보자. 필자의 학교에는 작은 텃밭이 있고 상추, 토마토 등을 키우고 있다. 이에 여기서 물을 주고 식물을 돌보는 야외 수업을 하였다. 또 외부 전문가와 연계하여 직접 배양토에 공기 정화 식물을 심는 수업도 진행하였다. 이렇듯 생활 속에서 자연을 위한 행동을 실천할 수 있도록 하는 것에 초점을 두되, 그 방식은 학교의 상황에 맞게 선택하면 된다.

▲ [활동] 텃밭 교육(왼쪽) | 공기 정화 식물 심기 수업(오른쪽)

2.2 지속가능 경제 추구하기: 생활 속 합리적인 경제 선택하기 13~20차시

이제 지속가능 경제의 영역으로 주제를 전환해보자. 물론 지속가능 환경-경제-사회는 모두 연결되어 있다. 다만 경제적 관점을 부각시켜 합리적인 생산과 소비를 이해하고, 지속가능성을 담은 선택을 할 수 있도록 13~20차시의 활동을 구성하였다.

1 잔반 줄이기 캠페인 포스터 만들기 13~15차시

지도안 함께 보기

지속가능한 환경에서 지속가능한 경제로 나아가는 첫 수업은, 학생들이 생활 속에서 밀접하게 접하는 '잔반', 음식물 쓰레기부터 시작한다. 무분별하고 과도한 식품 소비는 온실가스 및 탄소 배출량 증가와 직결되며, 국가 간 불균형으로 지속가능한 환경과 경제를 위협한다. 책을 읽은 후 음식물 쓰레기 문제를 인식하고 잔반 체크 활동을 안내하는 데 1차시, 잔반 체크 활동의 결과를 나누고 포스터 제작하는 시간에 2차시를 배분하면 알맞다.

차시	13~15차시	준비물	온책읽기 도서, 활동지, 스티커, 스마트 기기
수업 주제	생활 속 합리적인 경제 선택하기		
학습목표	합리적인 소비의 필요성을 알고 생활 속 문제를 탐색할 수 있다.		

	활동 흐름
도입(10분)	▶뉴스 살펴보기 -〈부유한 나라에서 버려지는 음식들, 기후 위기와 어떤 관계인가〉 영상 시청하기 ▶우리가 버리는 음식물 쓰레기의 양은 얼마나 될까?
전개(100분)	▶《음식 쓰레기 때문이야!》 책 읽기 -책 표지 살펴보기 ▶일주일 간 잔반량 체크하기 -나의 잔반 시각화하기 -느낀 점 나누기 ▶포스터 제작하기 -잔반을 줄이기 위한 포스터 제작하기
정리(10분)	▶실천 다짐하기 -포스터 게시 및 실천 다짐하기

▲ [도서] 음식 쓰레기 때문이야!
(문송이 글·최나미 그림, 꿈터, 2021)

도입~전개①: 《음식 쓰레기 때문이야!》 책 읽기

《음식 쓰레기 때문이야!(문송이 글·최나미 그림, 꿈터)》는 바다의 오염을 주제로 하는 환경 교육 동화이다. 초점을 음식 쓰레기에 두고 있어 학생들의 생활 속 습관을 떠올려보기에 적합하다. 음식도 다른 상품처럼 제조, 유통 과정에서 온실가스가 배출되며, 특히 폐기되는 데에도 2차적인 환경 오염이 발생한다. 음식물 쓰레기를 처리하는 데에 전 세계 온실가스 배출량의 10%가 소비되고 있는 상황이다.[7]

더불어 전 세계의 식량 시스템이 공정한 것도 아니다. 부유한 나라에서 버려지는 음식물과 그로 인한 탄소 배출량은 전 세계가 함께 기후 위기를 겪게 하는 원인이 된다. 음식 쓰레기를 줄이는 일은 지속가능한 경제를 이루고, 더 나아가 기후 위기와 환경 문제를 해결하는 핵심으로 작용할 수 있다. 관련 뉴스 영상(QR 코드)을 보여주면 문제 이해가 더 쉬울 것이다.

부유한 나라에서 버려지는 음식들, 기후 위기와 어떤 관계인가
[UHD 환경스페셜] (KBS)

전개①: 일주일 간 잔반 체크하기

책을 읽은 후 학생들이 음식 쓰레기 문제를 체감할 수 있도록 잔반 체크 활동으로 연결하여 보자. 본인이 학교 급식을 얼마나 남기는지 시각화해보는 것이다. 활동지(QR코드) 식판 사진의 남긴 메뉴 자리에 스티커를 붙이는 방식이다. 간단하지만 본인의 잔반 현황을 돌아볼 수 있다.

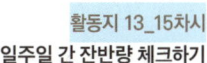

활동지 13_15차시
일주일 간 잔반량 체크하기

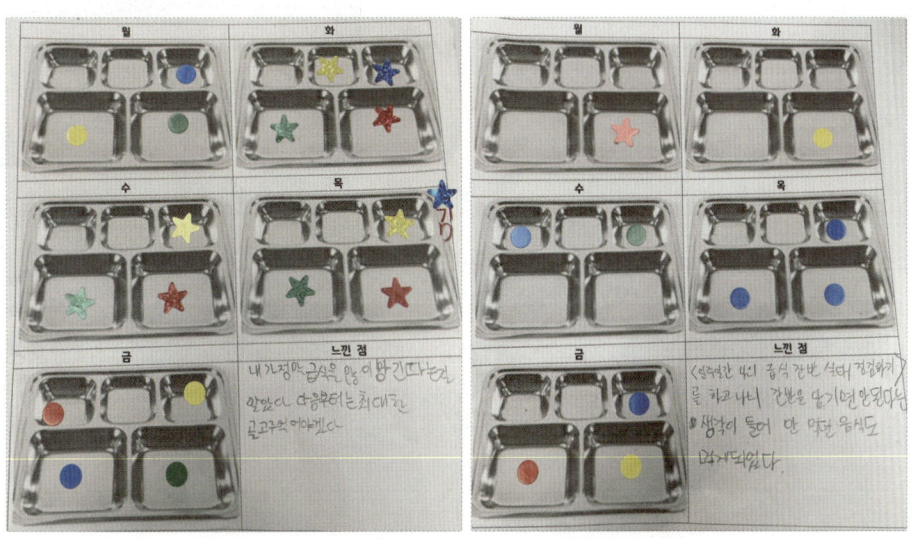

▲ [산출물] '일주일 간 잔반량 체크하기' 활동지 학생 작성 내용

평가	성취기준에 따른 4단계 평가기준을 참고하여 평가를 진행할 수 있다. 생활 속에서 지속가능을 실천하는 행동 변화를 도모하고, 또 나의 삶을 돌아보는 기회가 될 것이다.

매우잘함	생활 속 문제의 심각성을 인지하고 자신이 정한 해결책을 주도적으로 실천하여 명확하게 기록함으로써, 자신의 삶에 어떠한 변화가 생겼는지를 성찰한다.
잘함	자신이 정한 해결책을 생활 속에서 꾸준히 실천하고 구체적으로 기록하여 습관으로 내면화한다.
보통	자신이 정한 해결책을 실천하고 실천 내용을 기록하여 실생활로 내면화한다.
노력요함	자신이 정한 해결책을 수동적으로 행하며 실생활로의 변화가 잘 드러나지 않는다.

활동 이후 학생들과 느낀 점을 나누어 보면, 대부분 본인이 생각한 것보다 많이 남긴다는 사실에 놀라는 모습을 보였다. 한 학급에서의 잔반이 이 정도라면, 한 학교, 또 대한민국의 모든 학교에서 매일 쏟아지는 잔반이 얼마나 많을까?

전개②: 잔반 줄이기 포스터 제작하기

이제 우리 학교 전체의 잔반을 줄여보도록 활동의 범위를 넓혀줄 차례다. 학교 전체를 대상으로 잔반 줄이기의 필요성을 알리기 위한 포스터를 제작해볼 것이다. 포스터를 제작하는 방식은 학급의 상황에 맞게 선택하자. 필자의 학급에서는 디지털 콘텐츠 제작 플랫폼을 활용하여 포스터를 제작하였다.

▲ [활동] '잔반 줄이기 포스터' 만들기 모습

스스로가 생활 속에서 음식물 쓰레기를 많이 배출하고 있다는 사실을 알게 된 학생들은 적극적으로 포스터 제작에 임하였다. 보는 사람들이 직관적으로 이해할 수 있도록 문구와 이미지를 배치하고, 눈에 띄는 색을 선택하여 디자인하였다. 음식물 쓰레기를 줄일 수 있는 방법을 단계적으로 제시한 포스터도 눈에 띈다.

▲ [산출물] '잔반 줄이기 포스터' 학생 산출물

정리: 포스터 게시하기

포스터 제작 후 학생들이 직접 행동할 수 있는 기회를 제공해주면 더욱 좋다. 필자의 경우 급식실 앞 공간에 학생들의 포스터를 게시하여 전교생이 볼 수 있도록 하였다. 가능하다면 캠페인 활동으로 연계해봐도 의미 있을 것이다.

▲ [활동] '잔반 줄이기 캠페인' 포스터 게시 모습

먹을 만큼만 받고 모든 반찬을 골고루 먹는 일이 지속되면, 학교에서도 적당한 양의 급식을 제공할 수 있다. 음식물 쓰레기가 줄어들면 환경 오염도 줄어들지만, 그만큼 음식을 많이 만들지 않아도 되니 지속가능한 경제에 기여하는 일이기도 하다. 일회성의 활동이 되지 않고, 우리 학급과 학교의 지속가능한 실천이 되도록 학생들을 격려해주자.

2 업사이클링 체험하기 16~18차시

지도안 함께 보기

16~18차시에는 학생들이 직접 '업사이클링'을 체험하고 실제로 새로운 가치를 판매하는 경매까지 진행해보고자 한다. 물론 업사이클링 자체를 환경적 관점에서만 수업해도 무방하지만, 장난감을 만들어 새로운 가치를 창출하는 것에 초점을 맞추어 볼 것이다. 전체적으로는 친환경 장난감을 디자인하고 설계하는 것에 2차시, 경매 활동에 1차시를 운영하면 적합하다.

차시	16~18차시	준비물	페트병, 바툴, 스마트 기기, 활동지
수업 주제	생활 속 합리적인 경제 선택하기		
학습목표	업사이클링을 통해 지속가능한 생산과 소비를 체험할 수 있다.		
활동 흐름			
도입(5분)	▶뉴스 살펴보기 -플라스틱으로 옷, 가방을 만들 수 있다고? ▶ [영상] '국산' 업사이클링 의류를 만들 수 있었던 이유 (스브스뉴스)		
전개(110분)	▶업사이클링이란? -버려지는 것들에서 새로운 의미를 창출하는 업사이클링 알아보기 ▶업사이클링 체험하기 -가정, 학교에서 버려지는 페트병 모으기 -나만의 친환경 장난감 설계하기 -플라스틱을 연결하여 나만의 친환경 장난감 만들기 ▶업사이클링 경매 -업사이클링 장난감 소개하기 -원하는 장난감 경매하기 -새로운 가치 창출하기		
정리(5분)	▶느낀 점 나누기		

도입~전개①: 업사이클링 개념과 사례 알아보기

업사이클링(Upcycling)은 단순한 재활용을 넘어서, 재활용품에 디자인이나 새로운 활용도를 더해 그

깨끗한 폐플라스틱 구하기 힘들어 외국에서 수입하던 회사가 '국산' 업사이클링 의류를 만들 수 있었던 이유 (스브스뉴스)

가치를 새롭게 창출하는 행위를 말한다. 버려지는 페트병 뚜껑으로 치약짜개를 만들거나, 폐 소방호스로 가방을 만드는 브랜드도 있다. QR코드 영상을 포함해 업사이클링 기업을 소개하는 뉴스 영상이 여럿 있으니, 학생들과 시청하며 생생한 사례를 보여주자.

전개②: 바툴로 나만의 친환경 장난감 만들기

이러한 업사이클링을 학생들과 직접 체험해보자. 필자가 추천하는 교구인 '바툴(vatool)'은 업사이클링 교육 완구로, 페트병을 연결하여 다양한 설계물을 만들 수 있는 블록이다. 미니팩(3만원대), 베이직팩(5만원대), 메가팩(9만원대)으로 이루어져 있으며 비교적 가격대가 높지만 활용도가 다양하다. 바툴 공식 유튜브에서 제공하는 소개 영상이 있으니 참고하자.

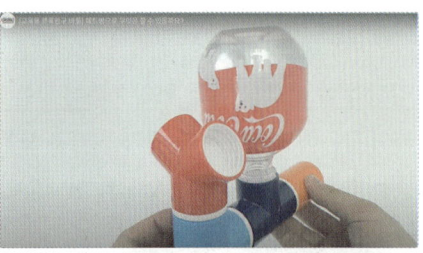

페트병으로 무엇을 할 수 있을까요? (바툴(VATOOL))

> **TIP** 만약 바툴을 구매하는 것이 예산상의 문제로 어렵다면, 도도리(dodori)의 '병뚜껑 연결 블록'을 추천한다. 1만원대로 구매가 가능하며, 플라스틱 뚜껑을 연결하는 방식으로 설계물을 만들 수 있다.

학생들은 이미 앞서 지속가능 환경을 주제로 한 수업을 거치며 플라스틱 사용량이 많다는 사실을 인식하고 있을 것이다. 일주일 정도 시간을 제공하고 가정과 학교에서 버려지는 페트병을 모아보자. 다양한 크기와 모양의 페트병이 모일수록 활동하기에 좋다. 미리 라벨을 제거하고, 깨끗하게 씻어올 수 있도록 알려주면 더욱 좋다.

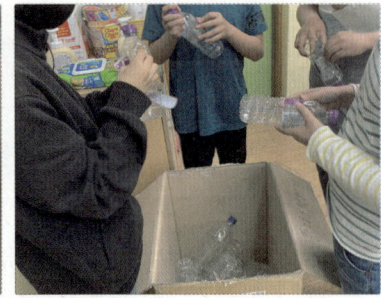

▲ [활동] 플라스틱 페트병을 모아 라벨을 제거하는 모습

이후 바툴을 활용하여 친환경 장난감을 설계하였다. 바툴의 연결 블록들을 살펴보고, 어떤 모양의 장난감을 만들지 디자인을 먼저 생각할 수 있도록 한다. 디자인 없이 제작에 들어가는 것보다 구상

할 시간을 제공하는 쪽이 이후 활동의 시간 소요를 줄일 수 있다. 필자의 경우 스마트 기기를 활용하여 디자인할 수 있도록 안내하였지만, 종이에 간단하게 스케치를 하는 방식으로도 가능하다.

이후 페트병을 연결하여 친환경 장난감을 만들어보자. 물론 '장난감'이 아니라, 학생들의 수준에 맞는 다른 주제로 변경하여 활동해도 무방하다. 필자의 경우 모둠별로 2~3개의 바툴을 활용하여 제작할 수 있도록 안내하였다.

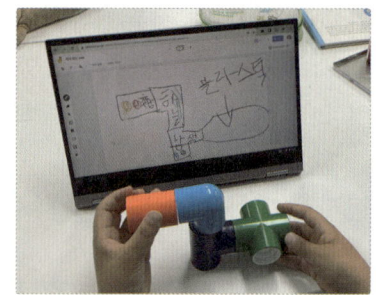

▲ [활동] '친환경 장난감' 디자인 모습

▲ [활동] '친환경 장난감' 제작 모습

전개③~정리: 친환경 장난감 경매 참여하기

이렇게 버려지는 페트병에 새로운 가치를 더하여 친환경 장난감을 만들어보는 것으로도 충분히 의미 있지만, 경매로 연결하여 경제적 가치까지 체감할 수 있도록 해주자. 다음 활동지를 제공하면 경매 방법을 알게 될 뿐 아니라, 경매 전략을 세우고 진행 상황을 기록할 수 있다.

활동지 16_18차시

친환경 장난감 경매하기				
1. 친환경 장난감 경매에 참여하여 봅시다.				
① 장난감 설명을 듣고 15만원 내에서 투자 계획을 세웁니다. ② 경매사가 "~상품이 나왔습니다. 이 상품을 사실 분 계십니까?" 하면 이름과 금액을 외칩니다. (만원 단위로) ③ 최고 금액이 나온 뒤 경매사가 '하나, 둘, 셋'을 셀 때까지 금액을 외치는 사람이 없으면 낙찰됩니다.				
장난감 이름	중요도 순위	투자 계획	실제 낙찰액	낙찰자

2. 친환경 장난감을 만들고 경매를 하는 과정에서 느낀 점, 소감을 나누어 봅시다.

필자의 학급에서는 복도 한 공간에 친환경 장난감을 전시해두고, 서로의 장난감을 소개하며 가상의 화폐로 경매를 진행하였다. 버려졌던 페트병이 새로운 의미를 가진 물건으로 재탄생하며 경제적 가치를 지니는 과정을 체득하게끔 한 것이다.

 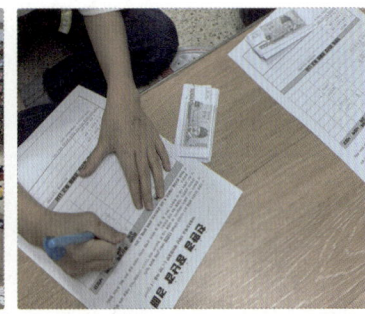

▲ [활동] 업사이클링(친환경) 장난감 전시 및 경매 모습

3 중고 장터 참여하기 19~20차시

지도안 함께 보기

16~18차시에서 가상 화폐로 경제적 가치를 체험해 보았다면, 19~20차시에는 실제 화폐를 이용한 중고 장터로 그 범위를 확대해보겠다. 물론 학교 상황에 따라 꼭 실제 화폐를 활용하지 않아도 무방하다. 이번 차시의 핵심은 지속가능한 소비를 학생들의 삶으로 가져오는 것에 있다.

차시	19~20차시	준비물	가정에서 사용하지 않는 물건
수업 주제	생활 속 합리적인 경제 선택하기		
학습목표	중고 장터에 참여하여 지속가능한 선택을 실천할 수 있다.		
활동 흐름			
도입(5분)	▶전시학습 상기 -친환경 장난감 경매 떠올리기		

전개(70분)	▶중고 장터 계획하기 -집에서 쓰지 않는 물건 수집하기 -금액 책정하기 -가게 간판 만들기 ▶중고 장터 개최하기 -지속가능한 소비 실천하기
정리(5분)	▶느낀 점 나누기 -지속가능한 소비 다짐하기

도입~전개①: 중고 장터 계획하기

먼저 가정에서 사용하지 않는 물건들을 수집할 것이다. 나에게는 필요 없는 물건이 다른 사람에게는 가치 있는 물건이 되기도 한다. 새로운 물건을 계속 구매하지 말고 중고 거래를 통한다면, 물건의 가치를 높이고 지속가능한 소비와 나눔을 실천할 수 있다.

이해를 돕기 위해 요즈음 많이 사용하는 중고 거래 앱을 예시로 들면 좋다. 다음 영상(QR코드)은 실제 해당 앱의 우수 판매자가 출연해 중고 거래 초보인

중고거래로 환경 지킴이 되기!
| 오늘도 애쓰지 YO #8-1화
(KB금융그룹)

마스코트들에게 성공적인 중고 거래를 위한 매너와 팁을 알려주니 참고해보자.

중고 장터를 개최하기 전, 꼭 물건의 상태를 확인하길 추천한다. 다른 사람이 쓰기에 너무 낡거나 망가진 물건을 내놓는 것은 지속가능한 소비에 부합하지 않기 때문이다. 또 필자의 학급에서는 판매 가격을 5,000원 이하로 책정하도록 하고, 따로 가져오는 돈도 5,000원까지만 허용하였다. 너무 많은 돈을 들고 와 썩 필요치 않은 물건을 구매하는 것도 지속가능한 소비가 아님을 강조해주어야 한다. 더불어 작은 간판을 만들어 중고 장터의 활기를 북돋아 주어도 재미있다.

전개②: 중고 장터 개최하기

필자의 학년에서는 총 3개 학급이 모여 중고 장터를 실시하였다. 여러 가지 방법으로 운영할 수 있겠지만 짝수 번호의 학생들이 판매자일 때는 홀수 번호의 학생들이 돌아다니며 구매를 하고, 일정 시간이 지나면 그 반대로 운영하는 방식을 선택하였다. 어느 정도 판매가 이루어지고 나면 파격 할인이 가능한 시간도 제공하였다.

▲ [활동] '중고 장터' 개최 모습

이후 필자의 학급에서는 중고 장터 수익금 일부를 지속가능한 발전을 위해 기부하기로 하였다. 필자도 일정 금액을 채워 5만원의 금액을 유네스코 한국 위원회에 기부하였다.

> 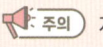 자신이 원하는 만큼만 기부할 수 있도록 분위기를 조성하는 것이 좋다. 또 수익이 나지 않은 학생들도 있으므로 기부하지 않는다고 해서 죄책감을 가지지 않도록 유의하자.

정리: 지속가능한 소비 다짐하기

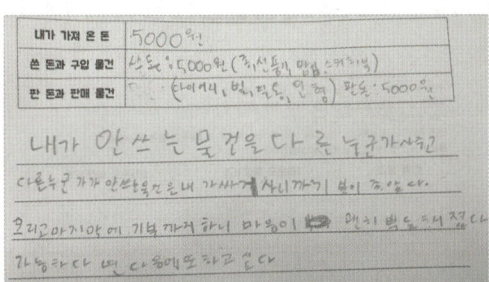

▲ [산출물] '중고 장터' 참여 후 느낀 점

중고 장터가 마무리된 후 학생들이 느낀 점을 살펴보면 중고 장터를 통해 지속가능한 경제적 가치를 체험하고, 기부로 이어지는 학습의 전이를 통해 뿌듯함을 느낀 것을 알 수 있다. 이렇듯 지속가능교육에서는 인지적 영역을 넘어서 실천, 행동할 수 있도록 그 관점을 확대해주어야 한다.

2.3 지속가능 사회 나아가기: 생활 속 함께하는 사회 실현하기 21~27차시

이제 지속가능 사회적 관점으로 수업을 해볼 차례다. 초·중등학교 지속가능발전교육 영역과 내용 요소를 살펴보면 지속가능한 사회의 요소로 '**건강한 삶, 인권 보장, 불평등, 문화다양성, 지구촌 협력 등**'을 제시하고 있다.[8] 학교급별 상황에 맞게 내용요소를 선정하여 수업을 다양화할 수 있다. 본 학교자율시간에서는 여타 범교과학습 주제에서 제시한 내용과 겹치지 않도록 '가정 내 평등'과 '지역의 국가유산 보존'을 선택하였다. 따라서 안전·건강교육(1부)이나 인권교육(5부) 등의 범교과학습 주제를 참고하여 21~27차시를 운영해도 무방하다.

1 가정 내 집안일 평등 실천하기 21~23차시

지도안 함께 보기

가정 내 집안일은 학습자들 삶 속의 문제이기도 하며, 동시에 지속가능한 사회의 불평등 문제를 탐색하는 가장 작은 거울이 될 수 있다. 책 읽고 가정 내 집안일 실태를 점검하는 것에 1차시, 집안일 실습에 1차시, 집안일 평등 실천 계획을 세우는 것에 1차시를 배분할 것을 권한다.

차시	21~23차시	준비물	온책읽기 도서, 활동지, 양말, 수건 등
수업 주제	생활 속 함께하는 사회 실현하기		
학습목표	공정한 사회가 필요한 이유를 알고 생활 속에서 실천할 수 있다.		

	활동 흐름
도입(10분)	▶《돼지책》 책 표지 살펴보기 -왜 가족 모두가 엄마에게 업혀 있는지 생각해보기 -주인공들의 표정 살펴보기 ▶ [도서] 돼지책(앤서니 브라운 글·그림, 허은미 번역, 웅진주니어, 2001)
전개(100분)	▶우리 집 집안일 실태 점검하기 -집안일을 주로 하는 사람 파악하기 -집안 내 평등 상황 탐색하기 ▶집안일 실습하기 -양말 정리 연습하기 -수건 정리 연습하기

	▶집안 내 평등 실현하기 -집안일 실천 계획 세우기 -집안일 실천하기
정리(10분)	▶느낀 점 나누기

도입: 《돼지책》 책 읽기

함께 읽어볼 도서로는 스테디셀러로 오랜 기간 사랑 받아온 《돼지책(앤서니 브라운 글·그림·허은미 번역, 웅진주니어)》을 선정하였다. 피곳 부인이 음식을 차리고 청소를 하는 동안 피곳 씨와 두 아들들은 아무것도 하지 않는다. 그러다 어느 날 피곳 부인이 떠나간 집에서 세 부자는 점점 돼지로 변한다는 직관적인 이야기이다.

전개①: 우리 집 집안일 실태 점검하기

이야기를 읽은 후 우리 가정의 문제로 구체화해보자. 통계청에서 제공하는 가사 분담 통계 영상(QR코드)을 함께 시청할 것을 권한다. 가사 분담을 공평하게 해야 한다고 인식하는 것과 달리 실제로는 아내가 주도하는 가정이 2배가량 많은 현실이 학생들과 이야기해볼 법한 주제를 던져준다. 가정 내 평등이 필요하다는 인식도는 높아지고 있으나, 지속적인 변화가 일어나야 하는 상황이다.

[통계.View][통계+인터뷰] #6화 | 가사 분담이요? 공평하게?! 생각일뿐 실제로도 가능한 일인가요? (대한민국 통계청)

다음 활동지에 집안일의 종류와 주로 하는 사람을 기재하여 가정 내 집안일 실태를 점검해보자. 특히 해당 일을 '가끔 돕는' 것이 아니라, '주로' 하는 사람을 탐색해야 한다는 것을 강조해주면 좋다. 이후 집안일 평등 상황에 대해 자신의 생각을 간단하게 적어보도록 한다.

활동지 21_23차시(1)

우리 집 집안일 실태 점검하기

1. 우리 집 집안일 실태를 점검하여 봅시다.

집안일 종류	주로 하는 사람	집안일 종류	주로 하는 사람
설거지		빨래 개기	
청소기 돌리기		분리수거	

식사 차리기		방 정리	
냉장고 정리			
2. 우리 집의 집안일 평등 상황에 대해 말해 봅시다.			

대부분의 가정에서 주도적으로 가정일을 도맡아 하는 것은 '어머니'의 역할이었다. 이 역시 성적인 고정관념, 불평등이 내재된 결과가 아닐까? 학생들 역시 집안일은 가족이 함께해야 한다는 것에 동의하였다.

전개②: 집안 내 평등 실현하기

이제 집안 내 평등을 직접 실천하고 행동에 옮길 차례이다. 학생들이 할 수 있는 집안일을 직접 실천해보도록 하자. 본 학교자율시간을 통해 학습자들의 실천 행동이 이루어지고, 지속가능한 습관화를 이루는 것을 목표로 하였기에 실습을 할 차시를 구체적으로 배정하였다. 실습하기 어려운 집안일의 경우에는 차시를 가감하여 운영해도 좋겠다.

여러 집안일을 동시에 진행해도 좋겠지만, 특정 집안일 한 가지에 숙달하는 것도 좋은 접근 방식이다. 필자의 학급에서는 '수건, 양말 등의 의류 정리'를 중점으로 선택했다. 실제 수건과 양말을 준비물로 챙겨오게 하여 함께 정리하는 법을 익혔다. 유튜브의 수건, 양말 정리 영상 튜토리얼 영상을 참고해도 좋다. 다음 활동지를 통하여 구체적인 계획을 수립하고 실천하도록 도와주자.

활동지 21_23차시(2)

집안 내 평등 실천하기	
1. 집안일을 직접 실천하여 봅시다.	
날짜	관리 계획
2. 집안일을 실천한 후 느낀 점을 작성하여 봅시다.	

정리: 집안일 실천 인증하고 느낀 점 나누기

필자의 학급에서는 온라인 학급관리 플랫폼을 통하여 과제를 수합하였기에 집안일 실천 인증샷을 삽입하는 것이 가능하였다. 활동 결과 학생들은 집안일을 직접 실천하는 것이 생각보다 어려운 일이라는 것을 체감하고 실천을 이어나갈 것을 다짐하는 모습이었다.

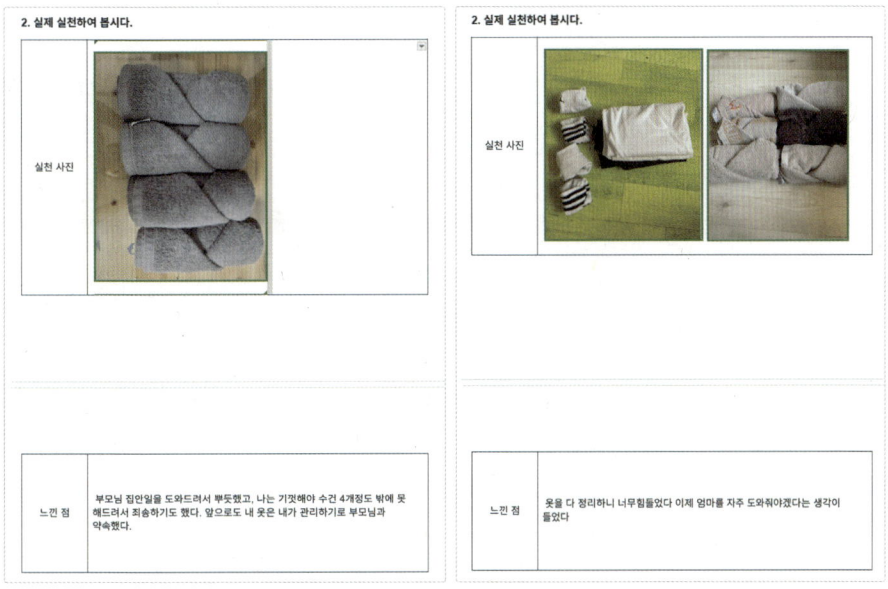

▲ [산출물] '집안일 실천하기' 학생 산출물 예시

이처럼 가정 내 집안일을 공정하게 실천하는 일은 가족 구성원 전체의 지속가능한 관계 형성에 도움이 되며, 더 나아가 학생들의 책임감과 배려를 익히는 데에도 큰 영향을 미칠 것이다.

2 지속가능한 국가유산 보존하기 24~27차시

지도안 함께 보기

본 학교자율시간에서 다룰 지속가능한 사회를 위한 두 번째 학습 주제는 '국가유산'이다. 국가유산은 국가 공동체의 정체성과 역사를 담고 있어 그 자체로도 중요하지만, 미래 세대와의 연결을 촉진시키는 매개체가 될 수 있다. 지속가능발전 자체가 미래 세대의 필요를 저해시키지 않는다는 점을 내포하고 있기에 장기적인 관점으로 수업 과정을 제시해야 한다.
국가유산 관련 책을 읽는 것에 1차시, 조사 및 소개 자료 제작에 2차시, 우리 지역을 위한 체험 프로그램을 기획하는 것에 1차시를 배분하면 적당하다. 4학년 사회 교과의 내용 요소에 '국가유산'이 제시되어 있기에 중복되지 않도록 문화재 전반을 탐색하는 수준으로 활동을 구성하였으니 참고하자.

차시	24~27차시	준비물	온책읽기 도서, 스마트 기기, 활동지
수업 주제	생활 속 함께하는 사회 실현하기		

학습목표	생활 속 문제 해결에 참여하여 지속가능한 국가유산을 추구할 수 있다.
활동 흐름	

도입(10분)	▶국가유산(문화재) 훼손 관련 뉴스 살펴보기 -국가유산이란 무엇일까? -국가유산을 훼손하는 일이 왜 일어날까? ▶ [영상] 경복궁 담벼락에 '스프레이' 낙서…문화재 훼손 용의자 추적(YTN)
전개(140분)	▶《웃음꽃이 핀 우리 국가유산》 책 읽기 -책 읽고 기억에 남는 국가유산 떠올리기 -국가유산이 왜 중요할까? ▶우리 지역의 국가유산 및 역사적 인물 조사하기 -우리 지역의 국가유산 조사하기 -우리 지역과 관계된 역사적 인물 조사하기 ▶소개 자료 제작하기 -국가유산 또는 역사 인물의 우수함과 소중함을 알리기 위한 소개 자료 만들기 -전시 및 느낀 점 나누기 ▶우리 지역 체험 프로그램 만들기 -지속가능한 국가유산을 위한 체험 프로그램 상상하기 -우리 지역을 위한 체험 프로그램 발표하기 ▲ [도서] 웃음꽃이 핀 우리 국가유산(김은의 글·허구 그림, 다림, 2024)
정리(10분)	▶느낀 점 나누기

도입~전개①: 국가유산이 왜 중요할까?

국가유산은 전통적, 역사적 가치를 인정받아 미래 세대에게 남겨줄 만한 가치가 있다고 여겨지는 **것들**을 일컫는다. 국가유산에 대한 본격적인 학습에 들어가기 전에 관련 뉴스(QR코드)를 통해 인식도를 높이고 공감을 불러와도 좋겠다. 학생들에게 있어 국가유산은 실생활과 거리감이 느껴지는 학습 주제이기 때문이다. 학생들이 국가유산을 지키고 미래 세대에 남겨주고 싶다는 의지가 생겨야 하는 것이다.

경복궁 담벼락에 '스프레이' 낙서…문화재 훼손 용의자 추적 (YTN)

이에 《웃음꽃이 핀 우리 국가유산(김은의 글·허구 그림, 다림)》이라는 도서를 추천한다. 학생들도 한번쯤은 들어보았을 법한 불상, 기와, 장승, 도자기 등의 국가유산을 스토리텔링 형식으로 설명하고 있다. 책의 전 부분을 읽을 필요 없이 목차를 훑으며 관심이 가는 국가유산을 골라 읽어보도록 해주어도 충분하다.

전개②: 우리 지역 국가유산&역사적 인물 조사하기

이후 '우리 지역의 국가유산' 또는 '우리 지역의 역사적 인물'로 그 범위를 좁혀볼 것이다. 조사 활동은 학급 상황에 맞게 두 주제 중 하나를 선택해서 진행해도 무방하다. 필자의 학급에서는 이후 차시의 체험 프로그램 기획을 위해 두 주제 모두 조사하도록 하였다.

국가유산포털(www.heritage.go.kr)에 접속한 뒤, [국가유산 검색] - [우리지역 국가유산] 메뉴에 들어가면 지역별 국가유산을 목록화하여 볼 수 있다. 클릭하면 사진과 간략한 설명이 제공된다는 점이 큰 장점이다. 해당 사이트에서 우리 지역 국가유산을 직접 조사하게 하자. (QR코드 활동지를 통하여 조사 내용을 정리할 수 있도록 한다.)

활동지 24_27차시(1) 우리 지역의 국가유산 조사하기

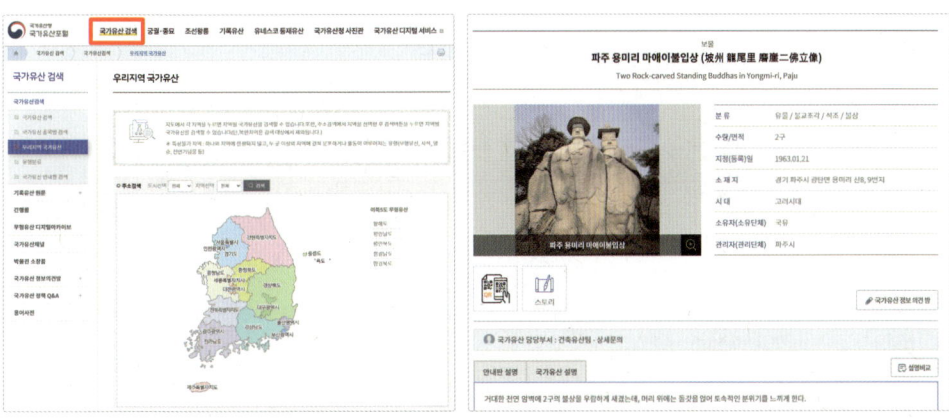

▲ [자료] 국가유산포털 내 '우리지역 국가유산' 메뉴 화면

우리역사넷(contents.history.go.kr)의 [재미있는 초등역사] 메뉴 역시 역사 인물들을 시대순, 가나다순으로 확인할 수 있어 유용하다. 역사 인물을 조사할 때에는 교사가 미리 지역과 관련된 인물을 취합하여 소개하는 것이 좋다. 필자의 경우 경기도 파주시와 관련된 인물을 네 명으로 추려서 선택하게끔 하였다.

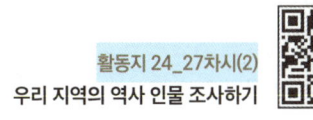

활동지 24_27차시(2) 우리 지역의 역사 인물 조사하기

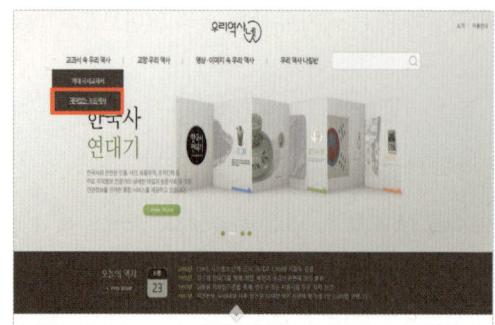 

▲ [자료] 우리역사넷 내 '재미있는 초등역사' 메뉴 화면

학습의 주제가 본인이 살고 있는 지역사회이기에, 학생들의 수업 참여도가 매우 높았다. 또 국가유산이나 역사적 인물에게 애착심과 보존 의식을 느끼는 모습 또한 관찰할 수 있었다. 이러한 지역사 회로의 관점 확장을 통해, 공동체 의식 함양과 함께 문화적 지속가능성을 함양할 수 있는 학교자율시간 운영이 되기를 기대한다.

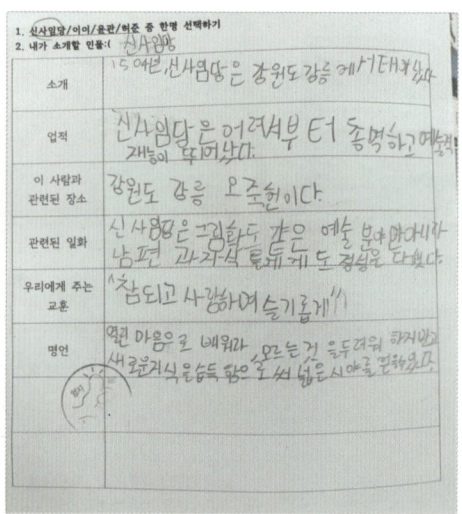

▲ [산출물] 학생 조사 내용: 우리 지역 국가유산(왼쪽) | 역사 인물(오른쪽)

이후 미술 교과와 연계하여 국가유산 또는 역사 인물을 소개하는 자료를 제작해보자. 디지털 콘텐츠 제작 플랫폼을 활용하여 게시하여도 좋고, 손으로 직접 만들어도 좋다. 다만 국가유산이나 역사 인물을 시각적으로 강조할 수 있도록 사진 활용, 글자 크기 등에 유의하게끔 강조해주는 것이 좋다.

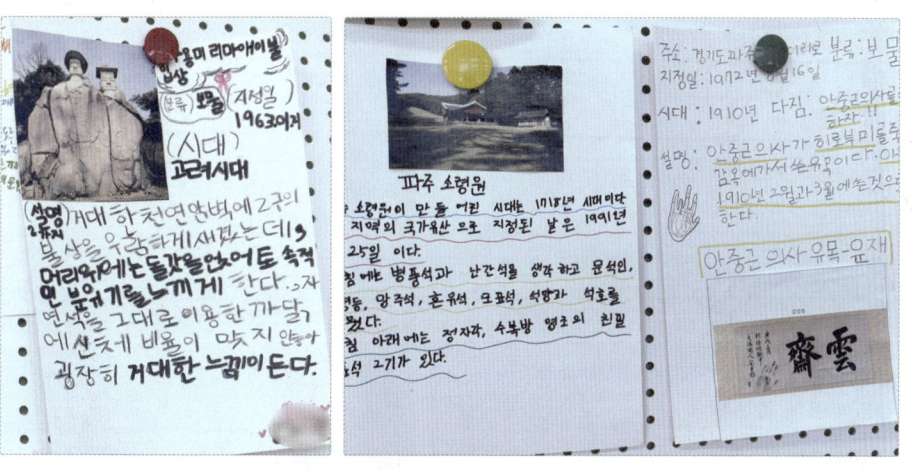

▲ [산출물] 학생들이 작성한 국가유산 소개자료

전개③~정리: 우리 지역사회를 위한 체험 프로그램 기획 및 발표하기

이제 지속가능발전의 관점에서 미래 세대와의 연결을 추구해보자. 지금까지 조사한 내용을 기반으로 우리 지역사회를 위한 체험 프로그램을 기획해보는 것이다. 체험 프로그램 때문에 방문하는 사람이 많아지는 일차원적인 결과만 들여다보아서는 안된다. 이를 통해 지역의 경제도 활성화될 것이고, 문화를 이어나가야 한다는 의식과 지역 공동체의 뿌리를 공고히 할 수 있을 것이다.

프로그램 제목, 장소, 대상, 체험 내용, 이 곳에 담긴 역사 등 항목으로 구성된 활동지(QR코드)를 제공해 체계적인 기획을 돕자. 필자는 체험 대상은 초등학생으로 고정하여 기획할 수 있도록 안내하였다. 또 경기도 파주시의 학생들이므로 '경기도'의 관점 또는 '파주'의 관점을 선택하여 체험 프로그램을 구상해볼 것을 권하였다.

활동지 24_27차시(3) 우리 지역의 체험 프로그램 기획하기

단순히 흥미 위주로 체험 프로그램을 구상하기보다는, 방문자를 늘릴 수 있는 내용이면서도 지역사회의 특성과 국가유산의 의미를 담을 수 있도록 강조해주는 것이 좋다. 곧 통해 미래 세대에게 전달하고 싶은 비전이 담기고, 곧 지속가능성으로 이어진다.

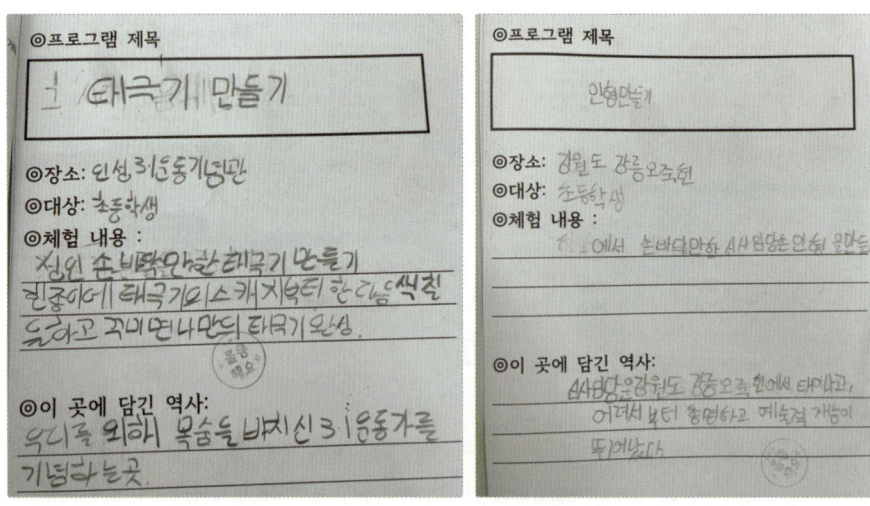

▲ [산출물] '우리 지역 체험 프로그램 기획하기' 학생 산출물

2.4 이야기 바꾸어 표현하기: 더 나은 내일로 나아가기 28~29차시

이제 마지막으로 학교자율시간의 대장정을 정리하며, 지속가능한 내일을 위한 실천 행동을 내면화할 차례이다.

지도안 함께 보기

차시	28~29차시	준비물	활동지
수업 주제	더 나은 내일로 나아가기		
학습목표	우리가 살아가는 사회를 위하여 지속가능한 노력을 실천할 수 있다.		
활동 흐름			
도입(5분)	▶책 내용 다시 떠올리기 ▶학교자율시간 수업 떠올리기		
전개(70분)	▶내가 선택한 주제로 이야기 바꾸어 표현하기 -우리의 실천 행동이 바꿀 더 나은 미래 표현하기		

	-한 장면 그리기
	-공유하기
정리(5분)	▶느낀 점 나누기

도입~전개①: 학교자율시간 전체 돌이켜보고 바꾸고픈 주제 선택하기

도입에서는 그간 읽은 책의 내용, 학교자율시간 수업에서 얻은 정보와 진행한 활동들을 두루 떠올릴 수 있게 한다. 그중 하나를 선택해 '이야기 바꾸어 쓰기' 활동을 진행할 것이다. 본 학교자율시간에서는 지속가능한 환경, 경제, 사회적 관점으로 나누어 수업을 구성하였기에 세 주제 중 한 가지를 선택할 수 있도록 안내하였다.

> **TIP** 물론 지속가능한 삶은 통합적인 관점으로 이루어져 있기에, 새로운 주제로 생각을 전환시켜도 좋겠다. 초·중등학교 지속가능발전교육 영역과 내용 요소에서는 '친환경 에너지, 토양 자원 보전, 도시 주거 문제, 사회적 갈등 조정, 지구촌 평화, 남북 교류, 기업의 지속가능한 경영, 사회 취약계층을 위한 안전망 강화 등'의 주제도 제시되고 있으니 참고하자.

전개②~정리: 우리의 실천 행동이 바꿀 더 나은 미래 표현하기

본 학교자율시간에서는 학년의 특성을 고려하여 이야기를 바꾸어 그리고, 2~3문장으로 표현할 수 있도록 하였다. 이때 교사는 학생들이 실천한 지속가능한 내일을 위한 행동들이 어떤 변화를 만들지 생각할 수 있도록 시간을 충분히 제공해야 한다. 단순히 책 속 장면을 바꾸어 그리는 것이 아니라 실제 삶으로 이어지는 학습의 전이를 추구해야 하는 것이다. (QR코드 활동지를 통해 학생들의 생각 흐름을 보조할 수 있다.)

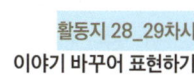

활동지 28_29차시
이야기 바꾸어 표현하기

▲ [산출물] '우리가 실천한 해결책이 어떤 새로운 미래를 가져올까요?' 학생 산출물

학생들의 작품을 살펴보면, 플라스틱 문제를 해결하면 생물 다양성까지 이어진다는 내용의 연계가 돋보인다. 또 학습한 내용을 넘어서 인종 차별, 성 차별 등의 갈등이 사라진 세상을 상상한 그림 역시 인상 깊다. 작품을 게시하여 학생들과 관점을 나누고 공유한다면 더욱 의미 있는 학교자율시간의 마무리가 될 것이다.

평가 성취기준에 따른 4단계 평가기준을 참고하여 학생들의 실천 내면화와 지속가능한 관점을 평가할 수 있다. 특히 산출물의 정교함과 채색 정도보다는 실천 해결책과 그로 인해 변화한 미래가 표현되었는지에 중점을 두어 평가해야 한다.

매우잘함	다양한 실생활 문제를 정확히 파악하고 그 중요성과 원인을 인지하고 있으며, 실천 해결책이 불러올 구체적으로 제안하여 지속가능한 사회로 변화된 미래를 창의적으로 나타낸다.
잘함	다양한 실생활 문제를 해결하기 위하여 실천 해결책을 제안하고, 지속가능한 사회로 변화된 미래를 상상하여 나타낸다.
보통	실생활 문제를 해결해야 함을 알고 해결 방안을 떠올리며, 지속가능한 미래를 상상하여 나타낸다.
노력요함	실생활 문제를 인식하고 있으나 지속가능한 해결책을 제시하지 못하며, 미래의 모습을 표현하기 어려워한다.

✕✕✕✕

이렇게 총 29차시의 학교자율시간 프로젝트를 통하여 학습자의 실천 역량을 자극할 수 있는 실제적인 학습의 장을 열었다. 특히 지속가능 환경에만 머물던 관점을 넘어서, 지속가능 경제-지속가능 사회로 통합적 관점을 제시하고, 학생의 삶으로 이어지는 흐름을 강조하였다. 무엇보다도 지역사회의 다양한 자원을 활용하는 장기적인 비전과 문제 해결에 참여하는 시민으로서의 참여 의지를 도모하여, 각 학교 특성에 맞는 학교자율시간 운영이 될 수 있도록 다양한 수업 주제를 반영하였다. 이를 통해 지속가능한 내일을 만들어가는 실천적 역량을 가진 어린이로서 한 걸음 나아갔기를, 또 그들의 삶에 작은 변화가 일어났기를 바란다.

PART III

초4 인성교육

감성 톡톡! 미술과 함께하는 인성 성장

01 수업 준비

1.1 활동 필요성 및 목표

활동 필요성

인성교육이란 <mark>자신의 내면을 바르고 건전하게 가꾸고 타인·공동체·자연과 더불어 살아가는 데 필요한 인간다운 성품과 역량을 기르는 것을 목적으로 하는 교육</mark>이다.[1] 특히 요즘은 인공지능(AI), 빅데이터 등 기술의 발전에 따라 인간만이 가질 수 있는 고유한 역량으로서의 인성교육 필요성이 대두되는 시점이다. 상호연결성이 커지고 정보량이 급증하는 미래 사회에서는 상대방을 존중, 배려하면서 소통하는 인성 덕목이 필수적이라고 할 수 있다.[2]

교육부는 1차 인성교육 종합계획에서 정책 효과가 정체되고 있음을 인지하고, '학교 교육과정 내 인성교육의 안착'을 추진과제로 한 2차 인성교육 종합계획을 발표하였다. 그중 주목할 만한 것은 인성교육 활성화 및 체계화를 위한 '**예술 교육 강화**'이다. 심미적 감성을 바탕으로 스스로를 인식하고 타인과의 관계를 이해하며 세계를 존중한다는 점에서, 미술은 인성교육과 떼려야 뗄 수 없는 관계를 지닌다.[3] 따라서 학교자율시간을 활용하여 자기 성찰과 미술 활동을 결합한 인성교육을 운영하고자 한다.

먼저, **인성 가치와 덕목을 주제**로 설정한 후 이를 중심으로 수업을 설계할 것이다. 각 차시에서는 학생들이 인성 가치와 덕목을 이해할 수 있도록 마중물 경험을 제공하며, **감상을 통해 개념을 형성할 기회를 마련**하는 것을 핵심 목표로 하고 있다. 또한, 자신뿐만 아니라 **대상과 현상을 세심하게 관찰하며 성찰하고 탐구하는 과정**도 포함된다. 이러한 과정 속에서 창작과 실천의 에너지가 자연스럽게 생성되며, 이를 통해 학생들은 인성의 가치를 직접 경험할 수 있을 것이다. **마지막으로 내면화하는 단계까지 포함**하여 수업을 구성하고, 학생들이 인성 역량을 자연스럽게 기를 수 있도록 지원한다. 인성교육이 단순한 학습에 머무르지 않고 삶 속에서 실천될 수 있도록 다양한 접근 방식을 고민해보자.

목표

'감성 톡톡! 미술과 함께하는 인성 성장'에서는 인성 가치·덕목을 적극적이고 능동적으로 실천하는 데 필요한 지식을 내면화하며, 공감과 소통의 역량을 길러 바른 인성을 함양하고자 한다.

1. 인성 핵심 가치 덕목을 알고, 올바른 생활 태도를 함양하여 주변의 갈등 상황을 평화롭게 해결하는 능력을 기른다.
2. 경청과 공감을 바탕으로 하는 기본적 의사소통 역량을 기른다.
3. 대상과 현상의 특징을 이해하고, 이를 바탕으로 자신을 표현하며 타인의 감정에 공감하고 존중하는 태도를 기른다.

1.2 내용 체계 및 성취기준

내용 체계

범주	지식·이해	과정·기능	가치·태도
핵심 아이디어	-인성은 더불어 사는 인간다운 삶을 살기 위해 갖춰야 할 가치와 덕목이며 공동체의 기반이 된다. -인간은 자아에 대한 탐구와 성찰을 통해 자신을 존중하는 마음을 가지고 타인과 더불어 사는 삶으로 나아간다. -타인과 생각, 경험을 주고받는 소통의 경험은 서로 다름을 이해하게 함으로써 차이를 존중하고 공감하는 공동체 발전에 기여한다.		
내용 요소	-인성 핵심 가치·덕목 (예, 효, 정직, 책임, 존중, 배려, 소통, 협동) -대상과 현상의 특징 -언어, 준언어, 비언어, 매체	-자신과 주변에 반응하여 느낌과 생각 나타내기 -자신 및 타인과 의사소통하기 -타인과의 차이를 존중하며 관계 형성하기	-가치·덕목을 실천하려는 의지 -소통에 적극적으로 참여하는 태도 -자신과 타인의 관점을 존중·공감하는 자세

성취기준

- [4도인성-01] 인성 핵심 가치·덕목을 이해하고 이를 주도적으로 실천하려는 의지를 기른다.
- [4도인성-02] 자기 자신을 포함한 대상과 현상의 특징을 이해하고 자신과 주변에 반응하여 느낌과 생각을 나타낼 수 있다.
- [4도인성-03] 언어, 준언어, 비언어, 매체 등을 활용하여 자신 및 타인과 의사소통하며, 소통에 적극적으로 참여하는 태도를 지닌다.
- [4도인성-04] 타인과의 차이를 존중하며 관계를 형성하고, 자신과 타인의 관점을 존중하는 마음과 타인을 공감하려는 자세를 갖는다.

1.3 교수학습 단계·평가·교육과정 편제

교수학습 단계

감상과 개념 형성 →	자기성찰과 탐색 →	창작과 실천 →	내면화 및 공유
1~9차시	10~18차시	19~26차시	27~29차시
[심미적 감성] 효·예/존중/배려	[자기관리] 책임/성실/정직	[협력적 소통] 공감/소통	[공동체] 협동
[4도인성-01] [4도인성-02] [4도인성-03]	[4도인성-01] [4도인성-02] [4도인성-03]	[4도인성-01] [4도인성-03] [4도인성-04]	[4도인성-01] [4도인성-03] [4도인성-04]

평가

성취기준	평가요소	수업·평가 방법	평가기준	평가시기
[4도인성-02] 자기 자신을 포함한 대상과 현상의 특징을 이해하고 자신과 주변에 반응하여 느낌과 생각을 나타낼 수 있다.	대상과 현상의 특징을 이해하고 자신의 느낌과 생각 나타내기	[반응형성 수업] 대상과 현상에 반응하여 이해하고, 이에 대한 자신의 느낌과 생각을 인식함. 글, 그림, 말하기, 작품 등의 방식으로 표현하고 공유함. (산출물)	대상과 현상을 깊이 이해하고, 이를 다양한 매체(글, 그림, 발표, 창작 작품 등)를 활용하여 창의적이고 구체적으로 표현한다.	5월

| [4도인성-01] 인성 핵심 가치·덕목을 이해하고 이를 주도적으로 실천하려는 의지를 기른다. | 인성 핵심 가치·덕목의 개념 이해하고, 구체적인 실천계획 세우기 | [개념 수업] 인성 핵심 가치·덕목의 개념을 명확하게 이해함. 반성적, 성찰적 질문에 답해 보고, 이를 바탕으로 구체적인 실천 계획을 세움. (서술형) | 인성 핵심 가치·덕목의 개념을 명확하게 이해하고, 반성적·성찰적 질문에 답하며 실제 생활에서 실천하려는 구체적인 계획을 세운다. | 6월 |

교육과정 편제

<table>
<tr><th colspan="4">구분</th><th rowspan="2">국가 기준</th><th colspan="3">3-4학년군</th></tr>
<tr><th>3학년</th><th>4학년</th><th>계 (증감)</th></tr>
<tr><td rowspan="11">교과 (군)</td><td rowspan="11">공통 교과</td><td colspan="2">국어</td><td>408</td><td>204</td><td>194</td><td>398 (-10)</td></tr>
<tr><td rowspan="3">사회/도덕</td><td>사회</td><td rowspan="2">272</td><td>204</td><td>102</td><td>96</td><td>198 (-6)</td></tr>
<tr><td>도덕</td><td rowspan="2">68</td><td>34</td><td>28</td><td>62 (-6)</td></tr>
<tr><td>학교자율시간</td><td>0</td><td>29</td><td>(+29)</td></tr>
<tr><td colspan="2">수학</td><td>272</td><td>136</td><td>136</td><td>272</td></tr>
<tr><td colspan="2">과학</td><td>204</td><td>102</td><td>102</td><td>204</td></tr>
<tr><td colspan="2">체육</td><td>204</td><td>102</td><td>102</td><td>204</td></tr>
<tr><td rowspan="2">예술</td><td>음악</td><td rowspan="2">272</td><td>136</td><td>68</td><td>68</td><td>136</td></tr>
<tr><td>미술</td><td>136</td><td>68</td><td>68</td><td>136</td></tr>
<tr><td colspan="2">영어</td><td>136</td><td>68</td><td>68</td><td>136</td></tr>
<tr><td colspan="4">창의적 체험활동(자·동·진)</td><td>204</td><td>102</td><td>95</td><td>197 (-7)</td></tr>
<tr><td colspan="4">소계</td><td>1,972</td><td>986</td><td>986</td><td>1,972</td></tr>
</table>

02 수업 운영

2.1 효·예/존중/배려: 심미적 감성 1~9차시

'효·예', '존중', '배려'는 타인과의 관계 속에서 예의를 갖추고 조화롭게 살아가는 감수성을 기르는 데 핵심이 되는 기본 덕목이다. 학생들은 이야기나 예술적 표현 활동을 통해 자신의 감정을 섬세하게 인식하고 표현하며, 이 경험을 바탕으로 존중과 배려를 자연스럽게 실천할 수 있다. 이 과정은 개인의 성찰을 넘어 공동체 구성원으로서의 책임의식을 키우는 기반이 된다.

1 효·예 1~2차시

지도안 함께 보기

이 수업에서는 효와 예절을 전통문화와 연결하여, 학생들이 단순한 개념 학습을 넘어 우리 조상들이 중시한 인성 가치가 오늘날에도 여전히 의미가 있음을 느낄 수 있도록 의도하였다.

차시	1~2차시	준비물	사진, 민화 제작재료
수업 주제	효·예		
학습목표	효와 예절의 의미를 이해하고, 타인을 존중하는 태도를 기르며 부모님을 공경하는 마음을 미술 작품으로 표현할 수 있다.		
활동 흐름			
감상과 개념 형성(10분)	▶사전과제:《어머니의 이슬털이》책 읽어오기 ▶준비한 어릴 적 나의 사진을 보고 어떤 느낌이 드는지 발표하기		

	▶《어머니의 이슬털이》책 감상 나누기 ▶효와 예절의 개념 알기 "효와 예절이란?" "'효'란 부모님과 할머니, 할아버지를 소중히 여기고 사랑하는 마음을, '예절'이란 다른 사람을 배려하고 존중하는 마음을 행동으로 표현하는 것을 말해요!" ▶ [도서] 어머니의 이슬털이(이순원 글·송은실 그림, 북극곰, 2013)
자기성찰과 탐색(20분)	▶효와 예절의 가치와 아름다움을 표현한 전통 미술 감상하기 -우리나라 전통 민화에서 효와 예 발견하기 -〈까치와 호랑이〉(부모님을 공경하고 예의를 지키는 그림) 의미 알기 ▶부모님과 함께한 소중한 순간 떠올리기 ▶평소 부모님을 대하는 나의 모습 되돌아보기
창작과 실천 (45분)	▶부모님께 드릴 민화 작품 〈까치와 호랑이〉 제작하기 -한지 위에 연필로 밑그림 그리기 / 붓펜과 채색도구로 표현하기
내면화 및 공유(5분)	▶효행 실천 과제 안내하기 -부모님께 그림을 선물해드리고 부모님의 소감 듣기, 인증샷 찍기 -부모님께 전하고 싶은 감사와 존경의 메시지 전하기 과제 제시하기

감상과 개념 형성: 효와 예절의 개념 알기

《어머니의 이슬털이(이순원 글·송은실 그림, 북극곰)》는 어머니의 따뜻한 사랑과 희생을 보여주는 이야기이다. 어릴 때 학교 가기 싫어하는 주인공을 위해 어머니는 아들과 함께 학교 가는 길을 걸으며 이슬을 털어주시고 품에 있던 새 신발과 양말로 갈아 신겨주셨다. 이후 어른이 된 주인공이 당시 경험을 되돌아보고, 어머니의 행동이 자식을 향한 어머니의 깊은 사랑이었음을 깨닫는 내용이다.

어릴 적 사진을 준비해오도록 하여 학생들이 부모님과의 따뜻한 기억을 떠올리며 감정을 자연스럽게 이야기하도록 해보자. "이때 부모님께서 어떤 말씀을 하셨나요?"와 같은 질문을 활용하면, 학생들의 경험을 《어머니의 이슬털이》이야기와 자연스럽게 연결할 수 있다. 책 내용 파악과 경험 나누기를 위해 활동지(QR코드)를 이용해도 좋다.

활동지 1_2차시(1)《어머니의 이슬털이》읽고 생각해보기

🔊 주의 다만 부모님이 부재한 학생이나 가정상황이 어려운 학생도 있을 수 있으므로, 효와 예절의 개념을 가족, 보호자 또는 가까운 어른까지 확장하여 접근하며, 부담을 느끼지 않도록 표현의 범위를 존중하도록 하자.

자기성찰과 탐색: 민화 감상하고 나 돌아보기

조선시대 민화는 우리 조상들이 중요하게 여긴 가치와 교훈을 담은 상징적인 그림이다. 특별히 '효'와 '예'의 가치를 담고 있는 대표적인 작품으로는 〈까치와 호랑이〉(QR코드)가 있다. 호랑이는 강한 권위와 보호자의 역할을 상징하여, 왕이나 부모, 스승 같은 어른의 권위를 보여준다. 민화 속 호랑이의 모습이 온순하게 표현된 경우도 있는데, 이는 엄격하지만 자애로운 부모님의 모습과 닮아 있어 부모님의 보호와 사랑을 상징하는 것이다. 또 까치는 기쁜 소식을 전하는 길조로 자식이 부모에게 좋은 소식을 전하는 효의 한 모습을 보여준다. 배경으로 그려진 소나무 역시 장수를 상징한다.

민화 〈까치호랑이〉
(한국민속대백과사전,
국립민속박물관)

민화 〈까치와 호랑이〉를 활용하여, 학생들이 효와 예의 가치를 우리나라 전통 민화의 아름다움을 통해 체험하도록 하자. 추상적이고 자칫 무겁게 느껴질 수 있는 '효'와 '예'의 개념을 시각적으로 이해할 수 있도록 접근하는 것이다. 민화를 보여주고 단순히 설명하는 것보다, "이 그림 속 가장 먼저 눈에 띄는 것은 무엇인가요?", "까치는 왜 호랑이 옆에 있을까요?" 등과 같은 질문을 통해 스스로 의미를 탐색할 수 있도록 해야 보다 깊은 이해가 가능하다.

창작과 실천: 민화 작품 '까치와 호랑이' 제작하기

다음으로는 부모님께 드릴 〈까치와 호랑이〉 작품을 직접 제작하는 시간이다. 필자의 학급에서는 민화 〈작호도(까치호랑이, 호암미술관 소장)〉를 한지에 연필로 따라 그리게 한 뒤, 붓펜과 채색도구로 칠한 나의 〈까치와 호랑이〉 작품을 미니 족자에 붙여 완성하였다.

정밀하게 그리는 것도 좋지만, 그보다는 의미와 상징을 생각하며 부모님께 전하고 싶은 감사와 존경의 마음을 담아 표현하도록 한다면 의미 있는 선물이 되지 않을까. "부모님께서 그림을 보시면 어떤 말씀을 하실까요?"와 같은 발문으로 동기를 부여해보자.

▲ [산출물] 작호도(호암미술관 소장)를 따라 그린 학생 작품

내면화 및 공유: 효행 실천하기

〈까치와 호랑이〉를 다 제작했으니, 부모님께 실제로 선물해드릴 차례다. 부모님의 소감을 직접 들어보도록 안내한다. 인증샷을 찍어도 좋다. 부모님께 전하고 싶은 감사와 존경의 메시지도 함께 전하도록 독려하자. 다음 활동지를 통해 학생들의 효행 실천을 보조하고, 느낀 점을 정리하게 도울 수 있다.

활동지 1_2차시(2)

효행 실천하기

학습주제	효와 예절의 의미를 이해하고, 부모님을 공경하는 마음 실천하기								
인성덕목	효·예	존중	배려	책임	성실	정직	공감	소통	협동
	◎								

1. 부모님(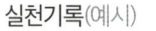)께서는 내가 어떤 행동을 했을 때 가장 좋아하시나요? 나의 행동 중 부모님이 좋아하시는 것을 실천해 봅시다.

		실천기록(예시)
어머니께서 좋아하시는 나의 행동		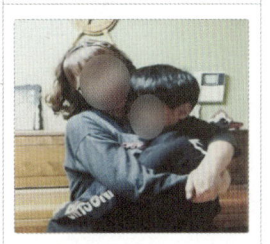
( )께서 좋아하시는 나의 행동		

2. 감사와 공경하는 마음을 전해 봅시다.

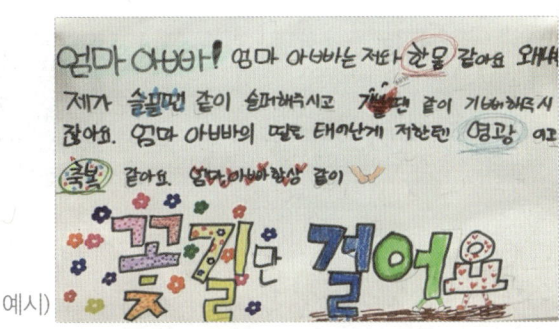
예시)

▲ [산출물] '부모님께 마음 전하는 효행 실천하기' 학생 산출물

3. 부모님( )께 소감을 직접 받아보세요.

4. 활동을 통해 느낀 점을 정리해 봅시다.

2 존중 3~5차시

지도안 함께 보기

존중이란 높이어 귀하게 대한다는 뜻으로 내가 다른 사람을 존중하고 또 다른 사람으로부터 존중받기 위해서는 제일 먼저 나 스스로를 인정하고 존중할 줄 알아야 한다.

차시	3~5차시	준비물	그림책, 활동지, 채색도구
수업 주제	존중		
학습목표	자신의 개성과 장점을 발견하여 긍정적인 자아 인식을 형성하고, 타인을 존중하는 태도를 기른다.		
활동 흐름			
감상과 개념 형성(20분)	▶《치킨 마스크 그래도 난 내가 좋아》 그림책 함께 읽기 ▶내 자신이 마음에 들지 않았을 때가 있었는지 떠올려보기 ▶존중의 개념 알기 "존중이란?" "높이고 귀중하게 여기는 것, 함부로 대하지 않고 정중하게 대해요!" ▲ [도서] 치킨 마스크 그래도 난 내가 좋아(우쓰기 미호 글·장지현 번역, 책읽는곰, 2008)		
자기성찰과 탐색(20분)	▶그림책과 관련하여 물음에 답해보며 나에 대해 생각해보기 ▶그림책 중에서 내가 가장 중요하다고 생각한 문장 뽑아 발표하기		
창작과 실천(20분)	▶가장 마음에 드는 그림책 한 장면을 고르거나 또는 재구성하여 작품으로 표현하기		
내면화 및 공유(60분)	▶〈행복한 왕자〉 애니메이션 동화 함께 보기 ▶평소 내가 듣고 싶은 말을 떠올려보기 ▶특별한 나만의 애칭 이름표 만들고 전시하기 ▶존중과 칭찬의 마음을 담아 친구들과 서로 애칭 부르기 ▲ [영상] 행복한 왕자	세계명작 (EBS)		

감상과 개념 형성: 존중의 개념 알기

우쓰기 미호 작가의 《치킨 마스크 그래도 난 내가 좋아(우쓰기 미호 글·장지현 번역, 책읽는곰)》 그림책을 함께 읽는 것으로 수업을 시작해보자. 자존감이 낮은 '치킨 마스크'가 자기 자신의 가치를 발견하고 사랑하게 되는 과정의 내용을 담고 있다. "내 자신이 마음에 들지 않았을 때가 있었나요?" 질문으로 그림책 속 주인공 '치킨 마스크'와 같은 경험을 한 적이 있는지 떠올려보게 하면서 존중의 개념과 연결한다면, 학생들은 스스로를 존중하고 있었는지 점검하기 시작할 것이다.

자기성찰과 탐색~창작과 실천: 그림책 장면 재구성해 표현하기

이어서 활동지를 통해 함께 읽은 그림책의 내용을 정리해보고 질문에 답을 하며 자기 자신에 대해 성찰해볼 수 있는 기회를 제공해보자. 마스크(등장인물)들이 잘하는 것을 정리해보고, 마스크를 쓰고 변할 수 있다면 나는 어떤 마스크를 쓰고 싶은지 생각해보는 것이다. 그림책 중에서 가장 중요하다고 생각하는 문장을 찾아 그대로 적어보고, 가장 인상 깊은 장면은 무엇이었는지도 발표해보게 하면 재미있다.

활동지 3_5차시

《치킨 마스크 그래도 난 내가 좋아》 읽고 생각해보기									
학습주제	내가 얼마나 소중하고 특별한 존재인지 깨닫고 나와 통한 그림책 장면을 나만의 스타일로 재구성하여 표현하기								
인성덕목	효·예	존중	배려	책임	성실	정직	공감	소통	협동
		◎							

1. 마스크(등장인물)들을 찾아 그려보고 잘하는 것을 정리해 봅시다.

마스크	잘하는 것	마스크	잘하는 것
치킨 마스크		햄스터 마스크	
올빼미 마스크		(자기 이름)	

2. 치킨 마스크처럼 내 자신이 마음에 들지 않을 때는 언제인가요?

예시) 어떤 것을 했을 때, 잘못하거나 졌을 때

3. 마스크를 쓰고 변할 수 있다면 나는 어떤 마스크를 쓰고 싶나요? 그림책 속 동물 친구들 중에서 골라도 됩니다. 그 이유는?

예시) 올빼미: 공부를 잘해서

4. 그림책 중에서 가장 중요하다고 생각하는 문장을 그대로 적어봅시다.

예시) 나는 왜 나로 태어났을까? 그래도 난 내가 좋아!

5. 나와 통하는 그림책 한 장면 고르기, 그 이유는?

6. 존중이란 무엇일까요?

7. 활동을 통해 느낀 점을 정리해 봅시다.

예시) 다른 사람이 잘하는 것을 부러워하지 말고 내가 잘하는 것을 찾고 난 못한다고 생각하지 않는다.

이후 가장 마음에 드는 그림책 장면 하나를 정해 자기 작품으로 표현해보자. 여러 장면을 하나의 장면으로 합쳐 재구성하거나 혹은 자기 스타일로 변형하여 작품 활동을 하는 것도 적극 허용하자. 앞에서 가장 마음에 든다고 뽑았던 문장도 작품 속에 넣는 것을 권장해도 좋다. 그림책과 똑같이 따라 그리는 것이 아니라 자신의 작품으로 표현하는 것을 강조하여 접근한다면 학생들은 활동에 더 흥미를 느낄 것이다.

▲ [산출물] '장면 나타내기' 학생 작품

내면화 및 공유: 나만의 개성과 장점 발견하기

〈행복한 왕자〉 동화 애니메이션(QR코드)은 나의 가치를 발견하는 것을 넘어, 타인과 연결될 때 더욱 가치 있고 아름다워짐을 깨닫게 하는 확장을 위한 자료이다. 영상을 함께 시청하고, 왕자가 그랬듯 학생들이 자신의 개성과 장점을 발견할 수 있도록 해보자.

[그림책 뿡뿡뿡] 행복한 왕자ㅣ 세계명작 (EBS 키즈)

다음 그림처럼 활동지의 지시문이나 발문을 통해 아주 사소한 것이라도 자유롭게 정리할 수 있도록 격려해주자. 또한, 자신의 칭찬거리가 드러나는 나만의 특별한 애칭을 정해 애칭 이름표를 만들고 전시해도 좋다.

▲ [산출물] '나만의 개성과 장점 발견하기' 활동지(위) | 나만의 특별한 애칭이름표(아래)

3 배려 6~9차시

지도안 함께 보기

배려의 의미를 이해하고 자신과 타인의 다름을 존중하는 태도를 기를 수 있도록 설계된 수업이다. "나와 다름이 틀린 것일까?"라는 질문을 통해 편견을 깨고 다양한 관점을 받아들이는 경험을 제공하는 것이 이 수업의 핵심이다.

차시	6~9차시	준비물	활동지, 마블링재료, 색띠
수업 주제	배려		
학습목표	서로의 차이를 이해하고 존중하며, 공감과 소통을 바탕으로 배려하는 언어와 행동을 실천한다.		
활동 흐름			
감상과 개념 형성 (20분)	▶《다름》그림책 함께 읽기 ▶다른 걸까? 틀린 걸까? 나와 다르다고 틀린 걸까? ▶배려의 개념 알기 "배려란?" "짝꿍의 마음으로 다른 사람을 생각하면 행복해져요!" ▶ [도서] 다름(박규빈 글·그림, 다림, 2017)		
자기성찰과 탐색(20분)	▶내가 당연하다고 생각하는 것들이 과연 옳은지 테스트해보기 -제시된 사람들의 모습을 상상하여 나타내보기 ▶느낀 점 나누기		
창작과 실천 (80분)	▶나를 나타내는 색을 고르고 물감에 의미 부여하기 ▶모두 함께 마블링 작품 만들고 아름다움 느끼기 -아이디어를 모아 우리가 만든 작품 제목 지어보기		

내면화 및 공유(40분)	▶여러 가지 색의 띠에 내가 실천할 배려의 말과 행동 적어 제출하기 ▶친구들이 쓴 배려의 말과 행동을 읽어보며 배려의 색 천 짜기 ▶새롭게 깨닫게 된 점과 내 마음의 변화 발표하기

감상과 개념 형성: 배려의 개념 알기

배려의 개념을 자연스럽게 탐색하고 열린 사고를 기를 수 있도록 《다름(박규빈 글·그림, 다림)》 그림책을 함께 읽으며 시작해보자. 작가 박규빈은 이 그림책에서 세계 여러 나라의 문화적 차이를 흥미롭게 다룬다. 예를 들어, 우리나라에서는 트림이 예의에 어긋나지만, 사우디아라비아에서는 맛있는 식사에 대한 칭찬으로 받아들여져 요리사가 기뻐한다고 소개한다. 학생들이 문화적 다양성을 이해하고, 다름을 긍정적으로 받아들이는 태도를 기를 수 있도록 마음의 준비를 하는 데 도움이 될 것이다.

자기성찰과 탐색: 내가 당연하다고 생각하는 것들이 과연 옳을까?

〈내가 당연하다고 생각하는 것들이 과연 옳을까?〉 활동은 파일럿, 간호사, 패션 모델, 운동선수 등 다양한 직업을 제시하고, 떠오르는 모습을 그림이나 단어로 표현하도록 하는 과정이다. 활동을 해보면, 대부분의 학생은 "나는 파일럿입니다."라는 문장을 듣고 키가 크고 체격이 좋은 젊은 남성을 떠올리곤 한다.

활동지 6_9차시

내 생각 점검해보기			
1. 제시된 사람들의 모습을 떠오르는 대로 나타내어 봅시다.			
파일럿	간호사	패션 모델	운동 선수
모습 그리기			
이유 또는 설명: 예시) 키가 크다/ 체격이 좋다/ 젊다/ 남자다			

2. 내가 상상하여 나타낸 모습과 사진 속 사람들의 모습을 비교해보고 어떤 느낌이 들었는지 발표해 봅시다.

3. 배려란 무엇일까요?

활동이 끝난 후, 여성 비행기 조종사, 시니어 모델, 패럴림픽 선수 등의 사진과 포털 검색 결과를 보여주자. 학생들이 가지고 있던 고정관념을 깨고, '당연하다'고 생각했던 것이 반드시 옳은 것은 아님을 체감할 수 있도록 해주는 것이 목표이다.

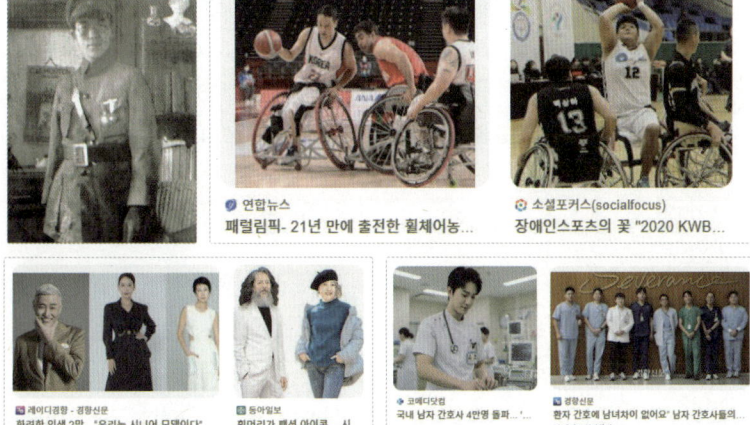

▲ [자료] (왼쪽 위부터 시계방향으로) 여성 비행사 권기옥', '휠체어 농구', '남성 간호사', '시니어 모델' 구글 검색 결과

창작과 실천: 마블링 아트 작품 만들기

이제 마블링 아트를 통해 나의 개성과 타인의 다름이 조화를 이루는 경험을 줄 차례다. 〈나를 나타내는 색 고르기〉 활동에서 학생들은 자신의 특징을 상징하는 색을 선택하고 그 의미를 생각해본다. "파란색은 차분하고 조용한 느낌을 주는데, 저도 사람들 앞에서 말하는 것보다 조용히 생각하는 걸 좋아해요.", "저는 친구들에게 기분 좋은 말을 자주 해주고 싶어서 노란색을 골랐어요."

이제 선택한 색을 모아 마블링 작업을 함께 진행하며, 다양한 색이 어우러지는 아름다움을 직접 경험해보자. 학생들은 물 위에 둥둥 떠서 움직이는 형형색색의 물감에 한 번, 그리고 종이에 찍혀 나오는 환상적인 색감의 향연에 한 번 더 탄성을 지를 것이다.

▲ [산출물] 학생이 그린 마블링 작품과 느낀 점

> **TIP** 마블링 수업 시에는 다음 사항에 유의하자.
>
> 첫째, 마블링 잉크를 떨어뜨릴 물을 담을 용기는 넓고 얕은 것을 선택해야 패턴이 잘 나타난다.
>
> 둘째, 종이는 밀도가 높고 두꺼운 도화지를 사용해야 흡수력이 좋아 선명한 무늬가 남는다. 일반 A4 용지는 물에 쉽게 젖고 찢어질 위험이 있다.
>
> 셋째, 잉크를 퍼뜨리고 패턴을 만들 도구로 나무젓가락이나 이쑤시개, 꼬치, 빗 등을 활용하면 다양한 효과를 줄 수 있다.
>
> 넷째, 물감을 너무 많이 떨어뜨리면 색이 섞여 탁해질 수 있으므로, 소량씩 떨어뜨리도록 지도가 필요하다. 종이는 5~10초 정도 담근 후 바로 꺼내도록 하고, 한쪽 끝부터 천천히 들어올리도록 하자.

내면화 및 공유: 배려의 색 천 짜기

마지막으로 내면화를 위한 마무리 활동으로, 배려의 말과 행동을 적은 색띠를 엮어 〈배려의 색 천〉을 짜보면 어떨까. 이 활동을 통해 학생들은 배려가 단순한 도덕적 의무가 아니라, 다름을 인정하고 조화를 이루는 과정임을 체험적으로 이해할 수 있을 것이다. 활동 순서는 다음과 같다.

❶ 원하는 색상의 종이(유색 A4나 색종이)를 골라 준비한다. 얇은 종이는 잘 찢어질 수 있다. 약간 두꺼운 종이를 사용하면 학생들이 훨씬 쉽게 천을 짤 수 있다. 색은 이왕이면 선명한 것이 예쁘다. 종이를 가로 2cm 폭으로 잘라 색띠를 만든다.

❷ 기본틀이 될 종이를 세로 방향으로 2cm 간격으로 자르되, 위아래 2~3cm는 남겨둔다. 세로선을 미리 인쇄해 제공하면 실수를 줄이고 시간을 절약할 수 있다.

❸ 학생들에게 색띠들과 바탕 종이를 나누어주고, 색띠에 배려의 말과 행동을 적도록 한다. 각자 작성한 색띠를 제출받아 랜덤으로 다시 나누어준다.

❹ 이제 세로선 있는 바탕 종이를 펼쳐놓고, 색띠를 위-아래-위-아래 패턴으로 엮는다. 색 조합도 고민해보도록 유도하면 더욱 의미 있는 작품이 될 수 있다. 모든 색띠를 엮은 후, 양쪽 끝을 테이프나 풀로 고정해 색 천이 흐트러지지 않도록 한다.

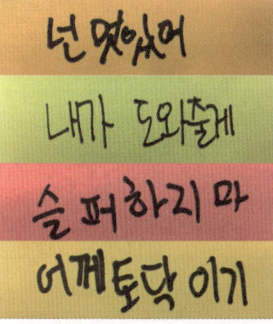  

▲ [활동] '배려의 색 천 짜기' 활동 모습

> **TIP** 샘플을 미리 준비해 보여주면 학생들이 쉽게 이해할 수 있으며, 어려워하는 학생들은 짝을 이뤄 한 명이 바탕을 잡고 한 명이 색띠를 엮는 방식으로 협력할 수 있다.

2.2 책임/성실/정직: 자기관리 10~18차시

'책임', '성실', '정직'은 자기 자신을 성찰하고 행동을 조절하는 능력을 기르기 위한 핵심 덕목이다. 이 주제들은 학생들이 자신의 말과 행동에 책임을 지며, 꾸준히 노력하고 정직하게 실천하는 태도를 기를 수 있도록 돕는다. 반복적 실천과 점검 활동을 통해 자기관리의 습관이 형성되며, 이는 일상 속 신뢰받는 삶의 기반이 된다.

1 책임 10~12차시

지도안 함께 보기

책임은 자신의 말과 행동이 어떤 결과를 가져오는지 인식하고, 그에 대한 선택을 바르게 하는 태도이다. 책임의 개념은 특히 학교폭력예방 교육에서 방관자가 되지 않고, 문제 해결을 위해 적극적으로 행동하는 자세와 연결된다. 이번 수업은 책임이란 무엇인지 탐색하고, 공동체에서 책임 있는 행동이 중요한 이유를 경험적으로 이해할 수 있도록 구성하였다.

차시	10~12차시	준비물	활동지, 편지지, 물감
수업 주제	책임		
학습목표	공동체의 갈등을 해결하는 데 책임과 존중이 중요함을 이해할 수 있다.		

활동 흐름	
감상과 개념 형성 (20분)	▶같은 모양을 가진 친구를 찾아 모이기 상황 만들기 -혼자만 남겨졌을 때 어떤 느낌이 들었는지 인터뷰하기 -왜 아무 행동도 하지 않았는지 인터뷰하기 ▶책임의 개념 알기 "책임이란?" "내가 어떻게 할 수 있을지 생각하고 결정해서 말하고 행동해요!"
자기성찰과 탐색(20분)	▶영상 〈진정한 친구는 누구일까?〉 함께 보기(7분) ▶책임감을 가지고 친구를 돕는 것이 왜 중요한지 발표하기 ▶책임의 무게 느껴보기 -반 친구들의 물건을 하나씩 모두 모아 가방에 넣고 무게 느껴보기

▲ [영상] 진정한 친구(하편) 학교폭력영화! (슬기로운초등생활)

창작과 실천 (20분)	▶우리가 원하는 우리 반의 모습 함께 이야기 나누기 ▶행복한 우리 반을 만들기 위한 약속 정하기 　　장난도 상대가 불편하면 멈춰요. 　　친구를 놀리거나 따돌리지 않아요. 　　친구가 힘들어 보이면 먼저 다가가 말을 걸어요. 　　실수했을 때는 솔직하게 인정하고 사과해요. ▶책임의 의미를 담은 손도장 팝아트 작품활동 하기 -함께 소리 내어 약속을 다짐하며 릴레이로 작품 완성하기
내면화 및 공유(60분)	▶친구에게 마음을 담은 편지글 쓰기

감상과 개념 형성: 같은 모양을 가진 친구를 찾아 모이기

가장 먼저 책임이 무엇인지 알기 위해 <같은 모양을 가진 친구를 찾아 모이기> 활동을 해보자. 참여 학생 인원 수만큼 쪽지를 준비하되, 단 하나의 쪽지만 다른 모양으로 그리고 나머지 쪽지에는 모두 같은 모양을 그려둔다.

같은 모양의 쪽지를 뽑은 친구들과 함께 팀을 이뤄 놀이활동을 할 수 있다고 안내한 뒤, 학생들이 쪽지를 뽑도록 하자. 그럼 한 명만 혼자가 되는 상황이 자연스럽게 연출된다. (다음 QR코드 영상에서 교육 활동 모습을 참고할 수 있다.) 한 학생만 감정적으로 불편함을 느낄 수 있으니 이 과정을 여러 번 반복하는 것이 좋다. 과정이 반복될수록 학생들은 혼자 다른 모양의 쪽지를 뽑고 싶지 않아 할 것이다.

'왕따' 직접 겪어본다…핀란드
학교 폭력 예방 교육
(YTN korean)

"혼자 남았을 때 기분이 어땠나요?", "왜 그런 느낌을 받았나요?" 혼자가 된 학생의 심정을 인터뷰하고, 소외되는 경험에 대해 함께 이야기 나눠보자. 모두 한 번씩은 경험한 적이 있다고 할 것이다. "학교에서 모두가 안전하고 존중받을 수 있는 환경을 만들려면 어떻게 해야 할까요?" 질문하며, 책임이란 내가 어떻게 할 수 있을지 생각하고 결정해서 행동하는 것임을 강조하자.

자기성찰과 탐색: 책임의 무게 느끼기

영상을 시청하며 자기성찰과 탐색 단계를 시작한다. '슬기로운 초등생활'의 〈진정한 친구(하편) – 학교폭력영화〉는 초등학생들의 아이디어로 제작된 약 7분 분량의 영상으로, 실제 교실 속 모습을 생생하게 담아 공감과 몰입도를 높인다. 초등학생들이 직접 출연하는 만큼, 학생들이 자연스럽게 자신을 대입하며 학교폭력에 대해 고민하고 해결 방법을 모색할 수 있어 추천하는 자료이다.

진정한 친구(하편) 학교폭력영화! 진정한 친구는 누구일까? (슬기로운 초등생활)

이어서 눈에 보이지 않는 '책임'을 직접 체험하며 공감할 수 있도록, 〈책임의 무게 느끼기〉 활동을 진행한다. 학생들은 반 친구들의 물건을 하나씩 가방에 넣으며 점점 무거워지는 가방을 들어보고, 책임이란 감당해야 할 것임을 몸으로 체험한다. 또한, 한 사람이 혼자 책임지는 것과 모두가 함께 나누는 것의 차이를 이해할 수 있도록 앞에서 본 영상을 상기시키며 자연스럽게 깨닫도록 유도하는 것도 좋겠다.

창작과 실천: '책임의 상징' 팝아트 만들기

이제 우리가 바라는 우리 반의 모습에 대해 이야기 나누고, 안전하고 존중받는 학급을 만들기 위한 약속을 함께 정하자. 학생들이 책임을 무겁거나 부담스럽게 느끼는 것이 아니라, 자신이 할 수 있는 작은 행동이 공동체에 변화를 줄 수 있다는 경험을 하도록 도와 책임 있는 선택이 응원받는 교실 문화를 만드는 것이 이 수업의 핵심이다.

더 나아가 이 다짐을 창의적인 방식으로 기록하면 어떨까? 책임을 단순한 서명으로 표현하는 데 그치지 않고, 예술적으로 시각화하여 강렬한 메시지를 전달하도록 구성하는 것이다. 필자의 학급에서는 원색 도화지를 배경으로 검정색 손도장을 찍어 팝아트 형식의 공동 작품을 완성하고, 이를 교실에 전시하기로 하였다.

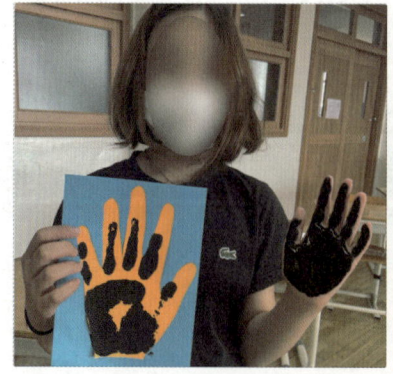 

▲ [산출물] '책임의 상징' 작품 제작 과정(왼쪽) | 학생들이 만든 '책임의 상징' 팝아트 작품(오른쪽)

〈책임의 상징〉 팝아트는 반복성과 색채 대비를 활용하여 배경 색과 종이 손(형태), 그리고 잉크 손도장(직접 손을 찍은 흔적)의 조합을 통해 제작할 수 있다. 여기서 종이 손은 형태적인 요소를 강조하는 것이며, 잉크 손도장은 직접적인 흔적을 말한다. 이러한 대비를 통해 반복되는 이미지 속에서도 다채로운 변화를 만들어낼 수 있다. 또한 아이들이 직접 손에 잉크를 묻혀 찍는 과정 자체가 작품에 적극적으로 개입하는 경험적 요소라고 본다. 이는 단순한 표현을 넘어, 손을 활용해 자신의 몸을 작품의 일부로 만드는 과정이기도 하다.

개개인의 손도장은 학급 공동체에 대한 책임을 다짐하는 서명과 같은 역할이며, 여러 손도장이 모여 하나의 작품을 이루는 과정은 책임이 개인을 넘어 공동체 전체에 영향을 미친다는 의미를 담고 있다. 이렇게 완성된 작품을 학급에 게시하면, 학생들이 매일 자신의 약속을 떠올리며 책임 있는 행동을 실천할 수 있도록 지속적인 동기 부여의 역할을 하게 될 것이다.

내면화 및 공유: 친구에게 마음을 담은 편지글 쓰기

작품 활동을 마친 뒤, 느낀 감정과 전하고 싶은 마음을 글로 풀어내는 시간으로 이어 가보자. 친구에게 마음을 담아 편지를 쓰는 활동은 자신이 느낀 감정과 생각을 진심 어린 말로 전하는 소중한 경험이다. 따뜻한 마음을 글로 전할 때 친구와의 관계는 더욱 깊어지고, 서로의 마음을 이해하며 진정한 연결의 가치를 느낄 수 있다. 학생들이 편지를 통해 고마움, 응원, 미안함, 감사 등 다양한 감정을 솔직하게 표현할 수 있도록 따뜻한 분위기로 운영한다.

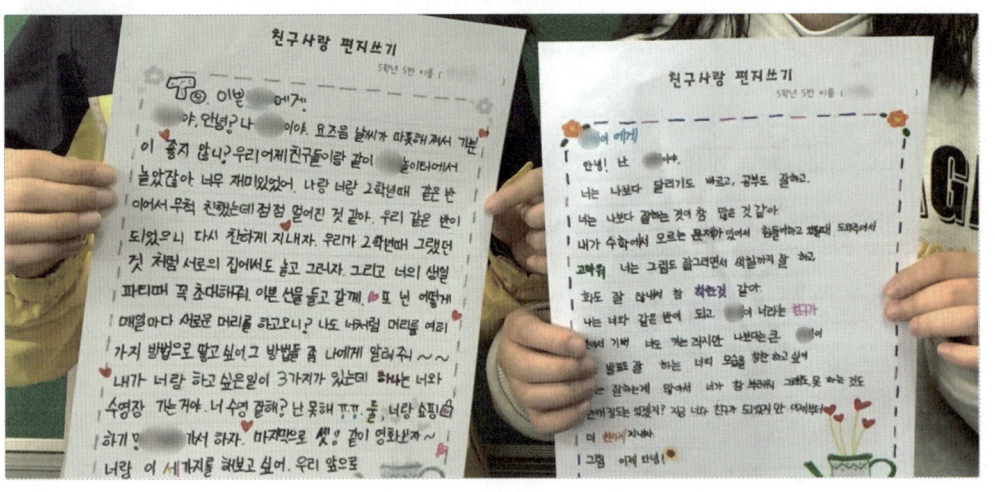

▲ [산출물] '친구에게 마음을 담은 편지글 쓰기' 학생 산출물

2 성실 13~15차시

지도안 함께 보기

성실의 사전적 정의는 '정성스럽고 참됨'이지만 일반적으로 어려운 일이 있어도 포기하지 않고 하기로 한 것을 열심히 끝까지 해내는 삶의 태도를 말한다. 위인 '헬렌 켈러'의 삶을 통해 성실의 가치를 익히는 수업을 구성하였다.

차시	13~15차시	준비물	활동지, 미술도구
수업 주제	성실		
학습목표	위인의 삶을 통해 성실의 가치를 탐색하고, 바른 인성을 실천하며 자신의 목표를 이루기 위한 성실한 행동을 계획한다.		
활동 흐름			
감상과 개념 형성 (20분)	▶헬렌 켈러의 어려움 체험해보기 ▶성실의 개념 알기 "성실이란?" "어려운 일이 있어도 포기하지 않고 하기로 한 것을 열심히 끝까지 하는 것을 말해요!"		
자기성찰과 탐색(20분)	▶헬렌 켈러 자서전《사흘만 볼 수 있다면》(202~209쪽) 읽기 -헬렌 켈러가 어떤 삶을 살았을지 생각해보기 ▶헬렌 켈러는 자신의 어려움을 어떻게 극복하였는지 찾아보기 ▶내가 헬렌 켈러와 같은 상황이라면 어떠했을지 상상해보기 ▶나는 평소 어려운 일을 만났을 때 어떻게 했었는지 떠올려보기 ▶헬렌 켈러에게 본받을 점은 무엇인지 생각해보고 헬렌 켈러를 만난다면 어떤 말을 하고 싶은지 정리해서 발표해보기		▲ [도서] 사흘만 볼 수 있다면(헬렌 켈러 글·박에스더 번역, 사우, 2018)
창작과 실천 (40분)	▶도서관에서 나의 멘토 찾기 ▶내 꿈을 이루기 위해서 내가 할 수 있는 것 탐색하기 ▶미래의 나의 모습 발표자료 만들기		
내면화 및 공유(40분)	▶미래의 나의 모습 친구들 앞에서 발표하기		

감상과 개념 형성~자기성찰과 탐색: 성실의 개념 알기

학생들이 헬렌 켈러의 삶을 깊이 공감할 수 있도록 수업을 체험 활동으로 시작해보자. 두 명씩 짝을 지어 한 학생은 안대를 쓰고, 다른 학생은 안내자가 되어 미션을 수행하도록 한다. 이 과정에서 헬렌 켈러가 겪었던 어려움을 체험한다면, 성실의 위대함을 감각적으로 깨닫게 되지 않을까.

> **주의** 학생들이 활동을 장난스럽게 여기지 않게 활동의 의미와 목적을 사전에 충분히 안내해서 분위기를 잘 조성할 필요가 있다. 안내자 역할을 맡은 학생이 신중하게 행동하도록 지도하고, 교사가 지속적으로 관찰하여 무리한 행동이 발생하지 않도록 유의하자.

활동 후, 체험한 느낌을 나누고 성실의 개념을 정의하며 전기문 감상으로 자연스럽게 연결한다.《사흘만 볼 수 있다면》(헬렌 켈러 글·박에스더 번역, 사우) 도서를 202~209쪽을 중심으로 감상해보자(학교와 학급 상황에 따라 제시한 도서를 읽지 않아도 무방하다). 헬렌 켈러에게 본받을 점은 무엇인지 자기 성찰하는 시간을 충분히 줄 필요가 있다. 헬렌 켈러에게 직접 하고 싶은 말을 적어 소리 내어 말해보도록 하는 것도 좋겠다.

창작과 실천: 도서관에서 나의 멘토 찾기

다음은 장소를 학교도서관으로 옮긴다. 학생들이 전기문 코너에서 자신의 멘토를 직접 찾아보도록 한다. 각자 본받고 싶은 인물을 선택하고 그 인물을 멘토로 삼아, 성실하게 목표를 이루기 위해 필요한 요소를 스스로 탐색하는 것이다. 다음 활동지를 제시하여 원활한 탐색을 도와주자.

활동지 13_15차시

도서관에서 나의 멘토 찾기									
학습주제	내 꿈을 이루기 위해서 내가 할 수 있는 것 탐색하기								
인성덕목	효·예	존중	배려	책임	성실	정직	공감	소통	협동
					◎		○		

1. 내가 찾은 나의 멘토는 누구인가요? 왜 멘토로 선택했나요?
2. 나의 멘토는 어떤 어려움이 있었나요?
3. 어떤 성실한 태도로 어려움을 극복하고 꿈을 이루었는지 찾아 정리해 봅시다.

제목:	
나의 멘토	조사한 내용 정리하기

4. 과거에 나는 어려운 일을 만났을 때 어떻게 행동했었나요?
5. 나의 멘토 (   )를 직접 만날 수 있다면 어떤 말을 해주고 싶나요?

내면화 및 공유: '미래의 나의 모습' 발표하기

그 후에 학생들이 성실하게 노력하여 자신의 꿈을 이룬 미래의 모습을 발표자료로 만들도록 이끌자. 발표자료는 손으로 직접 만들어도 좋고, 디지털 도구(프레젠테이션, 영상 등)를 활용할 수 있도록 선택하게 하면 흥미유발과 주도성 측면에서 더 효과적이다. 서로의 꿈을 응원하는 분위기를 조성하고 미래 나의 모습을 발표하면서 꿈을 공유한다면, 성실한 삶의 태도를 내면화할 수 있을 것이다.

▲ [산출물] '나의 미래 모습' 발표자료

> **평가**) 학생들의 활동지와 발표를 참고하여 평가할 수 있다. 학생들이 성실의 의미를 배우는 것에 그치지 않고, 자신의 목표와 연결하여 실천할 수 있도록 하는 것이 중요하다.
>
> | | |
> |---|---|
> | 매우잘함 | 대상(위인, 멘토)과 현상을 깊이 이해하고, 이를 다양한 매체를 활용하여 창의적이고 구체적으로 표현한다. |
> | 잘함 | 대상(위인, 멘토)과 현상을 이해하고, 이를 다양한 매체를 활용하여 적절하게 표현한다. |
> | 보통 | 대상(위인, 멘토)과 현상을 어느 정도 이해하고, 이를 매체를 활용하여 간단하게 표현한다. |
> | 노력요함 | 대상(위인, 멘토)과 현상에 대한 이해가 부족하며, 이를 매체로 표현하는 데 어려움을 겪는다. |

3 정직 16~18차시

지도안 함께 보기

이번 차시는 인성 덕목 '정직'을 다루며, 학생들에게 정직의 의미를 깊이 이해하고 실천하는 태도를 길러주는 데 중점을 둔다. 정직은 단순한 도덕적 덕목이 아니라 한 개인의 도덕성을 형성하는 중요 가치이며, 나아가 준법정신, 질서의식, 정의로운 태도로 확장되는 기본 삶의 원칙이다. 특히 이번 수업은 '국밥 소녀' 사례와 인터뷰 영상을 활용하여, 학생들이 정직을 실천하는 과정과 그 의미를 체감하도록 구성하였다. 학생들의 관심과 수준에 맞는 적절한 영상 자료를 추가로 선정하여 활용해도 좋다. 중요한 것은 학생들이 실제 사례를 통해 감정 이입할 수 있도록 유도하는 것이다.

차시	16~18차시	준비물	활동지, 미술도구
수업 주제	정직		
학습목표	정직의 의미를 이해하고, 바른 인성을 실천하는 과정에서 정직한 행동이 공동체에 미치는 영향을 탐색한다.		

활동 흐름	
감상과 개념 형성 (20분)	▶ '국밥소녀' 뉴스 영상 앞부분 함께 보기 ▶ 나라면 어떻게 했을까? ▶ 정직의 개념 알기 "정직이란?" "꾸밈이 없이 바르고 곧은 마음을 말해요!"
자기성찰과 탐색(20분)	▶ 인터뷰 영상을 통해 정직을 실천한 주인공의 이야기 듣기 ▶ 정직하게 행동하기 전과 후의 마음이 어떻게 다른지 생각해보기 ▶ 정직을 실천하는 방법 세 가지 기억하기 -양심에 비추어보기, 주변사람들 입장에서 생각해보기, 결과 예상하기
창작과 실천 (40분)	▶ '솔직하게 말할걸…' 상상만화 그리기 -자신의 경험 중에서 정직하게 행동하지 못해 후회했던 경험을 떠올리고 정직하게 행동하는 내 모습을 상상하여 만화로 표현하기 ▶ 나와 친구들의 작품을 감상하고 느낀 점 나누기
내면화 및 공유(40분)	▶ 정직과 관련한 명언을 조사하고 정직 캠페인 활동하기

감상과 개념 형성~자기성찰과 탐색: 정직의 개념 알기

수업의 도입부에서는 '국밥 소녀'의 사례를 뉴스 영상(QR코드)으로 보여주며, 학생들이 상황을 생생하게 이해하고 자신을 사건 속에 대입해보도록 유도하자. 이 과정에서 학생들은 직접 겪은 정직과 관련된 경험을 떠올리거나 이야기하고자 할 수도 있다. 경험을 이끌어내면 공감대를 형성하는 데 효과

'돈뭉치' 본 여학생 선택에…
"평생 국밥 공짜로 주겠다"
(MBC 뉴스데스크)

적이기에 익명으로 공유가 가능하도록 포스트잇이나 패들렛 등 온라인 게시판을 활용한다면 부담 없이 진행할 수 있을 것이다. 교사의 어린 시절 정직과 관련된 일화를 잠깐 들려준다면 학생들은 보다 편안하게 주제를 받아들일 수도 있다. 교사의 솔직한 이야기는 생각보다 힘이 세다.

정직과 관련된 영상 자료를 활용할 때, 정직한 결정을 내리기까지의 생각 과정과 내면의 갈등을 함께 탐색하는 것이 매우 중요하다. 이 과정에서 단순히 '정직한 행동이 옳다'고 정답처럼 강요하는 것이 아니라, 정직을 실천하는 과정에서 느끼는 고민과 선택의 순간에 집중할 수 있도록 하자. 정직이 가져다주는 긍정적인 결과를 자연스럽게 깨닫도록 하는 것이다. 그리고 이어서 정직을 실천할 때 고려해야 할 세 가지 방법에 대해 함께 고민해보면 어떨까? (이 생각 흐름은 QR코드의 활동지를 제시하여 도울 수 있다.)

활동지 16_18차시(1)
정직을 실천하는 방법 알아보기

창작과 실천: "솔직하게 말할걸…" 상상만화 그리기

자신의 경험 중 정직하게 행동하지 못해 후회했던 경험을 떠올려보고, 같은 상황에서 정직하게 행동하는 내 모습을 상상하여 만화로 표현해보도록 한다. 이 활동의 핵심은 잘못을 반성하는 것이 아니라, 정직한 행동으로 인한 긍정적인 변화를 알게 하는 것이다.

활동지 16_18차시(2)

"솔직하게 말할걸…" 상상만화 그리기									
학습주제	자신의 경험을 살려 상상만화 표현하기								
인성덕목	효·예	존중	배려	책임	성실	정직	공감	소통	협동
				○		◎	○		

1. "솔직하게 말할걸…" 자신의 경험을 살려 만화로 표현해 봅시다.

▲ [산출물] "솔직하게 말할걸..." 상상만화 그리기 학생 산출물

2. 다음에 위와 같이 비슷한 상황이 발생한다면 어떻게 행동하겠습니까?

3. 활동을 통해 느낀 점을 적어봅시다.

내면화 및 공유: 정직 캠페인 활동하기

정직과 관련된 명언을 조사하여 이를 손글씨로 표현하고, 이를 활용한 정직 캠페인 활동으로 정직한 태도를 확산하도록 하자.

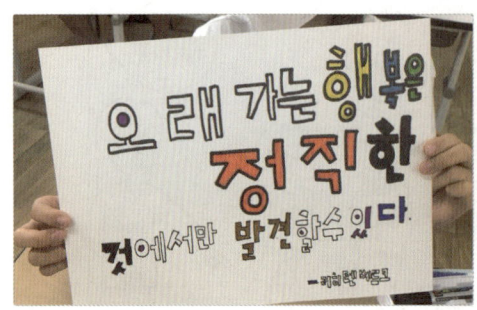 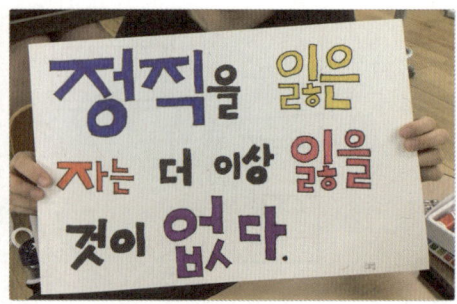

▲ [산출물] 정직 캠페인 활동 중 정직과 관련된 명언 손글씨 작품

평가 예시 활동지를 참고하여 평가를 진행할 수 있다. 정직의 의미를 이해하고 반성적·성찰적 질문에 답하며 자신의 경험을 탐구하여 실제 생활에서 실천을 다짐하는 과정을 중심으로 평가한다. 학급에서 다른 덕목으로 평가를 진행하고 싶다면 '정직' 대신 필요한 덕목으로 수정하여 사용할 수 있다.

매우잘함	정직의 개념을 명확하게 이해하고, 반성적·성찰적 질문에 답하며 실제 생활에서 실천하려는 구체적인 계획을 세운다.
잘함	정직의 개념을 이해하고, 반성적·성찰적 질문에 답하며 실제 생활에서 실천하려는 계획을 세운다.
보통	정직의 개념을 어느 정도 이해하고, 반성적·성찰적 질문에 답하려고 노력하며, 실제 생활에서 실천하려는 계획을 도움을 받아 세운다.
노력요함	정직의 개념을 이해하지 못하고, 반성적·성찰적 질문에 대한 답이 부족하며, 실제 생활에서 실천하려는 계획이 미흡하거나 없다.

2.3 공감/소통: 협력적 소통 19~26차시

'공감'과 '소통'은 타인의 감정을 이해하고 생각을 나누며, 함께 문제를 해결해 나가는 협력적 관계의 출발점이다. 이러한 주제를 통해 학생들은 다양한 상황에서 효과적으로 듣고 말하는 방법을 배우고, 서로 다른 생각을 이해하며 조화롭게 소통하는 태도를 기르게 된다. 나아가 갈등을 조율하고 공동의 목표를 위해 협력하는 경험도 쌓을 수 있다.

1 공감 19~21차시

지도안 함께 보기

공감이란 상대방의 입장이 되어 다른 사람의 감정이나 의견을 함께 느끼고 생각하는 것이다. 그러나 타인의 감정을 이해하고 공감하려면 먼저 자신의 감정을 잘 이해하고 표현하는 능력이 필요하다. 이번 수업에서는 자신의 감정을 탐색하고, 이를 바탕으로 타인의 감정에 공감하는 활동을 진행해보자.

차시	19~21차시	준비물	활동지, 미술도구
수업 주제	공감		
학습목표	다양한 감정을 이해하고 표현하며, 친구들과 감정을 공감하고 존중하는 태도를 기른다.		
활동 흐름			

감상과 개념 형성 (10분)	▶사전과제 준비 확인하기 ▶애니메이션 〈인사이드 아웃〉 일부분 함께 보기 ▶공감의 개념 알기 "공감이란?" "상대방의 입장이 되어 다른 사람의 감정이나 의견을 함께 느끼고 생각하는 걸 말해요!"
자기성찰과 탐색(30분)	▶숨은 감정 찾기 놀이하기 -사진을 보고 느껴지는 모든 감정을 찾아 감정 카드로 나열해보기 ▶나의 감정 알아보기 -준비한 나와 관련된 자료(일기, 사진, 관심사, 여가활동 등)을 탐색하고 느껴지는 주된 감정을 감정카드에서 찾아 읽어보기

▲ [자료] 감정과 관련된 다양한 사진들

		▶나와 닮은 작품 선택하고 감상하기 -왜 그 작품을 선택하게 되었는지 생각해보기 -작품에서 받은 나의 느낌과 생각 이야기하기(첫인상, 오감 등)
창작과 실천 (40분)		▶감상을 내 작품으로 표현하기 -작품 구상하고 제작, 작품 발표 준비하기
내면화 및 공유(40분)		▶작품 발표하기 ▶친구들과 감상 나누기

감상과 개념 형성: 애니메이션 〈인사이드 아웃〉 감상하기

사전과제로 학생들에게 각자 자신과 관련된 자료(일기, 생활기록, 여가활동, 관심사, 과거 경험, 사진 등)를 찾아 가져오게 하자. 이 자료들은 자기도 몰랐던 자신의 감정을 탐색하는 데 중요한 자료가 될 것이다. 수업을 시작하기 전 사전과제물이 잘 준비되었는지 확인한다.

▲ [자료] 〈인사이드 아웃〉, 〈인사이드 아웃 2〉 영화 정보 (출처: 네이버 영화)

픽사의 애니메이션 〈인사이드 아웃 1, 2〉 시리즈는 학생들에게 아주 잘 알려져 있으며 눈에 보이지 않는 감정들을 캐릭터화해서 보여주기 때문에 좋은 도입자료로 활용할 수 있다. 공감의 개념을 배우기 전, 감정에 대한 호기심을 불러일으키기에 좋다.

인사이드 아웃 (더빙판) - 예고편
(Disney Korea)

자기성찰과 탐색: 숨은 감정 찾기 놀이 & 나와 닮은 작품 감상하기

각 감정을 자세히 알아보기 위해 〈숨은 감정 찾기 놀이〉를 준비했다. 교사가 다양한 이미지(인물, 풍경, 장면 등)를 제시하면 학생들이 해당 이미지에서 느껴지는 감정을 찾아보게 하자. 감정카드를 활용하여 자신이 느낀 감정을 표현하고, 왜 그렇게 느꼈는지 이야기해보는 것이다. 감정카드는 감정의 의미, 이를 나타내는 표정 등의 사진 이미지, 관련된 언어 표현을 포함하고 있어 학생들이 감정을 보다 구체적으로 이해할 수 있게 돕는다. 감정을 단순히 하나로 제한하지 않고, 겹치는 감정도 함께 찾아볼 수 있도록 하면 더욱 깊이 있는 탐색이 가능하다.

▲ [활동] '숨은 감정 찾기 놀이' 학생 활동 모습

다음으로 각자 사전과제로 준비한 자료를 탐색하며 최근 자신이 자주 느끼는 감정을 찾아보게 하자. 가장 먼저 나 자신에 대해 돌아보고, 공감하는 시간을 가지게 될 것이다.

▲ [활동] 최근 나의 주된 감정 탐색하기

이어서 미술 교과서에 수록된 여러 작품들을 모두 모아 학생들에게 제시하고, 앞에서 탐색한 자신의 감정을 바탕으로 자신과 가장 닮았다 느껴지는 미술 작품을 선택하여 감상하도록 해보자. 왜 그 작품을 선택했는지, 첫인상은 어땠는지, 어떤 감각이 느껴지는지 등을 생각하고 이야기할 수 있게 한다.

김경민, 집으로, (2011) 청동, 아크릴 채색, 갤러리아르티에 (왼쪽)
루이스 부르주아, 엄마(Maman), (1999) 철, 호암미술관 (오른쪽)

▲ [산출물] '나와 가장 닮은 미술작품 감상하기' 학생 활동 결과

실제로 어떻게 감상했는지 잠시 살펴보자. 한 학생은 김경민의 〈집으로(청동, 아크릴 채색/15*80*53cm, 2011년 작)〉를 선택했다. 다 함께 자전거를 타는 가족이 "행복하고 여유롭고 신나" 보였기 때문에, 분홍색 구름, 솜사탕, 풍선, 하트 등으로 '행복'을 추상적으로 표현한 듯하다. 또 다른 학생은 루이즈 부르주아(Louise Bourgeois)의 거대한 거미 조각, 〈엄마(Maman, 철/213.3*238.7*243.8cm, 1997년 작)〉를 골랐다. 다리들이 "가늘고 길어서 괴생물체처럼 보여 조금 무서웠다."면서, '유령'의 모습을 그렸다. 흙냄새, 조용한 비명 소리, 엄청 매운맛과 쓴맛 등 감각으로 나타난 무서움의 표현도 재미있다. (앞쪽 QR코드의 원본 작품과 비교해보자.)

창작과 실천~내면화 및 공유: 감상을 내 작품으로 표현하기

이제 학생들이 작품에서 받은 감정과 감상을, 자신만의 미술 작품으로 창작하도록 해주자. 표현 방식에는 제한을 두지 말고 감정을 충분히 담아낼 수 있도록 분위기를 조성해주어야 한다.

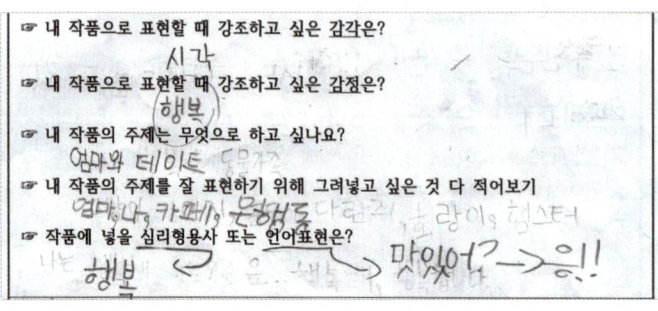

▲ [산출물] 김경민 작가 '집으로' 작품을 선택하여 감상한 후 창작한 학생 작품

더 나아가 선택한 작품과 직접 창작한 작품을 함께 전시하고 발표하는 시간을 갖는 것은 어떨까? 자신이 어떤 감정을 표현했는지 설명하고, 친구들의 작품을 감상하며 감정을 나누는 과정에서 서로의 감정을 이해하고 공감할 수 있을 것이다. 이 과정을 통해 학생들은 같은 작품을 선택했더라도 친구가 느낀 감정과 감상이 다를 수 있음을 깨닫고, 친구들의 최근 감정 상태와 내면의 이야기, 경험, 생각을 들으며 서로를 더 깊이 이해할 수 있게 된다.

활동지 19_21차시

내 작품 발표하기

학습주제	내 작품을 제작하게 된 과정을 소개하고 친구들에게 내 작품을 발표해 봅시다.								
인성덕목	효·예	존중	배려	책임	성실	정직	공감	소통	협동
		○					◎	○	

예시) 요즘 나는 행복하다. 그리고 이 수업을 하면서 김경민 작가의 〈집으로〉라는 미술작품을 만나게 되었다. 이 작품의 첫인상은 행복하고 즐거워 보였다. 작품을 보자마자 '이 작품은 행복하구나~'라는 생각이 들었다. 그리고 작품을 보고 솜사탕과 행복을 찾는 매일이*가 생각났다. 이 작품은 행복한 점이 나와 닮았다. 이 작품은 김경민 작가가 그리셨고 보고 바로 보이는 것은 자전거, 공, 가족들이 보인다. 장소는 공원 같고 시간은 점심쯤 같다. 그리고 따스한 느낌이 난다. 잘 표현된 건 사람 얼굴 표정이다. 다들 행복하게 웃고 있는 게 보기 좋다. 나는 이 작품의 대표적인 감정이 행복이란 것이 아주 맘에 든다. 행복 말고도 '즐거움', '기대하는'도 아주 잘 어울릴 것 같다. 그래서 나와 닮았고 아까 생각났던 매일이가 지금도 행복한지 알고 싶다. 작품은 나에게 "항상 행복해!"라고 말해주는 것 같다. 작품을 만나고 나서 내 마음속에 "행복을 느끼고 살 거야!"라고 다짐하게 되었다.
(*매일이는 〈오늘이〉 애니메이션 속 등장인물임.)

2 소통 22~26차시

지도안 함께 보기

이번 차시는 소통에 대해 다룬다. 소통은 서로의 감정, 생각을 잘 주고받아 뜻이 통하는 것을 의미한다. 사회가 복잡해지면서 발생하는 많은 문제와 다양한 사람들이 함께 살면서 생기는 갈등을 해결하기 위해서 소통은 더욱 강조되고 있다.

차시	22~26차시	준비물	활동지, 미술도구
수업 주제	소통		
학습목표	경청과 공감을 바탕으로 소통하는 방법을 익히고, 타인의 감정을 존중하며 원활한 의사소통을 통해 갈등을 해결하는 방법을 탐색한다.		

활동 흐름	
감상과 개념 형성 (20분)	▶의사소통 놀이로 수업 열기 -친구들의 설명을 잘 듣고 정확한 위치에 물건을 알맞게 그리기 ▶소통이 중요한 이유 생각해서 발표해보기 ▶소통의 개념 알기 "소통이란?" "서로의 감정, 생각을 잘 주고받아 뜻이 통하는 것을 말해요!"
자기성찰과 탐색(120분)	▶영화 〈우리들〉 함께 감상하기 ▶영화 속 가장 마음에 남는 장면과 대사 찾기 ▶영화에서 나오는 인물 중에서 나와 가장 닮은 인물 생각해보기 ▶영화 속 주인공과 같은 경험을 떠올려보기
창작과 실천 (40분)	▶나만의 우리들 영화 포스터 그리기
내면화 및 공유(20분)	▶선과 지아 사이에 필요한 대화를 상상해서 완성해보기 ▶나만의 소통 방법 나누기

감상과 개념 형성: 소통의 개념 알기

〈의사소통 놀이〉로 수업을 열어볼 것이다. 대표로 뽑힌 친구가 이미지를 보고 친구들에게 설명하면 설명을 듣고 활동지의 정확한 위치에 최대한 근접하게 그리는 놀이다. 활동이 끝나면 정답 이미지와 활동 결과를 비교해본다. 단순히 그림을 맞추는 행위 자체는 목표가 아니며, '소통'의 중요성을 체득하는 것이 중점임을 잊지 말자. 활동을 하며 느낀 소통이 중요한 이유를 각자 발표해보도록 독려하자.

▲ [자료] 〈의사소통 놀이〉 사용 이미지 예시

자기성찰과 탐색: 영화 〈우리들〉 감상하기

영화 〈우리들(윤가은 감독)〉의 주인공은 초등학교 4학년으로, 아이들 사이에서 벌어지는 미묘한 관계와 우정을 다루고 있다. 한 번쯤 겪었을 법한 내용이라 학생들의 호응과 몰입도가 매우 높은 작품이다. 영화에서는 아이들 사이의 작은 말과 행동 하나가 관계를 변화시키고, 때로는 상처가 되기도 한다. 친구관계에서 작은 배려와 공감, 소통이 얼마나 중요한지를 체감할 수 있다.

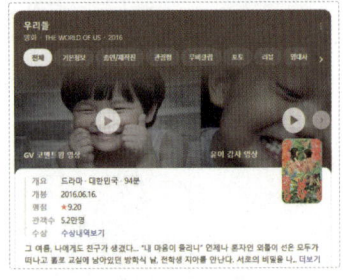

▲ [자료] 〈우리들〉 영화 정보
(출처: 네이버 영화)

영화 〈우리들〉을 학생들과 함께 감상하자. 영화 속 가장 마음에 남는 장면과 대사를 찾고, 나오는 인물 중에서 나와 가장 닮은 인물을 생각해보게 한다. 영화 속 주인공과 같은 경험을 떠올려보면서 영화에 대한 감상을 정리하면 감정이입이 되어 더 효과적일 것이다. (다음 QR코드의 활동지를 제공해 학생들의 원활한 감상을 도울 수 있다.)

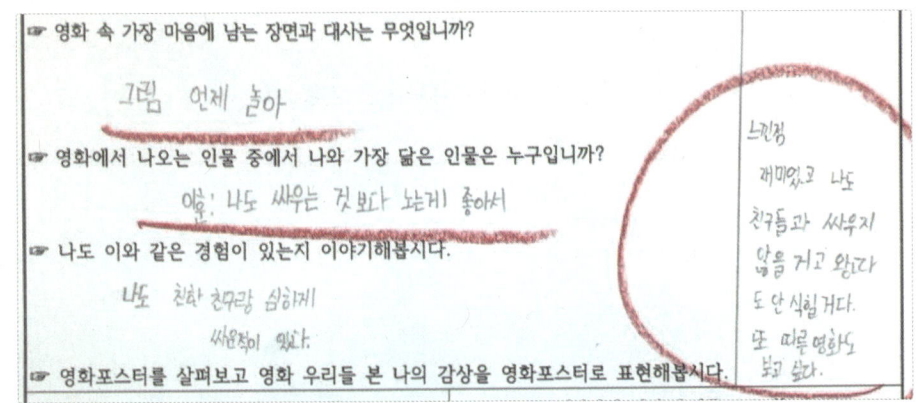

▲ [산출물] '영화 우리들 함께 감상하고 미술로 나누기' 활동지 학생 활동 내용

창작과 실천: 나만의 영화 〈우리들〉 포스터 그리기

정리한 내용을 바탕으로 감상한 영화 〈우리들〉을 나만의 영화 포스터로 나타내어 보고, 선과 지아에게 가장 필요한 것이 무엇이었을지 생각해보게 하자.

▲ [산출물] 학생이 그린 '나만의 영화 〈우리들〉 포스터' 작품

내면화 및 공유: 선과 지아의 대화 완성하기

영화의 결말은 여운이 진하게 남는다. 학생들에게 영화의 뒷 이야기를 상상해보도록 하자. 선과 지아의 대화를 완성해보면서 소통의 중요성을 내면화하도록 하면 어떨까?

활동지 22_26차시(2)

뒷 이야기를 상상하여 대화문 완성해보기
1. 영화 〈우리들〉 마지막 장면 이후 선과 지아가 어떤 대화를 나눴을지 상상하여 대화문을 완성해 봅시다. (예시) 누가 먼저 말을 걸었을까? 그 이유는? 선: 지아: … 표정이나 행동은 ( )를 사용하여 나타내면 더 좋아요.

2.4 협동: 공동체 27~29차시

협동은 오랫동안 교육에서 강조되어 온 중요한 덕목이다. 사전적 의미로는 '서로 마음과 힘을 하나로 합하는 것'을 뜻하지만, 디지털 사회로 변화하고 개인주의가 강해지면서 협동의 중요성은 더욱 커지고 있다. 오늘날 사회 문제는 한 사람이 해결할 수 없으며, 다양한 생각을 가진 사람들이 협력할 때 비로소 발전과 혁신이 이루어진다. 따라서 협동을 단순한 일의 분담이 아니라, 그 이상의 가치와 아름다움으로 인식하는 데 초점을 두었다.

지도안 함께 보기

협동은 공동의 목표를 향해 서로 신뢰하며 조화를 이루는 과정이다. 이는 개인의 노력에서 시작해 타인과 관계를 형성하고, 나아가 사회 공동체 속에서 함께 성장하는 경험으로 확장된다. 따라서 협동을 인성교육의 마지막 단계에 배치함으로써, 학생들은 개인의 성장에서 더 나아가 공동체의 일원으로서 협력하고 기여하는 의미를 깨닫게 될 것이다.

차시	27~29차시	준비물	활동지, 채색도구, 가위, 풀
수업 주제	협동		
학습목표	협동의 의미와 가치를 알고, 공감과 존중을 바탕으로 갈등을 해결하며 공동의 성취를 경험할 수 있다.		

	활동 흐름	
감상과 개념 형성 (10분)	▶재난 극복 뉴스 영상 함께 보기 ▶협동의 개념 알기 "협동이란?" "공통의 목적을 달성하기 위해 서로 도우며 힘을 합치는 것을 말해요!"	
자기성찰과 탐색(20분)	▶협동의 힘 광고 영상 함께 감상하기 -펭귄, 개미, 게 모두 위협에서 탈출하는 데 성공한 비결 생각해보기 -혼자 했을 때와 협동했을 때의 다른 점은 무엇인지 비교하기 ▶협동과 관련된 자신의 경험 이야기해보기 ▶협동을 하려 해도 잘 안될 때 문제가 일어나는 까닭을 찾고 나라면 어떻게 할지 해결 방법 탐구해보기	▲ [영상] The Power of Teamwork

창작과 실천 (80분)	▶ 조각보의 아름다움 감상하기 ▶ 모여서 더 아름다운 색조각 협동작품 만들기 ▶ [영상] 문화재 돋보기: 조각보 (국가유산채널)	
내면화 및 공유(10분)	▶ 작품 함께 감상하고 느낀 점 나누기 ▶ 협동작품의 제목 짓기	

감상과 개념 형성~자기성찰과 탐색: 협동의 개념 알기

재난을 협동으로 극복한 마을의 사례를 담은 뉴스(QR코드)를 시청하며, 협동의 과정과 그로 인한 위대한 결과를 생생하게 경험하게 하자. 추천 자료 외에도 협동을 느낄 수 있는 다른 영상을 선택해도 무방하다.

이장은 흙 내놓고 주민은 둑 쌓아…힘 합쳐 수해 피했다 (MBC 뉴스데스크)

그리고 '협동의 힘'을 주제로 한 광고 영상(QR코드)을 함께 보며 개념을 확장해가자. 광고는 펭귄, 개미, 게 편으로 구성된 3부작으로, 3가지 영상의 공통점을 찾게 하여 혼자 할 때와 협동할 때의 차이를 비교한다. 자신의 협동 경험을 떠올리게 하면 더욱 좋다.

The Power of Teamwork Funny Animation (S MD)

▲ [영상] 〈The Power of Teamwork〉 3부작

또한 협동이 원활하지 않을 때 발생하는 문제와 이를 해결하기 위한 방법을 함께 탐구할 필요도 있다. '나 하나쯤이야' 하는 생각하지 않기, 역할 나누기, 친구 말에 경청하기 등 육각 씽킹보드나 포스트잇을 이용하여 학생들의 아이디어를 모아보는 것도 좋겠다.

창작과 실천~내면화 및 공유: 우리 반 협동작품 만들고 감상하기

한국 전통의 아름다움을 보여주는 조각보를 소개하고, 학생들과 함께 협동작품을 만들어본다. 특별히 정해진 방법이 있는 것은 아니며, 학생들과 상의하여 자유롭게 방법을 정할 수 있다.

예시 작품의 경우 단위 조각을 하나의 대각선으로 나누어 큰 삼각형 두 개를 만들고, 그중 하나를 다시 반으로 나누어 작은 삼각형 두 개로 구성했다. 색칠 방식은 학생들과 논의하여 정했는데, 큰 삼각형은 진한 색, 작은 삼각형은 연한 색으로 채색하도록 하였다. 하지만 학생들이 사용하는 색칠 도구나 색의 진하기 기준이 저마다 다르므로, 다양한 조각이 만들어졌다. 정해진 규칙이 지나치게 명확하면 비슷한 조각들이 많아져 작품의 재미와 개성이 줄어들 수 있다.

각자의 색조각을 완성한 후에는 모두 모여 하나의 협동작품으로 완성하는 단계가 이어진다. 조각을 배치하는 과정도 학생들에게 맡겼다. 그래서 어떤 해에는 무지개 배열이 되었고, 또 다른 해에는 큰 삼각형이 아래 오도록 하되 무작위로 배치하는 등, 해마다 다른 방식으로 구성되었다. 하지만 어떤 방식이든 우열을 가릴 수 없을 만큼 각기 다른 아름다움을 지닌 작품이 완성되었다.

▲ [활동] 우리 반 협동작품 제작 과정과 완성된 협동작품

완성된 협동작품의 아름다움을 함께 모여 감상하고, 작품의 제목은 공모하여 가장 많은 표를 받은 제목으로 선정한다면 학생들은 더욱 협동작품에 애정을 갖고 소중히 여길 것이다. 이렇게 협동작품을 만들면서 학생들은 미술을 통해 협력하는 즐거움을 경험하고, 공동 창작의 의미를 자연스럽게 체득할 수 있다.

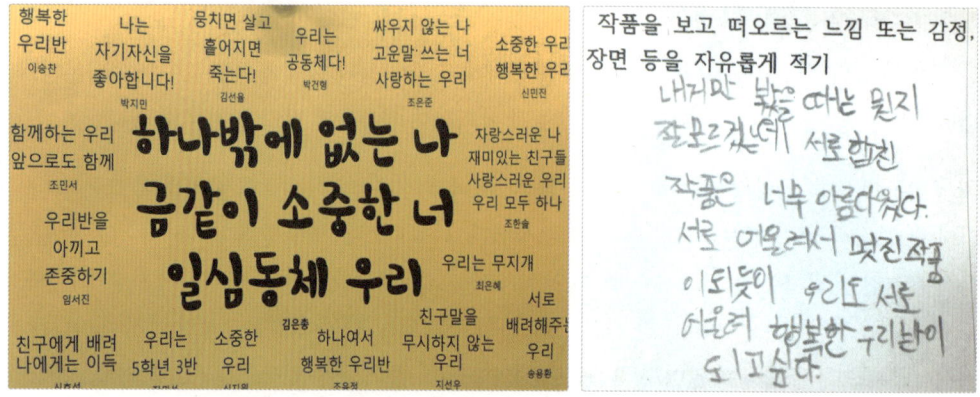

▲ [활동] 공모를 통해 정한 협동작품 제목(왼쪽) | 협동작품을 본 학생의 감상(오른쪽)

> **TIP** 이 외에도 다양한 협동작품 활동이 있으므로, 학급별로 자유롭게 선택하여 진행해도 좋다. 조각보 형식 뿐만 아니라 협동 드로잉, 콜라주, 입체작품 만들기 등 여러 형태의 협동작품을 시도해볼 수 있다.

학교자율시간을 활용한 '감성 톡톡! 미술과 함께하는 인성 성장' 인성교육은 학생들이 자신을 성찰하고, 타인을 이해하며, 공동체 속에서 협력하는 경험을 쌓는 것에 중점을 두었다. 미술을 통해 인성 덕목을 자연스럽게 내면화하고, 공감과 소통의 중요성을 배울 수 있도록 한 것이다. 이제 학생들은 배운 가치를 생활 속에서 실천하며, 타인과 소통하고 협력하는 힘을 길러야 한다. 교사도 학교도 인성교육이 지속적으로 이어질 수 있도록 학생들의 경험을 지원해야 할 것이며, 학생들에게 바른 인성을 함양하는 의미 있는 교육과정이 되길 바란다.

PART IV

초4 경제·금융교육

슬기로운 경제·금융 생활

01 수업 준비

1.1 활동 필요성 및 목표

활동 필요성

오늘날 학생들이 살아갈 사회는 자원의 한계, 기후 변화, 경제적 양극화, 금융환경의 급격한 변화 등 복잡한 경제·사회적 문제에 직면하고 있다. 따라서 다양한 측면을 고려하여 합리적인 선택을 할 수 있는 사고방식이 매우 중요해질 것이다. **경제·금융교육**의 최종적인 목표 역시 개인의 역량을 강화하여 더 나은 의사결정을 돕고, 더 나아가 사회경제적 안정과 성장을 이룩하는 데에 있다.[1]

하지만 교육과정 내의 경제·금융교육 요소들은 제한적이며, 그 계열성 역시 미흡한 상황이다.[2] 특히 '소비'나 '자산관리' 등의 일부 학습 요소만 반복적으로 다루고 있어, 학생들이 깊이 있게 경제적 선택을 고민해볼 기회가 상당히 부족하다. 특히 초등학교 중학년은 경제 가치관과 합리적인 소비 습관이 형성되기 시작하는 중요한 시기로, 이때 경제·금융에 대한 올바른 이해를 도모하고 실천적 경험을 조성해줄 필요가 있다.

따라서 **다양한 체험 활동과 실습을 기반으로 학습자의 의사결정 능력을 키울 수 있는 학교자율시간을 구성**하고자 한다. 더불어 일상에서 접할 수 있는 금융 생활 요소(보이스피싱, 스미싱)를 구체적으로 제시하여 실제적 적용을 경험하게 할 것이다.[3] 한편으론 경제 지식만을 강조하지 않고, 참여와 건강한 실천까지 도모할 수 있도록 사회적 경제교육을 활성화하고자 한다.[4] 단기적 이익을 좇는 소비자가 아닌, 책임감 있는 경제 주체로 성장할 수 있도록 구성한 학교자율시간을 만나보자.

목표

'슬기로운 경제·금융 생활'에서는 실제적인 경제 활동 체험과 합리적인 선택을 기반으로 주체적인 경제 의식을 가진 어린이를 키우고자 한다.

1. 생활 속 다양한 생산, 소비 과정을 체험하여 실제적이고 합리적인 선택을 한다.
2. 주변의 경제 사례를 조사하고 자료를 분석하여, 공정한 분배를 위해 노력한다.
3. 자신의 상황에 맞는 경제 계획을 수립하여 합리적인 소비와 저축을 실천한다.

내용 체계 및 성취기준

내용 체계

핵심 아이디어	-자원은 희소하며 이를 선택하기 위해서는 합리적 의사결정이 필요하다. -경제적 관점에서 인간의 활동은 생산과 소비로 나눌 수 있으며 서로를 잘 이해함으로써 경제 활동의 주체성을 만들어간다. -합리적인 결정은 보편적 기준과 자신만의 기준을 조율하는 행위이다.		
범주	지식·이해	과정·기능	가치·태도
내용 요소	-자원의 희소성 -생산과 소비 활동	-합리적으로 선택하기 -경제 활동 사례 조사하기 -자료를 기준에 따라 비교하고 분류하기 -경제 계획 세우기	-합리적 소비의 실천 -공정한 분배에 대한 감수성

성취기준

- [4사경제-01] 자원의 희소성을 이해하고, 필요와 욕구에 따라 합리적으로 선택한다.
- [4사경제-02] 생산과 소비 활동의 과정을 바탕으로, 주변에서 이루어지는 경제 활동 사례를 조사하여 발표한다.
- [4사경제-03] 선택 기준을 세워 자료를 비교하고, 공정한 분배에 대한 감수성을 지닌다.
- [4사경제-04] 상황에 맞는 경제 계획을 수립하여 합리적인 소비를 실천하려는 태도를 가진다.

1.3 교수학습 단계·평가·교육과정 편제

교수학습 단계

합리적 선택과 경제	올바른 소비자 되기	생산자로 거듭나기	똑똑한 금융 실천	사회적 공정
1~6차시	7~13차시	14~22차시	23~25차시	26~29차시
경제와 합리적 의사결정	주체적인 소비 탐색	유의미한 생산에의 과정 참여	미래 사회의 금융	공정한 경제를 실천하는 가치관과 태도
[4사경제-01] [4사경제-02]	[4사경제-02] [4사경제-04]	[4사경제-02]	[4사경제-04]	[4사경제-03]

평가

성취기준	평가요소	수업·평가 방법	평가기준	평가시기
[4사경제-04] 상황에 맞는 경제 계획을 수립하여 합리적인 소비를 실천하려는 태도를 가진다.	합리적인 소비의 중요성을 알고 용돈 사용 계획 수립 후 기록하기	[의사 결정 수업] 한정된 범위 내에서의 용돈 사용 계획을 수립함. 용돈 기입장을 기록하고 자신의 소비 습관을 점검함. (실천·실습 평가)	합리적인 소비의 개념을 이해하고 용돈 사용 계획을 수립하였으며 자신의 소비 습관을 점검하고 개선한다.	9월
[4사경제-03] 선택 기준을 세워 자료를 비교하고, 공정한 분배에 대한 감수성을 지닌다.	사회적 공정을 실천하기 위한 방안 구상하고 제안서 쓰기	[사례 중심 수업] 사회적 공정을 실천하기 위한 방안을 떠올림. 기업 제안서를 구체적으로 작성함. (보고서법)	사회적 공정의 의미를 이해하고, 구체적인 실천 방안을 제안하는 글을 쓴다.	10월

교육과정 편제

구분			국가 기준	3~4학년군		
				3학년	4학년	계 (증감)
교과 (군)	공통 교과	국어	408	204	203	407 (-1)
		사회/도덕 사회	204	102	86	188 (-16)
		사회/도덕 학교자율시간	272	0	29	(+29)
		사회/도덕 도덕	68	34	28	62 (-6)
		수학	272	136	130	266 (-6)
		과학	204	102	102	204
		체육	204	102	102	204
		예술 음악	272 / 136	68	68	136
		예술 미술	136	68	68	136
		영어	136	68	68	136
창의적 체험활동(자·동·진)			204	102	102	204
소계			1,972	986	986	1,972

02 수업 운영

2.1 합리적 선택과 경제: 경제와 합리적 의사결정 1~6차시

본 학교자율시간은 경제 원리와 금융 용어에 대한 이해를 기반으로, 사회 시스템이 동작하는 원리를 경제를 통해 파악하는 것을 목적으로 한다. 사회의 모든 것은 거시적으로 볼 때 자원의 희소성 아래에서 합리적인 선택을 통해 진보하도록 되어 있다. 따라서 경제적 관점은 단순히 '돈'에 관한 이야기가 아니라, 한정된 기회와 시간 속에서 자신과 사회의 필요와 욕구를 귀 기울여 듣는 데서 시작하게 된다. 본 학교자율시간을 통해 학생들의 합리적이고 올바른 선택 과정을 북돋아주자.

1 자원의 희소성 및 화폐 개념 알기 1~2차시

지도안 함께 보기

1~2차시에는 우선 가장 기초적인 경제 개념인 '자원'과 '희소성'을 알아본다. '자원의 희소성'이 어떻게 분배의 문제를 만들고 또 화폐의 발명으로 이어지는지도 자연스럽게 이해해보자.

차시	1~2차시	준비물	의자, 활동지
수업 주제	경제와 합리적 의사결정		
학습목표	경제 및 자원의 희소성의 개념을 탐색할 수 있다.		
활동 흐름			
도입(10분)	▶자원의 희소성 게임하기 -의자 앉기 놀이		

전개(60분)	▶자원과 희소성에 대해 알아보기 -내가 갖고 싶은 물건 말하기 -희소성이란? -희소성이 있는 것과 없는 것 알아보기 ▶화폐에 대해 알아보기 -화폐가 무엇인지 알아보기(물물교환, 물품화폐) -화폐로 쓸 수 있는 것은? -내 물건에 화폐 가치 매겨보기
정리(10분)	▶느낀 점 나누기

도입: 자원의 희소성 게임하기

가장 먼저 경제와 관련된 단어나 개념에 대해 알아보며 시작하자. 경제의 근간은 '자원의 희소성'에서 출발하는데, 학생들에게는 생소한 개념일 수 있다. 이에 도입에서는 이해를 돕고 흥미도 유발하기 위해 간단히 '의자 앉기 놀이'를 해볼 것이다.

의자 앉기 놀이는 의자를 사람 수보다 하나 더 적게 두고 의자 주위를 둥글게 돌다가 교사의 구호에 맞춰 의자에 앉는 규칙의 게임이다. 항상 사람보다 의자(자원)가 부족한 것을 경험하면서, 희소성으로 인해 벌어지는 문제를 짐작해볼 수 있다. (자세한 게임 진행 방법은 QR코드 영상을 참고하라.)

나랑 같이 놀자-의자 앉기, MBC 230214 방송 (뽀뽀뽀 좋아좋아 [Ppo Ppo Ppo Good])

전개①: 자원과 희소성 정확히 알기

이어서 자원과 희소성의 단어 뜻부터 살펴보자. 다음 쪽에 있는 활동지를 참고한다. 1차로 단어를 학습한 후, 개념적인 이해를 도모하도록 구성한 것이다. 경제 용어들은 추상적인 데다 서로의 개념을 포괄하고 있기 때문에 정확한 정의를 언급해줄 필요가 있다. 필자가 검인정 사회 교과서를 복수 참고해 정리한 자원 및 희소성의 정의는 다음과 같다.

> 자원: 자연에서 생산되는 물질, 인간 생활 및 경제 생산에 이용되는 원료
> 희소성: 사람들이 원하는 것에 비해 돈이나 시간 등의 자원이 부족한 상태

정의를 알아보았으니 다음은 실생활 사례를 통해 개념적 이해를 도모할 차례다. 학생들에게 갖고 싶은 물건을 3가지씩 쓰게 하자. 다 썼다면 모두에게 '내가 갖고 싶은 물건 3가지'를 공유한다. 공통

적으로 가지고 싶어 하는 것들을 추려보고, 만약 해당 물건의 개수가 부족하다면 어떻게 분배해야 될지 논의해보자. 여기서 인기가 많은 물건이 곧 희소성이 있는 것임을 체득할 수 있다.

> 📢 **주의** 눈에 보이는 물건을 꼽다 보니 자칫 희소성을 오해할 수 있다. 학생들에게 희소성은 물건에만 해당하는 개념이 아니라, 고갈되는 모든 자원(자연, 시간, 노동력 등)에 생길 수 있는 것임을 강조해 알려주어야 한다.

활동지 1_2차시

자원과 희소성 이해하기	
자원이란 무엇일까요?	
희소성이란 무엇일까요?	
내가 갖고 싶은 물건 3가지를 작성하여 봅시다.	
어떤 기준으로 물건을 배분해야 할까요?	
화폐의 개념을 탐색해 봅시다.	(　　　)→(　　　)→(　　　) 내 물건 중 화폐 가치가 있는 것은 (　　　)이다.

전개②~정리: 화폐의 개념 알기

여기까지 학생들이 이해했다면 화폐의 개념 역시 연계하여 설명해줄 수 있다. 무엇인가를 분배할 때 가장 객관적이고 합리적인 기준이 될 수 있는 것이 무엇일까? 이 점을 고민하여 분배의 기준을 세우는 과정에서 화폐가 탄생하였음을 설명해주자.

과거에는 어떤 것들이 화폐로 사용되었는지 알아보자. '물물교환→물품화폐(조개껍데기, 소금, 금, 은, 가축 등)→법정 화폐(현재)'에 이르는 화폐 발달 과정에 대해 조사해볼 수 있겠다. 물물교환은 즉각적인 만족 효과를 낼 수는 있었지만, 해당 물건 간의 교환의 일치 문제, 보관 문제 등이 야기되었다. 또한 물품화폐의 경우 계량과 소지의 어려움이 드러났다. 이에 지금의 동전, 종이 화폐가 등장한 과정을 이해하는 것 역시 경제 개념의 기반을 다지는 것이다.

더 나아가 화폐가 왜 '가치의 척도' 역할을 하는지 인지하기 위해 학생의 물건에 화폐 가치를 매겨 보도록 한다. 예를 들어 가방과 신발이 있을 경우 이 두 물건의 가격을 비교하면서, 화폐가 다양한 물건의 가치를 더 쉽게 비교할 수 있게 도와준다는 사실을 이해시키는 것이다. 이를 통해 학생들은 화폐가 물물교환보다 훨씬 편리한 이유를 자연스럽게 깨달을 수 있다. 그럼으로써 화폐는 교환의 매개이며 가치의 척도가 된다는 점을 확인하고 더 나아가 나의 물건의 가치를 정립하며 희소성까지 연결할 수 있다.

2 필요과 욕구 구별하기 3~4차시

지도안 함께 보기

이번 3~4차시에서는 본격적으로 합리적인 선택을 해볼 것이다. 합리적인 선택을 내리기 위해서는, 필요와 욕구를 정확히 구별할 줄 알아야 한다.

차시	3~4차시	준비물	활동지, 스마트 기기
수업 주제	경제와 합리적 의사결정		
학습목표	필요와 욕구를 구별할 수 있고 합리적인 선택을 할 수 있다.		
활동 흐름			
도입(10분)	▶욕구란 -가지고 싶은 물건이 있었던 경험 이야기해보기		
전개(60분)	▶필요와 욕구를 구분하기 -'필요'와 '욕구' 단어의 뜻 알아보기 -다양한 것을 필요와 욕구로 나누기 ▶합리적인 선택을 하는 방법 -물건을 사려고 할 때의 기준 세우기 -물건을 살 때 기준이 되는 것을 알아보기 -기준에 따라 합리적인 선택하기		
정리(10분)	▶다른 사람과 나의 기준 -다양한 기준이 있을 수 있음을 알아보기 ▶느낀 점 나누기		

도입~전개①: 필요와 욕구 구별하기

먼저 필요와 욕구의 정확한 사전적 정의부터 이야기해보자. 경제적으로 **필요**란 'Needs'에 가까운 것으로 **생존에 필요한 필수 욕구**를 의미한다. **욕구**는 'Wants'에 해당하는 것으로 **더 차원이 높은**

추가적 욕구를 일컫는다. 따라서 가격은 필요에, 가치는 욕구에 연결된다.[5]

그러나 중학년 학생들에게는 필요와 욕구의 사전적인 의미를 가르치기보다는, 인간의 소비에 있어서 생존에 필요한 부분이 아니더라도 본인의 'Wants'에 의하여 구매하는 사례가 있음을 이해시키는 것이 좋겠다. 예를 들면 조금 비싸고 당장 필요하지 않은데도 구매하게 되는 예쁜 물건이나 맛있는 음식이 있다. 이러한 사례가 과소비를 부를 수 있기 때문에 합리적인 기준에 의한 선택이 필요한 것이다.

전개②: 합리적인 선택 실습하기

이제 실제로 필요한 물건과 욕구를 구분해보고, 물건을 살 때 어떤 기준으로 선택할지 고민하는 연습을 해보자. 활동지(QR코드)를 제공해 합리적인 선택을 도울 수 있다. 진행 순서는 다음과 같다.

❶ 우선 지금 필요한 물건(Needs)과, 필요하진 않지만 갖고 싶은 물건(Wants)들을 구분 없이 3가지 생각해 보자. 이때 용돈은 3만원으로 한정한다.

❷ 정보를 모을 차례다. 스마트 기기를 활용하여 인터넷 쇼핑몰에서 3만원 이내의 해당 물건을 찾아보자. 물건 1~3 모두를 사는 것이 아니기 때문에, 3만원 예산 내에서 각각 가장 적당한 상품을 고르면 된다.

❸ 마지막으로 가격, 품질, 필요성, 디자인 등 다양한 선택 기준을 세우고, 이에 따라 3가지 물건 중 무엇을 구매할지 합리적인 최종 선택을 내려보자. 필자의 학급에서는 5개의 기준 모두를 사용하지 않아도 되며, 3개 이상이면 합리적인 선택을 할 수 있다고 안내하였다.

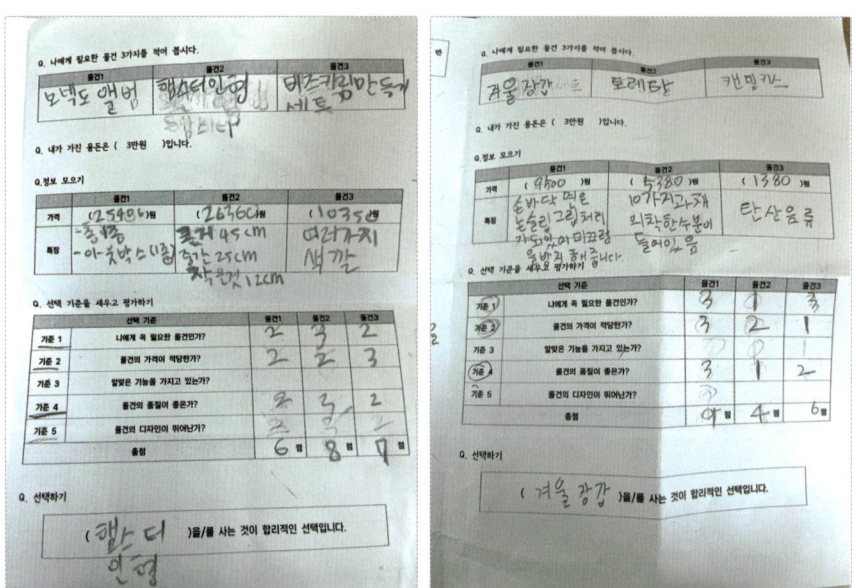

▲ [산출물] '합리적인 선택 실습하기' 학생 산출물

정리: 다른 사람과 나의 기준 비교하기

활동을 마친 후 최종 선택의 결과와 선택 기준을 공유해보자. 앞서 언급하였듯 학생들이 모두 같은 기준을 사용한 것은 아니다. 서로의 기준을 비교하면서, 경제 주체들 역시 동일한 기준을 세워 소비 결정을 내리는 것이 아니며, 다양한 기준이 존재할 수 있음을 이해시켜보자. 이를 통해 현명하고 합리적인 소비자가 가져야 할 태도에 대해 인식하고, 경제 주체로서의 자신의 결정을 돌아볼 수 있을 것이다.

3 경제 주체(생산/소비) 이해하기 5~6차시

지도안 함께 보기

이번 5~6차시에서는 경제 개념 중 생산과 소비에 초점을 맞추어 보자. 학교자율시간의 후속 차시를 위해서도, 생산자와 소비자의 개념 이해는 필수다.

차시	5~6차시	준비물	이야기톡 카드, 활동지
수업 주제	경제와 합리적 의사결정		
학습목표	경제 주체(생산자와 소비자)를 구분할 수 있다.		
활동 흐름			
도입(10분)	▶주변의 어른이 하는 일 -평일과 주말의 하루 비교하기 -경제적 관점에서 비교하기		
전개(60분)	▶생산과 소비 구분하기 -생산과 소비란? -생산자와 소비자 구분하기 ▶경제 이야기 작성하기 -이야기 카드를 활용하여 생산과 소비 이야기 작성하기 -이야기 공유하기 -생산자이면서 소비자가 되는 순간 탐색하기		
정리(10분)	▶느낀 점 나누기		

도입: 생산과 소비 구분하기

생산은 토지나 원재료 등에서 사람의 요구를 충족하는 재화나 자원을 만드는 행위를 일컬으며, **소비**는 그 재화를 소모하는 과정이다. 생산과 소비는 생활 속 활동이기 때문에 구체적인 사례를 들어 설명해줄 것을 권한다.

학생들의 가정에서 출발하면 좋다. 아버지, 어머니, 할아버지 혹은 할머니, 친척이나 보호자 같은 주위의 어른들이 평소 어떤 일을 하는지 생각해본다. 그들의 일상이 평일과 주말(일하는 날과 쉬는 날)에 어떻게 다른지도 떠올려보게 하자. 보통 일하는 날은 일터에서 물건이나 서비스를 만들 것이고, 쉬는 날에는 만든 물건이나 서비스의 대가로 받은 돈을 써서 놀러 가거나 맛있는 것을 먹을 것이다. 생산을 통해 돈을 벌고, 번 돈을 소비하면서 원하는 자원을 얻는 과정을 생활 속 사례로 이해시켜줄 수 있다.

전개①: 이야기 카드로 생산자와 소비자 사례 알아보기

그러나 경제 활동의 세계는 아주 복잡하고 다양하므로, 주변 사례만으론 부족하다. 이에 그림 카드를 통해 생산자와 소비자, 그리고 각자의 경제 활동을 본격적으로 탐색하고 정교화해보고자 한다. 교사가 각 사례를 이미지로 미리 준비해도 좋으나, 필자의 학급에서는 '이야기톡' 카드를 활용하였다.

이야기톡 카드는 '와이스토리'에서 제작한, 테마(일상/감성/환상)별로 다양한 이미지가 인쇄된 카드 묶음이다. 가격은 1~2만원대로 아이스크림몰 등 인터넷에서 쉽게 구입 가능하다. 주로 이야기를 상상하기 위해 사용되지만 생활 속 직업, 생산, 소비를 떠올리기에도 유용하다. 물론 원래 직업을 알아보는 용도가 아닌 만큼, 전체 이미지가 활동에 적합하진 않다.

▲ [활동] '나만의 경제 이야기 만들기' 활동 모습

그럼에도 이미지에 드러나지 않은 이야기를 상상하면서 생산과 소비의 개념을 명확히 하고, 학생들의 사고를 확장시킨다는 점에서는 의의가 있었다. 예를 들어 소파에 누워 있는 사람의 카드를 보며 "확실히 생산자는 아니다, 간식을 시켜 먹는 소비자인 것 같다."라고 추론하거나, 축구를 하는 사람의 카드를 보며 "이 사람이 운동선수라면 생산자이다."라고 개념을 정립하는 것이다.

전개②~정리: 나만의 경제 이야기 만들기

이후 카드를 3~4개 이어 자신만의 경제 이야기를 작성한다. 물론 이번 차시의 목표에 부합하도록 이야기의 주제 역시 '생산'과 '소비'이다. 수업의 도입에서 언급하였듯 부모님의 평일과 주말을 비교하면서 경제적 관점을 열 수 있도록 해주자. 단 경제적 개념을 정확하게 담기는 다소 어려우므로, '출근, 월급, 선물 구입' 등의 일상적인 용어로 경제 이야기를 표현하도록 안내한다.

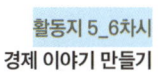

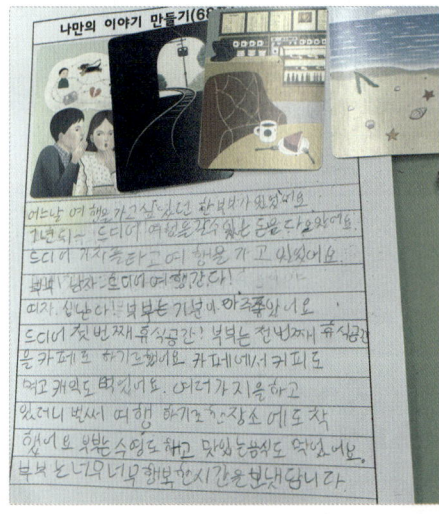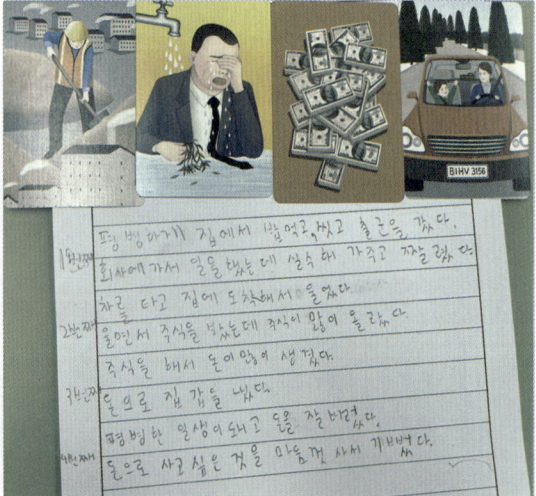

▲ [산출물] '나만의 경제 이야기 만들기' 학생 산출물

학생들이 만든 경제 이야기를 읽어보자. 부부가 여행을 가서 행복해하는 이야기를 상상한 학생은, '소비'에 초점을 맞추어 이야기를 작성하였다. 학생들에게 있어 물건을 '소비'하는 것은 오히려 쉽게 접근할 수 있는 개념이다. 또 회사에서 실직을 하였다가 주식을 통해 갖고 싶은 것을 구매한 경제 이야기도 재미있다. 이 과정에서 경제 주체는 생산자이면서 동시에 소비자가 되기도 한다는 사실 역시 쉽게 이해할 수 있는 것이다.

2.2 올바른 소비자 되기: 주체적인 소비 탐색 7~13차시

본 학교자율시간의 7~13차시에서는 '소비'와 '소비자'에 초점을 맞추어볼 것이다. 학생들은 신체적, 경제적으로 독립된 주체가 아니기 때문에, 생산보다 소비의 과정이 더 익숙할 것이다. 따라서 소비에 관한 올바른 개념을 세우고 실천할 기회를 주는 것이 매우 중요하다. 생활 속 광고 분석-용돈 소비 실천-소비자의 권리와 책임 인식으로 그 범위를 점층적으로 확대시키고자 한다.

1 광고 앞에서 현명한 소비자 되기 7~8차시

🔍 지도안 함께 보기

먼저 학생들의 삶과 가까운 매체인 '광고'를 살펴볼 것이다. 광고의 영향을 비판적으로 바라보고, 물건을 비교하며 현명하게 소비하는 방법을 익히는 데 초점을 맞출 것이다. 실제로 광고를 시청하고 물건을 구매했던 소비 경험을 이끌어내면 더욱 좋다.

차시	7~8차시	준비물	활동지
수업 주제	주체적인 소비 탐색		
학습목표	다양한 광고 자료를 탐색하여 현명하게 소비할 수 있다.		
활동 흐름			

도입(15분)	▶이 광고, 혹시 속은 적 있나요? -어린이 대상 광고를 짧게 보여주며 실제 경험 생각하기
전개(60분)	▶광고 분석하기 -이 광고가 우리에게 하고 싶은 말은 무엇인지 알아보기 -해당 광고의 프레이즈 찾아보기 ▶과장 광고 만들기 -모둠별로 가상의 상품을 정해 과장된 광고 문구 써보기 ▶같은 종류의 두 물건 비교하기 -가격, 성능, 브랜드, 디자인, 후기 등을 보고 비교표 작성하기 ▶똑똑한 소비자 토의 -광고만 보고 골랐을 때와 비교하고 선택했을 때를 비교해보기
정리(5분)	▶나는 어떤 소비자가 되고 싶은지 한 줄로 쓰기

도입~전개①: 어린이 대상 광고 분석하기

유튜브와 스마트폰의 세례를 받고 살아가는 요즘 아이들은 특히 어마어마한 광고의 홍수 속을 살아간다. 수업은 어린이용 장난감 광고나 간식 광고 영상을 짧게 보여주는 것으로 시작해볼 것이다. 이 밖에 평소 여기 저기서 어떤 광고를 보았는지, 학생들과 가볍게 이야기 나누어보자.

그런데 이런 광고가 늘 정직하진 않다. 올바른 소비자가 되기 위해서는 광고를 비판적으로 평가하는 안목을 키워야 한다. 어린이들의 키를 키울 수 있다는 과장 광고와 허위 광고를 진행한 업체에 대한 뉴스(QR코드)를 참고한다면 좀 더 쉽게 이해할 수 있을 것이다.

한 달에 1cm씩 키 큰다?…허위·과장 광고 무더기 적발
[9시 뉴스] (KBS News)

몇 가지 광고를 추가로 제시하고, 함께 광고 문구를 분석해보자. "단 하루 세일!", "선착순 ₩999" 같은 광고 속 표현들이 사람의 감정이나 욕구를 어떻게 자극하는지 이야기해보는 것이다. 사실 현재 살 필요가 없음에도 불구하고, 오로지 할인을 하기 때문에 소비가 이루어진다면 합리적이고 현명한 행위는 아닐 터이다.

한편 '1위' 같은 자극적이고 큰 광고 문구 아래에 아주 작은 글씨로 기준이 되는 설문조사나 연구업체가 적혀 있는 광고도 많다. 전 세계나 전국을 기준으로 한 것이 아님에도 그렇게 보이도록 광고 효과를 노리는 것이다. 혹은 아예 다른 분야의 수치를 가져다 소비자가 오인하도록 허위 광고를 하기도 한다.[6]

▲ [자료] 실제 광고 문구 예시

전개②: 과장 광고 문구 만들기 및 똑똑한 소비자 토의하기

앞서 살펴본 과장 광고 문구를 직접 만들어보자. 모둠별로 광고할 상품(과자나 필통)을 정하고, 사람들이 혹할 만한 과장된 광고 문구를 창의적으로 구성하는 것이다. 이 활동은 광고의 설득 전략을 재미있게 체험하며 비판적으로 이해할 수 있도록 돕는다. 핵심은 광고의 디자인이나 이미지가 아니라, 과장 광고와 합리적 기준을 비교해보는 것에 있다.

이후 과장 광고 문구를 만든 상품을 실제로 비교해보는 활동을 마련했다. 예를 들어 필통의 과장 광고 문구를 만들었다면, 실제 필통 상품 2가지를 탐색하고 가격, 용량, 후기, 브랜드 등을 기준으로 비교표를 작성해보는 것이다. 결과를 보면서 "만약 광고만 보고 골랐다면 어떤 걸 샀을까?" 질문하고, 자신의 선택 기준과 광고의 영향력을 비교해보는 '똑똑한 소비자 토의'로 이어가보자.

활동지 7_8차시

광고 탐색과 현명한 소비

1. 광고를 탐색하여 현명한 소비를 체험해 봅시다. 광고할 물건을 1개 고르고 과장 광고 문구로 홍보하여 봅시다.

물건	
광고 문구	

2. 실제 물건을 비교하여 소비 기준을 탐색하여 봅시다.

	물건1	물건2
가격		
용량		
브랜드		
후기		

내가 가장 중요하게 생각하는 기준은 (　　　　　　) 입니다.

정리: 나는 어떤 소비자가 될까?

마지막으로 학생들에게 자신이 물건을 살 때 중요하게 생각하는 기준을 정리해 공유하게 하자. 필자의 학급에서는 "품질이 가장 중요해요.", "용돈이 적으니까 가격을 먼저 봐요." 등의 의견이 나왔다. 단순히 아무 물건을 집는 것이 아니라, 광고를 경계하고 상품 정보를 비교분석한 후 선택함으로써 자연스럽게 자신만의 기준과 현명한 의사결정 능력을 갖춘 소비자로 거듭날 수 있다.

수업을 마무리할 때 "나는 어떤 소비자가 되고 싶은가?"를 한 줄로 정리하는 시간을 가지며, 합리적인 소비 태도에 대해 스스로 다짐할 수 있도록 하자.

2 용돈 소비 계획 세우기 9~11차시

지도안 함께 보기

9~11차시에서는 용돈을 주제로 학생들의 실생활에서 직접적인 소비 실천을 주도해볼 것이다. 꼭 학생들이 아니더라도, 주어진 예산 내에서 갖고 싶은 물건과 필요한 물건을 구분하여 소비하기란 많은 사람에게 어려운 일이 아닐까? 본 학교자율시간의 활동을 통해 우선순위를 정립하고, 예산 안에서 계획적으로 소비하는 습관을 실천해보자.

차시	9~11차시	준비물	활동지, 색지, A4용지, 가위, 풀
수업 주제	주체적인 소비 탐색		
학습목표	자신의 상황에 맞게 용돈 소비 계획을 세울 수 있다.		

활동 흐름	
도입(15분)	▶용돈 어떻게 쓰고 있나요? -최근에 무엇을 샀는지 살펴보기 -학생들이 많이 소비한 물품 정리하기
전개(100분)	▶용돈 기입장 게임 -랜덤 게임으로 용돈 기입장 쓰는 법 익히기 ▶용돈 예산 세우기 활동 -용돈과 사고 싶은 것, 가격을 예산 합계 내에서 적어보기 -내일이 친구 생일이라면? 할인 중이라면?과 같은 상황에서 소비 계획 세우기 ▶용돈 기입장 만들기 -용돈 기입장 만들고 일주일간 기록하기 -느낀 점 나누기
정리(5분)	▶한 문장 다짐 쓰기 -계획적인 용돈 사용에 대해 한 문장 쓰기

도입: 용돈 어떻게 쓰고 있나요?

수업의 도입은 "최근에 무엇을 샀나요?"라는 질문으로 시작된다. 학생들에게 '자신이 최근 소비한 물건'을 포스트잇에 적거나 온라인으로 제출하게 한다. 음식, 문구류, 장난감 등이 다양하게 나올 것이다. 교사는 답변을 한데 모아 정리하며 학생들의 소비 유형을 시각화한다. 결과를 보면서 다 함께 이야기 나누어보자. 그 과정에서 교사는 산 물건이 '꼭 필요했는지' 해당 학생에게 되물어볼 수 있다. 학생들은 자연스럽게 자기의 소비를 돌아보게 된다.

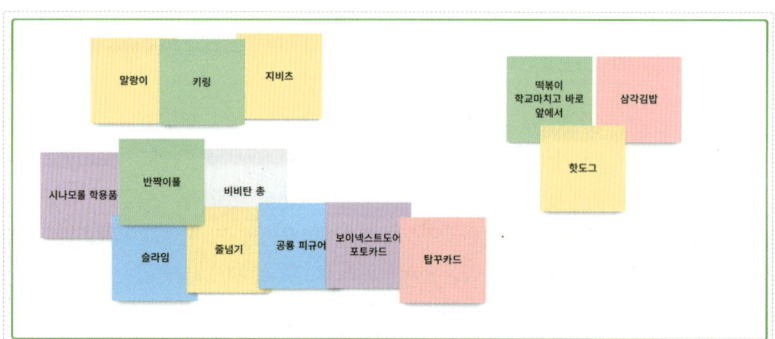

▲ [활동] '최근에 산 것'에 대한 학생 답변 모음

> ✓ TIP   필자의 학급에서는 패들렛의 샌드박스 기능을 활용하였으나 아날로그 방식으로 진행해도 무방하다.

전개①: 용돈 기입장 랜덤 게임하기

이제 용돈을 합리적으로 소비하기 위해 '용돈 기입장'에 대해 알아볼 것이다. 용돈 기입장은 받은 용돈과 사용 금액, 사용처를 적어둔 것이다. 용돈 기입장이 중요한 이유는, 기획재정부의 〈금쪽이 경제교실〉 영상(QR코드)을 참고해도 좋다. 용돈 기입장 쓰기를 재미있게 익히기 위하여 랜덤 게임의 형식을 활용해보자. 게임 규칙은 다음 활동지를 참고한다.

「금쪽이 경제교실」 내 용돈이 다 어디로 갔을까!? (기획재정부)

활동지 9~11차시(1)

용돈 기입장 랜덤 게임

<게임 방법>
1. 모둠별로 선택한 랜덤 상황에 나오는 내용을 용돈 기입장에 기록해 봅시다.
2. 마지막에 남는 잔액이 많은 팀이 승리합니다.
3. 첫 용돈은 모두 10,000원으로 시작합니다.

내용	수입	지출	잔액
용돈 받음	10,000		10,000

수입 혹은 지출과 관련된 랜덤 상황(다음 표 참조)을 PPT나 카드 형식으로 제공하고, 모둠별로 고른 다음 상황에 맞는 내용으로 용돈 기입장을 작성한다. 승패 역시 랜덤으로 결정되기 때문에 이기고 지는 결과보다는, 용돈 기입장 작성 방식을 익히는 데 집중하자.

수입 랜덤 상황	지출 랜덤 상황
삼촌이 용돈을 주셨어요. +2,000원	기부함에 기부했어요. -1,000원
시험 100점 맞아서 엄마가 상금 줌! +1,000원	문방구에서 스티커 구매! -500원
집안일을 도와주고 아빠한테 용돈 받음. +1,500원	편의점에서 젤리랑 음료수 샀어요. -1,500원
설날 세뱃돈 받았어요. +10,000원	슬라임을 샀어요. -2,000원
동생 도와주고 엄마가 보너스! +500원	게임 아이템 결제했어요. -3,000원
생일 선물로 용돈 받음. +5,000원	친구 생일 선물 샀어요. -2,500원
고장난 장난감을 팔았어요. +1,500원	영화 보러 갔어요. -6,000원
읽지 않는 책을 중고로 팔았어요. +2,500원	뽑기 기계에 도전했어요. -1,000원
편의점 이벤트로 1+1 쿠폰 당첨! +1,000원	공룡 피규어 샀어요. -3,500원
방청소 잘해서 칭찬과 함께 용돈! +1,000원	학용품 세트 샀어요. -3,000원
아빠 심부름 다녀와서 받은 돈. +1,500원	게임장 갔다 왔어요. -5,000원
길 가다가 돈을 주웠어요! +100원	저축했어요. -2,000원

▲ [표] 용돈 기입장 게임의 수입 및 지출 랜덤 상황 예시

전개②: 용돈 사용 계획 세우기

학생들은 이미 여러 차시를 통해 합리적인 기준에 따른 현명한 소비를 해야 함을 알고 있다. 그럼에도 정해진 예산 내에서 우선순위를 정하고 계획을 세우는 일을 직접 해볼 필요가 있다. 그래야 비로소 스스로 생각하고 선택하는 소비자로 성장할 수 있기 때문이다. 사고 싶은 것을 떠올린 다음, 용돈(예: 10,000원) 소비 계획을 세워보도록 한다.

더 나아가 우선순위를 바꾸어서 소비 계획을 재고해보는 과정도 강조해주자. 다음 활동지처럼 "친구 생일이 내일이라면?", "지금 세일 기간이라면?"과 같은 조건을 제시하고, 소비 계획을 다시 판단해보는 것이다. 이를 통해 소비 결정은 고정적이지 않고 유동적이라는 점, 그리고 상황에 맞는 판단이 중요하다는 사실을 학습할 수 있다.

활동지 9_11차시(2)

용돈 사용 계획 세우기		
1. 내가 사고 싶은 것을 떠올리고, 용돈(10,000원) 내에서 소비 계획을 세워 봅시다.		
사고 싶은 것	순위	예산

2. 다음 상황이라면 소비 계획이 바뀌는지 생각해 봅시다.

친구 생일이 내일이라면?	편의점 세일 기간이라면?

전개③~정리: 용돈 기입장 만들기

이제 실제 용돈 기입장을 만들어 각자의 용돈 상황에 맞게 소비 기록을 해보자. 용돈 기입장을 제작하는 방법은 다양하므로 미리 검색하여 학급 수준에 맞는 것으로 진행하면 된다.

▲ [자료] 유튜브 검색 결과: '용돈 기입장 만들기'

필자의 학급에서는 A4용지에 소득과 지출을 기록할 수 있는 표를 직접 만들고, 색지를 활용하여 용돈 기입장 표지를 제작하였다. 자신의 소비 습관을 담은 용돈 기입장을 제작하며 소비에 대한 자기 성찰과 다짐을 키울 수 있을 것이다.

▲ [산출물] 학생 제작 용돈 기입장

> ⚠ **주의** 용돈 기입장 작성 활동 진행 시 유의할 점은, 학생마다 용돈 상황이 다르다는 것이다. 용돈의 많고 적음과 상관 없이 본인이 소비한 내용을 구체적으로 기입하고, 그 과정을 돌아보는 것이 중요함을 반복하여 주지시켜주어야 한다. 필자의 학급에는 용돈을 아직 받지 않는 학생도 있었는데, 그런 경우에는 미리 가정에 일회성의 용돈 교육 협조를 구하였으니 참고하자.

> 📋 **평가** 성취기준에 따른 4단계 평가기준으로 학생들의 실천 습관을 평가해보자. 단순히 용돈 기입장 작성을 평가하는 것이 아니라, 자신의 소비 습관을 점검하여 계획적이고 주체적인 소비 태도를 형성하는 과정을 평가할 것이다.

매우잘함	합리적인 소비의 개념을 정확하게 이해하고, 자신의 필요와 요구를 고려한 용돈 사용 계획을 수립하였으며 용돈 기입장 작성을 통하여 자신의 소비 습관을 분석하여 개선한다.
잘함	합리적인 소비의 개념을 이해하고 용돈 사용 계획을 수립하였으며 용돈 기입장 작성 과정에서 자신의 소비 습관을 점검하고 개선한다.
보통	소비의 개념을 인지하고 용돈 사용 계획을 수립할 수 있으나, 용돈 기입장을 꾸준히 작성하지 못하여 소비 습관을 점검하기 어려워한다.
노력요함	소비의 개념을 이해하지 못하여 용돈 사용 계획을 수립하는 데 어려움을 느끼며, 용돈 기입장 작성을 꾸준히 실행하지 못한다.

3 소비자의 권리와 책임 탐구하기 12~13차시

🔍 지도안 함께 보기

12~13차시는 소비자로서 우리가 가진 권리와 책임에 대해 탐구해볼 것이다.

차시	12~13차시	준비물	활동지
수업 주제	주체적인 소비 탐색		
학습목표	경제 사례를 조사하여 소비자의 권리와 책임을 탐구할 수 있다.		
활동 흐름			

도입(10분)	▶소비자 권리 관련 뉴스 살펴보기 -환불하려다 사리나올 판, 뒷목잡는 소비자들 -환불이 어려운 이유가 무엇일까?
전개(60분)	▶소비자의 권리 탐색하기 -안전할 권리, 알 권리, 선택할 권리, 의견을 반영받을 권리, 피해를 보상받을 권리 ▶소비자의 책임 탐색하기 -정보탐색, 올바른 소비습관, 환경과 사회 배려 등 ▶실생활 사례 탐색하기

정리(10분)	-소비자의 권리와 책임 중 1가지 선택하여 관련된 실제 사례 조사하기 ▶한 문장 다짐 쓰기 -권리와 책임을 실천하는 소비자가 되기 위해 해야 할 일 쓰기

도입~전개①: 소비자의 권리 및 책임 알기

소비와 관련된 실생활 갈등 중 하나가 바로 '환불' 이다. 특히 요즈음 합리적인 가격을 내세워 많은 고

환불하려다 '사리 나올 판'... 뒷목 잡는 소비자들 (YTN)

객을 확보하고 있는 중국 이커머스 사이트에서는, 환불 절차가 무척 까다롭고 불편하다. 이와 관련된 뉴스(QR코드)를 시청하며 자연스럽게 '소비자의 권리'가 필요함을 느낄 수 있다.

뉴스에서 본 것처럼, 소비자에게는 피해를 보호받을 권리가 보장되어야 한다. 그 밖에 소비자가 행사할 수 있는 권리로는 또 무엇이 있을까? 한편으로 소비자에게 권리만 보장되지는 않는다. 권리를 주장하려면 응당 소비자의 책임을 다해야 할 것이다. 소비자는 어떤 책임을 지고 있을까?

다음 표는 법제처의 '소비자의 권리, 책무 및 보호' 웹페이지와 소비자의 권리와 책임을 다룬 어린이 경제신문 기사에서 초등 중학년 학생들이 알 만하거나 2015 개정 교육과정에서 다루었던 내용 위주로 취합 및 정리한 것이다. 법적으로, 관습적으로 두루 인정되는 소비자의 권리와 책임에는 어떤 것들이 있는지 알아보자.

소비자의 권리	안전할 권리: 위험하지 않은 물건이나 서비스를 제공받을 권리 알 권리: 물건에 관한 정확한 정보를 알아야 할 권리 선택할 권리: 여러 가지 물건이나 서비스 중에서 공평하게 선택할 권리 의견을 반영받을 권리: 소비자의 불편함을 말할 수 있고 그 의견이 반영될 수 있는 권리 피해를 보상받을 권리: 서비스로 피해를 입었을 때 보상받을 수 있는 권리
소비자의 책임	정보 탐색: 물건을 사기 전 꼼꼼히 알아보고 비교해보아야 할 책임 정당한 권리 행사: 소비자의 권리를 정당한 범위 내에서 행사해야 할 책임 올바른 소비 습관: 필요한 것을 선택하여 합리적으로 소비해야 할 책임 환경과 사회 배려: 환경을 생각하고 다른 사람도 함께 배려하는 소비를 할 책임

▲ [표] 본 학교자율시간에서 다룰 소비자의 권리와 책임

> **TIP** 표에 제시한 권리와 책임은 너무 복잡하지 않은 선에서 선별하였으나, 당장 다 알기는 어려울 것이다. 항목마다 사진 및 실생활 예시와 연결한 자료는 PPT 자료를 참고할 수 있다. 한번에 암기하기는 어려운 개념들이니 실생활 사례 조사 결과와 매칭시키는 것을 목표로 하자.

전개②~정리: 실생활 사례 조사하기

앞서 학습한 소비자의 권리와 책임은 학생들에게 다소 생경한 개념일 수 있다. 따라서 실생활 사례 조사를 통해 그 개념을 구체화시켜보자. 또 권리와 책임이 균형을 이루어야 한다는 점 역시, 실생활 사례에서 좀 더 쉽게 이해할 수 있다. 예를 들어 소비자의 권리만 과하게 중시된다면 "음식 포장을 뜯고 난 후 마음이 바뀌었으니 환불해 달라."는 요청도 들어주어야만 한다. 음식이 안전하지 않아 피해를 입거나, 위생의 문제가 있지 않는 이상은 부당한 권리를 행사해서는 안 되는 것이다. 다음 활동지를 활용하여 실생활 사례를 조사해볼 수 있다.

활동지 12_13차시

실생활 사례 조사하기

1. 실제 경제 사례를 조사하여 소비자의 권리와 책임에 대해 알아봅시다.

조사 주제	소비자의 권리 / 소비자의 책임
조사 내용	예시) 캐러멜에서 벌레와 유충이 발견되었지만 새 제품을 보내주겠다는 답변만 돌아왔다.
관련된 소비자의 (권리/책임)	예시) 안전할 권리, 피해를 보상받을 권리

2. 실제 경제 사례를 조사하고 느낀 점이나 소비자로서의 다짐을 작성하여 봅시다.

예시) 음식물을 살 때 안전하고 깨끗한지 확인하고, 내가 피해를 받으면 보상을 해주는지도 확인해야겠다.

필자의 학급에서는 유튜브를 활용해 검색을 진행했으며, 뉴스 채널에서 제공하는 내용만 조사할 수 있음을 명시하였다. 추천 검색어는 '소비자 피해, 소비자 갑질, 블랙 컨슈머, 갑질 손님' 등이 있다. 뉴스 내용을 요약하여 작성하고 실생활 사례에서 지켜지지 않은 소비자의 권리나 책임이 무엇인지 탐색해보자. 이후 소비자의 권리와 책임을 균형 있게 실천할 수 있도록 느낀 점 및 다짐을 받으며 마무리할 것이다. 권리만 요구하는 소비자가 아니라, 책임도 함께 생각하는 똑똑한 소비자로 한걸음 나아갈 수 있기를 기대한다.

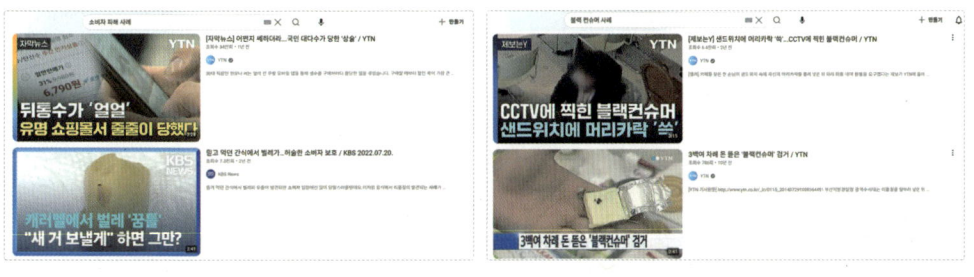

▲ [자료] 유튜브 검색 결과: '소비자 피해 사례'(왼쪽) | '블랙 컨슈머 사례'(오른쪽)

2.3 생산자로 거듭나기: 유의미한 생산 과정에의 참여 14~22차시

본 학교자율시간의 14~22차시에서는 '생산'과 '생산자'에 집중하여 수업을 운영할 것이다. 학생들이 일상에서 사용하는 물건들이 어떻게 만들어지는지, 그 과정을 단계별로 이해하고 체득하는 것을 목표로 한다. 수업은 "이 물건은 누가 만들었을까?"라는 질문으로 시작해 자연스럽게 생산과 생산자에 대한 개념으로 확장되며, 학생 스스로 생산 과정을 시각화하고 표현해보는 활동으로 구성하였다.

1 생산자와 생산 과정 알아보기 14~15차시

지도안 함께 보기

14~15차시는 생산자로 거듭나기에 앞서, 생산이 무엇이고 그 과정이 어떻게 이루어지는지를 알아보는 시간이다. 내 앞의 물건이 처음부터 그 상태로 존재하는 것이 아니라, 여러 단계를 거쳐서 여기까지 왔음을 이해하고 생각의 범위를 넓힐 수 있을 것이다.

차시	14~15차시	준비물	스마트 기기
수업 주제	유의미한 생산 과정에의 참여		
학습목표	생활 속 생산 과정에 대해 알 수 있다.		
활동 흐름			

도입(15분)	▶누가 만들었을까? (브레인스토밍) -다양한 물건 사진을 보고 "누가 만들었을까?" 질문하기 -생산이란 무엇인지에 대해 생각해보기
전개(55분)	▶생산, 생산자에 대해 알아보기 -물건을 만드는 과정을 보며 생산의 과정을 넓게 생각하기 -예) 연필 = 나무자르기 → 깎기 → 심 넣기 → 칠하기 → 포장 → 유통 ▶생활 속 물건의 생산 과정 탐색하기 -과자, 가방 등 생활 속 생산 과정 검색하기 -영상으로 생산 과정 탐색하기 ▶생산 과정 따라가기 -모둠별로 물건을 1개 정한 후 해당 물건의 생산 과정 나타내기

정리(10분)	▶공유하기 -생산 과정 공유하기 -새로 알게 된 점 및 느낀 점 나누기

도입~전개①: 생활 속 물건의 생산 과정 탐색하기

먼저 학생들과 다양한 생활 물건(연필, 옷, 빵, 가방 등) 사진을 보고, 그것들을 누가 만들었고 어떻게 왔는지에 대해 자유롭게 의견을 나누어보자. 과연 생산이란 무엇일까? 학생들에게 유튜브를 활용하여 초콜릿, 책, 장난감 등 생활 속 물건의 생산 영상을 탐색하는 시간을 제공한다. 검색어는 'OO 공장 영상', 'OO 만드는 과정' 같이 최대한 구체적으로 입력하도록 지도한다.

▲ [자료] 유튜브 검색 결과: '과자 공장 영상'(왼쪽) | '연필 만드는 과정'(오른쪽)

찾은 영상을 시청하면서 해당 물건의 생산 과정을 알아보도록 한다. 생산 과정을 크게 4단계로 요약한다면 <u>재료 준비</u> → <u>가공 및 조립</u> → <u>포장</u> → <u>유통</u>으로 정리될 것이다. 물건의 종류에 따라 부가적인 공정이 추가될 수 있으니, 단계 자체를 외우거나 학습시키지 말고 전체적인 생산 과정을 이해할 수 있도록 하자.

전개②: 생산 과정 따라가기

이후 모둠별로 하나의 물건을 선택하여 생산 흐름을 나타내는 활동으로 이어가보자. 예를 들어 '신발'을 선택한 모둠은 '가죽 재료 준비 → 디자인 → 바느질 → 포장 → 신발가게 배송' 등의 흐름을 따라갈 수 있다.

이때 큰 전지에 그림으로 나타내도 무방하지만 필자의 학급에서는 패들렛(ko.padlet.com)의 AI 이미지 기능을 활용하였다. 간단히 프롬프트를 입력하면 이미지를 생성해준다. 패들렛 내에서 제공하는 기능이고 그 결과가 직관적이라 학생들의 접근도가 좋다. 방법은 다음과 같다.

❶ 패들렛의 [게시물] 선택 메뉴에서 [+nn] 버튼을 클릭하면 확장 팝업 창이 뜬다. [AI 이미지] 메뉴를 선택한다.

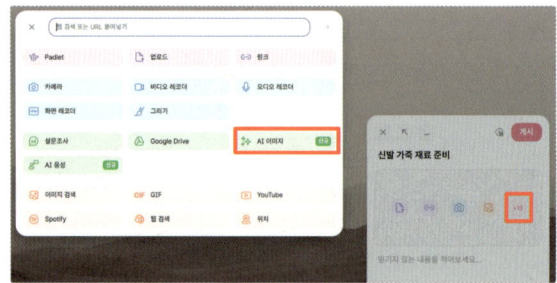

▶ [활동] 패들렛에서 AI 이미지 창 열기

❷ 상단 입력창에 프롬프트를 입력하면 이미지가 4개 생성되는데, 그중 하나를 선택하여 게시하면 된다. 원하는 그림이 나오지 않는다면 프롬프트를 좀 더 구체적으로 작성할 수 있도록 안내해주자.

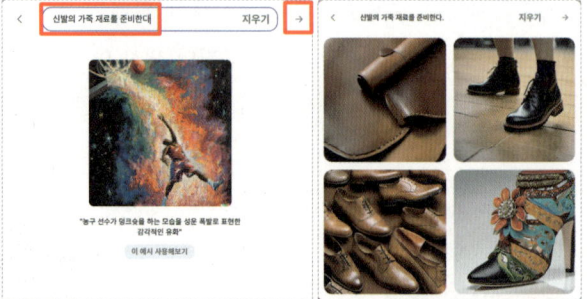

▶ [활동] 패들렛 AI 이미지 생성 모습

❸ 생산 단계를 AI 이미지로 모두 나타내었다면, 마지막으로 게시물을 서로 연결한다. 게시물 오른쪽 상단의 점 3개 메뉴를 누른 다음 [게시물에 연결]을 선택하면 된다.

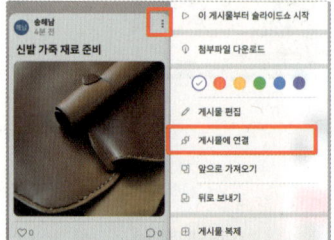

▶ [활동] 패들렛 게시물 연결하기

📢 주의 경기도교육청의 생성형 AI 활용 교육 교사용 가이드라인에 따르면 수업 전 교사가 산출물의 적합성을 검토해야 한다. 프롬프트의 내용에 따라 부적절하거나 편향적인 이미지가 생성될 수 있으므로, 표현을 신중하게 생각하여 작성하도록 안내할 필요가 있다.

정리: 생산 과정 표현 및 느낀 점 공유하기

필자의 학급에서는 패들렛의 연결 기능에 집중하여 다음 그림과 같이 물건의 생산 과정을 나타내었다. 학생들은 라면, 신발처럼 익숙한 생산품도 어떤 과정으로 분해하여 나타내야 할지 고민하는 모습이었다. 특히 라면의 경우 '면'에 집중하여 나타내다가 뒤늦게 '스프'를 떠올리기도 하였다.

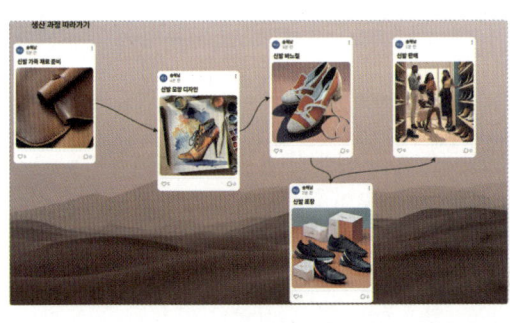
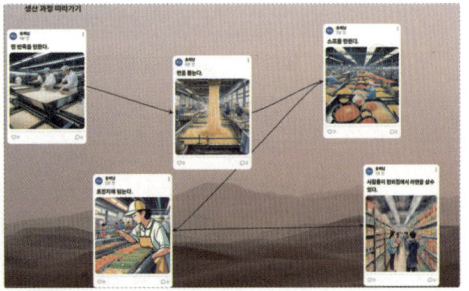

▲ [산출물] '생산 과정 따라가기' 학생 산출물: 신발(왼쪽) | 라면(오른쪽)

학생들이 나타내는 생산의 과정이 실제 과정과 아주 똑같지는 않더라도, 생산의 흐름이 부합하면 학습 목표를 이룬 것이다. 이후 각자 모둠의 패들렛 QR을 스캔하는 방식으로 서로의 생산 과정을 공유하였다. 음식, 옷, 전자제품 등 종류에 따라 일부 생산의 과정이 달라진다는 점도 자연스럽게 나눌 수 있었다.

일련의 과정을 통해 학생들로 하여금 물건과 재화가 쉽게 생산되는 것이 아니라, 수많은 사람의 노력과 손길이 모여 만들어진다는 것을 인지시켜줄 수 있을 것이다. 더불어 생활 속 생산자에 대한 감사와 존중의 태도를 가질 수 있도록 수업 분위기를 조성하면 좋겠다.

2 나만의 생산품 만들기 16~19차시

지도안 함께 보기

16~19차시에는 실제적인 생산 과정에 참여해볼 것이다. 본 학교자율시간에서는 학생들이 원하는 생산품을 디지털로 디자인하고, 목공으로 탄생시킬 수 있는 디지털 목공 프로그램을 활용하고자 한다.

차시	16~19차시	준비물	위드로우 에듀, 스마트 기기, 니트릴 장갑, 목재 코팅 오일 등
수업 주제	유의미한 생산 과정에의 참여		
학습목표	나만의 생산품을 만들고 생산의 가치를 탐구할 수 있다.		
활동 흐름			
도입(5분)	▶만들고 싶은 물건 떠올리기 -내가 만들고 싶은 물건이 있나요?		
전개(140분)	▶원하는 생산품 설계 계획하기 -디자인 및 강조점 떠올리기		

	-간단한 스케치로 도안 구상하기 ▶위드로우 에듀 로그인하기 -학생 계정으로 로그인하기 -도면 생성하기 -3D 설계화면에서 나만의 생산품 설계하기 ▶실제 생산품 만들기 -설계대로 배송된 목재 확인하기 -부자재 준비하기(장갑, 오일, 마감천, 목공 본드, 사포 등) -목재를 사포질하여 부드럽게 만들기 -스펀지로 오일 바르기 -목공 본드로 부착하기 -건조시키기
정리(15분)	▶생산품 공유하기 -공유 및 전시 ▶느낀 점 나누기

도입~전개①: 나만의 생산품 구상 및 설계하기

우선 학생 각자가 만들고 싶은 물건을 하나 정한다. 목공 수업이므로, 소재가 나무임을 염두하여 정하도록 주지시켜주자.

우리가 생산품을 만들어볼 곳은 바로 '위드로우 에듀'다. **위드로우 에듀**(edu.wedraw.kr)는 디지털 제조와 목공 수업을 융합한 플랫폼이다. 온라인에서 바로 디자인을 진행할 수 있으며, 설계한 대로 목재를 재단하여 배송해주기 때문에 디지털과 현실을 융합하는 경험을 제공한다는 것이 특장점이다. 특성상 위험한 장비를 다루지 않아 초등학생들도 충분히 본인만의 생산품을 제작해볼 수 있다. 생산품의 크기에 따라 1인당 가격이 산정되며, 1인 1만원 정도의 예산이 필요하다.

▲ [자료] 위드로우 에듀 홈페이지 메인 화면(왼쪽) | 로그인 및 계정 신청 화면(오른쪽)

미리 수업용 계정을 발급해두어야 한다. [문의하기] - [수업 계정 신청]을 통해 신청하도록 하자.

> **TIP** 상단 오른쪽에 있는 [체험하기] 버튼을 누르면 위드로우 에듀에서의 디자인을 미리 체험해볼 수 있다. 또한 '위드로우 에듀'의 [자료실]에서 실제 목공 수업 운영 전반을 안내하는 '운영가이드'와 수업을 진행할 때 사용할 '교안/교재' 등의 자료를 무료로 제공하니, 참고하여 수업을 준비하면 된다.
>
> ▶ [자료] 위드로우 에듀 자료실 화면

준비가 끝났다면, 학생들과 위드로우 에듀에서 원하는 생산품을 직접 디자인해보자.

❶ 위드로우 에듀를 활용할 때에는 노트북, 컴퓨터, 크롬북 등의 기기가 간편하다. 환경을 준비한 뒤 학생들에게 미리 발급받아 둔 계정을 알려주고, [학생]으로 로그인하도록 한다.

❷ [도면 생성하기] 타일을 클릭하고, 학년/반/번호/이름/비밀번호를 입력해 도면 디자인 화면으로 이동한다. 처음부터 디자인하기 어렵다면 그 아래 [샘플 프로젝트]에서 기본 제공하는 샘플 도면을 참고해도 된다.

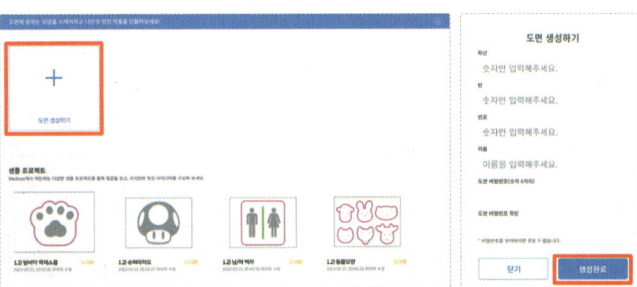

▲ [활동] 위드로우 에듀 도면 생성 모습

❸ 잠시 기다리면 디지털 도면 설계 프로그램이 실행된다. 아래 툴바에서 원하는 형태로 선이나 도형을 그리고 가공 옵션과 깊이, 위치를 설정한다. 오른쪽 [3D] 팝업창에서 실시간으로 어떻게 가공될지 시뮬레이션해주니 참고하면서 진행하면 된다. [Design Library] 메뉴에서 기존 템플릿을 활용할 수도 있다.

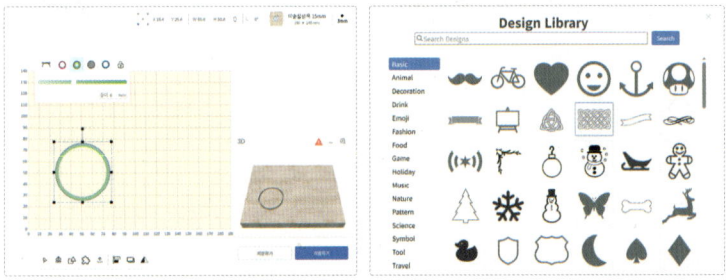

▲ [활동] 위드로우 에듀 도면 설계 화면(왼쪽) | [Design Library] 메뉴(오른쪽)

> **TIP** 위드로우 에듀 작업 특성상 미리 스케치를 하는 것보다 설계 프로그램 내에서 조작해보는 것이 효과적이다. 또 위드로우 에듀에서 제공하는 '디지털 목공 프로그램 교육자료 1차시 PPT'(QR코드)에 자세한 사용법이 설명되어 있으니, 사용을 어려워하는 학생이 있다면 참고하자.

❹ 모두 완성한 후, [제출하기] 버튼을 클릭해 목재 재단을 요청하면 끝난다.

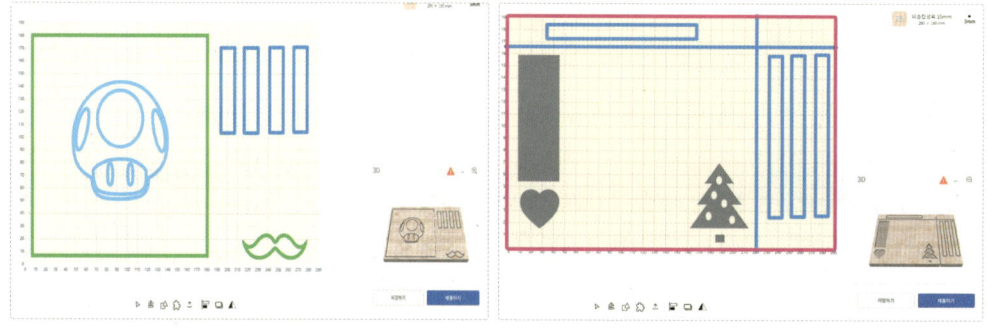

▲ [산출물] 학생들의 목공 설계 도면

디자인 시 경제적, 생산적 과정에 초점을 두어 어떤 디자인과 기능이 비싼 가격에 팔릴지 생각해보도록 강조해주면 더욱 유의미한 시간이 될 것이다. 이 디지털 디자인을 진행하는 데에 2차시 정도를 배분하면 적당하다.

▲ [활동] '위드로우 에듀 생산품 구상 및 설계' 학생 활동 모습

전개②: 실제 생산품 만들기

다음 차시는 목재가 배송된 후 진행한다. 실제 목공 생산을 체험하는 데 추가로 2차시를 배분하면 적합하다. 우선 배송받은 목재와 작업할 때 쓸 부자재를 학생들에게 나누어주자.

> 📢 **주의** 목공 시 필요한 부자재는 따로 준비해야 함에 유의하자. 꼭 필요한 것으로는 장갑, 마감천, 사포, 오일, 스펀지 등이 있고, 위드로우 에듀의 [부자재몰]에서 구매할 수 있다.

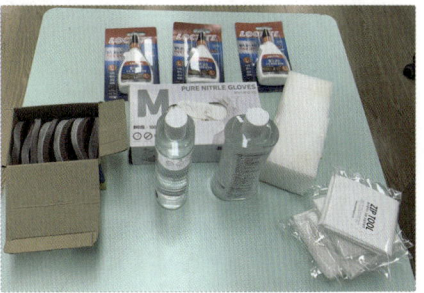

▲ [자료] 재단된 목재(왼쪽) | 목공 부자재(오른쪽)

이후 제작 과정은 어렵지 않다. 목재의 6면을 고루 사포질하여 부드럽게 다듬은 다음, 스펀지로 오일을 발라준다. 마지막으로 목공 본드를 이용, 목재 조각을 서로 붙이면 완성이다. 자신이 디지털로 디자인한 결과물이 현실 속에 연속적으로 등장하니 학습의 몰입도가 높았으며, 원하는 목공 생산품을 간편하게 제작할 수 있었다.

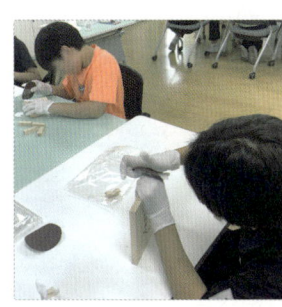

▲ [활동] 목공 제품 생산 과정

정리: 생산품 공유하기

학생들은 여러 활동을 통하여 생산 과정을 체험하고 현실적인 경제 감각을 길러보았다. 더 나아가 다 만든 생산품을 한 자리에 모아 공유하고, 친구들에게 자신의 생산품을 홍보할 시간을 제공하면 좋다. 교육과정 운영상 실제로 판매하거나 가격을 매길 수는 없겠지만, 구상부터 제작, 전시에 이르는 전체 과정에서 생산자로서의 실습이 가능하리라 판단한다.

> ✅ **TIP** 물론 학교급별 상황에 따라 디지털 목공 대신에 여타 생산 과정을 체험해도 무방하다. 예를 들어 양말, 키링 등의 다른 주제로 진행하더라도 생산품을 만들고 그 가치를 탐구한다는 학습 목표에는 부합하는 것이다.

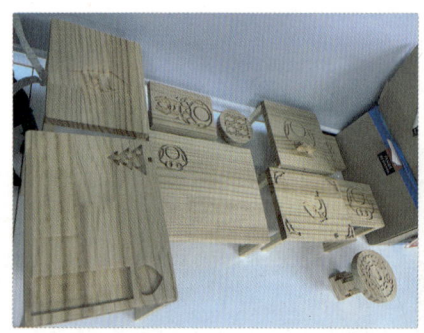 

▲ [산출물] 완성된 생산품(왼쪽) | 공유회 개최 모습(오른쪽)

3 직업 활동으로서의 생산 체험하기 20~22차시

지도안 함께 보기

20~22차시 역시 실제적인 생산 과정 참여에 중점을 두어 구성하였다. 다만 '직업'과 연결한 생산 과정의 탐색이라는 점에서 이전 16~19차시보다 확장된 의미를 담고 있다.

차시	20~22차시	준비물	플라스틱 컵, 컵케이크, 식빵 칼, 생크림, 초코시리얼 등의 과자
수업 주제	유의미한 생산 과정에의 참여		
학습목표	직업 체험을 통해 생산 과정을 체험할 수 있다.		
활동 흐름			
도입(10분)	▶사람들이 직업을 가지는 이유가 무엇일까? -사람들은 왜 직업을 가질까?		
전개(100분)	▶파티쉐, 쇼콜라티에 직업 전망 탐색하기 -파티쉐, 쇼콜라티에가 되기 위해 필요한 것은 무엇일까? -앞으로 파티쉐, 쇼콜라티에라는 직업은 어떻게 될까? ▶생산 체험하기 -컵케이크 만들기 -코코아 밤 만들기 ▶내가 만든 생산품의 가격 책정하기 -가격 책정 및 이유 설명하기		
정리(10분)	▶느낀 점 나누기		

도입~전개①: 직업 전망 탐색하기

수업은 "사람들은 왜 직업을 가질까?"를 함께 생각해보며 출발한다. 진로교육의 측면에서 바라본 직업은 개인의 성취와 가치 실현을 추구하는 수단이며, 전인적인 목표를 함축하고 있다. 하지만 실생활에서, 그리고 경제교육의 측면에서 직업과 '돈'은 분리될 수 없는 관계이다. 쉽게 말해 생계 수단으로서의 직업 활동이 필요한 것이다. 일반적으로 '돈'은 직업인에게 '생산의 대가'라는 형태로 주어진다.

이 점을 강조하여 학생들이 미래에 어엿한 생산자이자 직업인이 될 수 있도록 여러 직업을 탐색해볼 것이다. 단순히 갖고 싶은 직업에 대해 이야기하기보다는, 특정 직업이 가진 경제적 가치와 미래 전망에 대해 탐색하는 것이 좋겠다. 여러 가지 기준이 있겠지만 다음 내용을 참고하여 학생들과 이야기를 나누어보자.

- 자동화, AI 기술로 대체될 가능성이 있는가?
- 앞으로 수요가 있는가?
- 관련 산업에 사람들이 관심을 가지는가?
- 직업을 가지기 위한 조건이 어려운가?

예를 들어 '파티쉐'라는 직업은 어떨까? 공장에서 대량으로 제과제빵이 가능하긴 하지만, 수제 디저트는 창의적인 디자인이 중요하기 때문에 미래 사회에도 여전히 전망이 좋을 것으로 판단할 수 있다. 또 SNS나 유튜브 플랫폼을 이용한 홍보를 고려하면 디지털 사회에서도 강점이 있다. 다만 많은 사람이 디저트를 만들기 위해 노력하기에 저당 디저트, 웰빙 디저트 등의 수요를 노려 새로운 시장을 개척할 필요도 보인다.

이 과정에서 중요한 것은, 막연한 생각이 아니라 실제 '직업인의 하루'를 생생히 보고들으며 생산자의 관점에서 직업의 세계를 바라보아야 한다는 것이다. 필자의 학급에서는 학교 진로 주간과 연계하여 전문직업인의 이야기를 청강하였으나 학교 상황에 따라 직업인을 초청할 수 없다면 특정 직업인의 브이로그를 시청해도 무방하다.

▲ [자료] 유튜브 검색 결과: '파티쉐 브이로그'

전개②~정리: 직업 생산 과정 체험하기

이제 직접 생산 과정에 참여해볼 차례이다. 필자의 학급에서는 초청한 전문직업인(파티쉐)의 생산품을 만들어보는 직업 체험으로 연계하여, 2차시 동안 미니 컵케이크와 코코아 밤 만들기 활동을 진행하였다.

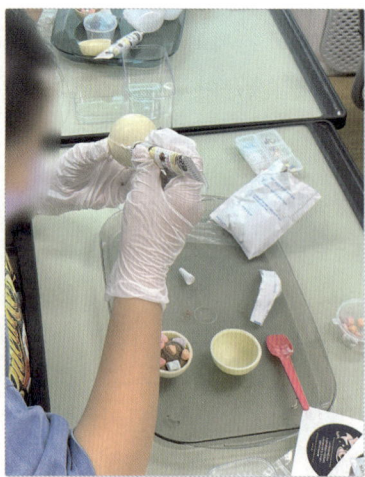

▲ [활동] '미니 컵케이크&코코아 밤 만들기' 학생 활동 모습

> **TIP** 직업 체험 차시의 중점은 체험의 종류보다는 학생들로 하여금 생산자로서의 실질적인 역할 전환을 추구할 기회를 부여하는 것에 있다. 따라서 학급 상황에 따라 직업과 부합하는 생산 활동으로 구성하면 된다.

이후 만들어진 생산품의 가격을 책정해보자. 원재료와 들인 시간, 노력 등을 고려하여 나만의 가격을 책정해보는 것이다. 특히 같은 재료로 만든 상품이지만 학생마다 가격이 다르기 때문에 이를 비교해보는 것이 좋다. 이 과정에서 경쟁에 대한 기본 감각, 홍보나 마케팅의 중요성을 느낄 수 있을 것이다.

 똑똑한 금융 실천: 미래 사회의 금융 23~25차시

이번 23~25차시에서는 금융 개념을 알아보고 실생활 습관으로 내면화하는 것을 목표로 한다. 해당 차시에서는 학생들이 독립된 경제 주체가 되었을 때 필요한 실천 습관이 무엇일까 고민하였다. 다른 현명한 금융 습관도 필요하겠지만, 미래 사회의 가변적인 금융 수칙에 대해 알아보는 것이 중요하다고 생각되었다.

🔍 지도안 함께 보기

본 학교자율시간에는 미래 사회에 필요한 금융 안전 수칙을 탐색하고 이를 내면화하는 과정을 담았다. 실생활 사례를 조사하는 데에 1차시, 이후 온라인 포스터를 제작하는 것에 2차시를 배정하였으니 참고하자.

차시	23~25차시	준비물	활동지, 스마트 기기
수업 주제	미래 사회의 금융		
학습목표	미래 사회에 필요한 금융 수칙을 탐색하여 내면화할 수 있다.		
활동 흐름			
도입(15분)	▶뉴스 살펴보기 -2025년 1분기 보이스피싱 범죄액 2배로 증가 -보이스피싱 등의 IT 기술 활용 금융 범죄의 심각성 탐색하기		
전개(90분)	▶보이스피싱, 스미싱 피해 사례 살펴보기 -보이스피싱, 스미싱 관련 최근 뉴스 탐색하기 ▶보이스피싱, 스미싱 예방 규칙 조사하기 -보이스피싱, 스미싱을 막기 위한 방법 조사하기 -조사 내용 공유하기 ▶보이스피싱, 스미싱 예방 포스터 제작하기 -포스터 구상하기 -눈에 잘 들어오는 디자인하기 -포스터 제작하기		
정리(15분)	▶공유 및 내면화 -온라인 게시하기 -가정과 연계 지도하기 -한 줄 다짐하기		

도입~전개①: 금융 범죄 피해 사례 및 예방 규칙 조사하기

수업은 보이스피싱 피해액이 2배로 증가하였다는 뉴스 영상(QR코드)을 시청하며 시작한다. 어린이들뿐만 아니라 특히 디지털 취약층인 50대 이상 성인들에게도 보이스피싱은 두려운 범죄 수법이 아닐까?

악성 앱 설치 유도해 보이스피싱… 피해액 1년 만에 2배 (YTN)

보이스피싱, 스미싱 범죄 사례를 탐색하고 개인의 습관으로 범죄를 예방할 수 있는 수칙을 조사해 보도록 하자. 이때 보이스피싱, 스미싱 범죄 관련 뉴스는 최근 2~3년 내로 기간을 한정해 조사하도록 한다. 디지털 기술이 발전하고 보안 정책도 강화되는 만큼, IT 기술을 기반으로 한 금융 범죄는 신종 수법이 빠르게 등장하는 것이 특징이기 때문이다. 활동지(QR코드)를 제공하여 학생들의 원활한 조사를 도울 수 있다.

활동지 23~25차시 보이스피싱, 스미싱 피해 사례 조사하기

▲ [자료] 유튜브 검색 결과: '보이스피싱 피해'

학생들은 "가족이 다쳤다는 전화를 성급하게 믿지 않는다.", "링크가 있는 문자나 카톡은 내용을 다시 한번 본다." 등의 습관을 제시하였다. 이 수칙들은 어린이들뿐만 아니라 이 시대를 살아가는 모든 경제 주체에게 필요한 내용일 것이다.

전개②: 캔바로 보이스피싱, 스미싱 예방 포스터 제작하기

그런 만큼 앞서 떠올린 보이스피싱, 스미싱 예방 습관들을 온라인에 게시하여 더 많은 사람이 경각심을 가지도록 하고자 한다. 디지털 포스터 제작을 위해 콘텐츠 디자인 플랫폼 캔바(www.canva.com)를 이용할 것이다. 직관적이고 쉬운 디자인 방식을 지향하여 학생들도 쉽게 작업할 수 있다.

❶ 캔바를 사용하기 전에 교사가 교육용 계정 인증을 해두면, 템플릿, 폰트, 일러스트 등을 다양하게 사용할 수 있다. 학생들도 디자인을 만들기 위해서는 회원가입이 필요한데, 교육용 구글 계정으로 가입할 것을 권한다.

❷ 캔바 홈 화면에서 '안내 포스터'를 검색하면 참고할 수 있는 다양한 템플릿이 나열된다. 이 중 하나를 클릭하여 수정하는 방식으로 접근하면 손쉽게 수업에 활용할 수 있다.

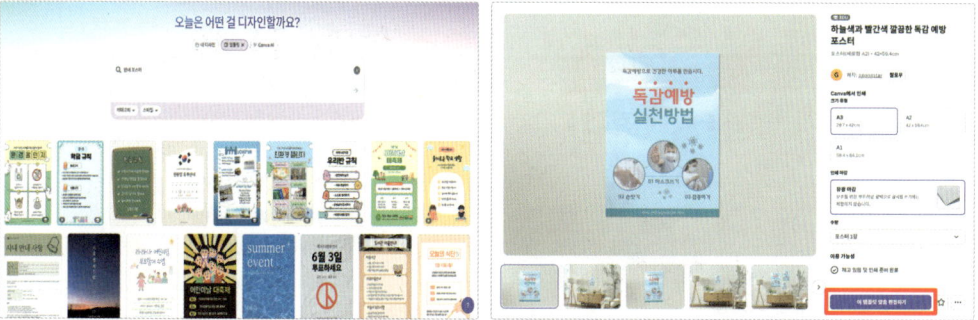

▲ [활동] 캔바 '포스터' 템플릿 검색 및 수정하기

❸ 본 학교자율시간에서는 일반적인 디자인 요소 외에 AI 기능을 기반으로 하는 [Magic Media] 기능을 추가로 활용하였다. 좌측 메뉴 바에서 [Magic Media]를 열고 입력창에 간단하게 프롬프트를 써넣은 뒤 [이미지 생성하기]를 클릭하면, 관련한 이미지를 4장 생성해준다. 원하는 이미지를 선택해 삽입하면 된다.

▲ [활동] Magic Media 기능 사용 장면

 TIP 화면 좌측 메뉴에서 [Magic Media]를 찾기 어려울 경우, [앱] 메뉴에서 추가할 수 있다.

학생들은 자유롭게 각자가 생각하는 금융 보안 습관을 잘 표현할 수 있는 이미지를 생성하여 보이스피싱, 스미싱 예방 포스터를 제작하였다. 다음 산출물을 보면, 생성한 이미지를 적극 활용해 원하는 메시지를 확실히 전달하고 있다.

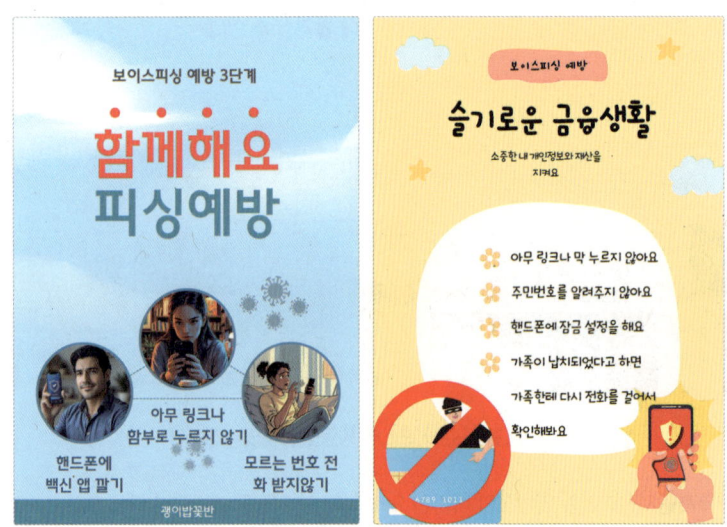

▲ [산출물] '보이스피싱, 스미싱 예방 포스터' 학생 산출물

정리: 포스터 게시하고 한 줄 다짐하기

완성된 포스터는 패들렛이나 SNS에 게시하여 다른 경제 주체들에게 도움이 될 수 있도록 하였다. 가정과도 연계하여 가족이나 친지, 주변 어른들과 다시금 금융 보안 실태를 점검하는 기회로 삼는다면 더욱 좋을 것이다.

본 학교자율시간의 목적은 "보이스피싱을 예방해야 한다."라는 지식 전달에 있지 않다. 그보다는 학생 스스로가 본인의 생활 습관을 성찰하고, 더 나아가 똑똑한 미래의 경제 주체가 될 수 있도록 활동 중심으로 구성하였다. 이 수업 흐름에서 학생들이 미래 사회에서의 금융 사기, 디지털 기반 금융 범죄를 경제 개념으로 받아들이기보다는 삶에서 지켜야 할 생활 습관으로 내면화할 수 있기를 바란다.

> **TIP** 물론 본 학교자율시간에서 제시하는 개념 외에 학급 수준에 맞는 활동으로 대체해도 무방하다. 다룰 법한 초등학생 수준의 금융 개념으로는 '저축, 은행, 통장, 대출, 기부, 보험' 등을 들 수 있을 것이다.

2.5 사회적 공정: 공정한 경제를 실천하는 가치관과 태도 26~29차시

26~29차시에는 학생들의 관점을 넓혀 타인의 삶으로, 세계로 나아갈 수 있도록 할 것이다. 전 세계의 경제 자원은 공정하게 배분되어 있지 않으며, 이에 공감하고 배려하는 가치관을 담아 기업을 운영하는 것이 중요하다. 학교자율시간의 일련의 흐름 속에서 소비-경제-금융에 대해 학습하였다면 이제는 세계적으로 공정한 경제를 구축하기 위한 가치관과 태도에 대해 알아볼 차례다.

1 사회적 기업과 공정한 분배 26~27차시

지도안 함께 보기

26~27차시에서는 사회적 기업을 탐색하며 그 경제적 가치가 어떻게 선순환되는지를 알아볼 것이다. 사회적 기업은 수익을 창출하면서도 취약계층이나 지역 사회에 공헌하는 기업을 말한다. 사회적 기업이 나아가는 발자취를 따라가다 보면, 학생들의 가치관 역시 실천적으로 정립할 수 있지 않을까?

차시	26~27차시	준비물	스마트 기기
수업 주제	공정한 경제를 실천하는 가치관과 태도		
학습목표	사회적 기업 사례를 통해 공정한 분배의 중요성을 표현할 수 있다.		
활동 흐름			
도입(10분)	▶사회적 기업 살펴보기 -파타고니아의 환경 책임 프로그램이 무엇일까? -파타고니아 창업주의 '기후변화 대응에 지분 100% 기부' 사례에 대한 생각 나누기		
전개(60분)	▶사회적 기업의 사례 탐색하기 -Grab 창업주의 2030년까지 저탄소 친환경 차량 전환 선언 -환경부와 카카오의 캠페인 업무 협약 -기업의 방향이 지니는 사회적 메시지 이해하기 ▶가상의 사회적 기업 구상하기 -내가 담고 싶은 사회적 메시지 떠올리기 -사회적 기업 로고 만들기		
정리(10분)	▶공유하기 -게시 및 공유하기 -기업이 앞으로 나아가야 할 방향 한 줄 말하기		

도입~전개①: 사회적 기업이란?

수업의 도입에는 대표적인 사회적 기업, 파타고니아 창업주의 지속가능 메시지를 살펴본다(QR코드). 세계적인 아웃도어 브랜드인 파타고니아는 친환경 소재를 사용하고 재활용 포장재를 쓰는 등 강력한 환경 책임 프로그램을 제공하고 있다.[8]

[글로벌 브리핑] 파타고니아 창업주 "기후변화 대응에 지분 100% 기부"

또 다른 사회적 기업 사례도 추가로 탐색해보자. 일례로 동남아시아의 대표적인 모빌리티 기업 그랩의 창업주 역시, 싱가포르의 교통 수단을 친환경으로 바꾸겠다며 유사한 취지의 선언을 하였다.[9] 국내 사례도 있다. 카카오는 환경부와 협업하여 탄소중립 포인트를 카카오페이 머니와 연계하는 캠페인을 벌이기도 했다.[10]

이러한 기업의 운영 방향에 담긴 사회적 메시지의 의미를 학생들과 함께 나누며, 국가와 세계에 미칠 긍정적인 영향력에 대해 생각해보는 시간으로 운영한다.

전개②: 가상의 사회적 기업 구상하기

이후 활동에서는 가상의 사회적 기업을 구상하고, 운영 방향에 공정한 경제를 위한 메시지를 담아보자. 사회적 기업을 구상할 때에는 간단한 브랜드 이미지를 제작할 수 있도록 **오토드로우**(www.autodraw.com)를 활용하였다.

오토드로우는 구글이 개발한 인공지능 플랫폼으로, 많은 그림 데이터를 축적한 AI가 사용자의 그림을 인식하여 비슷한 형태의 이미지로 변환시켜준다. 오토드로우 플랫폼은 PC, 태블릿 등 기기 접근도도 좋은 편으로, 직관적인 UI를 제공하여 학생들도 사용하기 편하다. 방법은 다음과 같다.

❶ 메인 화면에서 초록색 [Start Drawing] 버튼을 클릭하면 새 화면이 나타난다. 왼쪽이 메뉴고, 오른쪽이 그림을 그릴 도화지 영역이다. 우리는 여러 메뉴 중 반짝이는 연필 모양을 하고 있는 [AutoDraw] 기능을 중점적으로 사용할 것이다.

▲ [활동] 오토드로우 도화지 열기

❷ [AutoDraw]를 활성화한 상태에서 도화지에 그림을 그려보자. AI가 비슷하다고 판단되는 이미지를 화면 상단에 쭉 나타내준다. 그중 하나를 클릭하면 바로 적용된다.

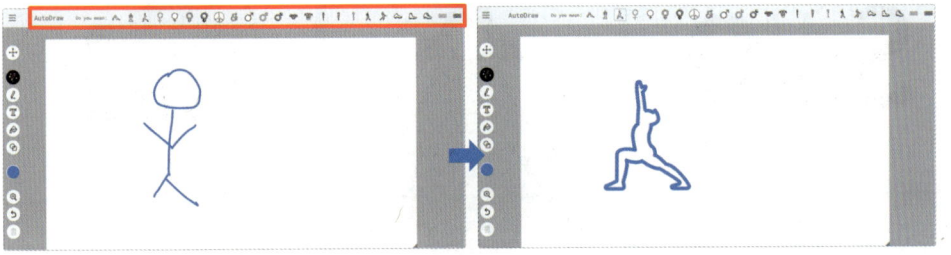

▲ [활동] 오토드로우 AutoDraw 사용 모습

❸ 오토드로우에서는 AI 인식 없이 그림을 그리는 기능, 색을 채워 넣는 기능, 글자를 입력하는 기능 역시 지원하고 있으니 자유롭게 사용할 수 있도록 한다.

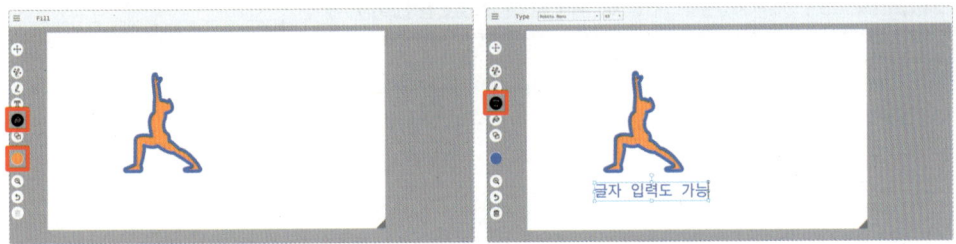

▲ [활동] 오토드로우 Fill(색 채우기) 사용 모습(왼쪽) | Type(글자 입력) 사용 모습(오른쪽)

이 활동에서 디자인의 방법보다 중요한 것은, 로고에 기업이 담고 있는 사회적인 메시지를 뚜렷이 드러내는 것이다. 그림 그리기에 치우쳐 사회적 메시지를 명료하게 다듬는 데 소홀하지 않도록 학생들을 격려하자.

정리: 사회적 기업 로고 게시 및 공유하기

로고(브랜드 이미지) 제작을 완료했다면 패들렛을 통해 공유하고 본인이 구상한 사회적 기업이 무엇이고 어떤 영향을 사회에 끼치고자 하는지 발표해보자. 학생들의 실제 산출물을 보면, '수익금의 20%를 생산지에 기부하는 공정무역 기업', '기후변화에 대응하는 식물 심기', '대중교통 이용 촉진을 위한 마일리지 할인 제도' 등의 사회적 메시지가 잘 담겨 있음을 볼 수 있다.

이것은 바로 same

공정무역을 바탕으로 하여 만들었습니다
이것은 S로 부터 받는것이고 e로 인해서 공정하게 보내는 것을 뜻하여 same을 섰습니다.
그리고 M에 있는 두사람이 물건을 파는 사람인데 공정하게 똑같이 주고 받는 것을 뜻닙니다
또한 우리 기업은 돈을 버는 목적이 아닌 아프리카에서 힘들게 일하는 친구들을 돕기 위해서 번 돈 중 20%는 아프리카에 기부할 것입니다

브랜드 이름:TGP
브랜드 이름의 뜻:시간은 금이니 그 시간에 미래를 위해 식물을 심으라는 뜻입니다.
이 브랜드의 목표:식물로 공기 정화
이 그림의 의미:제 생각으로 한거고 시간은 보석이라해 나무안에 시간과 보석을 그렸습니다.

s-eco는 환경을 위해 대중교통 사는 사람들을 늘리기 위해 만든 어플이다.
대중교통을 생각하라 하면 대부분 버스를 생각한다.
그래서 버스를 두었고 환경이니 나무를 그렸다.
대중교통을 탈 때 마일리지도 적립되는데, 그 마일리지로 돌림판도 돌릴 수 있고 교통비도 할인 받을 수 있다. 하지만 S-eco에서 만들어지는 교통카드로 탑승해야지 마일리지로 할인 받을 수 있다.

▲ [산출물] '가상의 사회적 기업 구상' 학생 산출물

각자의 사회적 기업 아이디어를 나누고 여러 관점을 생각해보는 과정에서 사회적인 공정의 정의, 세계 시민으로서의 태도, 타인을 고려하는 공감 능력을 함께 함양할 수 있을 것이다. 더 나아가 함께 살아가는 세상을 위해 가져야 할 관점 역시 자연스럽게 체득할 수 있다.

2 공정한 사회로 나아가기 위한 실천 태도 기르기 28~29차시

지도안 함께 보기

28차시는 이전 차시에 구상한 사회적 기업이 현실화, 구체화될 수 있도록 제안서를 써보는 연계 활동으로 구성하였다. 마지막 29차시에는 전체 학교자율시간을 마무리하고 경제를 나의 삶과 연결지어 돌아보는 시간을 가지면 좋을 것이다.

차시	28~29차시	준비물	활동지
수업 주제	공정한 경제를 실천하는 가치관과 태도		
학습목표	공정한 사회로 나아가기 위한 실천 태도를 기를 수 있다.		
활동 흐름			

도입(5분)	▶뉴스 살펴보기 -학생의 힘으로 바꿀 수 있을까? -학생 자치활동으로 바꾸는 지역사회 관련 뉴스 탐색하기
전개(60분)	▶사회적 기업의 중요성 떠올리기 -지난 시간 구상한 사회적 기업이 현실화된다면? ▶제안서 쓰기 -지역사회 문제 해결 제안서 쓰기 -친구들과 바꾸어 읽기 -느낀 점 나누기
정리(15분)	▶학교자율시간 수업 떠올리기 ▶가장 기억에 남는 경제 개념 한 줄로 말하기

도입: 학생도 사회를 바꿀 수 있다

수업의 도입에는 학생의 힘이 생각보다 크다는 사실을 이야기해볼 것이다. 우선 중학교 동아리에서 어르신들을 위한 기부 팔찌를 판매하는 내용의 뉴스(QR코드)를 살펴보며 '실천'의 중요성을 강조한다. 또 시간이 꽤 지난 내용이긴 하지만 부산 기장군 소재 대변초등학교의 이름을 학생 주도로 바꾸었다는 뉴스(QR코드)도 의미 있다.

[현장속으로] 지역사회를 바꾸는 작은 날갯짓 (KBS뉴스 경남)

대변초등학교, 54년만에 학생 손으로 개명 (KBS News)

또래 친구들이 학생 자치활동으로 생각보다 큰 일을 해내는 모습을 보면서, 우리 학생들 역시 '나도 할 수 있다.'는 자신감을 얻을 수 있을 것이다.

전개: 사회적 기업 제안서 쓰기

이전 차시에 우리가 구상한 사회적 기업 역시 실제로 세상을 바꾸는 영향력이 될 수 있도록 현실화, 구체화해보자. 이를 제안서의 형태로 작성하도록 하면 사회적 기업의 역할과 정책, 제품 개선 방향 등이 잘 드러난다. 더불어 '사회적 기업'뿐만 아니라 경제 개념, 합리적인 소비 등의 인식이 통합적으로 담기게 된다. 활동지(QR코드)를 제공해 충실한 제안서를 작성하도록 독려하자.

활동지 28_29차시 사회적 기업 제안서 쓰기

▲ [산출물] '사회적 기업 제안서 쓰기' 학생 산출물

학생들의 제안서를 살펴보자. 첫 번째 제안서는 쇼핑을 할 때 지속가능한 생산과 소비를 독려하는 카테고리를 만들어 달라는 내용을 담고 있다. 지속가능한 생산과 소비 역시 현명하고 합리적인 선택 기준이 될 수 있다. 이 학생이 생각하는 가장 중요한 소비 기준을 담아 기업의 방향과 서비스를 제안하고 있는 것이다. 또 두 번째 제안서의 옷을 리폼하거나 기부하는 메뉴를 추가하자는 내용 역시, 소비자이자 생산자로서의 역할을 통합적으로 이해하고 있음을 보여준다.

📋 **평가** 성취기준에 따라 다음 4단계 평가기준으로 평가를 진행할 수 있다. 실생활 사례를 탐색하고, 경제적 해결책을 구체적으로 제시할 수 있는지에 중점을 두어 평가한다.

매우잘함	사회적 공정에 대한 개념을 정확히 이해하고, 실생활 사례를 기반으로 구체적인 실천 방안을 떠올려 제안하는 글을 쓴다.
잘함	사회적 공정의 의미를 이해하고, 구체적인 실천 방안을 제안하는 글을 쓴다.
보통	사회적 공정을 인지하고, 실천 방안을 떠올려 글을 쓴다.
노력요함	사회적 공정에 대해 이해가 부족하고, 실천 방안을 담는 글을 작성하기 어려워 한다.

정리: 경제·금융교육 전체 돌아보기

이후 마지막 29차시는 학교자율시간 전체 활동을 돌아보고 느낀 점을 정리하는 시간이다. 단순한 개념 정리라기보다는, 경제를 삶과 연결 지음으로써 통합적이고 유의미한 도구로 자리잡도록 해주어야 한다. 각자가 기억에 남는, 인상 깊은 경제 정의를 내려보는 활동으로 이어가보자. 누군가에게는 '생산', 누군가에게는 '공평한 나눔'이 경제의 정의일 수 있다.

지금까지 총 29차시의 학교자율시간 동안 다양한 체험 활동과 선택 실습을 통해 학습자들이 경제 주체로 자리매김할 수 있도록 기회를 제공하였다. 특히 단기적인 이익에 집중하기보다 건강하고 유의미한 경제적 실천을 지향할 수 있도록 학습 요소를 선정하였다. 이를 통해 개인적으로도 합리적인 소비를 선택할 수 있으며, 사회적으로도 공정을 추구하는 가치관을 가진 경제 시민으로 발돋움하였기를 바란다.

PART

초5 인권교육

인권이 숨쉬는 교실

01 수업 준비

1.1 활동 필요성 및 목표

활동 필요성

인권(人權)은 글자 그대로 인간이 가진 권리라는 의미를 넘어서서, 인간답게 살 권리를 의미한다.[1] UN은 인권교육에 대한 구체적인 실천 개념을 천명하였으며,[2] '**인권에 관한 교육**', '**인권을 위한 교육**', '**인권을 통한 교육**'으로 **구분**하여 제시하였다.[3] '인권에 관한(About) 교육'은 지식적인 관점이고, '인권을 위한(For) 교육'은 기능, 태도를 발달시키는 관점이다. '인권을 통한(Through) 교육'은 새로운 차원의 인권교육으로, 교수자와 학습자의 권리를 존중하는 교수 방법으로 제시되고 있다.[4] 즉 인권교육이 이루어지는 방법 자체도 인권이 가장 존중되는 방향으로 이루어져야 한다는 의미이다.[5]

이에 2022 개정 교육과정에서는 인권교육을 지식적 관점에서만 다루는 것이 아니라, 문제 상황을 파악하고 해결 방안을 모색하는 성취기준을 증가시킴으로써 통합적인 인권교육 방향을 추구하고 있다.[6] 더불어 생활 속 사례를 살펴보고 인권에 대한 감수성을 강화시켜 실생활 의지로 연결시키려는 접근 또한 주목할 만하다.[7]

따라서 **학습자 주도로 생활 속 인권 사례를 파악하고 참여와 실천으로 이어나갈 수 있는 학교자율시간을 구성**하고자 하였다. 특히 장애, 평등, 노인, 아동노동, 여성차별, 인종 차별 등의 복잡한 생활 속 인권교육 요소를 학습자의 일상생활로 불러오기 위하여 **독서와 융합**할 것이다. 이미 서울시교육청에서는 '노동인권'의 학습자료로 그림책을 활용하고 있어 독서 융합의 학교 현장 적용성도 높다고 판단하였다.[8] 학생의 삶 속에서 인권 감수성, 인권 판단력, 인권 의식이 녹아들 수 있도록 구성한 학교자율시간을 진행해보자.

목표

'인권이 숨쉬는 교실'에서는 삶의 문제를 담은 이야기를 통해 실생활 속 인권 문제를 탐색하고 해결함으로써 인권 감수성을 지닌 어린이를 함양하고자 한다.

1. 인권의 의미를 알고 생활 속 인권 문제를 탐색하여 인권 친화적인 태도를 기른다.
2. 인권 침해 문제 해결에 직접 참여함으로써 인권 의식을 함양한다.
3. 인권에 대한 자신의 의견을 이야기하며 인권 감수성을 기르고 실천 의지를 가진다.

1.2 내용 체계 및 성취기준

내용 체계

핵심 아이디어	-인권을 보장하려는 태도는 건강하고 정의로운 사회 공동체의 기본이 된다. -인간 사회에는 다양한 사례가 존재하며 이를 공감함으로써 인권 친화적인 공동체를 만들어 간다. -다양한 사회 문화적 맥락 속 문제를 해결하는 과정에서 인권 의식을 성찰하고 사회적 인권 감수성을 형성한다.		
범주	지식·이해	과정·기능	가치·태도
내용 요소	-인권의 의미 -사회 문화적 맥락 속 인권 문제 -인권 보호 활동의 중요성	-인권 문제 사례 조사하기 -인권 침해 문제 해결하기 -인권 이야기에 대한 자신의 의견 나누기	-인권 친화적 태도 -인권 감수성 함양 -문학을 통한 인권 의식 성찰

성취기준

- [5도인권-01] 사회 문화적 맥락 속에서 인권 문제를 해석하고, 인권 침해 문제를 해결하여 인권 친화적인 태도를 기른다.
- [5도인권-02] 일상생활에서 인권 문제 사례를 조사하여 인권 보호 활동의 중요성을 인식한다.
- [5도인권-03] 문학을 통해 인권의 의미를 알고 인권 의식을 성찰한다.
- [5도인권-04] 인권에 대한 자신의 의견을 이야기하며 인권 감수성을 함양한다.

1.3 교수학습 단계·평가·교육과정 편제

교수학습 단계

책 읽기	문제 인식	해결책 설계 및 창작물 만들기	이야기 바꾸어 쓰기
1~3차시	4~6차시	7~28차시	29~32차시
《사람이 사는 미술관》읽기	실생활 속 인권 탐색하기	인권 문제 해결 및 실천하기 (인종 차별, 아동 노동, 양성 평등, 사회적 공정, 생활 속 인권 탐색)	인권이 숨쉬는 교실 만들기
[5도인권-03]	[5도인권-02] [5도인권-01]	[5도인권-04] [5도인권-01]	[5도인권-04] [5도인권-03]

평가

성취기준	평가요소	수업·평가 방법	평가기준	평가시기
[5도인권-02] 일상생활에서 인권 문제 사례를 조사하여 인권 보호 활동의 중요성을 인식한다.	일상생활에서 발생하는 인권 문제를 명확히 조사하고 인권 보호의 중요성 표현하기	[가치 명료화 수업] 일상생활의 인권 문제 사례를 조사함. 인권 보호의 중요성을 표현하고 실천 방안을 떠올림. (보고서)	일상생활에서 발생하는 다양한 인권 문제를 조사하고 분석하여 인권 보호의 중요성을 설명하고 표현한다.	4월
[5도인권-03] 문학을 통해 인권의 의미를 알고 인권 의식을 성찰한다.	이야기 속에서 인권과 관련된 상황을 탐색하고, 일상에서 인권을 존중하려는 태도로 연결하기	[도덕 이야기 중심 수업] 이야기 속에서 인권과 관련된 상황을 탐색함. 일상에서의 인권 의식을 성찰하고 실천함. (산출물)	이야기 속 인권 관련 상황을 탐색 및 분석하고, 자신의 삶과 인권 의식을 연결하여 성찰한다.	5월

교육과정 편제

구분			국가 기준	5-6학년군		
				5학년	6학년	계 (증감)
교과 (군)	공통 교과	국어	408	196	204	400 (-8)
		사회/도덕 — 사회	204 (272)	92	102	194 (-10)
		사회/도덕 — 도덕	68	24	34	58 (-10)
		학교자율시간		32	0	(+32)
		수학	272	136	136	272
		과학/실과 — 과학	204 (340)	102	102	204
		과학/실과 — 실과	136	68	68	136
		체육	204	102	102	204
		예술 — 음악	136 (272)	68	68	136
		예술 — 미술	136	68	68	136
		영어	204	102	102	204
창의적 체험활동(자·동·진)			204	98	102	200 (-4)
소계			2,176	1,088	1,088	2,176

02 수업 운영

2.1 책 읽기: 《사람이 사는 미술관》 읽기 1~3차시

스토리텔링은 동기를 부여하고 학습 몰입을 유발하는 전통적인 수업 방식 중 하나이다. 또 도덕 교과목에서는 전통적으로 수업에 동화, 고전, 우화 등의 다양한 내러티브들을 활용해 왔다.[9] 본 학교자율시간에서는 이야기를 더 유의미하게 수업에 녹이고자 '**노벨 엔지니어링**(Novel Engineering)' 수업 방식을 기반으로 교육과정을 설계하였다.

지도안 함께 보기

노벨 엔지니어링은 책 속 주인공을 위한 문제 해결이라는 실제적인 맥락을 기반으로 하고 있다. 본 학교자율시간에서 핵심이 되는 맥락을 나눌 도서는 《사람이 사는 미술관(박민경 글·서예원 그림, 그래도봄)》이라는 어린이 인권교양서다. 이 책과 함께 '인권'이라는 학습 요소를 책 속에서 실생활로 확장시켜보자.

차시	1~3차시	준비물	온책읽기 도서, 도화지, 채색도구
수업 주제 |《사람이 사는 미술관》 읽기			
학습목표	인권에 대한 이야기를 읽고 인권에 관심을 가질 수 있다.			
활동 흐름				
도입(10분)	▶인권에 대해 아는 것 이야기해보기 -'인권'이라는 단어를 들었을 때 떠오르는 것 말하기 -인간이기 때문에 가지는 권리 알기			
전개(100분)	▶책 표지 살펴보기 -표지에서 눈에 띄는 것 이야기하기			

	-책 내용 예상해보기 -목차 살펴보기 ▶책 읽기 -관심이 가는 목차 2~3가지 골라 읽기 ▶인권을 위한 새로운 표현하기 -세계 명화 작품 속 잘못된 인권 새롭게 표현하기 -나만의 인권 그림 그리기 -친구들과 공유하기
정리(10분)	▶인권을 지켜야 하는 이유 한 줄 말하기

▲ [도서] 사람이 사는 미술관
(박민경 글·서예원 그림, 그래도봄, 2025)

도입~전개①: 《사람이 사는 미술관》 책 보고 인권에 대해 이야기하기

인권은 앞서 언급하였듯이 5학년 학생들에게 다소 생경한 개념일 수 있다. 알고는 있지만 체득하기 어렵기 때문이다. 인권에 대해 떠오르는 대로 이야기하게 하며 수업을 시작하자. 또 《사람이 사는 미술관》 책 표지를 보고 눈에 띄는 것을 말하거나 책 내용을 예상해보아도 좋겠다.

책은 장애, 생명권, 평등권, 노인 인권, 환경권, 아동 권리, 휴식권, 여성 참정권 등의 주제가 담긴 세계의 명화를 살펴보고 그에 담긴 인권 이야기를 펼치는 방식으로 쓰여 있다. 따라서 모두 읽을 필요가 없으며, 순서대로 읽지 않아도 무방하다. 다룰 주제를 미리 알려주고 그 위주로 읽거나, 원하는 목차를 2~3개 골라서 읽게 해주어도 좋다. 만약 책을 다 읽는 것이 불가능하다면 교사가 미리 책을 읽고 작품 위주로 학생들에게 제시하며 인권 이야기를 들려주는 방식도 가능할 것이다.

▲ [자료] 피에트로 롱기, 실신(Fainting), (1744) 캔버스에 유채, 49x61, 워싱턴국립미술관(왼쪽)
쿠엔틴 마시스, 추한 공작부인(The Ugly Duchess), (1525-30) 캔버스에 유채, 64x46cm, 런던내셔널 갤러리(오른쪽)

학생들과 명화를 함께 보고 인권에 대해 이야기해보자. 예를 들면 날씬한 허리를 가지기 위해 코르셋으로 허리를 조이다가 실신한 귀족 여성을 그린 그림을, 외모로 사람을 차별하는 사회 분위기로 연결해 이야기해볼 수 있다. 또 〈추한 공작 부인〉이라는 제목의 작품을 보고는 노인을 무시하거나 함부로 대해서는 안 된다는 이야기를 나눌 수 있다.

이렇게 역사적인 명화 속에서 인권 문제를 살펴보는 것은, 학생들로 하여금 '인권'이라는 요소가 인간 사회에서 끊임없이 논의되어 왔으며 계속해서 배워야 할 부분이라는 것을 깨닫게 한다. 또 책 속 이야기를 넘어 실생활 인권 문제까지 연결하여 나와 우리 가족, 친구, 생활 주변에서도 겪을 수 있는 문제임을 인식시킬 수 있다.

전개②~정리: 인권을 위한 새로운 표현하기

책을 읽은 후 미술 교과와 연계하여 인권 그림 그리기를 진행해보자. 인권 차별적 요소가 가득한 책 속 명화 중 한 가지를 골라, 잘못된 인권 표현을 바꾸어 나만의 인권 그림으로 그려보는 것이다.

이후 친구들에게 작품을 공유하는 도슨트 활동까지 연계한다면, 자연스럽게 책 전체 작품과 인권 요소들에 대해서 이해할 수 있을 것이다. 마지막으로 수업 과정에서 느낀 "인권을 지켜야 하는 이유"를 각자 한 줄로 말해보게 하며 수업을 마무리하자.

2.2 문제 인식: 실생활 속 인권 탐색하기 4~6차시

이번 4~6차시에서는 인권 문제를 학생들의 삶으로 가져올 것이다. 먼 이야기라고 생각했던 인권 침해 사례를 삶의 문제로 연결하면서, 더 나아가 모두의 인권을 지킬 수 있는 의식을 가질 수 있다. 조사 및 탐색 2차시, 발표 및 공유 1차시로 총 3차시를 구성할 것을 권한다.

지도안 함께 보기

차시	4~6차시	준비물	스마트 기기, 활동지
수업 주제	실생활 속 인권 탐색하기		
학습목표	생활 속 인권 문제를 탐색하여 문제 해결에 참여할 수 있다.		

활동 흐름	
도입(15분)	▶학교에서의 인권 떠올리기 -학교에서 인권이 침해당한 경험 떠올리기 -그때의 기분 떠올리기
전개(100분)	▶생활 속 인권 문제 탐색하기 -유튜브 및 신문 기사 검색하여 생활 속 인권 침해 사례 탐색하기 -다양한 인권 침해 사례 수집하기 ▶생활 속 인권 문제 해결하기 -인권을 지키기 위한 방안 떠올리기 ▶발표하기 -인권 침해 사례와 해결책 발표하기 -친구들과 공유하기
정리(5분)	▶인권을 지키기 위해 우리가 할 수 있는 일은 무엇이 있을까?

도입: 학교에서 인권 침해를 당한 경험 떠올리기

먼저 대한민국 사회에서 학생으로서 겪은 경험을 불러와보자. 예를 들면 피부색에 따른 차별보다는 남녀 차별이나 외모를 가지고 놀리는 경우들이 더 친숙하지 않을까?

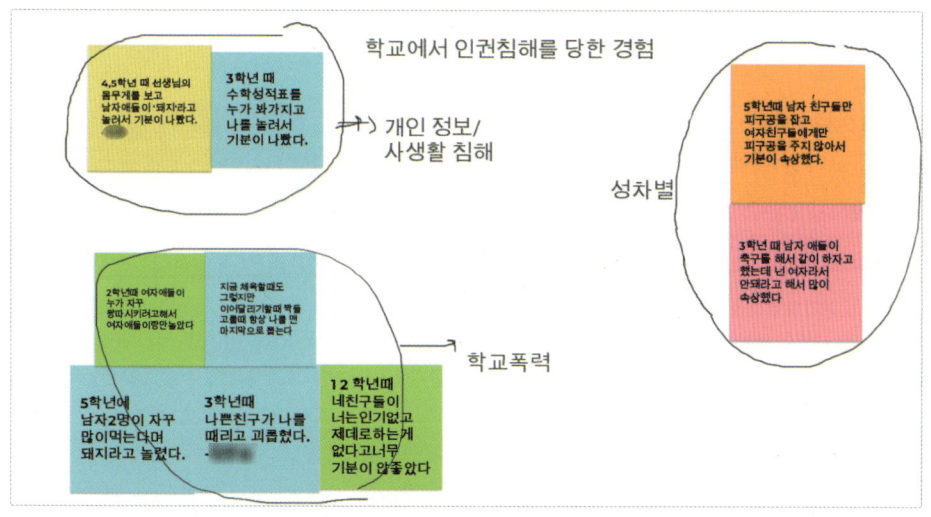

▲ [활동] 학생 경험 불러오기

필자는 수업 시 학교 생활을 하면서 느낀 인권 침해 사례를 떠올려보자고 했다. 인권 침해가 거창한 일이라고 생각하는 학생들에게는, 어렸을 때 실제로 놀림받았던 사례를 예로 들어주며 이해를 도왔다. 친구를 놀리는 행위를 일회성으로 하는 것은 장난이라고 볼 수 있겠지만, 친구의 기분을 생각하지 않고 반복하게 되면 그 또한 폭력이며 인권 침해가 될 수 있다.

전개~정리: 생활 속 인권 문제 탐색 및 발표하기

이렇게 자신의 경험에서 인권 문제를 탐색하고 나면, 실생활의 인권 문제에 대해 조사할 의지를 가지게 된다. 다음의 활동지를 바탕으로 실생활 속 인권 문제를 조사하고 해결해야 한다는 의식을 내면화시켜줄 수 있다.

활동지 4_6차시

실생활 인권 문제 조사하기							
1. 조사하고 싶은 실생활 인권 문제 주제를 선택하여 봅시다.							
성차별	인종차별	아동학대	장애인 인권 침해	학교 폭력	학생 인권 침해	사이버 폭력	
2. 조사한 내용을 요약하여 봅시다.	〈'누가, 언제, 어디서, 무엇을, 어떻게'가 나타나게 써 보세요.〉						
3. 위와 같은 문제를 해결하기 위해 어떻게 해야 할까요?							

조사할 때에는 유튜브의 뉴스 채널, 신문 기사 위주로 검색할 수 있도록 사전에 알려주는 것이 좋다. 내용을 요약할 때에도 누가, 언제, 어디서, 무엇을, 어떻게의 '4W1H 원칙'에 맞게 작성할 수 있도록 비계를 설정해주자.

> **주의** 이때 해결책을 떠올리게 하면 처벌하는 방향으로 가는 경우가 많다. 인권교육의 핵심은 누군가를 단죄하는 것이 아니라, 모두의 행복을 위해 의식적으로 평등한 사회를 만들어 나가려는 노력에 있다. 따라서 학생들의 답변이 처벌로 흐르지 않도록 유도해야 한다. 필자는 처벌보다는 '법'을 만들어보자는 방식으로 사고할 수 있도록 수업의 방향을 유도하였다.

> 2. 어떤 사건이 일어났는지 요약하여 써 봅시다.
>
> 아들이 지적장애인이라 언어치료도 받아야 하고 언제 찾아올지 모르는 뇌전증으로 혼자 놔두기도 불안한 아들인데 어머니가 직장 일을 하느라 아들을 못 보고있다 그래서 어머니가 조퇴한 사건
>
> 3. 위와 같은 문제를 해결하려면 어떤 법을 만들면 좋을 지 생각 해 봅시다.
>   (처벌을 하기 보다 문제를 해결하는 방향으로 생각해 보세요)
>
> -저런 장애가 있는 아이들의 부모들을 위해서 다른사람 보다 조금이나마 빨리 퇴근할 수 있도록 해야합니다 퇴근하면 아이들을 더 돌볼수 있는 시간이 생기기 때문입니다

▲ [산출물] '실생활 인권 문제' 학생 조사 결과

이후 조사한 인권 침해 사례와 그 해결책을 발표해보자. 실제 사회의 인권 문제는 여러 관점이 엮여 복잡하기 때문에 다각도로 생각할 필요가 있다. 예를 들어 장애인 가정의 생계 문제를 해결하기 위한 정책은, 어린이들 입장에서 실현하기 어려운 방법이다. 하지만 장애인 가정의 어려움을 인지하고 우리가 나아갈 방향을 고민한다면, 실생활의 다양한 인권 문제를 올바르게 인식하는 첫걸음을 내디딜 수 있을 것이다.

> **평가** 성취기준에 따른 4단계 평가기준을 참고하여 평가를 진행할 수 있다. 일상 속 여러 인권 문제를 탐색하고 그 해결책을 고민하는 과정에서 인권 친화적인 태도를 기를 수 있을 것이다.
>
> | | |
> |---|---|
> | 매우잘함 | 일상생활에서 발생하는 다양한 인권 문제를 구체적으로 조사하고 그 이유를 깊이 있게 분석하여 인권 보호의 중요성을 설명하고 설득력 있게 표현한다. |
> | 잘함 | 일상생활에서 발생하는 다양한 인권 문제를 조사하고 분석하여 인권 보호의 중요성을 설명하고 표현한다. |
> | 보통 | 일상생활에서 발생하는 인권 문제를 탐색하여 인권 보호의 중요성을 언급한다. |
> | 노력요함 | 일상생활에서 발생하는 인권 문제를 조사하는 것에 어려움을 느끼며 인권 보호의 중요성을 설명하지 못한다. |

2.3 해결책 설계 및 창작물 만들기: 인권 문제 해결 및 실천하기 7~28차시

7~28차시의 활동들은 모두 인권 문제의 심각성을 파악하고 문제 해결에 참여해보는 형태로 구성하였다. '인종 차별', '아동 노동', '양성 평등', '사회적 공정', '생활 속 인권'으로 큰 주제를 나누어 각각의 인권 문제를 해결해볼 것이다. 따라서 학교급별 상황에 맞게 순서를 바꾸어 적용해도 무방하다.

1 인종 차별 문제 해결 7~9차시

지도안 함께 보기

먼저 인종 차별 문제를 다뤄보자. 21세기의 대한민국 학생들에게 인종 차별은 먼 이야기일 수 있다. K-POP의 위상과 함께 전 세계에 K-문화에 대한 호감이 퍼진 현재를 살아가는 학생들은 피부색에 따른 차별을 마음 깊이 이해하지 못할 수도 있는 것이다.

차시	7~9차시	준비물	문화다양성 인형 만들기 키트
수업 주제	인권 문제 해결 및 실천하기		
학습목표	인종 차별 문제에 공감하고 문제 해결에 참여할 수 있다.		
활동 흐름			
도입(10분)	▶《사라, 버스를 타다》 이야기 떠올리기 -버스 안에서도 흑인과 백인의 자리를 나누었던 상황 탐색하기 -내가 사라였다면 기분이 어땠을까?		
전개(100분)	▶인권의 의미 되새기기 -생긴 모습이 다르더라도 누구나 누릴 수 있는 권리가 있음을 알기 -피부색, 머리 모양, 눈동자 색이 다르더라도 모두가 소중한 존재임을 되새기기 ▶다양성 인형 만들기 -다양한 색의 종이 인형 제작하기 -인형 이름 지어주기 ▶다양성 인형 공유하기 -인형 전시하기 -느낀 점 및 새로 알게 된 점 나누기		
정리(10분)	▶인종 차별 문제 해결을 위한 한마디 나누기		

도입: 책 이야기 떠올리기

인종 차별 문제 공감에 참고할 수 있는 도서 2권을 추천한다. 먼저 《사라, 버스를 타다(윌리엄 밀러 글·존 워드 그림, 박찬석 번역, 사계절)》는 4학년 국어 교과서에도 수록되었던 그림책이다. 버스 내의 인종 차별에 반대하여 '버스 승차 거부 운동'이 시작된 실화를 기반으로 하고 있다.

더불어 《작은 신발, 큰 발걸음(바운다 마이크스 넬슨 글·알렉스 보스틱 그림, 최정희 번역, 아름다운사람들)》 역시 흑인과 백인이 함께 학교를 다닐 수 없던 시절의 실화를 기반으로 한 동화이다. 마땅히 제공받아야 할 '교육'을 받기 위해 온갖 차별과 혐오를 받아내던 세 소녀의 이야기다. 책 속 주인공의 입장이라면 어떤 기분이 들었을지 생각해보도록 하여 공감을 끌어내보자.

▲ [도서] 사라, 버스를 타다(윌리엄 밀러 글·존 워드 그림, 박찬석 번역, 사계절, 2004) (왼쪽) | 작은 신발, 큰 발걸음(바운다 마이크스 넬슨 글·알렉스 보스틱 그림, 최정희 번역, 아름다운사람들, 2024) (오른쪽)

전개: 다양성 인형 만들고 공유하기

이후 인종 차별 문제를 해결하기 위한 활동으로는 〈다양성 인형 만들기〉를 제안한다. 물론 포스터 만들기, 주장문 쓰기 등의 활동으로 연계하는 것 역시 가능하겠지만 직접 다양한 피부색의 인형을 만들어보며 '모든 어린이는 소중하다'는 마음을 내면화시켜보는 것은 어떨까?

'작지만 중요한 우리'는 Play31에서 키트로 판매하는 문화다양성 교구이다. 자투리 종이, 가죽, 원단 등 모두 업사이클링 소재로 이루어져 있어 키트마다 다채로운 결과물이 나온다. 즐겁게 인형을 만드는 것을 넘어서, 피부색이나 생김새와 상관없이 모든 어린이는 똑같이 귀중한 존재임을 알리는 것을 목표로 하고 있다.

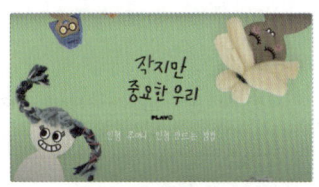

▲ [자료] Play31 작지만 중요한 우리

> 🔊 **주의** 1인용 키트를 구매하면 인형 3개와 새 활용 천, 새 활용 실, 얼굴 표정 스티커 등이 들어 있다. 이번 활동의 목표가 피부색과 상관없이 모두가 소중한 존재임을 알게 하는 데 있으므로, 꼭 2가지 이상의 색을 이용하여 인형을 만들도록 언급해주는 것이 좋다.

▲ [활동] '작지만 중요한 우리' 다양성 인형 제작 모습

'작지만 중요한 우리' 인형 만드는 과정은 비교적 간단하나, 인형의 머리를 새 활용 실로 만드는 방법은 약간 복잡하므로, 제작에 들어가기 전 Play31에서 제공하는 유튜브 영상(QR코드)을 함께 관람할 것을 추천한다. 고학년 기준 인형 2개 이상을 만드는 데에 50분~60분 정도 걸렸으므로 연차시로 운영하는 것이 좋겠다.

[플레이31_작지만 중요한 우리]
인형주머니와 인형 만들기
(PLAY31)

다 만든 후에는 각자 인형에 이름을 지어주면서 모든 인형이 소중한 존재임을 일깨울 수 있도록 하였다. 학급 공간에 인형들을 전시하여 다양한 모양의 인형을 함께 감상하는 시간을 가져보는 것도 좋다.

정리: 인형을 만들며 느낀 점 말하기

▲ [활동] '작지만 소중한 인형 만들기' 학생 소감

활동에 참여한 학생의 소감을 살펴보면, 직접 인형을 만들어가는 과정에서 피부색과 생김새는 차별의 요소가 될 수 없다는 점을 체득한 것을 알 수 있다. 단순한 흥미 위주의 만들기 활동이 아니라, 인종 차별 문제에 대한 의식을 고취시키는 과정으로의 가능성을 열어준 것이다.

2 아동 노동 문제 해결 10~13차시

지도안 함께 보기

이번 10~13차시의 주제는 아동 노동이다. 실제로 제3국의 아이들은 여전히 아동 노동에 내몰려 기본적인 권리를 찾지 못하고 있다. 같은 시대를 살고 있지만 학교에도 가지 못하고 노동 착취를 당하는 아이들을 위해 우리가 할 수 있는 일을 찾고자 노력해볼 것이다.

차시	10~13차시	준비물	축구공 도안, 체인지 유어 초콜릿 키트
수업 주제	인권 문제 해결 및 실천하기		
학습목표	아동 노동 문제에 공감하고 문제 해결에 참여할 수 있다.		

	활동 흐름		
도입(10분)	▶아동 노동 관련 뉴스 영상 시청하기 ▶학교에 가지 못하는 아이들의 마음 떠올리기 ▶ [영상] 꿈은 사치다, 최악의 방글라데시 아동노동		

전개(140분)	▶축구공의 양면 살펴보기
	  -우리에게는 놀잇감인 축구공, 어떻게 만들어질까?
	  -종이 축구공 만들며 아동 노동 체감해보기
	▶체인지 유어 초콜릿
	  -초콜릿 가격이 싼 이유 탐색하기
	  -아동 노동이 사라지려면 어떻게 해야 할까?
	  -싼 초콜릿 대신 공정무역 초콜릿 구매 독려하기
	▶챌린지 준비하기
	  -체인지 유어 초콜릿 챌린지하기
	  -포스터 제작하기
	  -챌린지 사진 찍기
	  -SNS에 업로드하고 주변에 알리기		

정리(10분)	▶아동 노동 근절을 위한 다짐 나누기		

도입~전개①: 학교에 가지 못하는 아이들과 축구공의 양면 살펴보기

아동 노동은 요즘 우리나라 학생들 주위에서는 거의 볼 수 없다. 관련하여 뉴스 영상(QR코드)을 시청하며 아동 노동이 현재 진행형이란 사실을 알고, 학교 대신 생계를 위해 노동 현장으로 내몰리는 아이들의 마음을 헤아려보도록 하자.

꿈은 사치다, 최악의 방글라데시
아동노동 (KBS 세계는 지금)

그렇다면 아동 노동은 해결 불가능할까? 이어서 아동 노동을 근절한 사례를 영상 자료(QR코드)로 살펴보자. 파키스탄에서는 축구공 공장의 아동 노동이 만연했다. 질 좋은 축구공을 만들기 위해서는 손바느질이 필수적인데, 당장의 가난에 시달리는 파키스탄에서는 아이들이 학교에 가는 대신 축구공 제작에 내몰린 것이다. 파키스탄의 어린이들이 손이 부르트도록 바느질한 축구공은 메이커 상표가 붙어 비싼 값에 팔려나갔다.

공정무역 축구공 이야기
(파키스탄 시알코트, 아동 노동 금지)
(국제공정무역기구 한국사무소)

이 사태의 핵심 원인은 제작 단가가 정당하게 임금으로 지급되지 않는다는 것이었다. 이에 공정무역협회에서는 성인 노동자들이 정당한 환경에서 공정한 금액을 받고 일할 수 있도록 여러 협약을 이행했고, 이는 자연스럽게 아동 노동 근절로 이어졌다.

학생들이 아동 노동의 심각성을 알 수 있도록, (2015 교육과정 6학년 도덕 교과에 제시된) 〈종이 축구공 만들기〉 활동을 연계해보았다. 축구공 도안을 주고 제한 시간 내에 축구공을 완성하지 못하면 오늘 우리 가족들이 저녁 식사를 하지 못한다는 구체적인 상황을 상상할 수 있도록 해주면 더 좋다.

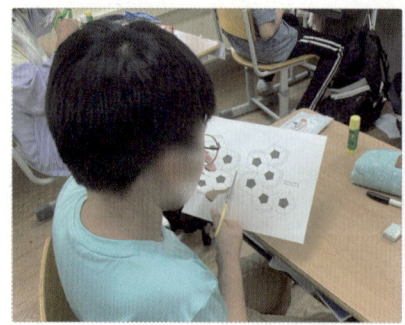 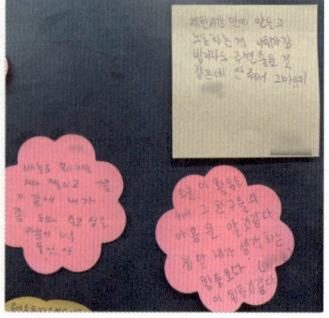

▲ [활동] '종이 축구공 만들기' 학생 활동 모습(왼쪽) | 학생 활동 소감(오른쪽)

처음에는 웃으며 활동을 시작했던 학생들은 점점 심각한 표정을 지었다. 종이로 작은 축구공을 만드는데도 손이 떨리고 힘이 드는데, 실제 축구공을 어린이가 하루 종일 제작하는 현실에 공감하기 시작한 것이다. 모든 어린이에게 충분히 뛰어 놀 환경, 공부할 조건이 마련되는 것이 아니라는 것을 몸소 체득할 수 있었던 활동이었다.

전개②: 체인지 유어 초콜릿 챌린지

이후 또 다른 공정무역이 필요한 생산품인 초콜릿으로 활동을 이어나가보자. 초콜릿 역시 카카오농장에서의 인건비를 낮게 책정하고, 초콜릿의 단가를 높여 기업들이 이득을 보는 것에 집중된 산업 구조를 가지고 있다. 이에 카카오농장에서도 아동 노동이 만연한 상황이다.

실제 '아름다운 커피' 유튜브에서 〈카카오농장 아동 노동 사례와 공정무역 스토리〉 영상(QR코드)을 시청할 수 있다. 카카오농장에서 일하는 마셸라의 삶을 들여다보며, 친구가 더 나은 삶을 살게 하기 위해 우리가 나아가야 할 방향을 생각해보게끔 하자.

카카오농장 아동노동 사례와
공정무역 스토리 영상
(beautifulcoffee)

학급 예산이 가능하다면 '아름다운 커피'에서 판매하고 있는 '체인지 유어 초콜릿' 키트를 구매할 것을 권한다. 키트에는 영상과 함께 활용할 수 있는 수업 자료, 스티커, 그리고 공정무역 초콜릿이 함께 포함되어 있다. 앞서 축구공을 만드는 활동으로 아동 노동 문제에 깊이 공감한 학생들은, 이번 활동에서도 달콤하기만 했던 초콜릿이 가진 이면을 심각하게 받아들이는 모습을 보였다.

 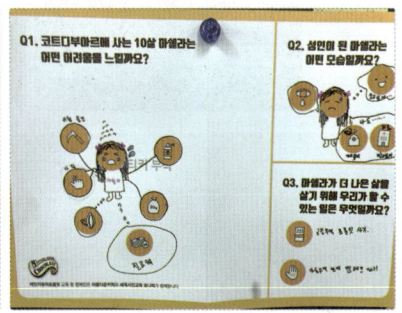

▲ [활동] 체인지 유어 초콜릿 키트 구매 화면(왼쪽) | 키트 활동 모습(오른쪽)

공정무역 초콜릿이 많이 알려져 사람들이 더 많이 구매하게 된다면, 여전히 인건비를 낮춰 아동을 착취하고 있는 기업에서도 더 좋은 근무 환경을 위해 힘쓰지 않겠냐는 이야기를 나누며 챌린지 활동으로 확대시켰다. 공정무역 초콜릿을 홍보하며, 아동 노동에 반대하겠다는 취지를 담은 챌린지이다. 필자는 가정에서 가족들과 초콜릿을 나누어 먹고 인증샷을 찍어 보내도록 하고, 이후에 학교에서 포스터를 제작하는 방식으로 수업을 전개하였으니 참고하길 바란다.

▲ [산출물] '체인지 유어 초콜릿 챌린지' 홍보 포스터

또한 학생들 개인 SNS 메신저 프로필 사진을 바꾸는 형태로 챌린지를 진행해보았다. 초등학생의 입장에서 가능한 수준으로 문제 해결에 참여해보는 것이다.

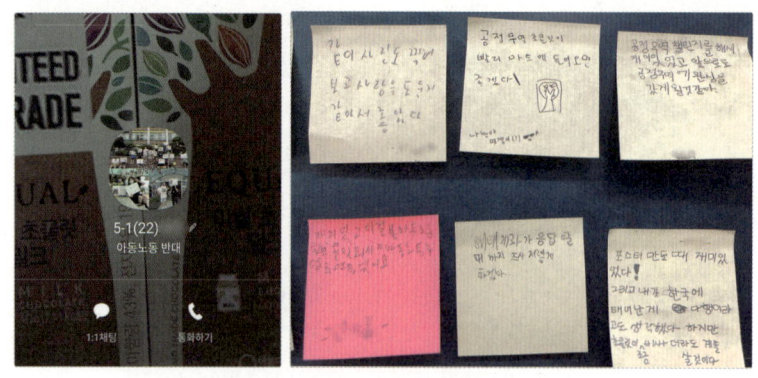

▲ [산출물] '체인지 유어 커피 챌린지' 프로필 사진 및 학생 소감

정리: 아동 노동 근절을 위한 다짐 나누기

'아동 노동' 문제는 당장 해결하긴 어렵지만, 작은 실천이라도 더 나은 방향으로 나아가겠다는 의지를 다지기에는 충분하다. 필자의 학급에서는 '체인지 유어 초콜릿' 챌린지를 일주일 정도 진행했는데, 편의점이나 마트에서 공정무역 초콜릿을 쉽게 구매할 수 있을 때까지 챌린지를 진행하겠다고

한 학생도 있었다.

이처럼 인권교육에서는 학생들의 실질적인 참여를 유도하고, 더 나은 방향을 고민하는 경험을 부여하는 것이 중요하다. 이번을 계기로 축구공, 초콜릿이 아니더라도 제품이 공정하고 정당하게 생산·제작된 것인지 탐색할 수 있는, 인권 의식을 지닌 어린이가 되기를 기대하는 바이다.

3 성차별 문제 해결 14~17차시

지도안 함께 보기

이번 14~17차시에는 성차별 문제를 다루어보자. 최근의 대한민국에서 젠더(gender) 갈등은 심각성을 더해가고 있다.[10] 특히 여타 국가들은 20대에서의 젠더 갈등이 두드러지는 반면, 대한민국에서는 20대와 30대의 젠더 갈등이 디지털 미디어 등을 통하여 빠르게 확산되는 상황이다.[11] 따라서 수업의 흐름 역시 21세기의 대한민국 사회에서의 민감한 주제를 바로 도입하기보다는, 여성 독립운동가→속담 속 성차별→현대의 성차별의 순서를 통해 성 평등의 필요성을 탐색할 수 있도록 구성하였다. 본 수업 구성은 예시일 뿐이니 참고하여 학급 수준에 맞게 재구성해도 좋다.

차시	14~17차시	준비물	스마트 기기, 활동지
수업 주제	인권 문제 해결 및 실천하기		
학습목표	성차별 문제에 공감하고 문제 해결에 참여할 수 있다.		
활동 흐름			
도입(10분)	▶알고 있는 여성 독립운동가 떠올려보기 -영상 〈유관순 못지않게 기여한 여성 독립운동가(엠빅뉴스)〉 시청하기 ▶왜 남성 독립운동가를 더 많이 기억할까?		
전개(140분)	▶속담 속 성차별 탐색하기 　　-암탉이 울면 집안이 망한다. 　　-남자는 세번만 울어야 한다. 　　-사위는 백년손님이다. 　　-아들 농사는 쌀 농사고 딸 농사는 보리 농사다. -속담에 담긴 속뜻이 무엇일까? -잘못된 부분 바꾸어 성평등 속담으로 나타내기 ▶현대의 성차별 탐색하기 -여성 전용 주차장에 대한 생각 나누기 -경력 단절 여성에 관한 생각 나누기 ▶양성평등 포스터 제작하기		

	-함께 평등한 사회를 위한 포스터 제작하기 -공유하기
정리(10분)	▶느낀 점 나누기 -양성평등 실천을 위한 다짐 나누기

도입: 여성 독립운동가는 어디로 갔을까?

수업 도입에 사용한 영상(QR코드)은 여성 독립유공자의 서훈 등급이 남성 독립유공자의 서훈 등급에 비해 낮다는 뉴스이다. 2019년 유관순 열사는 건국훈장 대한민국장을 추서받아 서훈 등급도 3등급에서 1등급으로 격상되었으니 수업 전 참고하자.

유관순 못지않게 기여한 여성 독립운동가 (엠빅뉴스)

학생들에게 여성 독립운동가를 떠올려보라고 질문해도 좋다. 대부분은 '유관순' 열사 외의 여성 독립운동가에 대해 잘 알지 못한다. 남성이든 여성이든 위기에 빠진 조국을 위해 모든 것을 바친 분들인데, '성별'에 따라 알려질 기회가 가려졌다는 것에 대한 인식을 불러오면 된다. 이때 MBC 특별기획 [1919-2019, 기억록] 중 <[기억록] 김연아, 유관순을 기억하여 기록하다> 영상(QR코드)을 참고해도 좋다.

[기억록] 김연아, 유관순을 기억하여 기록하다 (MBCentertainment)

전개①: 속담과 현대 사회 속 성차별 탐색하기

이후 속담 속에서 성차별을 탐색해보자. 지도안에 제시한 속담은 2019년 서울시여성가족재단에서 발표한 내용 중 일부를 발췌한 것이다. 속담이 내포하고 있는 뜻이 무엇일지 탐색하고 잘못된 부분을 바꾸어보면 어떨까?

활동지 14_17차시

속담 속 성차별 탐색하기			
1. 속담 속 성차별을 탐색하여 성평등 속담으로 바꾸어 봅시다.			
성차별 속담	성평등 속담	성차별 속담	성평등 속담
암탉이 울면 집안이 망한다.		남자는 세 번만 울어야 한다.	
사위는 백년손님이다.		아들 농사는 쌀 농사고, 딸 농사는 보리 농사다.	

이렇듯 여성 독립운동가의 사례와 속담 속에서 우리나라의 성차별 문제가 과거로부터 이어져 왔다는 것을 이해하고, 현대 사회는 더 나은 방향으로 나아가야 한다는 생각을 인식시키는 것이 중요하다.

이후 현대 사회의 성차별 문제에 대해 생각해보자. 초·중등학교에서의 인권수업이므로 남성과 여성 간의 갈등을 조장하는 것이 아닌, 서로의 입장에서 생각해볼 수 있도록 분위기를 조성해주는 것이 좋다. 본 학교자율시간에서는 여성 전용 주차장 제도와 경력 단절 여성(임신, 출산, 육아 등)을 주제로 이야기해볼 것을 권한다. 표의 질문들을 통해 학생들의 사고를 열어주고, 평등한 성 인식을 가지도록 해주자.

여성 전용 주차장	
여성 입장	여성 전용 주차장 자체가 차별이 아닐까?(여자도 주차를 잘할 수 있음) 남성들이 여성들이 특혜를 받는다고 생각하지는 않을까?
남성 입장	성별이 아니라 '안전'을 기준으로 구분해야 맞지 않을까? 주차 공간이 부족할 때 남성이라는 이유만으로 주차를 못하면 그것이 불평등 아닐까?
경력 단절 여성	
여성 입장	육아휴직을 쓸 수 있어도 복귀했을 때 불이익을 받을 수 있지 않을까? 육아는 엄마가 해야 한다는 인식이 불평등 아닐까?
남성 입장	육아휴직을 남자가 쓰는 것에 대한 사회적 차별이 있지 않을까? 가정을 위해 일해야 하기 때문에 육아에 참여하지 못하는 것. 그게 각자의 역할 아닐까?

▲ [표] 현대 사회의 성차별에 대해 생각해보기 위한 질문 예시

현대 사회의 성차별, 불평등 문제는 개인적인 원인보다는 사회적인 문제로 나타나는 경우가 많으므로, 각자의 입장을 고려하고 포용할 수 있도록 수업을 이끌어야 한다. 여기까지 2차시 정도로 시간을 배분하자.

전개②~정리: 양성평등 포스터 제작 및 전시하기

이후 성 평등 인식과 포용적인 가치관을 담아 포스터를 제작해보자. 포스터라는 산출 매체는 단순 예시일 뿐, 학급 상황에 맞게 선택하면 된다. 성차별 문제에 대해 인식할 기회를 제공하고, 타 성별에 대해 이해와 공감을 담으면 되는 것이다.

다음 산출물들은 다른 교과의 수업 주제와 연계시킨 내용이다. 하나씩 살펴보자.

▲ [산출물] 성 평등을 주제로 한 학생 활동(신문, 포스터)

- 첫 번째로는 5학년 사회의 역사 영역과 통합하여 신문을 만들었다. 주제를 '여성 인권' 또는 '여성 독립운동'으로 정하여 조사한 것이다.

- 두 번째는 캔바나 미리캔버스 등의 디지털 콘텐츠 제작 플랫폼을 활용하여 양성평등 포스터를 제작한 사례이다.

- 세 번째는 일제 강점기를 배경으로 한 도서를 읽고 포스터로 표현해 본 활동이다. 《태평양을 건너간 사진신부》는 일제 강점기, 고국을 떠난 이주노동자들의 삶을 그리고 있다. 주인공은 신랑의 사진만 보고 여성과 남성의 차별이 없다는 하와이로 떠나게 되는데, 독후 활동으로 조선보다 '평등'한 하와이로 떠나는 모습을 포스터로 제작한 것이다.

4 사회적 약자 문제 해결 18~24차시

지도안 함께 보기

이번 18~24차시는 사회적 약자(장애인, 노인 등)를 위한 해결책을 만들어보는 활동이다. 이동이 어려운 장애인이나 홀로 사는 노인들의 문제를 해결하기 위해서는 사람들의 관심을 촉구하는 것도 필요하지만, 센서 기술로 신체의 기관이나 사람의 역할을 대체하는 것 역시 중요하다.

따라서 본 학교자율시간에서는 로봇을 활용하여 수업을 구성하였다. 로봇 교구를 활용하는 것이 학교 현장에서 부담이 크다는 점을 알고 있지만 다채로운 수업의 예시를 위함이니 참고해볼 것을 권한다. 물론 실제로 로봇을 설계하기 어려운 학급에서는 로봇 설계 디자인을 그려보는 등의 대체 활동 역시 가능하다.

차시	18~24차시	준비물	로봇, 활동지
수업 주제	인권 문제 해결 및 실천하기		
학습목표	사회적 약자 문제에 공감하고 문제 해결에 참여할 수 있다.		

활동 흐름

도입(10분)
▶노인을 위해 개발된 '시니어 맞춤 ATM' 살펴보기
▶노인에게 필요한 기능은 무엇일까?

▲ [자료] 시니어 맞춤 ATM 기기 화면 (출처: 신한은행 유튜브)

전개(250분)
▶누군가의 하루 상상하기
 -키오스크로 커피 사기, 영화 예매하기, 인터넷으로 미용실 예약하기 등의 미션을 노인의 입장에서 해결하기
 -콘서트 관람하기, KTX 탑승하기, 횡단보도 건너기 등의 미션을 장애인의 입장에서 해결하기
 -사회적 약자의 입장 공감하기
▶네오봇 살펴보기
 -컨트롤러로 스마트 기기와 연결하기
 -센서 익히기

검은색: 모터	빨간색: 적외선 센서	초록색: 소리 센서
노란색: LED 센서	주황색: 빛 센서	

 -센서를 활용한 간단 코딩 모듈 체험하기
▶노인을 위한 기능 떠올리기
 -사회적 약자를 위한 로봇 구상하기

	(할머니와 함께 산책할 수 있는 강아지 로봇, 적외선 센서로 시각 장애인의 눈이 되어줄 수 있는 안내 로봇 등) ▶로봇 설계하기 -로봇의 형태 만들기(블록 조립) -로봇의 기능 설계하기(코딩) -제대로 작동하는지 테스트하기 ▶로봇 박람회 개최하기 -서로의 로봇 기능 소개하기 -로봇 시연 및 체험하기 -느낀 점 나누기
정리(20분)	▶정리하기 -로봇 분해하여 정리하기

도입~전개①: 누군가의 하루 상상하기

나이가 들면 보통 시력이 나빠진다. 기계가 익숙지 않은 사람도 많다. 사람들이 언제 어디서든 편리하게 은행 업무를 볼 수 있는 ATM 기기. 그러나 누군가에게는 너무 많은 버튼과 깨알 같은 글씨가 장벽으로만 다가가기도 한다. 한 은행이 이런 어려움을 헤아려 맞춤 ATM 기기를 내놓았고, 큰 호응을 얻었다. 관련 영상(QR코드)을 시청하며 '시니어 맞춤' ATM 이야기를 알아보자.

[시니어 은행 사용 설명서]
시니어 맞춤 ATM! 이렇게 쉽다고?! (신한은행)

ATM 기기 사례를 통해, 학생들도 내게 익숙한 요소가 누군가에게는 어렵게 느껴질 수 있다는 것을 깨달았을 것이다. 더 나아가 사지 거동을 돕는 웨어러블 로봇이나 독거노인의 건강 상태를 체크하고 외로움 해소를 지원하는 인공지능 스피커 등, AI 기술을 활용하여 장애인과 노인을 돕는 사례를 담은 뉴스 영상은 손쉽게 찾을 수 있다.

▲ [자료] 유튜브 검색 결과: '장애인 돕는 로봇'(왼쪽) | '독거노인 로봇'(오른쪽)

이처럼 사회적 약자를 돕기 위한 방안 중 하나로 인공지능, 로봇 기술을 체험해보는 학습 경험은 미래 사회를 살아갈 학생들에게 매우 귀한 자양분이 될 것이다. 또 단순히 흥미 위주의 로봇 활동이 아니라, 윤리적인 가치관과 공동체 역량을 함양할 수 있을 것이라 기대된다.

그러려면 사회적 약자의 입장을 충분히 고려해야 하므로, 공감을 기반으로 한 활동을 구성하였다. 〈누군가의 하루〉 활동은 디자인 사고 기법 중 'Day in Life'에서 고안되어, 해당 사람의 입장에서 하루를 관찰하고 기록해보는 것이 목표이다. 누군가를 돕기 위한 마음이 수업 전 충분히 형성되어야 하니 1차시 정도 잡고 운영하기를 권한다.

활동지 18_24차시

누군가의 하루

1. 누군가의 하루를 살아봅시다.

인물	노인 / 장애인
해결 미션	키오스크로 커피 사기 / 인터넷으로 미용실 예약하기 KTX 탑승하기 / 횡단보도 건너기
시간	내용
예시) 아침 8~10시	예시) 커피를 마시고 싶어서 카페에 갔는데 키오스크가 있어서 주문하지 못했다.

2. 인물에게 필요한 것은 무엇일까요?

(　　)에게는 (　　　　　)가 필요합니다.
왜냐하면

 TIP　활동지는 노인과 장애인으로 선택하여 진행할 수 있게 구성하였다. 해결 미션 역시 네 가지 중 선택하되, 노인의 경우 1~2번, 장애인의 경우 3~4번으로 추천해주어도 좋다.

필자의 경우 학생들이 노인의 입장을 이해할 수 있도록 수업을 집중하여 운영하였다. 젊고 건강한 상태가 아닌, 신체적 어려움이 있는 경우의 하루를 상상해본 학생들은 할머니에게 필요한 것이 무엇일지 고민하며 공감하는 모습을 보였다.

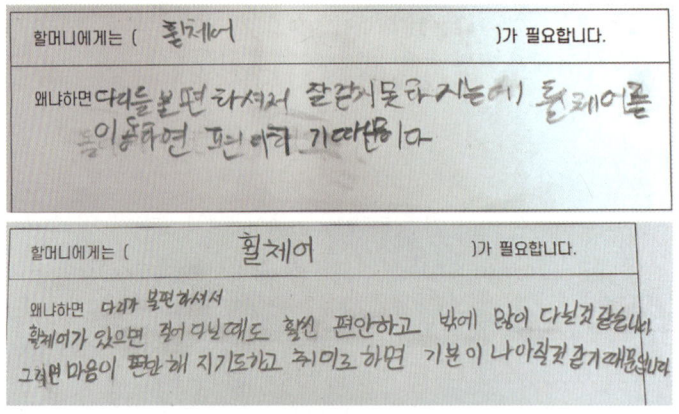

▲ [산출물] '누군가의 하루를 살아 봅시다' 학생 산출물

전개①: 네오봇(로봇 교구) 센서 익히기

이후 사회적 약자의 어려움을 기술적으로 돕기 위해 로봇을 활용해보자. 로봇 교구는 다음과 같이 분류할 수 있다.

종류	모듈형	로봇형	보드형
예시	네오봇, 스파이크 프라임 등	햄스터봇, 오조봇 등	마이크로비트, 센서보드 등
장점	원하는 형태로 조립이 가능	센서가 내장되어 있음	비교적 저렴한 가격(3~5만원대)
단점	고가의 가격 (10~50만원대)	원하는 형태로 조립이 불가 고가의 가격(10만원대)	센서를 연결하는 과정이 번거롭게 느껴짐

▲ [표] 로봇 교구 유형 및 장단점 정리

본 학교자율시간에서는 모듈형 교구 중 **네오봇**을 선택하였다. **5~6학년 검인정 실과 교과서 모두 네오봇을 이용**하고 있어, 학교 현장 적용성이 높다고 판단하였기 때문이다. 네오봇의 동글이를 스마트 기기에 연결하고 블루투스로 스마트 컨트롤러에 연동시키면 손쉽게 코딩이 가능하다. 또 태블릿 앱의 연동성 역시 뛰어나다.

▲ [자료] 네오봇 연결 모습(왼쪽) | 네오봇 포트 위치(오른쪽)

네오봇의 센서는 색깔이 달라 직관적으로 구분할 수 있다.

- 빨간색 센서: 적외선 센서로 적외선을 반사시키는 정도를 인식한다. 일반적으로 흰색에서 가장 많이 반사하기 때문에 흰색 종이를 인식했을 때의 값이 가장 크고, 검은 색을 인식했을 때의 값이 가장 작다. 만약 네오봇에 바퀴를 달아 검은색 선을 따라가는 로봇을 만든다면 이 적외선 센서의 인식값을 활용한 것이다.

- 초록색 센서: 소리 센서로 마이크처럼 소리를 인식한다. 소리가 클수록 숫자값이 크다.

- 주황색 센서: 빛 센서로 주변의 빛을 인식하는데, 어두울수록 센서 값이 0에 가까워진다.

- 노란색 센서: LED 센서로 빛을 밝힐 수 있다. 총 4개의 센서 중 LED 센서만 명령을 현실 세계로 산출하므로, OUT 포트에 꽂는다.

  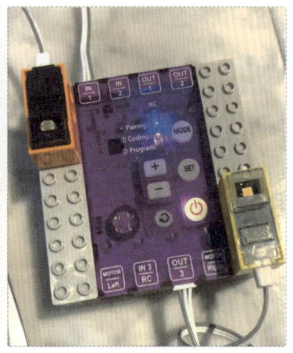

▲ [자료] 네오봇 센서 종류(빨간색, 초록색, 주황색&노란색)

그럼 센서 값을 이용해서 다양한 모듈을 체험해보자. 현실의 적외선 센서를 터치하면 컴퓨터 화면 속 잠자리가 날아가게 하거나, 현실의 소리 센서에 소리를 지르면 컴퓨터 화면 속 물풍선이 터지는 식이다. 코딩에는 엔트리 프로그램을 이용한다.

> **TIP** 엔트리 프로그램 사용 방법과 네오봇 연결 과정은 온라인 부록 교안 PPT에서 더 자세히 확인할 수 있다.

터치하면 날아가는 잠자리

: 적외선 센서 값이 50보다 클 때, 즉 손을 갖다 댔을 때(손의 인식 값은 보통 50~100), 잠자리 오브젝트를 이동시킨다.

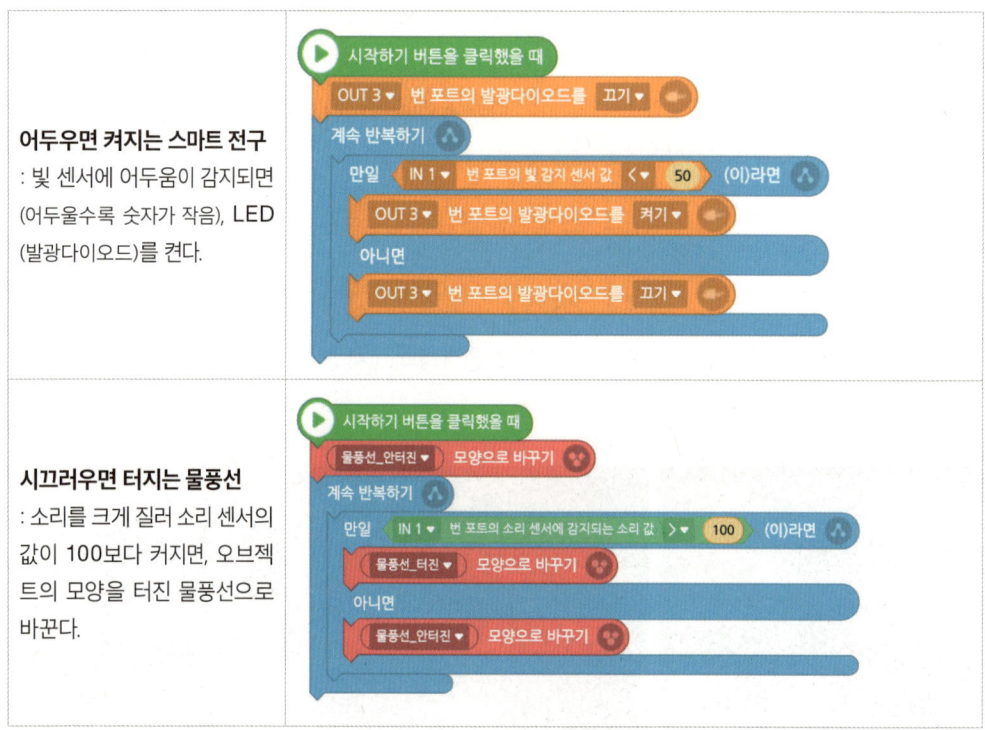

▲ [자료] 네오봇 센서 모듈 엔트리 프로그램 코딩 예시

엔트리 블록 코드 예시를 보면, 모두 선택적으로 결과를 코딩할 수 있는 방식으로 되어 있다. 학생들과 센서 값을 여러 가지로 실험해보며 시도해볼 것을 권한다. 세 모듈 모두 같은 구조의 프로그래밍으로, 수업 부담이 적다. 네오봇 연결, 기초, 모듈 체험까지 2차시 정도의 시간이 소요된다.

전개②: 사회적 약자를 돕는 로봇 구상하고 만들기

이후 수업은 로봇의 형태를 조립하는 시간과 프로그래밍을 하는 시간으로 나누어 운영하는 것이 좋다. 먼저 로봇의 외부와 사용할 센서를 조립하는 시간을 제공하자. 로봇은 컴퓨터 속의 프로그래밍 명령을 현실 속에서도 산출해내야 하기 때문에, 그 외양 역시 고려해야 한다. 프로그래밍으로는 검은색 라인을 잘 구분할 수 있지만, 모터가 견고하지 않아 바퀴가 제대로 돌아가지 않는 경우도 생기기 때문이다.

형태 조립 및 프로그래밍까지 3차시 정도 배분하는 것이 현실적이다. 형태 조립을 잘 끝냈더라도 코딩을 하면서 로봇의 형태를 바꾸어야 하는 경우도 생긴다. 연차시로 운영하기 어려운 경우에는 형태 조립까지 끝내고, 로봇을 보관하였다가 이후 프로그래밍으로 연결하면 좋다.

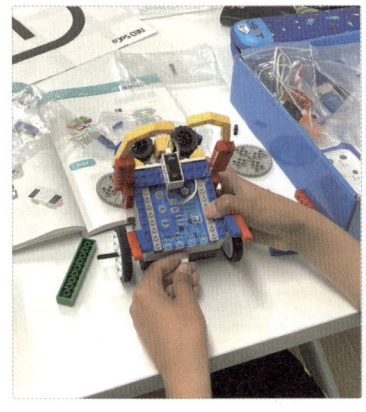

▲ [활동] '로봇 만들기' 학생 활동 모습(왼쪽: 로봇 조립, 오른쪽: 프로그래밍)

전개③~정리: 로봇 박람회 개최하기

로봇을 완성했다면, 각자 만든 로봇의 기능을 공유하고 시연하는 로봇 박람회를 열어보자. 이때 유의할 것은, 학생들 수준에서 완벽한 기능의 로봇을 설계하기 어렵다는 점이다. 코딩에서 어려움을 느낀다면, 원래 의도와 기능을 구분지어 설명할 수 있도록 수업 분위기를 허용적으로 조성해주자.

▲ [활동] '로봇 박람회' 개최 모습

학생들과 로봇을 공유하면서 포스트잇의 색깔을 구분하여 좋았던 점과 아쉬웠던 점을 생각해보게 하였다. 이렇게 운영하면 프로그래밍에 어려움을 느낀 경우에도 개선점으로 받아들이며 공유할 수 있다. 가령 노인들을 위한 손쉬운 키오스크를 설계한 학생은 의도는 좋았지만 버튼 프로그래밍을 완벽하게 하지 못했다. 하지만 사회적 약자를 돕기 위한 마음을 학습하였고, 그런 의도로 로봇을 구상하였기에 박람회에 즐겁게 참여할 수 있었다.

이처럼 단순히 흥미 위주의 로봇 수업이 아닌, 학생들로 하여금 사회적 이슈를 고민해보게 하고 포용적인 가치관을 가질 수 있는 기회를 제공해줄 필요가 있다.

5 생활 속 인권 문제 해결 25~28차시

지도안 함께 보기

이제 학생들의 가장 가까운 실생활 장소인 '학교'의 인권 문제 해결에 참여해보자. 학교에서 이루어지는 가장 대표적인 인권 침해로 학교폭력이 있을 것이다. SNS를 이용하여 괴롭히는 사이버 폭력, 사진을 마음대로 유출하는 초상권 침해, 사적인 정보를 요구하는 개인정보 침해 등으로 세부적인 주제를 제시해도 좋겠다. 전체적으로는 설문조사 준비 1차시, 설문조사 결과 정리 및 발표자료 만들기 1차시, 발표 및 공유 1차시, 사진 포스터 제작 1차시로 운영하면 적합하다.

차시	25~28차시	준비물	활동지, 도화지, 핸드폰 등
수업 주제	인권 문제 해결 및 실천하기		
학습목표	생활 속 인권 문제 해결을 통해 인권 의식을 기를 수 있다.		
활동 흐름			
도입(5분)	▶학교 내 인권 문제 탐색하기 -영상 〈사이버·신체·언어…복합적으로 진화하는 학교폭력〉 시청하기 -우리 학교의 인권 문제는 무엇일까?		
전개(150분)	▶학교 인권 문제 실태조사하기 -조사 주제 선정하기 -설문조사 준비하기 ▶설문조사 결과 수합하기 -설문조사 결과 수합하여 개선책 토의하기 -발표 자료 제작하기(PPT, 구글 슬라이드 등) -발표하기 ▶사진 포스터 제작하기 -인권 문제 해결을 위한 사진 포스터 제작하기 -학교에 게시하기		
정리(5분)	▶느낀 점 나누기		

도입~전개①: 학교 내 인권 문제 탐색 및 실태조사하기

가장 먼저 학생들과 학교 내에서 발생하는 인권 문제에 대한 뉴스 영상(QR코드)을 함께 시청하고, 우리 학교의 인권 문제가 무엇인지 토의해보도록 하자.

사이버·신체·언어…복합적으로 진화하는 학교폭력 (SBS 8뉴스)

필자의 학급에서는 학생들 사이에 사용되는 언어폭력 문제가 가장 심각하다는 의견이 나왔고, 여기에서 출발해 학교 전체를 대상으로 설문조사를 시행하였다. 설문조사 주제에 대해 미리 이야기를 나누고, 큰 도화지나 색지에 결과를 수합할 수 있도록 한다. 필자의 학급에서는 욕과 줄임말에 대한 설문조사를 진행하였고, 스티커로 투표에 참여할 수 있도록 준비했다.

 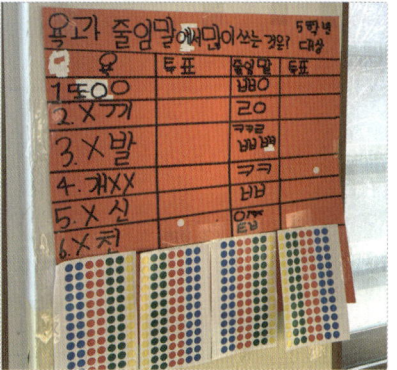

▲ [활동] 설문조사 준비 및 진행 모습

> **TIP** 학급별 상황에 따라 다른 주제로 수업을 하더라도, 학교 전체의 문제로 관점을 확대할 수 있도록 설문조사를 진행해볼 것을 추천한다.

전개②: 설문조사 결과 정리 및 발표하기

이후 설문조사 결과를 수합, 정리하여 발표자료를 만들 시간을 제공하였다. 필자의 학급에서는 구글 클래스룸을 LMS로 사용하고 있어서 구글 슬라이드를 만들었으나, 학급 상황에 맞게 다양한 형태로 적용 가능할 것이다. 발표 자료를 만드는 역할과 발표 원고를 준비하는 역할로 나누어 효율적으로 운영하도록 하자.

▲ [활동] 발표 자료 준비 및 발표 모습

학생들이 서로의 발표를 경청하고 평가할 수 있도록 활동지(QR코드)를 제공하여 보조해주어도 좋겠다. 평가 모둠의 개수만큼 행을 늘려서 제공하면 된다.

활동지 25_28차시
인권 설문조사 결과 발표

전개③~정리: 학교 내 인권 문제 개선 포스터 제작 및 게시하기

전교 설문조사를 통해 언어 폭력 문제의 심각성을 깨달았다면, 이를 개선하기 위한 포스터를 제작할 차례다. 캔바나 미리캔버스 같은 디지털 콘텐츠 제작 플랫폼도 좋으나, 필자의 학급에서는 사진 포스터를 활용했다. 사진 포스터는 디자인 사고 기법 중 '사진 사파리'에서 구상한 활동으로, 주제가 잘 드러나는 사진을 찍어 공유하는 방식을 말한다. 사진을 활용하여 주제의 심각성을 더 크게 주장할 수 있다.

 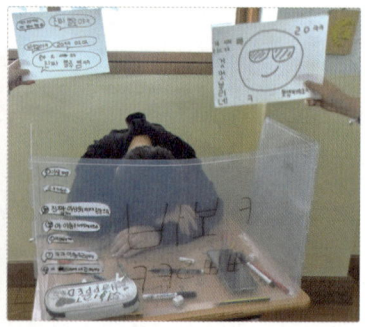

▲ [산출물] '언어 폭력 문제 개선 사진 포스터' 학생 산출물

학생들은 학교 내 인권 침해 문제에 공감한 만큼 다양한 아이디어로 사진을 찍었다. 첫 번째 사진은 욕설이 가득한 메시지를 받고 절망하고 있는 학생의 모습을 찍은 것이다. 두 번째 사진은 종이를 직접 오려 붙여 비속어가 사용된 SNS 메시지를 형상화하고, 그 가운데에 상처받은 학생의 모습을 나타냈다. 포스터를 제작하는 것도 의미가 있겠지만, 이렇게 직접 사진을 찍는 행위를 통한다

면 인권 침해를 당하는 사람의 마음을 더 깊게 이해할 수 있게 된다. 제작한 포스터는 학교 곳곳에 직접 게시하여 생활 속 인권 문제 해결에 나설 수 있는 기회로 활용하였다.

총 22차시의 문제 해결 활동을 통해 학생들의 인권 감수성도 한 뼘 자랐을 것이다. 그 주제와 순서를 바꾸어 제시하더라도, 직접 문제를 해결하고 그 과정에서 타인의 인권을 배려할 기회를 제공하는 것이 중요하다.

2.4 이야기 바꾸어 쓰기: 인권이 숨쉬는 교실 만들기 29~32차시

이제 학교자율시간의 마지막 흐름이자, 노벨 엔지니어링 수업에서도 가장 중요한 내면화 단계이다. 학교자율시간의 흐름에서 탐구한 인권 주제들을 통해 배움을 삶으로 확장시키고 실생활 의지로 고양할 필요가 있다. 본 학교자율시간에서는 포스터와 이야기를 매체로, 학생들이 배우고 느낀 '인권'을 표현하고 공유하고자 한다.

1 우리 반 인권 공모전 개최 29~30차시

지도안 함께 보기

지금까지 학교자율시간의 흐름에서 인권 문제를 해결해 본 경험을 상기시켜주자. 인종 차별, 아동 노동, 양성 평등, 사회적 공정, 생활 속 인권 문제 해결 등 다양한 주제와 해결책을 경험하였을 것이다. 이를 바탕으로 29~30차시에는 우리 반 인권 공모전을 개최해보자.

차시	29~30차시	준비물	스마트 기기
수업 주제	인권이 숨쉬는 교실 만들기		
학습목표	인권을 지키기 위한 다짐을 표현할 수 있다.		
활동 흐름			
도입(5분)	▶인권 공모전 살펴보기 ▶ [자료] 국가인권위원회 인권 공모전 배너		

전개(70분)	▶인권 문제 해결 경험 떠올리기 -인종 차별, 아동 노동, 양성 평등, 사회적 공정, 생활 속 인권 문제 해결 경험 떠올리기 ▶인권을 지키기 위한 다짐하기 -인권을 지키기 위한 나의 다짐하기 -포스터 및 문구로 제작하기 ▶우리 반 인권 공모전 개최하기 -포스터 및 문구 공유하기
정리(5분)	▶느낀 점 나누기

도입: 인권 공모전 살펴보기

매년 국가인권위원회에서는 포스터와 영상 부문으로 나누어 인권 공모전을 개최하여 시상하고 있다. 학생들과 함께 인권 공모전에 대해 이야기해보자. 이후 활동을 위하여 국가인권위원회 인권공모전 사이트(www.humangongmo.kr)에서 수상작을 참고할 수 있도록 해주어도 좋다.

▲ [자료] 국가인권위원회 인권 공모전 역대 수상작 모음

전개~정리: 인권을 지키기 위한 다짐하기

그럼 본격적으로 지금까지 배우고 경험한 내용을 바탕으로 나만의 인권 다짐을 문구, 포스터 등으로 나타낼 수 있도록 한다. 필자의 학급에서는 디지털 콘텐츠 제작 플랫폼을 활용하여 배너 및 포스터를 제작했고, 구글 슬라이드를 활용하여 공유하였다.

▲ [산출물] '우리 반 인권 공모전' 학생 제작 배너 및 포스터

학생들은 사이버 폭력, 장애인 차별 등의 인권 침해 문제 해결에 참여한 경험을 토대로 다양한 산출물을 제작하였다. 특히 아동 노동 수업을 기반으로 노키즈존 역시 인권침해로 바라보는 견해를 포스터로 제작한 학생도 있었다. 이처럼 배운 내용을 실생활로 전이·확장시키게 된다면, 앞으로 살아갈 사회 속 새롭고 다양한 인권 침해 문제에도 대응할 수 있지 않을까?

2 인권 의식을 담은 새로운 이야기 31~32차시

지도안 함께 보기

이번 차시에는 마침내 노벨 엔지니어링 수업의 마지막 단계인 이야기 바꾸어 쓰기 활동을 해볼 것이다. 총 32차시의 학교자율시간을 마무리하고, 책 속의 인권을 실생활로 연결하는 디딤발로 삼아보자.

차시	31~32차시	준비물	활동지
수업 주제	인권이 숨쉬는 교실 만들기		
학습목표	인권 의식을 담은 새로운 이야기를 쓸 수 있다.		
활동 흐름			
도입(5분)	▶《사람이 사는 미술관》책 내용 다시 떠올리기 ▶학교자율시간 수업 떠올리기		
전개(70분)	▶나만의 인권 이야기 쓰기 　-인권 의식과 실천 의지를 담은 나만의 인권 이야기 쓰기 　-친구들과 이야기 바꾸어 읽기		
정리(5분)	▶느낀 점 나누기		

도입~전개①: 나만의 인권 이야기 쓰기

인권 문제는 지금까지도 완벽하게 해결된 것이 아니며 새로운 방면의 문제가 계속해서 나올 것이다. 여기서 중요한 점은 학생 스스로 지금 벌어지고 있는 일이 인권 침해는 아닌지 반성하고 돌아볼 수 있는 감수성을 기르고, 이를 해결하기 위해 노력하는 실천 의지를 가져야 한다는 것이다.

이 점에 유의해 '이야기 바꾸어 쓰기' 단계를 진행하자. 우선 《사람이 사는 미술관》책 내용을 다시 떠올리고, 학교자율시간 수업에서 진행한 여러 가지 활동들도 다시 돌아보게 하는 것이다. 본 학교자

활동지 31~32차시
나만의 인권 이야기 쓰기

율시간에서는 다양한 인권 문제를 작품으로 살펴보는 도서를 선택하였기에, 바꾸어 쓸 인권 이야기 역시 주제를 선택해서 진행하도록 하였다.

물론 학생들이 실천한 해결책 자체가 우리 삶의 인권 문제를 완벽하게 해결하는 것은 아니다. 학생들로 하여금 인권 문제를 살피는 민감도를 높이고 나아가야 할 방향을 이야기로 표현하는 시간을 제공함으로써, 미래의 인권을 짊어질 아이들의 마음을 키우는 것이 중요하다. 인권 의식과 실천 의지를 담아 무궁무진한 상상력을 발휘하도록 학생들을 독려하자.

전개②~정리: 인권 이야기 바꾸어 읽고 느낀 점 나누기

학생들이 쓴 인권 이야기를 잠시 살펴보자. 사이버폭력 문제에 깊게 공감하여 그 피해자의 마음을 나타내는 이야기를 쓴 학생은, 새로운 해결책을 떠올려 이야기를 만들었다. 사이버폭력을 감지하는 로봇이 있다면 어떨지 상상해본 것이다. 또 노인을 위한 로봇을 만든 후, 노인의 삶이 어떻게 바뀌는지 상상한 이야기도 있었다.

▲ [산출물] '이야기 바꾸어 쓰기' 학생 산출물

친구들과 각자의 이야기를 바꾸어 읽으면서 느낀 점을 나누는 시간을 가지며 전체 학교자율시간을 마무리하도록 한다. 다양한 인권 문제를 창의적인 방법으로 해결하는 이야기들을 읽으며, 풍부한 맥락 속에서 학생들의 인권 의식과 가치관을 확장시킬 수 있을 것이다.

> **평가** 이 차시에서 성취기준에 따른 4단계 평가기준을 참고하여 평가를 진행할 수 있다. 나만의 인권 이야기를 표현하고, 책 속의 문제를 실생활 문제로 전이시키는 과정을 평가한다.
>
> | | |
> |---|---|
> | 매우잘함 | 이야기 속 인권 문제를 깊이 있게 탐색하고 그 영향을 분석할 수 있으며, 자신의 문제 해결 경험을 반영하여 인권 의식을 성찰한다. |
> | 잘함 | 이야기 속 인권 관련 상황을 탐색 및 분석하고, 자신의 삶과 인권 의식을 연결하여 성찰한다. |
> | 보통 | 이야기 속 인권 문제를 탐색하여, 자신의 삶과 인권 의식을 연결하려고 노력한다. |
> | 노력요함 | 이야기 속에서 인권 문제를 찾기 어려워하며, 자신의 삶과 인권 의식을 연결하지 못한다. |

×××

지금까지 총 32차시의 학교자율시간 프로젝트 과정을 통하여 '인권에 관한 교육', '인권을 위한 교육', '인권을 통한 교육'을 총체적으로 제공하였다. 지식적인 관점뿐만 아니라 인권 감수성, 실천 의지, 인권 의식 등의 태도적인 변화를 도모하기 위한 흐름을 구성하였다. 또 인권 교육의 주제를 학교 생활로 연결하고 공모전을 개최하는 등, 실제 삶의 인권이 가장 존중될 수 있도록 실생활 전이성 역시 고려하였다. 이 과정에서 학생들이 나와 가족, 친구, 더 나아가 사회의 인권을 지킬 수 있는 가치관과 문제해결 능력을 갖추었기를 바란다.

PART VI

초5 독도교육

독도로 쓰는 편지

01 수업 준비

1.1 활동 필요성 및 목표

활동 필요성

2005년 일본이 '다케시마의 날' 관련 조례를 제정하면서 영토 교육 논쟁이 점화되었으며, 심지어 2022년부터 '한국이 독도를 불법적으로 점령하고 있다.'라는 왜곡된 내용의 사회과 교과서를 발행하기에 이르렀다.[1] 이에 우리나라에서도 2011년부터 범교과학습 주제에 독도 교육을 포함시키며, 독도 주권의식 제고를 위해 노력하고 있다.

하지만 2015 개정 교육과정에 비하여 2022 개정 교육과정에서는 독도 특별 단원이 사라지고 지리적 지식에 초점을 맞추었다는 아쉬움이 존재한다.[2] 성취기준 역시 독도의 위치, 지형, 기후, 동식물 등의 지식·이해의 측면에 치중되어 있다. 또 학교 현장의 독도교육은 단순히 체험 주간 위주로만 운영되어[3] 학습자에게 실제적인 문제로 다가가지 못하는 아쉬움이 있다.

이에 실질적으로 <mark>학생들의 영토주권 의식을 함양하고, 독도를 사랑하는 태도를 기르기 위한 노벨 엔지니어링</mark>(Novel Engineering) <mark>기반의 학교자율시간</mark>을 구성하고자 한다. 초등학생들에게 친근하게 다가갈 수 있는 이야기를 통해 교과서 속 지식을 넘어 실생활의 독도에 대해 인식할 수 있는 기회를 제공할 것이다.

또 이때 부여된 독도 영토 문제를 직접 해결한다는 유의미한 맥락은 32차시간 학생들의 동기와 흥미를 유지하는 힘이 된다. 더불어 학교의 독도 교육 주간 연계, 학생 주도 전시회, 테크놀로지(인공지능, 메타버스)와의 결합 등으로 주체적이며 다채로운 독도 교육을 만나보자.[4,5]

목표

'독도로 쓰는 편지'를 통해 독도의 지리적 특성과 역사적 근거를 탐구하고, 독도를 위한 매체를 제작함으로써 영토 주권 의식을 기르고자 한다.

1. 독도의 지리적 특성을 이해하고 정보를 탐색함으로써, 독도에 대한 관심을 갖는다.
2. 독도에 관한 매체를 제작하여 영토 주권 의식을 기른다.
3. 독도를 지키고 수호하는 활동을 통해 독도를 사랑하는 마음을 표현한다.

1.2 내용 체계 및 성취기준

내용 체계

핵심 아이디어	-인간은 지역의 권리를 지키기 위한 적극적인 노력을 통해 고유한 지역성을 만들어 간다. -장소에 대한 매체를 생산하며 정체성을 형성하고 지리적 의미 구성 과정에 관여한다. -장소에 대한 긍정적인 정서를 만들고 구성원과 소통함으로써 영토 의식을 함양한다.		
범주	지식·이해	과정·기능	가치·태도
내용 요소	-독도의 위치와 영토 -독도의 지리적 특성 -독도의 중요성	-독도에 관한 이야기 주체적으로 읽기 -독도에 관한 정보 검색하기 -독도를 위한 매체 제작하기	-독도에 관한 관심 -영토 주권 의식 -문학을 통한 내면화

성취기준

- [5사독도-01] 독도의 지리적 특성을 이해하고 독도에 관한 정보를 검색할 수 있다.
- [5사독도-02] 독도의 위치와 영토를 알고 영토 주권 의식을 지닌다.
- [5사독도-03] 독도를 위한 매체 자료를 제작하며, 독도에 관한 관심을 표현한다.
- [5사독도-04] 독도에 관한 이야기를 주체적으로 읽으며 영토로서 독도의 중요성을 이해하고 문학 작품으로 내면화한다.

1.3 교수학습 단계·평가·교육과정 편제

교수학습 단계

책 읽기 ➡	문제 인식 ➡	해결책 설계 ➡	창작물 만들기 ➡	이야기 바꾸어 쓰기
1~3차시	4~5차시	6~14차시	15~27차시	28~32차시
《우리 독도에서 온 편지》 읽기	독도 영토 문제 인식하기	독도에 한걸음 다가서기	우리 땅 독도 표현하기	독도로 편지 쓰기
[5사독도-04]	[5사독도-04]	[5사독도-01] [5사독도-02]	[5사독도-03]	[5사독도-03] [5사독도-04]

평가

성취기준	평가요소	수업·평가 방법	평가기준	평가시기
[5사독도-01] 독도의 지리적 특성을 이해하고 독도에 관한 정보를 검색할 수 있다.	독도의 지리적 특성을 탐구하고, 독도에 관한 정보를 검색하여 우리 영토임을 인식하기	[지식탐구 수업] 독도의 지리적 특성을 탐구하고 관련 자료를 조사함. 독도가 우리 땅임을 인식하고 보고서로 표현함. (보고서)	독도의 지리적 특성을 탐구하고, 독도에 관한 정보를 검색하여 독도가 우리 땅인 이유를 보고서로 작성한다.	9월
[5사독도-03] 독도를 위한 매체 자료를 제작하며, 독도에 관한 관심을 표현한다.	독도에 관한 매체 자료를 제작하여 독도에 대한 관심 표현하기	[문제 해결 수업] 독도에 관한 매체 자료를 제작함. 독도에 대한 사랑과 관심을 표현함. (산출물)	독도에 관한 정보를 바탕으로 매체 자료를 제작하고 공유함으로써, 독도에 대한 관심을 표현한다.	10월

교육과정 편제

구분				국가 기준	5-6학년군		
					5학년	6학년	계 (증감)
교과 (군)	공통 교과	국어		408	196	204	400 (-8)
		사회/도덕	사회	272	90	102	192 (-12)
			학교자율시간		32	0	(+32)
			도덕		34	34	68
		수학		272	136	136	272
		과학/실과	과학	340	102	102	204
			실과		68	68	136
		체육		204	102	102	204
		예술	음악	272	68	68	136
			미술		68	68	136
		영어		204	102	102	204
창의적 체험활동(자·동·진)				204	90	102	192 (-12)
소계				2,176	1,088	1,088	2,176

※ 국가 기준의 사회/도덕 204는 사회, 68은 도덕에 해당. 과학/실과의 204는 과학, 136은 실과. 예술의 음악/미술 각 136.

02 수업 운영

2.1 책 읽기: 《우리 독도에서 온 편지》 읽기 1~3차시

본 학교자율시간에서 전체적인 맥락과 흐름을 공유할 도서는 《우리 독도에서 온 편지》라는 동화이다. 글밥이 크게 많지 않아 3~4학년 수준의 문장으로 이루어져 있으며, 독도를 그린 삽화 역시 관찰할 내용이 충분하다. 하지만 꼭 이 도서가 아니더라도 학교 상황에 맞게 '독도'와 관련된 도서를 선정해 활용할 수 있으니 자유롭게 활용하자.

지도안 함께 보기

차시	1~3차시	준비물	온책읽기 도서, 활동지
수업 주제	《우리 독도에서 온 편지》 읽기		
학습목표	독도에 관한 이야기를 읽고 독도에 관심을 가질 수 있다.		

활동 흐름

도입(10분)
▶ 독도에 관해 아는 것 이야기하기
- 평소 독도에 관해 아는 정보 나누기

전개(100분)
▶ 책 표지 살펴보기
- 표지에서 눈에 띄는 것 이야기하기
- 책 내용 예상해보기

▶ [도서] 우리 독도에서 온 편지
(윤문영 글·그림·신용하 감수, 계수나무, 2023)

	▶책 읽기
	-삼촌의 편지 속 독도에 대한 정보 떠올리기
	(쇠무릎, 기란초 등의 작은 야생초, 독도의 괭이 갈매기 등)
	▶독도 관찰 일기
	-사람들에게 알려주고 싶은 독도의 하루를 그림이나 글로 표현하기
	-독도에 관한 정보 수집하기
	-친구들과 공유하기
	-새로 알게 된 점, 생각이나 느낌 나누기
정리(10분)	▶'독도' 하면 떠오르는 것 말하기

도입~전개①: 《우리 독도에서 온 편지》 책 읽고 독도에 대해 알아보기

《우리 독도에서 온 편지(윤문영 글그림, 신용하 감수, 계수나무)》 주인공 허일의 삼촌은 독도 경비대원으로 근무하고 있으며, 독도의 이야기를 담은 편지를 보내온다. 처음에 독도를 잘 몰랐던 주인공은 삼촌의 편지를 기다리며, 독도를 점점 친근하게 느끼게 된다. 책 속 주인공과 마찬가지로 학생들에게 독도는 멀게만 느껴지는 섬일 수 있다. 직접 방문하기 어려운 곳에 영토 주권 의식을 느끼기는 어려운 일이다.

이에 책을 읽기 전-중-후에 맞게 활동을 구성하였다. 책을 읽기 전, 평소 독도에 대해 아는 정보를 함께 나누어 보자. 발표 형식이나 메모지에 공유를 하는 방식을 추천한다. 독도에 관해 잘 알고 있는 학생도 있겠지만, 그렇지 않은 학생도 있을 것이다.

더불어 책 표지도 샅샅이 살펴볼 것을 권한다. 표지에는 동도와 서도로 나누어진 독도가 그려져 있고, 괭이갈매기가 편지를 전해준다. 표지 속 동물은 어떤 의미일지 학생들과 이야기를 충분히 나누고 책 읽기에 들어가는 것이 좋다. 책을 읽을 때 역시, 삼촌의 편지 속 등장하는 동식물(쇠무릎, 기란초, 구절초, 방가지 똥, 전복, 해삼, 괭이 갈매기 등)의 이름들을 짚어주고 삽화를 톺아보며 읽어보자.

전개②~정리: 독도 관찰 일기 쓰기

독도를 영토로서 친근하게 인식할 수 있도록 〈독도 관찰 일기〉 활동을 구성하였다. 이는 디자인 사고 기법 중 '일기장 연구' 활동을 일부 수정한 것으로, 사람들의 행동이나 생각, 의도를 이해하기 위한 관찰법 중 하나이다. 마치 삼촌이 보내온 편지처럼, 독도에 대한 이야기 또는 독도에 사는 사람들의 하루를 간단한 글과 그림으로 나타내어 보는 것이다.

이때 독도에 관해 잘 모르는 학생들에게는 간단하게 정보를 검색할 시간을 제공해도 좋다. 다만 깊이 있게 조사하는 활동이 아니라, 독도라는 장소에 대해 흥미와 관심을 갖는 것이 목표이므로 책 속에 나오는 동식물의 사진 위주로 검색해볼 것을 권한다.

활동지 1_3차시(1)

독도 관찰 일기

1. 사람들에게 알려주고 싶은 독도의 하루를 그림이나 글로 표현해 봅시다.

2. 친구들과 바꾸어 읽고 새로 알게 된 점이나 생각, 느낌을 나누어봅시다.

이름	새로 알게 된 점, 생각이나 느낌

이후 친구들의 글과 그림을 돌려 읽으며 독도에 대해 새로 알게 된 점 또는 생각이나 느낌을 나누어볼 것이다. 멀게만 느껴졌던 장소에 관심을 가지고 그곳에서의 하루를 상상해서 표현해보는 것으로, 독도에 성큼 다가간 기분을 느낄 수 있지 않을까?

2.2 문제 인식: 독도 영토 문제 인식하기 4~5차시

이번 4~5차시의 목표는 독도를 둘러싸고 있는 영유권 분쟁의 심각성을 학생들이 인지하도록 하는 데 있다. 일본은 20년이 넘도록 부당하게 독도 영유권을 주장하고 있으며, 공식적인 연설, 영상 제작 등의 행위를 통하여 그 수준을 더해가고 있다. 이에 학생들이 직접 매체 자료를 탐색하여 일본의 영유권 주장이 어느 정도로 심각한지 느낄 수 있도록 활동을 구성하였다.

지도안 함께 보기

차시	4~5차시	준비물	스마트 기기, 활동지
수업 주제	독도 영토 문제 인식하기		
학습목표	독도에 대한 정보를 탐색하여 독도를 지키고 수호하려는 마음을 가질 수 있다.		
활동 흐름			
도입(10분)	▶일본국립전시관 홍보 영상 확인하기 ▶일본의 영유권 주장에 대한 내 생각 이야기해보기		
전개(65분)	▶독도 영토 문제 탐색하기 -유튜브 활용하여 독도 영토 문제 뉴스 검색하기 -일본의 독도 영유권 주장 심각성 알기 -독도를 지키기 위해 우리가 가져야 할 마음 생각하기 -느낀 점 나누기		
정리(5분)	▶독도를 지키기 위해 어떤 노력이 필요할까?		

도입: 일본의 영유권 주장 알아보기

일본의 독도 영유권 주장은 오래된 데다 요즘도 계속되고 있다. 실제로 일본 국립전시관에서 제작한 홍보 영상을 보면, 엄연히 우리 땅인 독도가 일본인데도 갈 수 없는 땅이라며 억지 주장을 펴고 있다. 관련 뉴스 영상(QR코드)을 시청하며, 우리가 독도를 지키기 위해 노력해야 함을 인식해보자.

일본국립전시관 억지 홍보영상
"너희는 다케시마에…"
(연합뉴스)

전개~정리: 독도 영토 문제 탐색하고 독도를 지키는 마음 갖기

그간 일본의 독도 도발은 무수히 많았다. 제시한 뉴스 외에도, 학생들이 직접 독도 영토 문제에 관련된 뉴스를 탐색하게 해보자. 종이 매체보다는 영상 매체를 활용하는 것이 더욱 효과적일 것이다. 유튜브 플랫폼을 활용하되 뉴스 채널의 영상을 참고하도록, 또 최근 5년 이내의 자료를 찾을 것을 안내해주자. 더불

▲ [자료] 유튜브 검색 결과: '일본 독도'

어 검색어는 '일본', '독도', '영유권' 등의 단어를 조합할 것을 추천한다.

영상 매체 자료를 조사한 후 간단하게 내용을 정리할 수 있는 활동지를 제공해주자. 조사할 영상의 개수는 학급 상황에 따라 조절하면 된다. 단순히 일본이라는 국가에 적개심을 가지는 것이 활동의 목표가 아니다. 독도의 영유권 분쟁 상황을 명확하게 인식하고 대한민국 국민으로서 영토 주권 의식을 가질 수 있도록 해야 한다. 따라서 수업의 마무리에는 독도를 지키기 위해 어떤 마음을 가져야 할지 고민해보도록 한다.

활동지 4_5차시

독도 영토 문제 탐색하기

1. 독도 영토 문제를 탐색해 봅시다.

영상 내용 요약	
느낀 점	
독도를 지키기 위해 우리가 가져야 할 마음	

이번 차시의 문제 인식 과정이 명확하게 이루어져야 후속 활동들의 맥락이 이어진다. 주입식으로 독도에 관해 학습하는 것이 아니라, 독도 그 자체를 우리의 영토로 인지하고 사랑할 수 있도록 학습의 맥락을 제공하고 책 속 문제를 실생활 주제로 전이시킬 수 있도록 해주자.

2.3 해결책 설계: 독도에 한걸음 다가서기 6~14차시

6~14차시의 해결책 설계 단계는, 우리 땅 독도에 대해 지식적인 이해를 도모하는 시간으로 구성하였다. 독도 수호의 과거와 현재, 생태적·지리적 특성 등에 대해 정확하게 인식할 때 비로소 영토 감수성을 가지고 독도를 바라볼 수 있을 것이다. 특히 스마트 기기를 활용한 검색 활동을 기반으로 스스로 정보를 습득하도록 차시를 배정하였다.

1 독도를 지키려는 사람들의 노력 알아보기 6~8차시

지도안 함께 보기

먼저 독도를 지키려는 우리나라 사람들의 노력에 대해 알아볼 것이다. 역사적으로 독도를 지키기 위한 노력이 있어 왔으며, 현 시점에도 독도 경비대가 영토 수호를 위해 그 의무를 다하고 있다.

차시	6~8차시	준비물	스마트 기기, 활동지
수업 주제	독도에 한걸음 다가서기		
학습목표	독도를 지키려는 사람들의 노력을 알아보고 독도를 사랑하는 마음을 지닐 수 있다.		
활동 흐름			
도입(10분)	▶독도를 위해 노력한 사람들은 누가 있을까? ▶독도는 우리땅 노래 듣기		
전개(100분)	▶독도를 지키려는 사람들의 노력 알기(1) -과거 독도를 지키려는 사람들은 누가 있었을까? -〈대한민국 독도 인물 사전〉 영상 시청하기 -새로 알게 된 점 탐색하기 ▶독도를 지키려는 사람들의 노력 알기(2) -지금 독도를 지키는 사람들은 누가 있을까? -검색 매체 활용하여 독도를 지키는 사람들 검색하기 (독도 경비대, 최종덕 할아버지 등) -새로 알게 된 점 탐색하기 ▶검색 결과 공유하기 -모둠별로 검색 결과 공유하기 -느낀 점 및 새로 알게 된 점 나누기		
정리(10분)	▶독도를 지키기 위해 내가 해야 하는 노력 생각해보기		

도입~전개①: 〈대한민국 독도 인물 사전〉 시청하기

본 학교자율시간에서 추천하는 자료는 〈대한민국 독도 인물 사전〉 프로그램이다. YTN에서 특집으로 제작한 영상으로, 10분 내외의 4부작으로 구성되어 있다. 이사부 장군, 안용복과 장한상, 고종 황제, 숨은 영웅들 순서이다. 영상 4개를 다 시청하면 1차시 전체가 소요되므로, 3차시의 수업 구성 안에서는 1~2개를 선택적으로 관람할 것을 권한다.

[YTN 기획특집] 대한민국 독도 인물사전 1부: 이사부 (YTN)

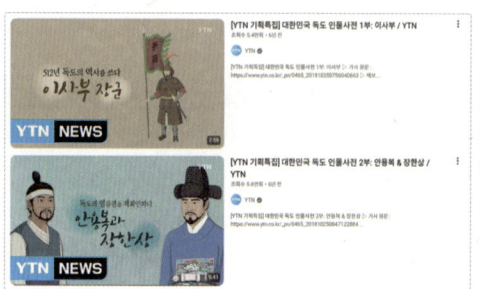

▲ [자료] 〈대한민국 독도 인물 사전〉 영상 일람

이후 탐색 결과를 서로 공유할 시간을 제공하여, 동료 교수 학습 효과를 노려보자. 이를테면 'JIG-SAW 모형'을 활용해봐도 좋겠다. 모둠별로 특정 인물을 탐구하고, 이후 각 모둠에서 1명씩을 모아 새로운 모둠을 구성하여 서로의 지식을 나누는 방식을 말한다.

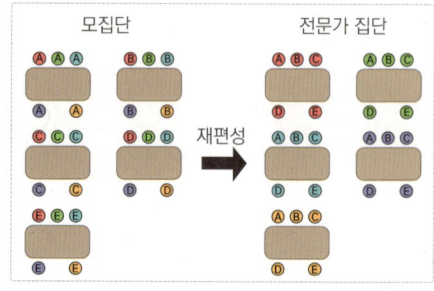

▲ [자료] 직소 수업 모형 방식

전개②~정리: 독도를 지키려는 현재의 노력 검색하기

이제 독도를 지키기 위한 현재의 노력에 대해 좀 더 검색해볼 차례다. 현재까지 지속되어 오는 노력에 대해 이해한다면 학생들 역시 본인들이 할 수 있는 일을 자연스럽게 고민하게 될 것이다.

예를 들어 《우리 독도에서 온 편지》의 삼촌은 독도 경비대원이며, 독도의 생태를 위한 푸른 독도 가꾸기 모임에 대해서도 언급하고 있다. 이와 더불어 최초의 독도 주민이 된 최종덕 할아버지, 독도 관련 굿즈를 판매하는 독도 문방구, 독도에 관한 관심을 예술로 승화시키는 독도 사랑 문화예술인 회도 있다. 또 독도를 지키기 위한 의병 단체였던 독도 의용 수비대를 기리는 기념관에 대해 검색해 보아도 좋다.

검색어 예시) 독도 경비대, 푸른 독도 가꾸기 모임, 최종덕 할아버지,
독도 문방구, 독도 사랑 문화예술인회, 독도 의용 수비대 기념관

위 예시 중 1~2가지를 골라 검색하도록 수업을 구성하자. 물론 학급 수준에 따라 자유롭게 검색해도 무방하다.

활동지 6_8차시

독도 수호를 위한 노력 알아보기

1. 독도를 지키려는 사람들의 노력을 알아봅시다.

과거 독도를 지키려는 노력	
새로 알게 된 점 1~2가지	
현재 독도를 지키려는 노력	
새로 알게 된 점 1~2가지	

2. 느낀 점 및 내가 할 수 있는 일에 대해 생각해 봅시다.

2 독도에 관한 정확한 정보 탐색하기 9~11차시

지도안 함께 보기

이번 차시의 핵심은 독도에 관한 정확한 정보를 탐색하는 것에 있다. 더불어 추후 차시에서 독도에 관한 매체 자료나 상징물을 제작할 때 올바른 정보를 기반으로 활동할 수 있도록 정보 수집 시간을 충분히 주어야 한다.

차시	9~11차시	준비물	스마트 기기, 활동지
수업 주제	독도에 한걸음 다가서기		
학습목표	독도에 대한 정보를 검색하고 독도가 우리 땅임을 알 수 있다.		

활동 흐름	
도입(10분)	▶'일본 교과서 속 독도' 문제 관련 영상 시청하기 ▶독도에 대한 관심이 중요한 이유 생각하기

전개(100분)	▶독도에 관한 정확한 정보가 중요함을 알기
	▶독도 정보 검색하기
	  -외교부 독도 포털(dokdo.mofa.go.kr/kor) 접속하기
	
	▲ [자료] 외교부 독도 포털 메인 화면
	
	-독도가 우리 땅인 역사적 근거, 독도의 위치, 생태 현황 등 정보 수집하기
	-독도에 관해 더 알고 싶은 내용 검색하기
	  (독도 경비대, 독도가 우리 땅인 지리적 이유, 독도의 자원 등)
	▶독도가 우리 땅인 이유 주장문으로 작성하기
	▶독도에 대해 새로 알게 된 점, 더 알고 싶은 점 생각하기

정리(10분)	▶독도가 우리 땅임을 한 문장으로 표현하기 ▶느낀 점 나누기

도입: '일본 교과서 속 독도' 관련 영상 시청하기

일본은 모든 사회과 교과서에 독도가 자국의 영토라는 내용을 담아 분노를 유발하였다. 관련 뉴스 영상(QR코드)을 시청함으로써, 책 속의 독도가 아닌 실제 우리 영토 문제를 마주할 수 있을 것이다. (지도안의 자료 외에 다른 영상을 시청하여도 무방하다.) 전 차시에서도 일본의 독도 영유권 도발에 관해 학생들과 학습하였기 때문에, 그 내용을 상기시켜도 좋겠다.

노골적인 "독도는 일본 땅"…
日 교과서 왜곡 늘려 (MBCNEWS)

전개: 정확한 독도 정보 수집 및 주장문 작성하기

이후 독도에 관한 정보를 실제로 수집해보자. 초등학교 고학년의 경우 다양한 교과에서 스마트 기기를 활용한 정보 검색을 진행한다. 하지만 학급별로 수준이 다를 수 있고, 정보의 신뢰도를 파악하는 데 어려움을 느낄 수 있기 때문에 정보 검색 전 비계를 설정해주면 좋다.

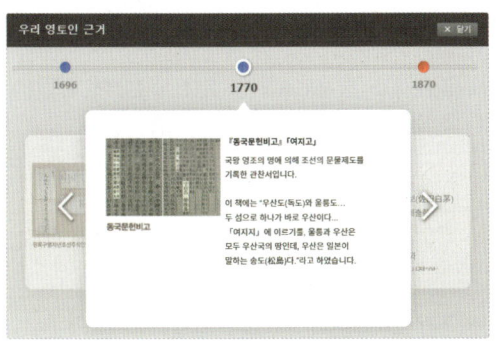

▲ [자료] 독도 포털 내 정보 제공 화면

본 학교자율시간에서는 외교부의 독도 포털(dokdo.mofa.go.kr/kor)을 추천한다. 독도에 관한 정보를 정리하여 제공할 뿐더러, 역사적 근거까지도 시대별로 정리되어 있다. 독도 포털 내에서 더 궁금한 점이 생기면 검색 엔진을 활용하여 자유롭게 검색할 수 있도록 한다. 이때도 역시 그 출처를 명확히 표기할 수 있는 정보 위주로 검색할 것을 인지시켜주어야 한다.

활동지를 준비해 독도에 관해 조사한 내용을 2~3가지 기록하도록 하고, 해당 내용을 바탕으로 주장문 형태의 보고서를 쓸 수 있도록 하자.

활동지 9_11차시

정보 검색 및 주장문 쓰기	
1. 독도에 관한 정보를 조사해 봅시다.	
조사 항목	
내용	
조사 항목	
내용	
2. 조사한 내용을 바탕으로 독도가 우리 땅이라고 주장하는 글을 써봅시다.	

학생들의 수업 산출 예시를 보면, 독도에 관한 명확한 정보를 기반으로 더욱 풍부한 주장문을 작성한 것을 알 수 있다. 독도가 우리 땅인 지리적, 역사적 이유를 찾은 학생은 구체적인 근거를 담아 독도에 대한 영토 의식을 드러냈다.

▲ [산출물] 정보 조사 내용(왼쪽) | 독도 주장문(오른쪽)

> **평가** 이 차시에서는 제시한 활동지를 참고하여 평가를 진행할 수 있다. 성취기준에 따른 4단계 평가기준을 참고하자.
>
> | | |
> |---|---|
> | 매우잘함 | 독도의 지리적 특성을 탐구하고, 독도에 관한 정보를 다양한 매체로 검색하여 독도가 우리 땅인 이유를 명확하게 보고서로 작성할 수 있다. |
> | 잘함 | 독도의 지리적 특성을 알고, 독도에 관한 정보를 검색하여 독도가 우리 땅인 이유를 보고서로 작성할 수 있다. |
> | 보통 | 독도의 지리적 특성을 알고, 독도에 관한 정보를 찾아 보고서로 작성할 수 있다. |
> | 노력요함 | 독도의 지리적 특성을 이해하지 못하고 독도에 관한 정보를 검색하는 것에 어려움을 느낀다. |

정리: 독도가 우리 땅임을 한 문장으로 표현하기

독도라는 지역 자체에 대한 의식, 지역성, 더 나아가 영토 주권 의식을 기르기 위해서는, 이렇게 다양한 매체를 활용하여 직접 문제 해결에 참여하는 과정이 필요하다. 정보 수집과 주장문 작성을 통해 고취된 '독도는 우리 땅'이라는 주권 의식을 압축해 한 문장으로 표현하며 마무리한다.

3 독도의 지리적 정보 탐색하기 12~14차시

지도안 함께 보기

이번 차시에는 독도의 위치와 영토에 대해 학습하고 독도 자연 경관을 감상해볼 것이다. 대부분의 학생이 독도를 실제로 가보지 못하기 때문에, 지역성을 향유하고 영토 주권 의식을 기를 수 있도록 다양한 자료를 제공해야 한다. 본 학교 자율시간에서는 〈독도교육 활성화 계획(2024)〉과 〈범교과 학습 주제 적용 안내자료(2024)〉에서 추천하는 자료를 활용하고자 한다.[6]

차시	12~14차시	준비물	스마트 기기
수업 주제	독도에 한걸음 다가서기		
학습목표	독도의 위치와 영토를 탐색하고 독도의 아름다움을 느낄 수 있다.		

활동 흐름		
도입(5분)	▶독도에 가면 하고 싶은 것 이야기하기	
전개(100분)	▶독도의 위치와 영토 알기 -디지털 영상 지도를 활용하여 독도 검색하기 -독도의 위치와 영토 탐색하기 ▶독도의 지리적 정보 정리하기 (독도의 주소, 주소, 면적, 바위 개수 등) ▶독도 VR 관람하기 -국립해양조사원 해저 로드뷰 (khoa.go.kr/exploreSea/intro.html) 접속하기 -[독도VR] 클릭해 해저 로드뷰 감상하기 -독도 종합정보시스템(www.dokdo.re.kr) 접속하기 -독도 수중 VR 감상하기 ▶독도 사진 및 영상 감상하기 -독도 종합정보시스템(www.dokdo.re.kr) 접속하기 -사진 및 영상 감상하기 ▶독도의 아름다움 나누기 -가장 기억에 남았던 것 공유하기	
정리(15분)	▶독도 정리 퀴즈 풀기 ▶느낀 점 나누기	

도입~전개①: 독도의 위치와 영토 알기

먼저 디지털 영상 지도를 활용하여 독도의 위치를 알아보고 그 영토를 탐색해보자. 네이버 지도에서 '독도'를 검색하면, 독도의 주소와 면적 등의 지식백과를 확인할 수 있다. 또 지도에서 원하는 위치를 선택하고 오른쪽 메뉴 중 거리뷰를 활성화해보자. 이후 [거리뷰] 자체를 클릭하면 원하는 방향으로 움직이면서 독도 곳곳을 둘러볼 수 있다.

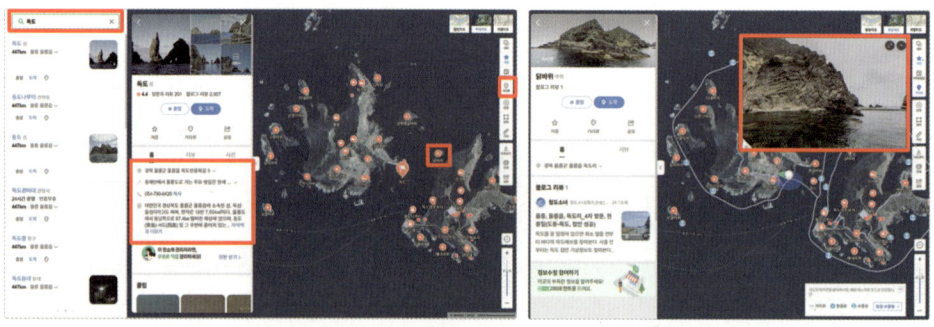

▲ [자료] 네이버 지도 '독도' 검색 결과(왼쪽) | '독도' 중 '닭바위' 인근의 거리뷰(오른쪽)

전개②: 독도의 지리적 정보 탐색하기

독도를 더욱 생생하게 만날 수도 있다. 국립해양조사원에서 제공하는 해저로드뷰(khoa.go.kr/exploreSea/intro.html)를 살펴보자. 링크에 접속해 [독도VR] 메뉴를 클릭하면 된다. 주로 바위, 지리적 조건에 특화된 VR이지만, 바위를 클릭하여 가까이 가보면 바닷속을 볼 수 있는 화살표도 있다.

▲ [자료] 국립해양조사원 해저 로드뷰

독도 종합정보시스템(www.dokdo.re.kr/home/main/main.do)도 참고해볼 만하다. [교육·체험] 메뉴의 [독도수중VR]을 클릭하면 곧바로 독도 인근 해역의 수중 모습을 VR로 볼 수 있다. 사이트에는 자연경관, 동식물 등의 사진 자료도 풍부하다. [사진·영상] 메뉴에서 관람할 수 있다.

▲ [자료] 독도 종합정보시스템 수중 VR 및 사진 자료

독도의 위치, 영토, 지리, 해양 등을 간접적으로나마 경험하고 그 아름다움을 느껴본다면 우리 영토의 소중함을 알 수 있을 것이다.

정리: 독도 퀴즈 풀기

감상 활동이 끝나고 나면 학생들마다 가장 기억에 남았던 것을 꼽아볼 수 있도록 해주자. 더불어 독도에 관한 지식적인 이해도 놓치지 않도록 복습 퀴즈를 진행한다. 다음 퀴즈는 참고용이며 학생들이 직접 퀴즈를 내는 방식으로도 운영 가능하다.

---

1. 독도는 어느 도(道)에 속해 있을까요?
① 경기도 ② 강원도 ③ 경상북도 ④ 전라남도

2. 독도는 울릉도에서 어느 방향에 있을까요?
① 북서쪽 ② 남서쪽 ③ 동남쪽 ④ 북동쪽

3. 독도는 큰 두 개의 섬과 여러 개의 바위섬으로 이루어져 있어요. 두 개의 큰 섬 이름은 무엇일까요?
① 동도와 서도 ② 남도와 북도 ③ 큰섬과 작은섬 ④ 바위섬과 모래섬

4. 독도의 바위 이름을 1가지 말해보세요. (예: 지네 바위)

5. 독도에 사는 동식물 이름을 1가지 말해보세요. (예: 괭이갈매기)

2.4 창작물 만들기: 우리 땅 독도 표현하기 15~27차시

독도에 대한 이해를 바탕으로 우리 땅 독도를 표현해보는 '창작물 만들기' 단계 차례다. 학교자율시간의 특성상 독도 표현은 학교 및 학급 상황에 맞게 적용하면 된다. 따라서 본 학교자율시간에서 제시하는 순서를 반드시 따를 필요가 없으며, 유연하게 재구성하여 활용해보자. 10월 25일 독도의 날과 연계하여 진행해봐도 좋겠다.

> 📋 **평가**) 평가 역시 15~27차시의 표현 활동 중 한 가지를 골라 진행하면 된다. 성취기준과 평가기준에 제시된 '매체'는 어떤 작용을 한쪽에서 다른 쪽으로 전달하는 수단을 의미한다. 국어 교과에서도 인쇄 매체, 영상 매체, 인터넷 매체로 가르치고 있기에, 꼭 디지털 산출물이 아니더라도 평가가 가능한 것이다. 성취기준에 따른 4단계 평가기준을 참고할 수 있다.
>
> | | |
> |---|---|
> | 매우잘함 | 독도에 관한 다양한 정보를 풍부하게 반영한 매체 자료를 제작하고 적절한 방법으로 공유함으로써, 독도에 대한 관심을 적극적으로 표현한다. |
> | 잘함 | 독도에 관한 정보를 반영하여 매체 자료를 제작하고 공유함으로써, 독도에 대한 관심을 표현한다. |
> | 보통 | 독도를 알리는 매체 자료를 만들어 독도에 대한 관심을 표현한다. |
> | 노력요함 | 독도에 대한 매체 자료를 제작하는데 어려움을 느끼며 독도에 대한 관심이 부족하다. |

1 독도 우표 제작하기 15~16차시

🔍 지도안 함께 보기

이번 차시에는 평소 생활 가까이에서 독도를 항상 기억할 수 있는 상품(굿즈)을 제작해보자. 굿즈라는 매체를 통해 독도에 대한 마음의 거리를 좁힐 수 있지 않을까?

차시	15~16차시	준비물	채색 도구, 도화지
수업 주제	우리 땅 독도 표현하기		
학습목표	독도에 대한 이해를 바탕으로 독도 우표를 제작할 수 있다.		
활동 흐름			

도입(5분)	▶독도 문방구 굿즈 살펴보기 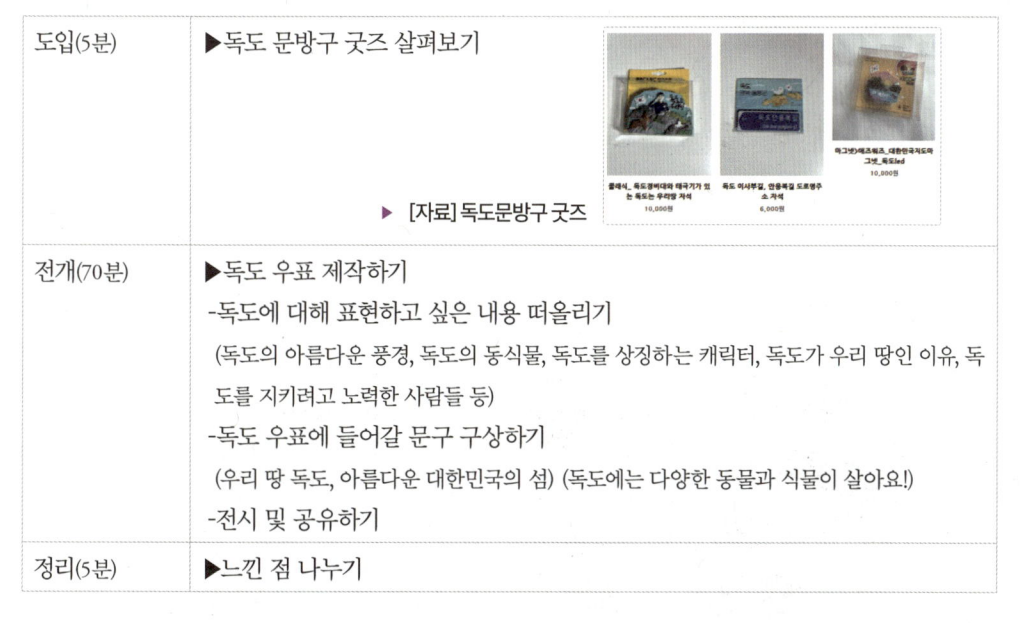
	▶ [자료] 독도문방구 굿즈

전개(70분)	▶독도 우표 제작하기
	-독도에 대해 표현하고 싶은 내용 떠올리기
	  (독도의 아름다운 풍경, 독도의 동식물, 독도를 상징하는 캐릭터, 독도가 우리 땅인 이유, 독도를 지키려고 노력한 사람들 등)
	-독도 우표에 들어갈 문구 구상하기
	  (우리 땅 독도, 아름다운 대한민국의 섬) (독도에는 다양한 동물과 식물이 살아요!)
	-전시 및 공유하기

정리(5분)	▶느낀 점 나누기

도입: 독도문방구 굿즈 살펴보기

독도의 자연환경, 동식물, 독도를 지키려고 노력한 사람들 등, 독도와 관련해 상품화할 수 있는 이미지가 많이 있다. 일상의 자연스러운 독도 이미지를 추구하며 울릉도의 핫스팟으로 자리매김한 '독도문방구(dokdostore.kr)' 사이트를 방문해보자.

독도의 희귀 동식물과 독립문, 촛대바위 등 36개 부속섬이 펜, 메모지, 엽서, 컵, 마그넷, 배지, 티셔츠 등으로 다양하게 디자인된 모습을 볼 수 있다.

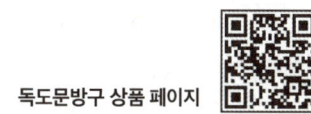

독도문방구 상품 페이지

전개: 독도 우표 제작하기

본 학교자율시간에서는 독도 우표를 제작하기로 하였다. 우표 만들기 수업은 단순히 미술 활동을 넘어서 지리적인 개념을 학습하고 특정 장소에 대한 이해도를 높일 수 있다는 점에서 추천한다. 실제 우표 크기의 산출물을 만들기에는 학생 연령상 어려움이 있으므로, 필자의 학급에서는 우표틀을 A4 용지에 크게 인쇄해 나눠주고 그 안에 자유롭게 독도를 표현하게 하였다.

학생들은 우표에 들어갈 풍경이나 동식물 등을 탐구하고 상징적으로 표현하는 과정에서 독도의 지리적 위치, 공간적 특성, 자연환경 등을 고민하게 된다. 더불어 대한민국의 영토임을 강조하는 과정에서 영토 주권 의식까지도 함양할 수 있을 것이다.

> **TIP** 다만 학교 및 학급 상황에 따라 만들고자 하는 소재를 변경해도 무방하다. 독도를 주제로 에코백이나 파우치에 그림을 그려도 좋고, 교통카드 디자인을 하는 방식으로 변경해도 재미있겠다.

정리: 독도 우표 전시하기

완성한 우표는 한곳에 모아 전시하여 서로가 표현한 독도의 모습을 맞혀 보고 감상을 공유하게 하자. 우리 땅 독도에 대해 한 번 더 생각하고 되새기는 시간이 될 것이다.

▲ [산출물] 학생들이 그린 독도 우표

2 독도 포스터 제작하기 17~18차시

지도안 함께 보기

이번에는 독도가 우리 땅임을 알리는 디지털 포스터를 제작해보자.

차시	17~18차시	준비물	스마트 기기
수업 주제	우리 땅 독도 표현하기		
학습목표	독도가 우리 땅임을 알리는 포스터를 제작할 수 있다.		
활동 흐름			
도입(5분)	▶광고, 포스터 살펴보기 -생활 속 광고, 포스터 떠올리기 -광고와 포스터의 목표는 무엇일까?		

전개(70분)	▶독도 포스터 구상하기 -독도가 우리 땅인 이유 떠올리기 　(조선의 어부 안용복이 울릉도에 온 일본 어부를 쫓아냈다. / 일본 외무성 문서에도 독도와 울릉도가 조선 땅이라고 표기되어 있다./ 우리 주민이 독도에 거주하고 있다. 등) -포스터 디자인 구상하기 -포스터에 들어갈 문구 떠올리기 　(독도는 역사적, 지리적, 국제법적으로 대한민국 영토입니다!) 　(독도를 지키는 독도 수비대! 독도에 사는 대한민국 사람! 독도는 우리 땅!) ▶독도 포스터 제작하기 -디지털 디자인 플랫폼 캔바 활용하기 -전시 및 공유하기
정리(5분)	▶느낀 점 나누기

도입~전개①: 독도 포스터 구상하기

포스터는 알리는 디자인이나 광고 요소로서도 학생들에게 친숙한 소재다. 주변에서 보았던 광고와 포스터가 어떤 모습이었는지 떠올려보고, 목표가 무엇인지 이야기 나누어보자.

다음으로 독도 포스터를 구상한다. 목표는 "독도가 우리 땅임을 알리는 것"이다. 이 점을 유념하여 '독도가 우리 땅인 이유'에 집중하여 이를 효과적으로 표현해야 한다. 시각 요소로 무엇을 넣어 디자인하면 좋을지, 어떤 문구를 삽입할지를 사전에 어느 정도 구상해두도록 한다.

전개②: 캔바로 독도 디지털 포스터 제작하기

무료 디자인 앱 **캔바**(www.canva.com)는 디자인 초보자도 쉽고 간단하게 다양한 디지털 디자인을 실현할 수 있어 수업 활용도가 높다. 다양한 템플릿, 무료 폰트, 아이콘, 일러스트 등을 다채롭게 사용할 수 있다. 평소 손으로 그림을 그리는 데 서툰 학생이더라도, 전문가 솜씨로 준비되어 있는 디자인 요소들을 이용해 멋진 포스터를 완성할 수 있을 것이다.

❶　캔바를 사용하기 전 교사가 재직증명서 등으로 교육용 계정 인증을 진행하면 학생들도 프리미엄 기능을 사용할 수 있다. 학생들 역시 회원가입이 필요하긴 하지만, 교육용 구글 계정이 있다면 손쉽게 가입 가능하다.

 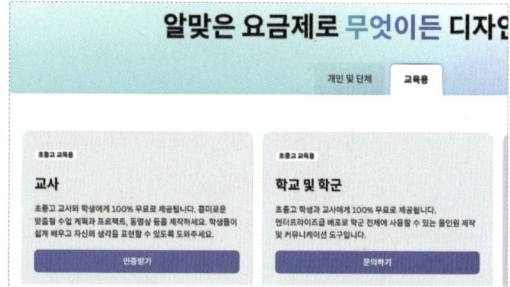

▲ [자료] 캔바 내 교사(교육자) 인증 메뉴

❷ 캔바 [템플릿] 탭에서 '포스터'를 검색하면 수많은 결과물이 보인다. 원하는 것을 하나 선택하여 수정하는 방식으로 수업을 진행해보자. 템플릿을 클릭하고, [이 템플릿 맞춤 편집하기]를 클릭하면 된다.

▲ [자료] (왼쪽부터) 캔바 [템플릿] 탭 | '포스터' 검색 결과 | 템플릿 편집 시작

❸ 캔바는 화면 왼쪽 메뉴에서 원하는 요소를 선택하여 드래그 앤 드롭으로 삽입하는 직관적인 방식을 사용한다. 따라서 교사가 한번 시연해주면 학생들이 어렵지 않게 따라하는 편이다.
검색창에 독도 바위, 독도 괭이갈매기, 독도 강치 등을 입력하면 사진 자료를 활용할 수 있으니, 학생들마다 다채로운 디자인을 기대해볼 수 있을 것이다.

▲ [활동] 캔바 디자인 방법

> **TIP** 본 학교자율시간에서는 디지털 디자인 플랫폼을 활용한 포스터 제작을 제안하지만, 학교 및 학급 상황에 맞게 도화지와 채색 도구로 제작해도 무방하다. 또한 디지털 디자인 플랫폼 역시 꼭 캔바일 필요는 없다.

정리: 독도 디지털 포스터 공유하고 느낀 점 나누기

각자 완성한 독도 디지털 포스터를 발표하면서 무슨 내용을 담았는지, 어떻게 표현했는지 등 감상을 나누며 수업을 마무리한다.

우리도 실제 학생들의 독도 포스터를 살펴보자. 첫 번째 산출물은 일본 지도에는 독도가 없음을 직관적으로 표현하였는데, 굳건한 영토 의식이 느껴진다. 특히 캔바에서 자체 제공하는 템플릿을 많이 사용하여, 내용적인 측면을 더 고민할 수 있었다. 두 번째 산출물에서는 포스터를 넓게 해석해 '독도 소식지'를 만들었다. '우리 땅 독도' 코너에서는 독도가 우리 땅인 이유를 요목조목 밝혀 목표에 충실했으며, 독도의 동식물(괭이갈매기), 지리환경(코끼리바위)도 실어 유용함을 더했다.

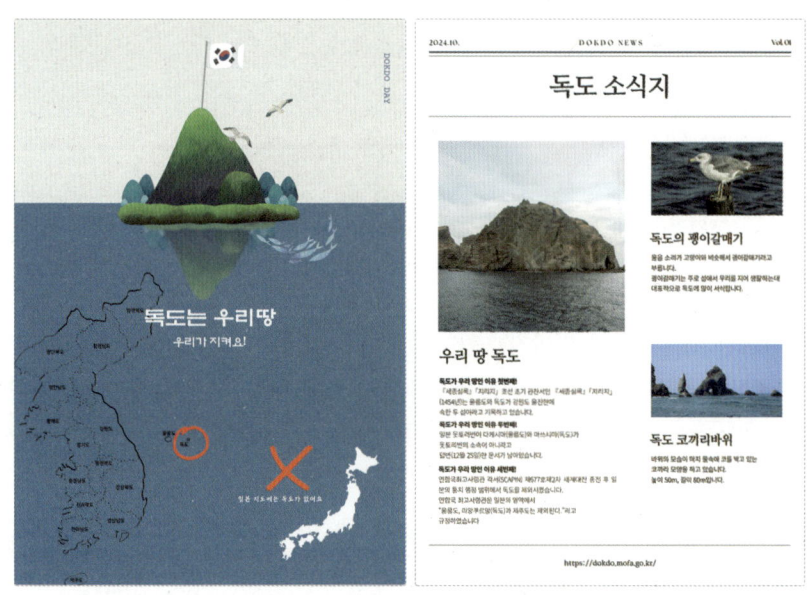

▲ [산출물] 학생들이 제작한 '독도 포스터'

3 독도 여행 8컷 만화 그리기 19~20차시

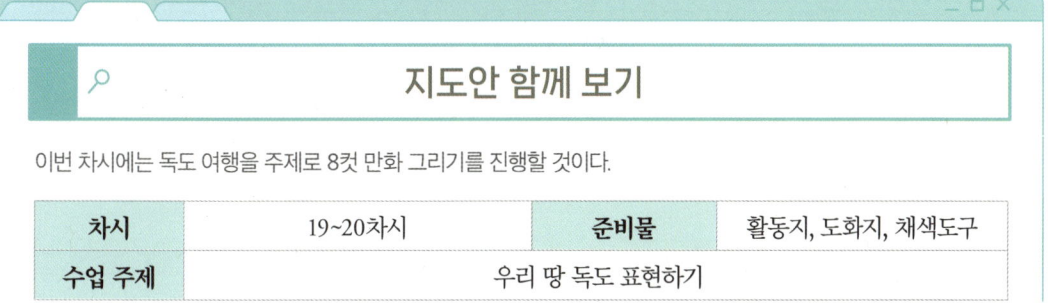

🔍 **지도안 함께 보기**

이번 차시에는 독도 여행을 주제로 8컷 만화 그리기를 진행할 것이다.

차시	19~20차시	준비물	활동지, 도화지, 채색도구
수업 주제	우리 땅 독도 표현하기		

학습목표	독도 여행을 주제로 8컷 만화를 그릴 수 있다.
활동 흐름	
도입(5분)	▶만화 살펴보기 -만화의 구성 요소 알기 　(캐릭터, 이야기, 대사, 배경 등)
전개(70분)	▶독도 여행 만화 구상하기 -독도로 여행을 간다면 해보고 싶은 것 떠올리기 　(독도에서 스킨스쿠버하기, 바위 사진 찍기, 배 타고 독도 관람하기 등) -8컷 만화로 스토리보드 구상하기 ▶독도 여행 만화 그리기 -나만의 독도 여행을 8컷 만화로 표현하기 -전시 및 공유하기
정리(5분)	▶느낀 점 나누기

도입: 만화의 특징 살펴보기

독도 여행 만화를 그리기 전에, 이야기를 만화로 표현할 때에는 캐릭터, 이야기(플롯), 배경, 그리고 대사가 중요함을 먼저 인지시켜주자. 앞선 차시와 달리 '독도 여행 8컷 만화'의 경우에는 플롯(독도에 여행을 간다)을 기본적으로 제공해주는 만큼, 개성을 표현하기 위해서는 캐릭터와 대사에 신경 쓸 필요가 있다.

전개①: 독도 여행 만화 구상하기

바로 만화부터 그리기보다는, 활동지를 제공하여 간단하게 스토리보드를 제작할 수 있도록 해주자. 각 컷에 어떤 내용이 들어갈지, 대사와 배경 표현은 어떻게 할 것인지 미리 계획을 세울 수 있도록 안내해주면 된다. 글로만 적어도 괜찮고, 간단히 스케치까지 하면 더욱 좋다.

활동지 19_20차시

독도 여행 만화 구상하기			
1. 독도 여행 8컷 만화 스토리를 구성해 봅시다.			
예시) 출발 준비 태극기를 챙겨서 독도에 가야지!			

기본 플롯은 동일하지만, 막상 해보면 재미있는 내용이 많이 나온다. 실제로 독도는 울릉도를 통해 방문해야 하며, 오랜 시간 머무르거나 숙박하기는 어렵다. 만화로 표현하기 전 독도 여행에 대해 검색해보는 시간을 제공해도 좋겠다.

전개②~정리: 독도 여행 만화 그리고 공유하기

계획에 따라 실제 만화로 표현할 차례다. 필자의 학급에서는 도화지와 채색도구를 활용하여 만화를 제작하였다. 미리 칸을 분할한 도화지를 제공해 내용 표현에만 집중할 수 있게 했다. 완성한 만화를 전시하여 서로의 이야기와 표현을 공유하고 감상을 나누면 더욱 좋다.

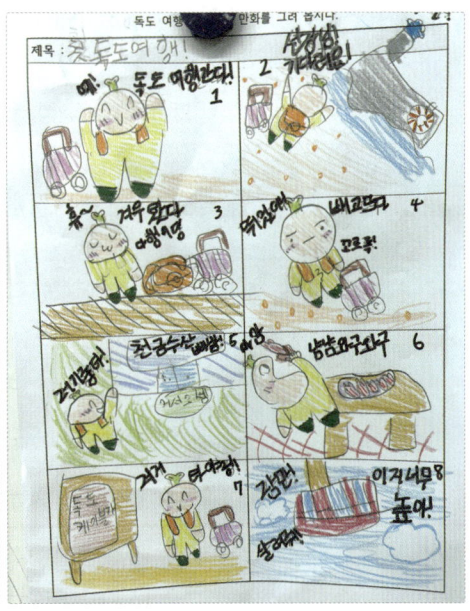

▲ [산출물] '독도 여행 8컷 만화' 학생 작품

> **TIP** 전 차시에서도 언급하였듯이, 학교나 학급 상황에 맞게 투닝 등의 디지털 만화 제작 플랫폼을 활용하여 진행해도 무방하다.

4 독도 소개 영상 만들기 21~24차시

지도안 함께 보기

이번 차시에서는 독도를 알리는 영상을 만들어 볼 것이다. 영상 제작은 스토리라인을 구성하고, 영상 촬영과 사진 자료 등을 찾아 다시 편집해야 하는 호흡이 긴 활동이다. 따라서 스토리라인 구상 1차시, 촬영 및 편집 2차시, 영상 관람 1차시로 충분한 시간을 제공하기를 권한다.

차시	21~24차시	준비물	활동지, 스마트 기기
수업 주제	우리 땅 독도 표현하기		
학습목표	독도를 소개하는 영상을 제작할 수 있다.		
활동 흐름			

도입(10분)	▶독도 소개 영상 시청하기 -외교부 독도 소개 영상에서 좋았던 점, 아쉬웠던 점 이야기하기 　　▶ [영상] 대한민국의 아름다운 영토, 독도 (외교부)
전개(140분)	▶독도 소개 영상 구상하기 -영상에 들어가면 좋은 내용 떠올리기 　(독도의 생태, 독도 강치, 독도가 우리 땅인 이유 등) -영상 스토리보드 구상하기 ▶독도 소개 영상 촬영 및 편집하기 -촬영팀과 사진자료팀으로 나누어 영상 작업하기 -편집하기 ▶공유하기 -함께 관람하고 좋았던 점 나누기
정리(10분)	▶느낀 점 나누기

도입: 외교부 독도 소개 영상 시청하기

현재 외교부에서 제작한 공식 독도 소개 영상이 있지만, 10여 년 전에 제작된 것이다. 이에 학생들이 직접 독도에 대해 알리는 영상 매체를 제작해보는 차시를 구성하였다. 나의 독도 소개 영상을 만들기

대한민국의 아름다운 영토, 독도
(외교부)

전에, 우선 외교부 독도 소개 영상(QR코드)부터 함께 시청하고 좋았던 점과 아쉬웠던 점을 자유롭게 이야기해보게 하자. 독도 소개 영상 제작에 흥미와 의욕을 고취시킬 수 있다.

전개①: 독도 소개 영상 구상하기

8컷 만화를 제작할 때와 마찬가지로, 활동지를 통해 영상의 스토리라인을 구상할 수 있도록 해주자. 만화 그리기와 다른 점은 자막을 미리 생각해야 한다는 점이다. 또 장면 전환 사이의 효과도 미리 생각해볼 수 있도록 해주면 편집 시에 유용하다.

활동지 21_24차시(1)

독도 소개 영상 구상하기	
1. 독도를 소개하는 영상을 구상해 봅시다.	
예시) 독도 사진 자막: 경상북도 울릉군 울릉읍 독도~	

전개②: 독도 소개 영상 제작하기

이제 구상한 스토리라인을 기반으로 영상으로 제작해보자. 영상에 사용할 소스는 독도 관련 사진 자료를 활용하거나, 직접 그림으로 그려서 만들었다. 또 뉴스 형식의 경우 스마트폰 카메라로 직접 촬영해도 좋다.

영상 편집의 경우 다양한 애플리케이션과 플랫폼을 활용할 수 있을 것이다. 캡컷(CapCut), 블로(VLLO), 키네마스터(KineMaster), 비바비디오(VivaVideo) 등으로 손쉽게 영상 편집이 가능하다. 이때 교사가 이런 앱을 잘 다루지 못해 두려움을 느낄 수 있다. 요즘에는 에듀테크 사용법을 다루는 자료가 많이 존재하니, 학생들과 함께 영상을 시청하며 주요 기능을 익히는 방식으로 진행해볼 것을 권한다. 특히 초등학생들에게는 사진, 영상을 앱에 업로드하고 순서에 맞게 배치하는 기본 방법만 알려주어도 충분하다.

▲ [영상] 초등 1:23 에듀테크 | CAPCUT 2편 CAPCUT 편집 방법 (반올림미래스쿨)

> **TIP** 다음 영상(QR코드)은 '반올림미래스쿨'이라는 교사 모임에서 제작한 것이다. 이처럼 다양한 자료를 활용하여 우리 반 학생들의 수준에 맞는 기능만 간단하게 알려주는 방식으로 교사의 부담을 덜 수 있다.

학생들은 저마다의 방식으로 다채로운 영상을 제작했다. 스톱모션 방식이나 뉴스 형식으로 독도에 관한 소식을 전달하는 영상도 인상 깊었다. 또 사진 자료를 모아 영상으로 제작하는 방식 역시 독도의 자연 경관에 집중할 수 있어 좋았다. 독도가 우리 땅인 이유를 알려주는 다큐 형식의 영상도 있었다.

[학생 산출물] 스톱모션 방식의 독도 소개 영상

▲ [산출물] 학생들이 제작한 독도 소개 영상

전개③~정리: 독도 소개 영상 관람회(공유회) 개최하기

학생들은 지금까지 독도에 대해 탐구하고 알게 된 점을 모아 '소개 영상'이라는 형태로 표현하는 활동을 통해, 독도를 진심으로 사랑하고 수호하려는 의지를 되새겼을 것이다. 이후 영상 관람회를 개최하여 서로 느낀 점을 공유하고 나누는 기회를 마련해주면, 배움이 앎으로 확장되는 과정을 볼 수 있다.

▲ [활동] 독도 소개 영상 관람회 진행 모습

> **TIP** 별도 활동지(QR코드)를 제공하여 서로의 영상을 집중하여 관람하도록 독려하면 더욱 좋다.
>
>
> 활동지 21_24차시(2) 영상 공유회

5 독도 신체 표현 활동하기 25~27차시

지도안 함께 보기

이번 차시에는 독도를 위한 신체 표현 활동을 구성하였다. 본 학교자율시간에는 독도 플래시몹과 독도 노래 만들기로 나누어 3차시를 권하고 있으나, 학교나 학급 상황에 맞게 선택적으로 적용해보아도 무방하다.

차시	25~27차시	준비물	스마트 기기
수업 주제	우리 땅 독도 표현하기		
학습목표	독도 신체 표현 활동을 통해 독도에 대한 관심을 높일 수 있다.		
활동 흐름			
도입(10분)	▶독도 플래시몹 영상 시청하기 -플래시몹이란? ▶ [영상] 독도는 우리땅 플래시몹 (한국재능기부봉사단)		
전개(100분)	▶독도는 우리땅 안무 익히기 ▶독도는 우리땅 플래시몹하기 ▶독도를 위한 노래 만들기 -독도를 위한 새로운 가사 쓰기 -SUNO AI를 활용하여 새로운 노래 만들기 -노래 따라 불러보기		
정리(10분)	▶느낀 점 나누기		

도입~전개①: 독도 플래시몹하기

신체 표현 활동으론 여러 가지를 생각해볼 수 있다. 본 학교자율시간에서는 먼저 독도 플래시몹을 진행할 것이다. 플래시몹이란, 불특정 다수가 정해진 시간과 장소에 모여 주어진 행동을 진행하는 것을 일컫는다. 10여 년 전 특정 장소에서 독도는 우리 땅 노래에 같이 춤을 추는 플래시몹이 성행하였고(QR코드 참조), 교실에서도 안무를 따라 했던 적이 있었다. 요즈음 관점에서는 독도 챌린지라고 생각하면 될 것이다.

[GoGoDokdo!]독도는우리땅 플래시몹(Dokdo is Korea Land) 20120225 서울역편(공식일정) ((사)한국재능기부봉사단)

유튜브에 '독도 플래시몹'이라고 검색하면 간단한 안무 영상들도 나온다. 안무가 반복적이고 쉬운 동작으로 구성되어 있어, 1~2차시면 외워 따라 하는 것이 가능하다. 또 춤을 정확하게 잘 추는 것이 목표가 아니므로, 즐겁게 독도를 위한 신체 표현을 하는 것에 집중하여 운영하면 좋겠다.

▲ [활동] 유튜브 검색 결과: '독도 플래시몹'(왼쪽) | 독도 플래시몹을 따라하는 학생들(오른쪽)

> **TIP** 플래시몹 자체는 일회성 행위지만 보통 기록을 남기거나 메시지를 홍보하기 위해 영상 촬영을 하는 경우가 많다. 우리의 '독도 플래시몹'도 촬영해볼 것을 고려해도 좋다. 꼭 영상으로 남기지 않더라도 체육 표현 수행평가와 연계하거나, 교내 독도 주간을 활용하여 행사로 구성해보는 방식으로 활용해보자.

전개②: 독도 노래 만들기

더불어 독도를 위한 새로운 노래를 만드는 활동도 추천한다. 본 학교자율시간에서 추천하는 플랫폼은 **SUNO AI**(suno.com)다. 가사를 입력하면 생성형 AI가 자동으로 노래를 만들어준다. SUNO AI의 경우 가사를 수업 내용에 걸맞게 입력한다면, 그 산출물 안정성이 높다고 판단하여 수업에 활용하였다.

> **주의** 현재 생성형 AI는 초등 교육에서 '교사 주도'로 '교사 시연' 중심으로 사용할 것을 권하고 있다. 학생들이 체험을 하기 위해서는 생성형 AI의 산출물 안정성을 확보할 수 있는 경우에, 연령을 확인하고, 사전에 학부모 동의를 구해야 한다.[7]

SUNO AI의 사용 방법은 다음과 같다.

❶ SUNO AI에 접속하자. 회원가입이 필요한데, 교육용 구글 계정이 있다면 손쉽게 로그인 가능하다.

❷ 이후 사용 방법은 매우 쉽고 직관적이다. 왼쪽 상단 [Create] 탭을 클릭한 다음 큰 입력 박스에 가사를 쓰면 된다. 한글로 활동이 가능하고, 가사를 간단하게 입력해도 노래 멜로디에 맞게 수정하여 제작되기 때문에 학생들의 반응도 매우 좋다.

❸ 왼쪽 하단에서 크레딧을 확인할 수 있는데, 한 곡을 만들 때마다 10 크레딧이 차감된다. 매일 무료로 5곡씩 만들 수 있는 것이다. 실제로 노래를 만들기 전 가사에 집중할 수 있도록 충분한 시간을 주고, SUNO AI로는 노래 제작만 할 수 있도록 하면 50 크레딧으로 충분히 활동이 가능하다.

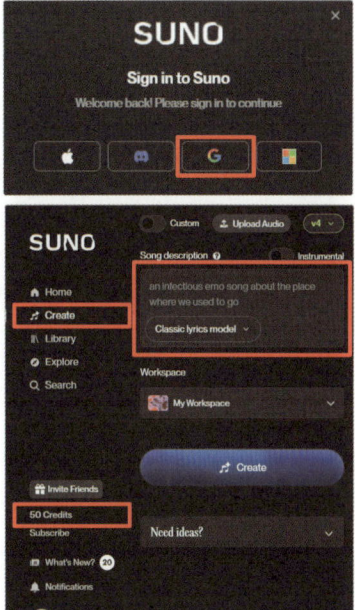

▲ [자료] SUNO AI 로그인 화면(위)
SUNO AI 사용 방법(아래)

다음은 학생이 SUNO AI로 만든 〈독도야 독도야〉 노래다. 학생은 1절만 입력하였지만 2절 가사까지 자동으로 생성하여 한 곡으로 완성되었음을 알 수 있다. 이렇게 노래의 박자와 멜로디는 AI가 만들어주는 가운데 가사에만 집중하여 독도를 위한 새로운 노래를 제작함으로써, 학생들이 독도 자체에 집중하는 기회를 제공할 수 있었다.

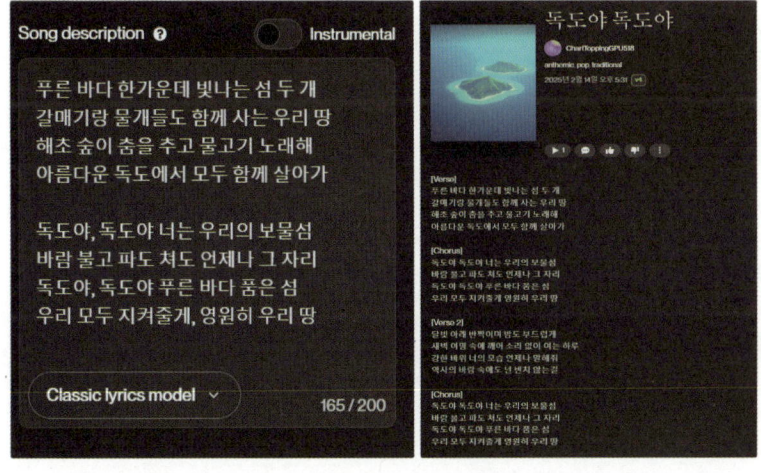

▲ [활동] 독도 노래 가사 입력 모습(왼쪽) | 실제 SUNO AI 노래 생성 화면(오른쪽)

정리: 독도 플래시몹과 독도 노래 감상 나누기

독도를 주제로 한 신체 표현 활동 마무리에는 꼭 함께 느낀 점을 나누어볼 것을 권한다. 단순히 흥미 위주의 시간으로 운영되는 것을 지양하기 위해서이다. 플래시몹 후 느낀 점을 작성하거나, 각자 제작한 독도 노래를 같이 듣는 시간을 마련하여 독도가 우리 땅임을 되새기며 마무리한다.

15~27차시는 우표, 포스터, 만화, 영상, 신체 표현, 노래 만들기 등의 독도 표현에 집중한 활동 구성이었다. 단순히 '독도는 우리 땅'이라고 학생들에게 주입하는 대신, 직접 독도에 대해 표현하고 자기만의 방식으로 해석하는 과정을 제공함으로써 실생활 경험과 연결되고 전이되는 학습 경험이 되었으리라 기대한다.

2.5 이야기 바꾸어 쓰기: 독도로 편지 쓰기 28~32차시

이제 학교자율시간을 마무리하고, 책 속 맥락을 실생활로 내면화하는 이야기 바꾸어 쓰기 단계이다. 독도에서 편지가 온다는 맥락의 도서를 선정하였기에, 그 답장을 써보는 활동을 구상하였다.

지도안 함께 보기

차시	28~32차시	준비물	도화지
수업 주제	독도로 편지 쓰기		
학습목표	독도로 편지를 쓰며 독도를 수호하려는 마음을 표현한다.		
활동 흐름				

도입(10분)	▶책 내용 다시 살펴보기 -삼촌의 편지 중 가장 기억에 남는 것 떠올리기
전개(180분)	▶독도로 편지 쓰기 -독도에서 온 편지의 답장 쓰기 -어울리는 배경 그리기 ▶우리 땅 독도 전시회 준비하기 -독도 표현 작품 전시하기 ▶우리 땅 독도 전시회 개최하기 -전시회 개최하고 관람하기
정리(10분)	▶느낀 점 나누기 -학교자율시간 전반 돌아보기 -새로 알게된 점, 느낀 점 나누기

도입~전개①: 《우리 독도에서 온 편지》의 답장 편지 쓰기

활동에 앞서 《우리 독도에서 온 편지》의 내용을 다시 떠올려보자. 가장 기억에 남는 편지가 무엇인지 이야기 나누고, 독도에서 온 편지의 답장을 써보는 시간을 갖자. 내용을 자유롭게 구성하되, 제시 도서에서 독도의 자연환경 그림이 돋보이는 만큼 학생들과 활동을 할 때도 편지의 배경을 그릴 수 있도록 안내하자.

학교 및 학급 수준에 따라 도화지에 직접 편지와 배경을 구성하도록 해도 되고, 무지 엽서를 예산으로 구매해도 좋다. 또 캔바 등의 디지털 플랫폼을 활용하여 제작해도 된다. 편지 작성 및 배경 제작까지 3차시 정도를 잡으면 충분하다.

전개②~정리: 우리 땅 독도 전시회 개최하기

이후 학교자율시간 전반을 돌아보고 공유할 수 있는 '우리 땅 독도 전시회'를 개최해보자. 학교자율시간 32차시에 거쳐 만들어진 학생들의 산출물을 함께 공유하고 나누는 것이다. 전시회를 준비하고 설치하는 시간 1차시, 관람할 수 있는 시간 1차시로 운영하면 좋다.

▲ [활동] '우리 땅 독도 전시회' 준비(왼쪽) | 전시회 관람 모습(오른쪽)

필자의 학급에서는 디지털 산출물(포스터, 독도 노래 등)을 QR코드로 전시하는 방법을 택했다. 모두가 32차시 동안 쌓아온 다양한 산출물을 하나하나 다시 관람하면서, 성취감도 느끼고 독도에 대한 사랑과 관심도 한층 더하는 계기가 되었다.

총 32차시의 학교자율시간 프로젝트를 통하여 단순히 독도에 대한 지리적 지식을 학습하는 것이 아니라, 독도를 우리의 영토로 느끼고 탐구할 수 있는 시간을 제공하고자 하였다. 더 나아가 독도를 사랑하는 마음을 다양한 매체로 표현함으로써, 스스로 독도를 정의하고 해석하는 시간이었다. 이렇게 독도를 바라보는 관점을 스스로 구성해 나갈 때 지역에 대한 의식과 긍정적인 정서를 형성해 나갈 수 있다. 본 학교자율시간을 통하여 우리 고유의 영토 '독도'를 지키는 데 한 걸음 나아갈 수 있었기를 바란다.

PART VII

초5 진로교육

내가 만드는 진로 로드맵

01 수업 준비

1.1 활동 필요성 및 목표

활동 필요성

인공지능의 등장은 기술의 진보를 비약적으로 앞당기며 미래 일자리 변화에 큰 영향을 미치고 있다.[1] 이러한 변화에 대응하기 위해 『2022 개정 교육과정 총론』은 학습자가 변화하는 사회에 대응하여 **자신의 진로와 적성을 주도적으로 설계하는 학습자 맞춤형 진로를 강조**하고 있다.[2] 학생들의 소질과 적성을 바탕으로 미래 핵심 역량을 함양할 수 있는 새로운 진로교육의 필요성이 대두된 것이다.[3]

교육부가 실시한 '2024 초중등 진로교육 현황조사' 결과에 따르면 진로 체험(초 4.21점)이 가장 만족도가 높은 진로활동으로 나타났다.[4] 또한 창업가정신 및 창업체험교육의 경험이 있는 학생들이 그렇지 못한 학생들에 비해 진로개발역량에 긍정적인 영향을 보였다. 이에 **학생들이 자신의 개성과 소질을 인식하고 다양한 분야와 융합하여 새로운 진로를 만들고 직접 체험하는 것에 중점을 둔 학교자율시간을 구성**하였다.

이제 나의 적성과 흥미를 살리면서도 다양한 분야와 융합하여 변화하는 사회에 유연하게 대응할 수 있는, 새로운 진로를 탐색할 시간이다. 우선 진로와 관련된 매체를 활용해 일과 직업의 세계를 만나보자. 삶의 보람과 즐거움을 느낄 수 있는 관심 분야를 찾고, 나만의 진로를 만들어가며 일의 가치를 인식할 수도 있다. 친구들과 꿈을 공유하고 체험하는 활동으로 확장해봐도 좋다.

정해진 직업에 나의 적성을 끼워맞추던 기존의 진로교육에서 벗어나, 학생이 자신의 진로를 주도적으로 그려 나가는 학습자 맞춤형 진로교육을 시작해보자.

목표

'내가 만드는 진로 로드맵'에서는 진로와 직업에 대한 이해를 바탕으로 나의 적성과 흥미를 탐색하고, 융합적 사고로 새로운 진로 아이디어를 설계하는 과정을 통해 진로를 주도적으로 탐색하는 태도를 가진다.

1. 진로와 직업의 세계를 이해하고 일과 노동의 가치를 인식한다.
2. 매체를 활용해 직업과 관련된 정보를 살피고 진로를 주도적으로 탐색한다.
3. 나의 적성과 흥미를 고려하여 새로운 진로 아이디어를 설계하며 자신에 대한 긍정적인 태도를 기른다.

1.2 내용 체계 및 성취기준

내용 체계

핵심 아이디어	- 진로는 일과 직업의 세계를 이해하고 나의 적성과 흥미를 바탕으로 미래를 설계하는 과정이다. - 매체를 활용해 진로와 관련된 정보를 탐색하는 과정은 일에 대한 긍정적인 가치관 형성에 기여한다. - 진로를 주도적으로 탐색하는 태도는 자신의 개성을 살린 진로 설계를 가능하게 한다.		
범주	지식·이해	과정·기능	가치·태도
내용 요소	- 자기 이해 - 진로 발달과 직업 - 진로 매체 자료	- 나의 적성과 흥미 탐색하기 - 나의 진로 설계하기 - 목적에 맞는 정보 검색하기	- 일과 노동의 가치 - 나에 대한 긍정적인 태도 - 주도적인 진로 가치관

성취기준

- [5실진로- 01] 진로와 관련된 매체 자료를 파악하고 적성과 흥미를 탐색하여 나에 대한 긍정적인 태도를 가진다.
- [5실진로- 02] 진로 발달과 직업에 대해 이해하고 일과 노동의 가치를 인식한다.
- [5실진로- 03] 자기 이해를 바탕으로 나의 진로를 위한 정보를 검색한다.
- [5실진로- 04] 나의 진로를 새롭게 설계하며 주도적인 진로 가치관을 함양한다.

1.3 교수학습 단계·평가·교육과정 편제

교수학습 단계

문제 인식	자아 탐색	진로 탐구	진로 설계	진로 체험
1~6차시	7~10차시	11~14차시	15~26차시	27~32차시
변화하는 일자리 살펴보기	자아 탐색하고 진로 찾기	나의 진로 탐구 분석하기	나만의 진로 아이디어 설계하기	미래 진로 부스 체험하기
[5실진로-02]	[5실진로-01] [5실진로-03]	[5실진로-03] [5실진로-04]	[5실진로-04]	[5실진로-01] [5실진로-02]

평가

성취기준	평가요소	수업·평가 방법	평가기준	평가시기
[5실진로-01] 진로와 관련된 매체 자료를 활용하여 적성과 흥미를 탐색하고 나에 대한 긍정적인 태도를 표현한다.	매체를 활용하여 나의 적성과 흥미를 탐색하고 스스로에 대한 긍정적인 태도를 표현하기	[매체 및 도구 활용 수업] 매체를 활용하여 나의 적성과 흥미를 탐색하여 정리함. 나에 대해 알게 된 것을 바탕으로 진로 뇌구조도를 만듦. (산출물)	매체를 활용하여 나의 적성과 흥미를 탐색하고 진로 뇌구조도를 바탕으로 나에 대한 긍정적인 태도를 표현한다.	4월
[5실진로-04] 나의 진로를 새롭게 설계하며 진로를 주도적으로 탐색하는 태도를 함양한다.	나의 진로를 새롭게 설계하며 진로를 주도적으로 탐색하는 태도 함양하기	[프로젝트 수업] 나의 진로에 대한 분석을 바탕으로 미래 진로 설계지를 만듦. 진로를 주도적으로 탐색하는 태도를 함양함. (보고서)	나의 진로를 다양하게 분석하고 미래 진로 설계지를 만들며 진로를 주도적으로 탐색하는 태도를 함양한다.	6월

교육과정 편제

구분			국가 기준	5-6학년군		
				5학년	6학년	계 (증감)
교과 (군)	공통 교과	국어	408	196	204	400 (-8)
		사회/도덕 사회	272 / 204	102	102	204
		사회/도덕 도덕	68	34	34	68
		수학	272	136	136	272
		과학/실과 과학	340 / 204	102	102	204
		과학/실과 실과	136	57	68	125 (-11)
		학교자율시간		32	0	(+32)
		체육	204	102	102	204
		예술 음악	272 / 136	68	68	136
		예술 미술	136	68	68	136
		영어	204	102	102	204
창의적 체험활동(자·동·진)			204	89	102	191 (-13)
소계			2,176	1,088	1,088	2,176

02 수업 운영

2.1 문제 인식: 변화하는 일자리 살펴보기 1~6차시

기술의 발전과 사회상의 변화는 노동 시장에 영향을 미쳐 왔다. 이를 바탕으로 미래의 모습을 상상해보는 것은, 미래 일자리의 불확실성에 대비해 주체적으로 나의 진로를 탐색하고 설계하는 일의 필요성을 이해하는 기초가 될 것이다.

1 내가 상상한 미래 한 컷 만화 그리기 1~2차시

지도안 함께 보기

학교자율시간의 첫 차시로 진로교육의 포문을 열어보자. 과거와 비교해 달라진 미래의 환경과 기술을 알아보고, 2050년대의 생활을 상상해 한 컷 만화로 표현해볼 것이다.

차시	1~2차시	준비물	스마트 기기, 도화지, 채색도구
수업 주제	변화하는 일자리 살펴보기		
학습목표	변화하는 진로와 직업을 살펴보고 내가 상상한 미래를 한 컷 만화로 표현할 수 있다.		
활동 흐름			
도입(15분)	▶신문 속 한 컷 만화 살펴보기 ▶과거에 2000년대를 상상하며 그린 만화 속에서 현실이 된 것 찾아보기 ▶ [자료] 서기 2000년대 생활의 이모저모 (이정문 화백)⁵		

	(휴대폰, 원격진료, 달나라여행, 로봇청소기, 태양열집, 전기자동차, 무빙워크 등)
전개(60분)	▶2025 CES(Consumer Electronic Show)에 등장한 첨단기술 살펴보기 ▶생활 속에서 활용되는 다양한 기술 찾아보기 -의식주를 비롯해 환경, 예술, 문화 등 다양한 분야에서 활용되는 기술 검색하기 ▶미래에 마주하게 될 문제 찾아보기 -식량문제, 지구온난화, 생물다양성 감소, 물 부족 등 검색하기 ▶달라질 미래의 환경과 기술을 생각하며 2050년대 생활 한 컷 만화 그리기 ▶베스트 만화 한 컷 뽑기
정리(5분)	▶느낀 점 나누기

도입: 한 컷 만화 살펴보기

도입에서 사용된 한 컷 만화 〈서기 2000년대 생활의 이모저모〉는 1965년도에 2000년대의 모습을 상상하며 이정문 화백이 그린 만화로, 놀랍게도 그 당시 상상한 미래의 모습 대부분이 현실이 되었다. 만화를 인쇄한 활동지(QR코드)를 제시하고, 학생들에게 만화 속 장면 중 현재 실현된 모습은 무엇이 있는지 찾아보도록 독려하자.

기술의 발전에 따라 달라지는 생활의 모습을 관찰할 뿐 아니라, 지금은 불가능해 보이는 상상 속 일들이 실제로 일어날 수 있음을 환기하며 학생들의 상상력을 자극할 수 있다.

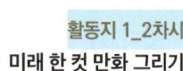 

활동지 1_2차시
미래 한 컷 만화 그리기

전개①: 미래 기술 알아보기

학생들이 2050년대의 미래 모습을 상상하여 한 컷 만화로 그리기 이전에 현재 기술 트렌드를 참고할 수 있도록 관련 자료를 살펴보자. CES(Consumer Electronic Show)는 세계 3대 IT 전시회 중 하나로 혁신 기술을 소개하는 장이다. CES 현장을 보도한 뉴스 영상(QR코드)을 시청해보자. 학생들은 이미 만들어진 기술을 활용하거나 더 성장한 미래의 모습을 그려볼 수 있을 것이다.

소금 숟가락·바늘 없는 주사…
CES 빛낸 이색 기술 (YTN)

이후 스마트 기기를 사용해 학생 개별적으로 생활 속에서 활용되는 다양한 기술을 검색할 시간을 주는 것이 좋다. 식량문제, 지구온난화, 생물다양성 감소, 물 부족처럼 미래에 마주할 수 있는 문제 상황을 찾아보는 것도 2050년대의 삶을 상상하는 데 도움이 된다. 달라질 미래에 대한 정보를 수집하는 과정 속에서 이러한 변화가 우리의 삶과 미래 일자리에 어떤 영향을 미치게 될지 자연스럽게 떠오르게 될 것이다.

전개②~정리: '2050년대의 생활' 한 컷 만화 그리기

이를 바탕으로 2050년대의 모습을 상상하며 한 컷 만화를 그려보자. 의식주를 비롯해 사회, 문화, 예술, 여가 등 다양한 분야의 변화된 미래를 상상할 수 있다. 다 그린 후에는 모둠 친구들과 나의 작품을 소개하며 창의적인 아이디어를 공유하는 시간을 운영해보자. 모둠을 대표하는 베스트 한 컷을 뽑고 모둠 단위의 발표로 반 전체가 아이디어를 공유하는 것도 추천하는 활동이다.

마무리로 새롭게 알게 된 내용과 친구들의 한 컷 만화를 본 소감과 느낀 점을 나누어보며 이어질 차시를 준비할 수 있다.

2 변화하는 미래 일자리 조사하기 3~6차시

지도안 함께 보기

이어지는 차시에서는 진로 발달과 직업의 변화에 대한 지식적 이해를 추구해볼 것이다. 학생들이 변화하는 미래와 우리나라 일자리에 대한 정보를 수동적으로 받아들이지 않도록, 지식 전달에 앞서 자신의 생각을 정리해보도록 한다.

차시	3~6차시	준비물	스마트 기기, 활동지
수업 주제	변화하는 일자리 살펴보기		
학습목표	변화하는 진로와 일자리에 대해 조사하고 토론에 참여할 수 있다.		
활동 흐름			
도입(10분)	▶사라지는 일자리에 관련한 뉴스 영상 시청하기 ▶뉴스 내용 정리하기		
전개(140분)	▶토론 근거 검색하기 　-새로운 직업의 탄생, 효율적인 노동 환경 등 긍정적인 근거 자료 수집하기 　-기술로 인한 실업, 첨단 기술 사용의 불평등 등 부정적인 근거 자료 수집하기 ▶인공지능 기술이 미래 일자리에 미치는 영향 토론하기 　-'긍정적이다 vs. 부정적이다'로 나눠어 찬반 토론 실시하기		

	-토론 전과 후의 찬성, 반대 수의 증감을 바탕으로 토론 결과 정리하기 ▶미래 진로 정보 검색하기 -주니어커리어넷(www.career.go.kr/jr) 접속하기 -우리나라 일자리 변화, 미래 변화 예상하기 -'미래직업 세계 준비' 정보 수집하기
정리(10분)	▶느낀 점 나누기

도입~전개①: 인공지능 기술이 일자리에 미치는 영향 찬반 토론하기

WEF(세계경제포럼)에서 발표한 일자리 미래 보고서에 따르면, 전 세계 일자리의 22% 가량에 변동이 생길 것으로 예상된다고 한다. 이와 관련된 뉴스 영상(QR코드)을 함께 시청하고, 기술의 발전이 일자리에 미치는 영향에 대한 각자의 생각을 정리하여 찬반 토론에 참여해보자.

5년 내 사라지는 일자리 1,400만개…'이 일'만은 살아남는다고? / 친절한 경제 (SBS 뉴스)

토론 주제는 "인공지능 기술이 미래 일자리에 미치는 영향력이 긍정적일까, 부정적일까?"다. 학생들에게 스마트 기기를 사용해 자신의 생각을 뒷받침할 수 있는 근거 자료를 수집할 시간을 주자. 본격적인 진로교육에 앞서 일자리 변화에 대한 학생들의 생각을 나누는 것이 목표이므로, 토론 준비는 1차시(20분 내외) 안으로 마무리한다.

찬반 토론은 100분의 시간 동안 이루어지며, 이때 다른 의견을 가진 친구들의 생각을 활동지(QR코드)에 정리하여 적극적으로 질문하고 반론하며 모두가 참여할 수 있도록 독려한다.

활동지 3_6차시(1) 기술이 미래 일자리에 미치는 영향

본 학교자율시간에서는 대다수의 학생이 기술의 발전이 미래의 일자리에 부정적인 영향을 끼칠 것으로 보았다. 그 근거로는 "AI나 로봇이 인간의 일자리를 대신해서 일자리가 감소한다.", "인간의 재능을 발휘할 수 있는 직업이 줄어들 것이다.", "인공지능이나 기술에 소질이 없는 사람은 도태될 것이다." 등이 있었다. 긍정적인 영향을 주장한 소수의 학생들은 "기술의 발전으로 새롭게 생기는 직업이 있을 것이다.", "꼭 AI나 기술 전문가가 아니어도 이를 활용하여 협력하면 더 이로울 것이다." 등의 의견을 제시하였다.

 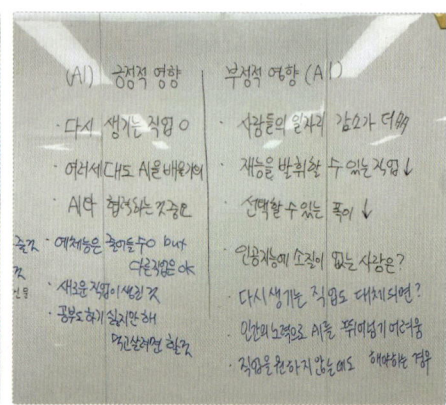

▲ [활동] '기술의 발전이 일자리에 미치는 영향' 토론 모습

토론을 마친 후 "지금 내가 당연하게 생각하는 꿈이 미래에도 계속 있을까?"라는 질문을 던지는 학생도 있었고, 미래에 뭐 하고 살아야 하는지 걱정된다며 상담을 신청한 학생도 있었다. 막연하게 생각하던 나의 진로, 미래에 대해 깊이 생각해보는 시간이 된 것이다.

전개②~정리: 미래 진로 정보 검색하기

이렇게 토론을 통해 촉발된 진로에 대한 관심과 흥미를, 미래 진로 정보 검색 활동으로 이어가보자. 주니어커리어넷(www.career.go.kr/jr)은 국가진로교육연구센터에서 운영하는 어린이들을 위한 진로 사이트로, 진로에 관한 다양한 정보를 얻을 수 있다. 그중에서 [진로정보를 찾아봐요] - [미래 사회의 직업]에 들어가면, '우리나라 일자리 변화', '미래 변화 예상하기', '미래 직업세계 준비'란 주제로 정리된 자료들을 열람할 수 있다.

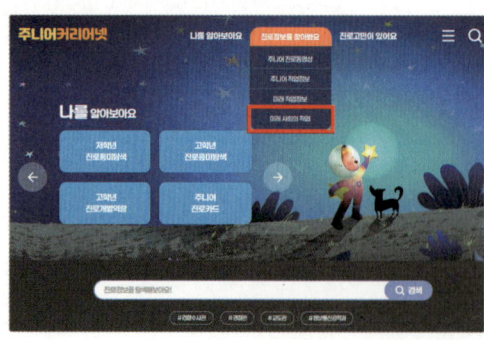 

▲ [자료] 주니어커리어넷 미래 사회의 직업 페이지

학생들에게 각 자료를 차례로 클릭해 살펴보고, 다음 활동지를 제공해 내용을 정리하도록 안내한다. 직접 미래 진로 정보를 찾아봄으로써, 학생들은 미래 일자리에 대한 실질적인 힌트를 얻을 수 있을 것이다.

활동지 3_6차시(2)

미래 진로 정보 검색하기

1. 첨단 기술의 발전은 나의 진로에 어떤 영향을 미칠까요? 어린이들을 위한 진로 사이트 주니어커리어넷에서 우리나라 일자리의 변화와 미래 직업에 대해 찾아 정리해봅시다.

* [주니어 커리어넷] - [진로정보를 찾아보아요] - [미래 사회의 직업]

분야		내용
우리나라 일자리 변화	산업별 변화	예시) 과거에서 현재로 올수록 3차 산업의 비중이 늘어난다.
	시대별 변화	예시) 1950년대(농어민 시대) - 1960년대(기능공, 공장노동자 시대), 1970년대(건설노동자, 은행원 시대), 1980년대(화이트칼라, 유통업 시대), 1990년대(전문직종 시대), 2000년대(디지털, 글로벌 전문가 시대)
미래변화 예상하기	(글로벌) 경제	예시) 국경을 넘어선 국제교류가 증가하고 중국, 인도 등의 신흥 강대국이 떠오를 것이다.
	(인구구조)의 변화	예시) 저출산 고령화 현상으로 일할 수 있는 인구가 크게 감소할 것이다.
	(기후변화)와 (에너지)의 부족	예시) 예상치 못한 기후변화로 물 부족 문제가 더욱 커질 것이며, 에너지 가격이 상승해서 새로운 에너지에 대한 투자가 증가할 것이다.
	(과학기술)의 발전	예시) 인공지능 등의 과학기술 발전으로 인공지능과 로봇이 사람의 일자리를 대신하고 인간의 정신노동을 대신할 것이다.
미래직업 세계 준비	미래 사회를 준비하기 위한 7가지 능력	예시) 공감, 창의성, 사회적 민감성(사회에서 나타나는 문제에 대해 관심을 가지고 자신의 일처럼 생각하는 능력), 스토리텔링, 유머, 관계맺기, 지도력

사이트에 제시된 인구 변화와 에너지 부족, 과학기술의 발전 등은 미래 진로를 준비하는 데 고려해야 할 중요한 조건들이다. 이때 고령 인구의 증가가 노인 대상의 서비스 확대로 이어질 것을 예상하는 데서 그치지 말고, 학생이 이를 직접 체득하게 해주는 것이 중요하다. 한 학생은 "노인들을 위한 서비스를 제공하는 직업이 유망할 것 같다."라며 자신의 생각을 구체화하기도 하였다. 이렇듯 이번 차시에서 정리한 내용을 바탕으로 변화하는 미래에 대처하는 진로를 창의적으로 설계할 수 있지 않을까?

2.2 자아 탐색: 자아 탐색하고 진로 찾기 7~10차시

이번 차시는 나의 흥미와 진로역량을 알아보며 본격적인 진로탐색을 시작하는 시간이다. 이를 바탕으로 내가 관심 있고 좋아하는 분야에 대한 진로 뇌구조도를 완성하고 나의 가치관과 진로를 연결하는 동사형 꿈을 만들어보자.

지도안 함께 보기

차시	7~10차시	준비물	스마트 기기, 활동지
수업 주제	자아 탐색하고 진로 찾기		
학습목표	진로 매체를 활용해 나의 적성과 흥미를 탐색하고 진로를 설계할 수 있다.		

활동 흐름

도입(10분)	▶나를 한 단어로 표현하기 릴레이 발표: 나는 (　　　　) 이다. -나를 한 단어로 표현해보며 '나'에 대해 생각해보기 -짝꿍을 한 단어로 표현해보며 다른 사람이 바라보는 '나'에 대해 생각해보기
전개(140분)	▶주니어커리어넷 진로흥미탐색 검사하기 ▶주니어커리어넷 진로개발역량 검사하기 -주니어커리어넷(www.career.go.kr/jr) 접속하기 -진로흥미탐색 검사를 통해 나의 흥미분야 탐색하기(관습, 현실, 진취, 사회, 예술, 탐구) -진로개발역량 검사를 통해 나의 진로탐색 역량군 탐색하기 ▲ [자료] 주니어커리어넷 진로 탐색 화면 ▶나의 진로 뇌구조 완성하기 ▶동사형 꿈 만들기 　(사람의 마음을 위로해주는 가수, 학생에게 꿈을 심어주는 교사, 세상을 편리하게 만드는 개발자 등)
정리(10분)	▶나를 한 단어로 표현하기 ▶느낀 점 나누기

도입: 나를 한 단어로 표현하고 릴레이 발표하기

'자기이해'는 진로교육에서 기초가 되는 중요한 요소이지만 학생들이 가장 어려워하는 부분 중에 하나이기도 하다. 교육부에서 진행한 진로교육실태조사에 의하면 희망 직업이 없는 초·중·고등학생 학생들의 절반 가량이 그 이유로 '내가 무엇을 좋아하는지 아직 잘 몰라서'를 꼽았다.[6] 그만큼 진로를 탐색하고 설계하는 데 있어서 나에 대해 이해하는 것은 필수적이다.

그런 만큼 본 차시 시작 전에 나를 한 단어로 표현해보는 릴레이 발표를 하면서 나에 대해 생각해 보는 시간을 가져보자. 유머가 있고 센스가 있는 학생은 "나는 개그맨이다.", 끈기가 있는 학생은 "나는 개미이다."와 같이 표현할 수 있을 것이다. 만약 학생들이 '나'를 단어로 표현하는 것을 어려워한다면, 대신 짝꿍을 한 단어로 표현해주는 릴레이 발표를 할 수도 있다.

전개①: 진로흥미탐색 & 진로개발역량 검사하기

주니어커리어넷에서 제공하는 '진로흥미탐색'과 '진로개발역량' 검사를 통해 자기이해 및 진로탐색 정보를 얻어보자.

진로흥미탐색 검사에서는 현실형, 관습형, 진취형, 사회형, 예술형, 탐구형의 총 6가지 흥미유형 중 나에게 맞는 유형을 알아볼 수 있다. 결과(다음 그림 왼쪽)에서는 6가지 흥미유형 중 검사자에게 가장 두드러지게 나타나는 두 가지 유형을 한 쌍 조합으로 알려준다. 각 유형에 해당하는 사람이 좋아하는 일과 행동에 대해 자세하게 안내하며, 관련 진로도 추천해주어 진로 탐색에 도움이 된다.

진로개발역량은 얼마나 자신을 잘 이해하는지, 자신의 진로를 스스로 결정하며 실천할 수 있는 역량이 준비되어 있는지에 대해 알려주는 검사이다. 자기이해, 진로탐색, 진로실천 3가지 진로개발역량 상위영역과 하위 10개 요소의 점수를 알아볼 수 있다. 결과(다음 그림 오른쪽)를 참고하여 진로설계 시 나의 강점은 무엇인지 또 무엇을 더 노력해야 하는지 확인할 수 있을 것이다.

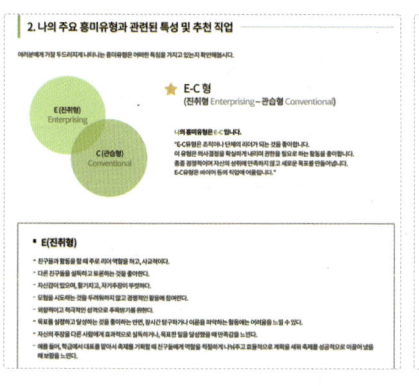 

▲ [자료] 진로 검사 결과지 '진로흥미탐색'(왼쪽) | '진로개발역량'(오른쪽)

전개②: 진로 뇌구조도 완성하기

앞서 진로검사를 통해 '나'의 흥미와 진로 역량을 알아보았으니, 본격적으로 꿈을 탐색할 차례다. 활동지(295쪽)를 제공하여 학생들의 꿈 탐색을 돕도록 한다. 우선 내가 어떤 사람인지 '진로 뇌구조도'를 완성하며 더 깊이 생각해볼 것이다. 활동지 뇌 그림의 빈 칸에 '내가 하고 싶은 일', '나의 진로를 떠올리면 드는 생각과 감정'들을 적어보자.

간혹 진로라고 하니 진짜로 잘하는 것, 거창한 것만을 적어야 한다고 생각하는 학생도 있다. 하지만 지금 좋아하고 관심 있는 작은 것이 장차 어엿한 진로가 되기도 한다. 가령 누워 있는 것을 좋아한다면 '누워 있기'도 된다. 편안한 침대나 가구를 디자인하는 가구 디자이너가 될 수도 있고, 푹신한 매트리스를 개발하는 연구원이 될 수도 있기 때문이다. 그런 만큼 단순 특기나 장점이 아니라 할 때 가장 즐겁고 재미있는 활동, 좋아하고 잘하는 일을 편하게 적을 수 있도록 격려하였다.

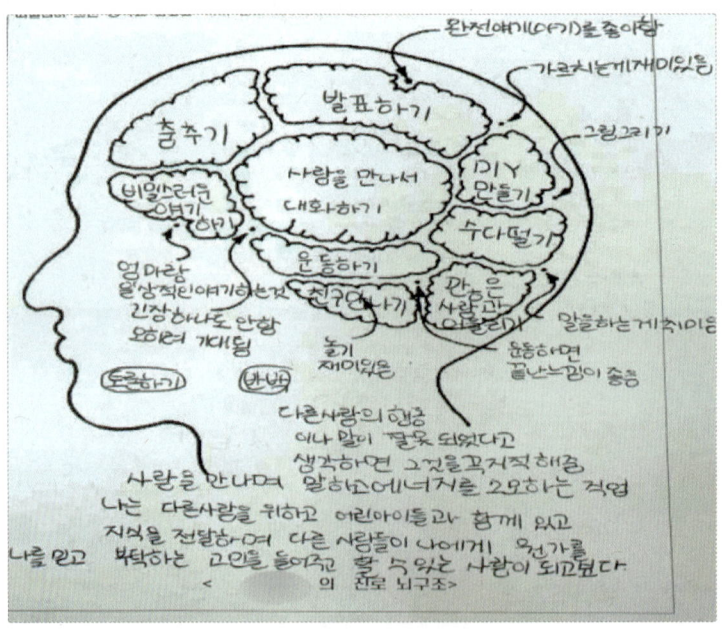

▲ [산출물] 학생이 그린 '나의 진로 뇌구조도'

전개③~정리: 동사형 꿈 가지기

다음으로 이번 차시의 목표인 **동사형 꿈** 가지기로 나아가보자. 동사형 꿈이란 "**특정 직업 대신 '동사'로써 표현한 꿈**"이다. 즉 디자이너, 연예인, 운동선수처럼 명사형 직업으로 끝나는 것이 아니라, "~을 하고 싶은"을 붙인, 가치를 중심으로 표현한 꿈을 말한다.

앞서 완성한 '진로 뇌구조도'를 바탕으로 내가 하고 싶은 일과 나의 가치관을 연결하여 '동사형 꿈'을 표현해보자. "학생에게 꿈을 심어주고 싶은 교사", "세상을 편리하게 만들고 싶은 개발자", "사람들의 자신감을 높여주고 싶은 헤어디자이너", "사람들의 마음을 위로해주고 싶은 가수" 등이 그 예가 될 수 있다. 이런 동사형 꿈이 있다면 변화하는 사회 속에 설령 그 직군이 사라지더라도, 추구하는 가치를 따라 유연하게 진로를 설계하여 꿈을 향한 길을 잃어버리지 않을 수 있다.

저마다 동사형 꿈을 정했다면, 마지막으로 꿈을 향해 도전하는 나를 위한 응원의 한마디를 적어보자. 나에 대한 긍정적인 태도를 가질 뿐 아니라, 스스로 동기부여도 할 수 있다.

활동지 7_10차시

나의 동사형 꿈

1. 여러분의 가슴을 뛰게 하는 '꿈'이 있나요? 여러분이 시간을 보낼 때 가장 즐겁고 재미있는 활동은 무엇인가요? 여러분이 좋아하고 잘하는 것은 무엇인가요? 여러분이 하고 싶은 일, 나의 진로를 떠올리면 드는 생각과 감정을 '나의 진로 뇌구조도'에 적어봅시다.

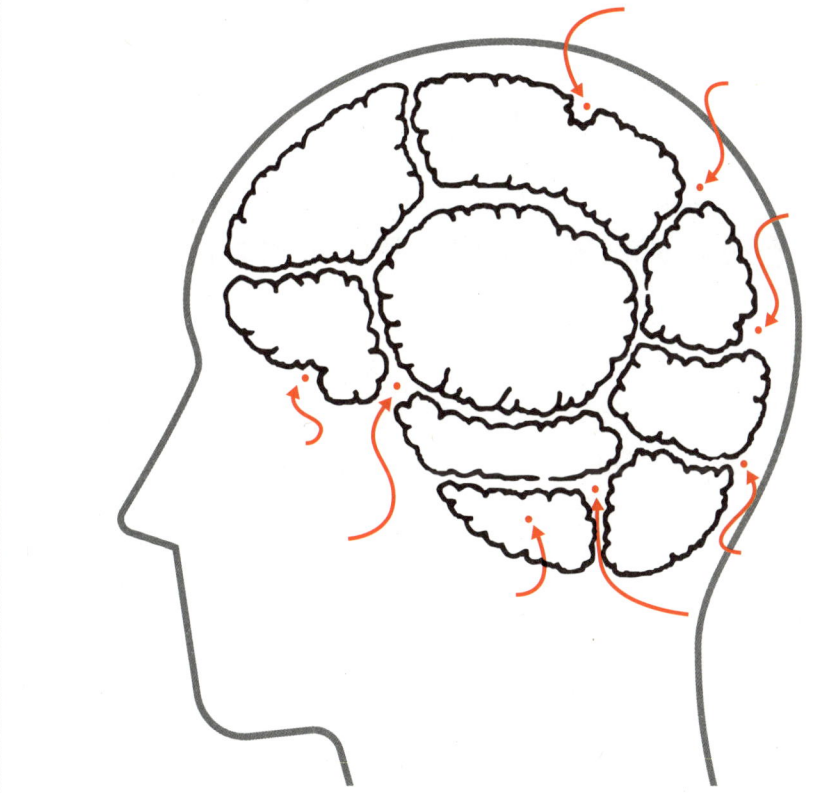

2. 나의 동사형 꿈은 무엇인가요?

3. 꿈을 향해 도전하는 나를 위해 응원의 한마디를 적어주세요.

📋 **평가** 이번 차시의 산출물을 통해 평가를 진행할 수 있다. 예시 활동지를 참고하여 주니어커리어 넷에서 실행한 검사를 통해 적성과 흥미를 파악하고 진로 뇌구조도를 그릴 수 있는지 확인해본다. 동사형 꿈을 고민하고 만드는 과정 속에서 스스로에 대한 긍정적인 태도를 가질 수 있는지도 살펴보면 좋을 것이다.

매우잘함	다양한 매체를 활용하여 나의 적성과 흥미를 탐색하고 진로 뇌구조도를 바탕으로 나에 대한 긍정적인 태도를 구체적으로 표현할 수 있다.
잘함	매체를 활용하여 나의 적성과 흥미를 탐색하고 진로 뇌구조도를 바탕으로 나에 대한 긍정적인 태도를 표현할 수 있다.
보통	매체를 활용하여 나의 적성과 흥미를 파악하고 진로 뇌구조도를 바탕으로 나에 대한 태도를 표현할 수 있다.
노력요함	나의 적성과 흥미를 탐색하지 못하고 진로 뇌구조도를 바탕으로 나에 대한 태도를 표현하는 것에 어려움을 느낀다.

2.3 진로 탐구: 나의 진로 탐구 분석하기 11~14차시

진로 탐구에 있어 핵심은 내가 하고 싶은 일을 깊이 있게 이해하는 것이다. SWOT 분석 기법을 활용해 하고 싶은 일의 장점과 단점, 기회와 위협을 체계적으로 점검하고, 전에 없던 나만의 창의적인 진로 아이디어를 설계해보자. 학생들이 자기 이해를 바탕으로 미래 사회 변화에 유연하게 대응하며, 독창적인 진로를 주도적으로 개척할 수 있는 역량을 키우도록 도울 것이다.

1 일과 노동의 가치 인식하기 11~12차시

🔍 **지도안 함께 보기**

일과 노동의 가치에 대해 이해하는 것은, 학생들이 내적동기를 갖고 진로를 주도적으로 탐색하는 데 기초가 된다. 전에 없던 새로운 직업을 만드는 창직을 통해, 현존하는 직업뿐 아니라 '나만의 직업'을 설계하는 것 역시 의미 있을 것이다.

차시	11~12차시	준비물	스마트 기기, 활동지
수업 주제	나의 진로 탐구 분석하기		
학습목표	일과 노동의 가치를 인식하고 새로운 직업이 만들어지는 원리와 사례를 알아볼 수 있다.		
활동 흐름			
도입(5분)	▶창직 관련 뉴스 영상 시청하기		
전개(70분)	▶일과 노동의 가치 알아보기 ▶새롭게 생겨나는 직업 살펴보기 -주니어커리어넷(www.career.go.kr/jr) 접속하기 -미래 직업정보에서 에너지, 디자인, 의식주, 건강, 안전 등 다양한 분야에서 새롭게 생겨날 직업 살펴보기 ▶창직의 원리 살펴보기 -창의적인 아이디어를 통해 자신의 흥미, 적성에 부합한 새로운 직업을 만들어 내는 것 ▶창직 사례 살펴보기		
정리(5분)	▶느낀 점 나누기		

도입~전개①: 창직의 개념 및 일과 노동의 가치 알기

최근 취업난이 오래되면서 대안으로 창직이 주목받고 있다. **창직**(創職)이란 "**새로운 직업이나 직무를 만들어 내는 활동**"을 의미한다. 뉴스 영상(QR코드)을 통해 창직에 대해 알아보자.

경험과 취미 활용한 '창직'…
일자리 대안으로 주목
(KBS뉴스 대구경북)

그렇다면 왜 사람들은 있는 직업을 얻는 데 만족하지 않고 새로운 직업을 창조할까? 이는 노동이 '돈만 벌면 그만인 행위'가 아니기 때문이다. 물론 **노동**은 "**사람이 생활에 필요한 물자를 얻기 위하여 육체적 노력이나 정신적 노력을 들이는 행위**"를 말한다. 하지만 사람은 물자 외에도 노동함으로써 보람과 성취감을 느끼고, 사회 구성원으로서 기여하며, 자아 실현을 추구할 수 있다. 이 '사회 기여'와 '자아 실현'이란 목적을 충족하기 위해 '창직'이 일어나는 것이다.

이렇듯 일과 노동의 가치와 존재 의의는 경제적 측면에만 있지 않다. 따라서 학생들에게도 진로를 탐구할 때 경제적인 이익뿐 아니라 그 진로가 사회에 어떤 기여를 하는지, 나의 자아 실현을 가능하게 하는지 등을 고려해야 함을 강조하는 것이 좋다.

전개②: 새로 생겨날 직업 알아보기

현재 10대 초반인 학생들이 어른이 될 때쯤에는 지금은 없는 직업도 생겨나 있을 것이다. 주니어커리어넷에 접속하여 [진로정보를 찾아봐요] - [미래 직업정보] 메뉴에서 새롭게 생겨나는 직업들을 탐색해보자. 기술이 발전한다고 해서, 꼭 기술 분야의 직업만 새로 생기는 것은 아니다. 변화하는 기술이 다양한 분야에 접목되어 모든 분야에서 새로운 직업이 생성되리란 사실을 알 수 있다.

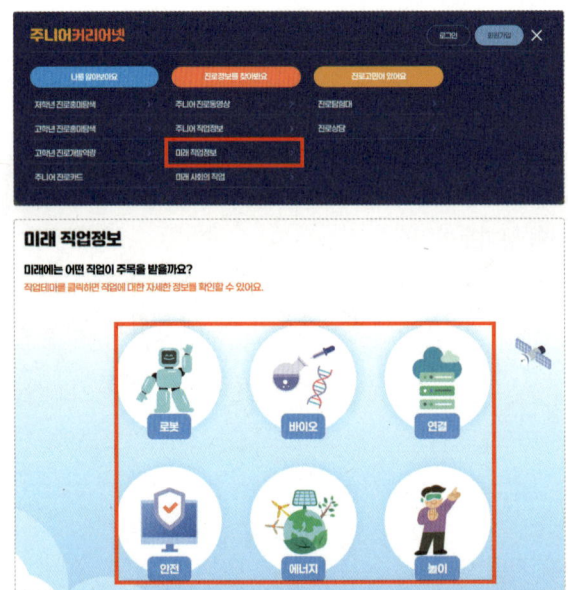

▲ [자료] 주니어커리어넷 미래 직업정보 페이지

전개③~정리: 창직의 원리 및 사례 살펴보기

미래 직업 중에도 나의 흥미, 적성, 능력에 부합하는 직업을 발견하지 못했다면, 내가 새로 만들어도 좋을 것이다. 다음 활동지를 통해 창직의 원리를 구체적으로 알아보자. 『2030창직 사례집』도 살펴보고, 인상 깊은 창직 사례도 정리해보도록 하였다. 변화하는 미래 사회에 나의 동사형 꿈을 한 스푼 더하여 기존에 없던 새로운 진로를 만들어보자.

활동지 11_12차시

창직의 의미와 원리
1. 빈칸에 들어갈 알맞은 말을 써봅시다.
창의적인 아이디어를 통해 자신의 흥미, 적성, 능력에 부합한 기존에 없던 새로운 직업을 만들어내는 것을 (　　　)이라고 합니다.

2. 나의 재능과 아이디어를 활용하여 새로운 직업을 창출하는 창직의 원리에는 4가지가 있습니다.

원리	정의	예시
정의	시대 및 법과 제도의 변화, 기술의 발전, 기후환경의 변화 등을 이유로 기존에 존재하지 않았던 새로운 직업을 만드는 경우	애플리케이션 개발자(스마트폰 탄생), AI 작곡가, AI 협업화가, AI 개발자, AI 의사, AI 법제도 개발자
발견	해외에 있는 직업을 우리나라 사정에 맞게 도입하여 새로운 직업으로 개발하는 경우	장애인 여행 코디네이터, 의료관광가이드, 스포츠 영상 전문가, 홈스쿨코디네이터, 농산물꾸러미식단 플래너
세분화	기존의 직업을 세분화하고 전문화하여 직업을 만드는 경우	핵가족화로 증가한 반려견 동물 시장을 반영 → 반려동물장례지도사, 반려동물 패션디자이너 고령화 사회 → 노인여가문화 지도자, 노인전문 간호사, 실버 건강체육 상담사, 노인 PT, 은퇴진로코칭 전문가
융합	서로 다른 두 직업을 융합하여 새로운 직업이나 업무를 나타내는 경우	IT 기술 + 보안 = 사이버 보안전문가 음식 + 교육 = 푸듀케이터 음악 + 의사 = 음악치료사

3. QR코드를 비추어 2030창직 사례집을 살펴보고 인상 깊은 창직 사례를 정리해봅시다.

창직명	인상 깊은 이유

2 새로운 진로 아이디어 설계하기 13~14차시

지도안 함께 보기

이번 차시는 진로교육을 관통하는 핵심 아이디어인 나만의 진로 설계가 이루어지는 시간이다. 내가 하고 싶은 일을 분석하고, 전에 없던 새로운 진로를 창직해보자.

차시	13~14차시	준비물	스마트 기기, 활동지

수업 주제	나의 진로 탐구 분석하기
학습목표	나의 적성과 흥미를 분석하고 새로운 진로 아이디어를 설계할 수 있다.

활동 흐름	
도입(15분)	▶내가 하고 싶은 일 릴레이 발표 -현재 내가 하고 싶은 일을 릴레이로 발표하기
전개(60분)	▶SWOT 기법 알아보기 -내가 하고 싶은 일에 대해 검색하기 -내가 하고 싶은 일의 S(강점), W(약점), O(기회), T(위협)를 분석하기 ▶나만의 진로 만들어보기 -내가 하고 싶은 일에 다른 분야를 접목하여 전에 없던 새로운 진로 아이디어 설계하기 -누구를 대상으로 하는지, 언제 어디에서 일하는지, 무슨 일을 하는지 -기존 직업과의 차이점, 사회에 주는 영향, 어떻게 돈을 버는지 ▶모둠 친구들과 피드백 주고받기
정리(5분)	▶새롭게 만든 나만의 진로 릴레이 발표

도입: 내가 하고 싶은 일 릴레이 발표하기

이제까지의 수업을 통해 발견한 '내가 하고 싶은 일'을, 각자 릴레이 발표를 통해 공유하면서 수업을 시작해보자. 이는 학생이 자신만의 진로 아이디어를 만들기 전에 지향하는 지점이 무엇인지 다시 한번 환기할 수 있도록 할 것이다. 또한 다른 친구들이 하고 싶은 일을 듣고 한 번 더 상기하면서 모둠 피드백을 더 원활하게 만들 수 있다.

전개①: 내가 하고 싶은 일 SWOT 분석하기

SWOT 기법은 현재 상황을 파악하고 평가를 통해 약점을 보완하는 데 사용할 수 있는 전략 중 하나로, 대상의 강점(Strength), 약점(Weakness), 기회(Opportunity), 위협(Threat) 네 가지 요소를 분석한다. 각자 하고 싶은 일을 대상으로 SWOT 분석을 해볼 것이다. 다음 활동지를 참고하자. 이 과정은 이후 하고 싶은 일의 강점을 부각시키고 약점을 보완할 수 있는 새로운 진로를 창작하는 데 도움이 된다.

활동지 13_14차시(1)

내가 하고 싶은 일 SWOT 분석하기

1. SWOT 기법은 현재 상황을 파악하고 약점을 보완하는 데 사용할 수 있는 전략입니다. 창작을 하기 위해 내가 하고 싶은 일을 SWOT 기법으로 분석하여 봅시다.

S(강점): 이 진로가 가지고 있는 특징 중 장점에 대해 적어봅시다.
W(약점): 이 진로가 가지고 있는 특징 중 단점에 대해 적어봅시다.
O(기회): 이 진로가 앞으로 변화할 사회에서 가지고 있는 기회를 적어봅시다.
T(위협): 이 진로가 앞으로 변화할 사회에서 부딪힐 위협적 요소를 적어봅시다.

나의 동사형 꿈:

Strength(강점)	Weakness(약점)
Opportunity(시대적 기회)	Threat(사회적 위험)

전개②: 나의 새로운 진로 창직하기

SWOT 분석 결과를 바탕으로 내가 하고 싶은 일의 장점과 시대적 기회를 부각하고 약점과 위험을 보완할 수 있는 새로운 진로를 창직해보자. 창직 설계 시 앞 차시에서 만들었던 '동사형 꿈'을 좇는 진로를 만들도록 한다. 단순한 직업을 넘어 내가 이 일을 통해 어떤 가치를 추구하는지, 사회적으로 어떤 긍정적인 영향을 끼칠 수 있는지를 고려하도록 강조한다.

또한 학생들이 일의 가치와 경제적 이익에 대해 균형을 가지고 고민할 수 있도록 안내하는 것도 중요하다. 직업이란 가치 추구 수단인 동시에 재화를 버는 행위이므로 이 일을 통해 어떻게 돈을 벌지, 그 방편에 대해 구체적으로 설계하도록 주지시켜주자.

> **TIP** 이 외에도 어떤 선택에 대해 긍정적, 부정적, 흥미로운 점을 나누어 평가하는 PMI 기법, 기준을 정하고 점수를 매겨 대안을 선택하는 의사결정 매트릭스 등의 의사결정 기법이 있으니 교실 상황에 맞게 활용하자.

이번 차시의 진로 설계는 초고 버전이다. 뒷차시에 미래 직업에 활용할 수 있는 AI 기술을 체험하고 미래 예상 문제점에 대해 알아본 후, 더 수정하고 변화될 수 있다는 점을 염두하자. 학생들에게는 다음 활동지를 제공하고, 떠오르는 아이디어를 편안한 마음으로 적어볼 수 있도록 안내한다.

활동지 13_14차시(2)

나만의 창의적인 직업 창직하기

1. 내가 하고 싶은 일에 AI 기술을 활용하여 나만의 창의적인 직업을 창직하기 위한 아이디어를 설계해봅시다.

구분	내용
창직명	
누구를 대상으로 하나요?	
언제 어디에서 일하나요?	
무슨 일을 하나요?	
어떻게 돈을 버나요?	
기존 직업과의 차이점은 무엇인가요?	
사회에 주는 영향은 무엇인가요?	

실제 학생들의 SWOT 분석과 창직 아이디어 사례를 소개한다. 한 학생은 '법을 잘 알지 못하는 사람들을 도와주는 변호사'를 동사형 꿈으로 정했었다. 진로 설계에 앞서, 변호사를 SWOT 분석한 결과는 다음과 같았다.

장점	은퇴가 정해져 있지 않다. 사람들을 도와주면서 보람을 느낀다.
시대적 기회	로스쿨 제도를 활용해서 변호사가 될 수 있는 기회가 다채롭다.
약점	변호사가 되기 위해서는 많은 양의 공부가 필요하다. 변호사의 수가 늘어서 경쟁력이 필요하다.
사회적 위험	AI 변호사에게 대체될 수 있다. AI에 관한 법이 없다.

▲ [표] '변호사' 직업의 SWOT 분석 결과

이 학생이 창직한 진로 아이디어는 'AI 법전문가'이다. 인공지능을 실생활에 활용할 수 있는 AI 관련 법전문가는 AI에 대해 잘 알지 못하는 사각지대에 있는 사람들을 도와주는 직업이다. AI 분야를 전문적으로 다룬다는 점에서 경쟁력을 확보할 수 있고, AI 변호사와는 차별점을 가져 사회적 위험도 보완할 수 있다. SWOT 분석을 통해 내가 하고 싶은 일과 가치를 추구하면서도 변화하는 사회에 유연하게 대처할 수 있는 진로를 만든 것이다. 진로를 설계하는 것에 정답은 없으므로 학생들이 유연한 사고를 할 수 있도록 질문하고 스스로 길을 찾을 수 있도록 도와주는 것이 좋다.

정리: 나의 진로 아이디어 릴레이 발표하기

어느 정도 아이디어 방향이 정해지면 모둠 친구들과 의견을 나누며 서로 좋은 아이디어를 공유할 수 있도록 한다. 새롭게 만들어본 나의 진로 아이디어를 릴레이 발표로 공유하며 수업의 시작과 어떤 점이 달라졌는지 생각해보며 마무리한다.

> **평가** 이번 차시에서 이루어지는 평가는 제시된 SWOT 분석 활동지와 미래 진로 설계지를 활용할 수 있다. 꼭 예시 활동지가 아니더라도 다양한 분석 기법을 활용하여 내 진로의 강점과 보완할 점을 살펴보고 내가 추구하는 가치를 좇을 수 있는 진로를 설계해보도록 안내해도 좋다. 진로 설계 과정 속에서 학생들이 스스로에 대해 이해하고 진로를 주도적으로 탐색하는 태도를 평가할 수 있도록 산출물뿐 아니라 학생들의 참여 과정도 유심히 관찰해보자.

매우잘함	나의 진로를 다양하게 분석하고 미래 진로 설계지를 만들며 진로를 주도적으로 탐색하는 태도를 함양한다.
잘함	나의 진로를 분석하고 미래 진로 설계지를 만들며 진로를 탐색하는 태도를 함양한다.
보통	나의 관심사를 파악하여 미래 진로 설계지를 만들고 진로를 탐색한다.
노력요함	나의 관심사를 파악하여 새로운 진로를 만드는 것에 어려움을 느낀다.

2.4 진로 설계: 나만의 진로 아이디어 설계하기 15~26차시

진로 설계는 학생들이 미래 사회의 문제와 기술을 탐색하며 자신만의 진로 아이디어를 구체화하는 시간이다. 학생들은 AI, VR 등 첨단기술을 체험하고, 미래 사회가 직면할 도전 과제를 이해하며 자신의 진로 설계에 반영한다. 진로 소개 영상과 체험 프로그램을 제작하고, 안내 포스터와 미래 프로필을 만들어 자신만의 창의적인 진로를 구체적으로 표현해보자.

1. 매체를 활용해 미래 진로 정보 탐색하기 15~18차시

🔍 지도안 함께 보기

이번 차시에는 매체를 통해 미래 진로에 대한 정보를 얻고 AI, VR 등의 기술을 체험해볼 것이다. '학습자 맞춤형 진로교육'답게 학생들이 선택적으로 자신의 진로 탐구에 필요한 요소를 체험할 수 있도록 구성하였다. 이때 교사는 학생들에게 적절한 프로그램과 자료를 제공해주는 조력자로서의 역할만 요구될 뿐이므로, AI, VR 등 기술 분야가 낯설더라도 부담없이 수업을 진행할 수 있다.

차시	15~18차시	준비물	스마트 기기, 활동지, 피지컬컴퓨팅 교구
수업 주제	나만의 진로 아이디어 설계하기		
학습목표	매체를 활용하여 미래 진로와 관련된 정보를 알아보고 진로 설계에 활용할 수 있다.		
활동 흐름			
도입(10분)	▶2050년 지구가 직면한 문제 알아보기 ▶우리가 살아갈 2045 과학기술 알아보기 ▲ [영상] [위대한 수업] 2050년에 지구가 멸망하는 이유 (EBS)(왼쪽) [과학기술 미래전략 2045] 25년 뒤 우리는 어떤 세상에서 살게 될까? (과학기술정보통신부)(오른쪽)		
전개(135분)	▶2050 우리가 직면할 미래 문제 알아보기 　-초고령화, 지구온난화, 자원고갈, 다문화, 에너지부족 ▶미래 기술 체험하기 　-코딩을 몰라도 활용할 수 있는 간단한 AI 프로그램 체험하기 　-코딩이나 조작이 필요한 AI, VR, AR, 피지컬 컴퓨팅 활용 체험하기 ▶내가 만드는 진로 아이디어 수정하기		
정리(15분)	▶나의 진로 설계 아이디어 정리하기 ▶느낀 점 나누기		

도입~전개①: 2050 미래 위험과 기술 알아보기

기후 변화 등 거시적인 문제의 심화와 인공지능으로 대표되는 과학기술의 빠른 발전으로 말미암아, 학생들이 직업인으로서 살아갈 미래 사회의 모습은 지금과 사뭇 다를 것으로 예상된다. 따라서 진로를 설계할 때는 현재가 아닌 미래 사회의 정보를 기준으로 삼아야 한다. 이 점을 고려해 진로 설계 단계의 도입으로, 미래에 인류가 당면할 수 있는 문제와 미래 사회에 발전할 기술에 대해 먼저 알아보자.

미래 인류의 문제에 관해서는 지리학자 재레드 다이아몬드의 EBS 위대한 수업 영상(QR코드)에서 확인할 수 있다. 석학은 지구에 닥친 위험으로 '세계적 불평등', '대규모 핵무기 사용', '기후 변화', '천연자원 고갈' 등을 언급하며 지속가능한 미래가 가능할지 판가름될 골든타임을 2050년으로 보았다.

[위대한 수업] 총, 균, 쇠 저자 재레드 다이아몬드 직강 | 2050년에 지구가 멸망하는 이유 (EBS)

지구에 닥친 위험을 개선, 혹은 해결하려면 상당 부분 기술의 발전에 기댈 수밖에 없다. 과학기술정보통신부의 〈25년 뒤 우리는 어떤 세상에서 살게 될까?〉 영상(QR코드)은 『과학기술 미래전략 2045』 연구보고서의 내용을 클립 영상을 곁들여 쉽게 설명해준다. 2045년에 실현되리라 예상되는 첨단기술의 실재를 생생하게 만나볼 수 있다.

[과학기술 미래전략 2045] 25년 뒤 우리는 어떤 세상에서 살게 될까? (과학기술정보통신부)

본 학교자율시간에서는 지구에 닥친 위험에 우리나라의 특수성을 더하여 2050년도에 예상되는 우리나라의 미래 위험 다섯 가지를 뽑아보았다. 바로 초고령화 문제, 환경 문제, 자원고갈 문제, 다문화 문제, 에너지 문제다. 활동지에 각 문제를 간략히 설명하고 체험 QR코드를 마련해 제공하여 학생들이 직접 알아볼 수 있게 하였다.

활동지 15_18차시(1)

2050년도 우리나라의 미래 위험 알아보기

1. 여러분이 성인이 되었을 때 우리나라는 어떤 모습일까요? 미래에 우리가 만날 수 있는 위험을 알고 대비하는 것은 진로 탐색에 좋은 기회가 될 수 있습니다. 2050년도에 직면할 것으로 예상되는 위기에는 초고령화 문제, 환경 문제, 자원고갈 문제, 다문화 문제, 에너지 문제가 있습니다.

미래 위기	내용	체험하기	확인하기
초고령화 문제	65세 이상의 노인 인구가 전체 인구의 20% 이상을 차지하는 초고령화 사회가 될 것이며, 이로 인한 노동력 부족과 세대 갈등 문제가 예상된다.		
환경 문제	지구 온난화로 인해 물부족이 심화되고 가축 및 농산물 생산에 어려움을 겪을 것이다. 또한 해수면 상승으로 일부 해안가 지역의 침수 문제가 예상된다.		

자원고갈 문제	특정 산업에 수요가 몰리는 자원(예: 전기 배터리-리튬)의 부족이 심화되고 이로 인한 국가 간의 갈등이 예상된다.	[QR]	
다문화 문제	한국으로 이민 오는 인구가 증가하는 가운데 서로 다른 문화와 종교적 차이로 인해 갈등을 겪을 수 있다.	[QR]	
에너지 문제	석유, 석탄의 고갈로 태양광, 수소, 지열 등의 신재생 에너지로의 전환이 진행될 것이다. 이때 에너지 가격 상승 및 에너지 생산의 문제를 겪을 수 있다.	[QR]	

2. 나의 진로 설계와 더불어 해결하고 싶은 문제는 무엇인가요? 내가 하고 싶은 일은 이 문제 해결에 어떤 도움이 될 수 있을까요?

이후 학생들이 진로를 설계할 때 이러한 문제들을 해결할 수 있는 방안을 고려한다면, 경쟁력을 획득함과 동시에 사회적으로도 긍정적인 가치를 추구할 수 있을 것이다.

전개②: 미래 기술(AI, VR) 체험하기

기술의 발전은 일자리의 변화와 뗄 수 없는 관계에 있다. 새롭게 발전하는 기술을 익히고 더 편리하고 혁신적으로 일할 수 있도록 응용해보자. 미래 기술 체험은 코딩이 필요 없는 AI, VR 프로그램 체험과 코딩 및 조작이 필요한 AI, VR, 피지컬 컴퓨팅 체험으로 나뉜다. 어느 쪽이든 학생들이 자신의 진로 설계에 필요한 영역을 개별적으로 학습할 수 있도록 QR 활동지를 사용한다.

▲ [활동] 미래 기술 체험하기1: 노코딩 AI, VR 프로그램 체험 활동지(왼쪽) | 미래 기술 체험하기2: 코딩 AI, VR 체험 활동지(오른쪽)

활동지 예시를 보면, [구분]에는 관련된 분야를 적고 [소개]에 간략하게 어디서 어떻게 사용되는 기술인지에 설명을 기재하여, 학생들이 필요한 부분만 선택과 집중을 할 수 있도록 도왔다. 사용된 프로그램과 QR 이미지를 교사가 바꾸어도 무방하며, 본 학교자율시간의 예시 활동지를 그대로 써도 좋다.

활동지 15_18차시(2)
미래 기술 체험하기1: 노코딩

창작에서 기술을 융합하는 것이 필수는 아니므로 이 활동은 학급 상황에 맞게 선택적으로 제공하면 된다. 기술의 원리와 코딩에 대해 배우는 것이 주인 차시가 아니므로, 다양한 영역에서 이런 기술들을 활용할 수 있다는 아이디어를 가져가는 것에 초점을 두도록 하자.

활동지 15_18차시(3)
미래 기술 체험하기 2: 코딩

▶ [활동] '미래 기술 체험하기' 학생 활동 모습

> **TIP** 교사 입장에서 이 수업의 포인트는, 학생들이 활용하고 이해하기 좋은 양질의 프로그램과 안내 영상을 찾아 유익한 활동지를 만드는 데 있다. 학생들은 생각보다 변화에 기민하고 적응이 빠르다. 스스로 조작하고 만져보는 과정에서 활용 방법을 깨우치는 경우가 많고, 서로 피드백을 통해 문제를 해결하는 것에 능숙하므로 교사가 너무 큰 부담을 갖지 않도록 한다.

정리: 나의 진로 설계 아이디어 정리하기

미래 기술 체험 중 나의 진로 설계에 필요하거나 도움이 될 것 같은 부분은 적으면서 활동할 수 있도록, 별도 활동지(QR코드)를 제공해주면 더욱 좋다. 다음 차시에서 활동지에 정리한 AI, VR 등의 기술을 응용하여 나만의 진로 체험 프로그램을 만들어볼 것이다.

활동지 15_18차시(4)
내가 만난 미래 기술 정리하기

2 진로 소개 영상 & 진로 체험 프로그램 만들기 19~22차시

🔍 지도안 함께 보기

이전 차시에서 체험한 AI, VR 등 다양한 미래 기술을 활용하여, 내가 소개하고 싶은 진로 프로그램을 직접 만들어보자.

차시	19~22차시	준비물	스마트 기기, 활동지
수업 주제	나만의 진로 아이디어 설계하기		
학습목표	나의 적성과 흥미를 반영하여 새로운 진로 소개 프로그램을 만들 수 있다.		

활동 흐름	
도입(10분)	▶진로 체험 경험 떠올리기 -학교 또는 학교 밖에서 체험한 진로 체험 경험 나누기 -진로 체험 시에 좋았던 점 이야기하기 ▶이상적인 진로 부스 -진로 부스가 생긴다면 어떤 것들이 있으면 좋을지 이야기하기
전개(140분)	▶진로 소개 영상 만들기 -영상 편집 프로그램을 사용하여 나의 진로를 소개하는 영상 자료 만들기 (창직명, 이 일을 하고 싶은 이유 및 동기, 해결할 수 있는 문제, 하는 일, 일하는 방법, 일하는 장소 및 시간, 추구하는 가치, 경제적인 이윤 등) ▶진로 체험 프로그램 만들기1 -AI나 VR 등의 기술을 활용하여 진로 체험을 할 수 있는 프로그램 만들기 ▶진로 체험 프로그램 만들기2 -진로에 대한 이해를 돕는 미니어처나 역할놀이 만들기
정리(10분)	▶짝꿍 피드백 ▶느낀 점 나누기

도입~전개①: 나의 진로 소개 영상 만들기

학생들의 참여도와 만족도가 가장 높은 진로교육은 진로 체험이다. 이전에 해본 여러 진로 체험의 경험을 떠올려보자. 좋았던 점은 무엇이었는지, 내가 하고 싶은 진로 체험은 어떤 것인지에 대해 이야기 나누어본다.

이어서 나의 진로가 무엇이고, 어떤 일을 할 것인지 다른 친구들이 이해할 수 있도록 진로 소개 영상을 만들어본다. 14차시에서 완성한 진로 설계 활동지를 참고하여 진로 소개에 필요한 정보들을 담아보자. 창직명, 이 일을 하고 싶은 이유와 동기, 일하는 방법 및 시간, 가치, 이윤 획득 방법, 해결할 수 있는 문제 등이 있을 것이다. 나의 진로 이해에 도움이 되는 참고 영상이나 이미지를 찾아 첨부하고, 영상 끝에 퀴즈나 간단한 게임을 추가하면 보는 이의 흥미와 몰입도를 높일 수 있다.

전개②: 나만의 진로 체험 프로그램 만들기

다음으로는, 앞 차시에서 체험한 여러 미래 기술을 활용하여 나만의 진로 체험 프로그램을 만들어 보자. 코딩 여부, 프로그램 UI나 기능 등 구체적인 사양은 학생들 재량껏 정하도록 한다. 어떤 프로그램을 만들든, 사용자가 자료를 보고 나의 진로에 대해 이해하거나 시뮬레이션 등을 통해 체험할 수 있는 내용이면 된다.

활동지(QR코드)를 제공해 학생들의 프로그램 구상을 도울 수 있다. 또 비슷한 계열의 진로를 희망하는 학생들을 모둠(팀)으로 묶어, 서로 중간 점검을 하고 피드백을 주도록 하면 프로그램 개발에 도움이 될 것이다. 학급 상황에 따라 진로 소개 영상, 진로 체험 프로그램 중 1개를 집중적으로 선택해도 좋다.

활동지 19_21차시
진로 체험 프로그램 만들기

필자의 학급에서는 프로그램 구상 및 제작에 2~3차시 정도 소요되었다. (학급 환경에 따라 시간 분배는 달라질 수 있다.) 방식을 살펴보면, 다수가 엔트리나 코스페이시스 에듀 등 간단한 코딩이나 조작이 필요한 툴을 사용하였으며, 대부분 정규 실과 시간에 배운 기본 코딩 지식을 활용하였다. 본인의 아이디어를 직업화하는 활동이다 보니, 교사가 일일이 도와주지 않아도 스스로 몰입하는 모습을 보여주었다.

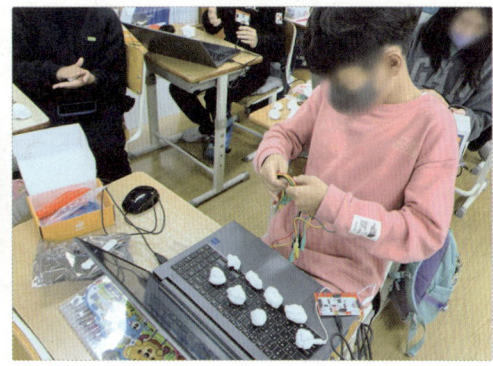

▲ [활동] '나만의 진로 체험 프로그램 만들기' 학생 활동 모습

> **TIP** 누차 이야기하지만, 교사가 AI, VR 등의 기술에 대해 모두 다 알고 지도해야 한다는 부담은 내려놓자. 진로 교육에서 사용되는 기술들은 다각도로 변하는 미래 사회에 유연하게 적응하기 위해 필요한 도구로서, 학생들이 다양한 기술을 체험하고 자신의 아이디어에 융합할 수 있는 기회를 제공하는 것을 목표로 한다. 또 꼭 프로그램을 만들지 않아도 관련된 AI 플랫폼을 소개하는 정도로 학급 상황에 맞게 수준을 조정해 진행해도 무방하다.

정리: 진로 체험 프로그램 살펴보고 느낀 점 나누기

프로그램 제작이 끝나면, 짝과 서로의 프로그램을 살펴보고 피드백을 제공하도록 한다. 시간이 남았다면 예정된 진로 체험의 날을 대비하여 피드백을 반영해 프로그램을 업그레이드해도 좋다.

학생들은 나의 진로와 진로 체험 프로그램을 어떻게 연계했을까? 잠시 살펴보자. 한 학생은 저출산·고령화 문제를 해결하고자 엔트리 플랫폼을 활용해 다양한 유형의 텍스트 데이터를 학습시키는 맞춤형 이상형 소개 프로그램을 설계했다. 사용자가 원하는 조건을 입력하면 해당하는 이상형의 사진을 자동으로 추천하는 이 프로그램은, 사회 문제를 기술적으로 접근해 해결책을 제시하려는 학생의 창의적 사고를 잘 보여준다. 또 다른 학생은 재택 근무 증가를 고려해 코스페이시스 에듀 프로그램으로 VR 직장인 놀이터를 디자인했다. 가상 공간에서 일과 휴식을 병행할 수 있는 미래 직장 환경을 구상한 것이다.

 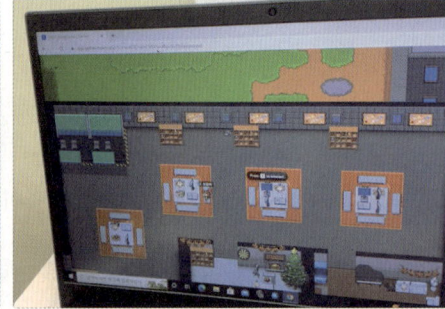

▲ [산출물] 학생 제작 진로 체험 프로그램: '이상형 소개팅 앱 개발자'(왼쪽) | 'VR 직장인 놀이터 디자이너'(오른쪽)

물론 꼭 코딩이나 조작이 들어가지 않아도 괜찮다. 음악을 만드는 AI, 색감 추천 AI 등 이미 완성된 프로그램을 활용하는 것으로도 충분하다. 가구 디자이너가 꿈인 학생은 사진을 보여주면 어울리는 색감을 추천해주는 AI(AI Colors)를 활용하여 고객들이 온라인상에서 가구 주문을 수월하게 할 수 있는 서비스를 제공하였다. 13~14차시에서 진행한 SWOT 분석 결과에 의거해 약점을 보완하고 시대적 기회를 살릴 수 있는 방향으로 기술을 활용해보자.

▲ [산출물] AI 색감 추천 서비스 'AI Colors'(왼쪽) | 학생 제작 진로 체험 프로그램 '가구 디자이너'(오른쪽)

3 진로 체험 프로그램 안내 포스터 만들기 23~24차시

지도안 함께 보기

이번 시간에는 내가 설계한 진로와 진로 체험 프로그램을 소개하는 안내 포스터를 만들어볼 것이다. 진로 체험 부스를 운영할 때 진로 체험을 하는 다른 친구들이 참고할 수 있는 포스터이다.

차시	23~24차시	준비물	우드락, 유성매직
수업 주제	나만의 진로 아이디어 설계하기		
학습목표	새로운 진로 아이디어를 소개하는 작품을 만들고 설명할 수 있다.		
활동 흐름			
도입(5분)	▶안내 포스터 예시 살펴보기 ▶눈에 띄는 안내 포스터 요소 이야기하기		
전개(70분)	▶진로 안내 포스터 만들기 -우드락, 도화지, 사진자료 등을 활용해 내가 만든 진로에 대해 소개하는 안내 포스터 만들기 -진로 체험 프로그램 사용 방법을 소개하는 안내 포스터 만들기 ▶모둠 피드백 -안내 포스터에 추가 또는 보완이 필요한 점 피드백 주고받기 ▶진로 소개 발표 연습		
정리(5분)	▶느낀 점 나누기		

도입: 안내 포스터 예시 살펴보기

실제 안내 포스터 제작에 앞서, 다양한 분야의 안내 포스터 예시를 보면서 가독성 좋은 안내 포스터의 요건이 무엇인지 이야기해보자. 제목, 글씨 크기, 색감, 내용 요소, 자료 등 여러 가지를 고려해야 함을 알 수 있다.

▲ [자료] 안내 포스터 예시

전개①: 진로 안내 포스터 만들기

좋은 안내 포스터의 필요 조건을 확인했으니 이제 직접 만들 시간이다. 진로 안내 포스터는 진로 체험 시에 발표자료가 되기도 하므로, 4절지 또는 전지 사이즈의 여유 있는 크기를 추천한다. 종이는 세워두기 편하도록 우드락이나 두껍고 단단한 도화지를 사용하는 것이 좋다. 캔바 등 디지털 디자인 플랫폼을 사용해도 다채로운 작품이 나올 수 있다.

진로 포스터에 꼭 들어가야 하는 내용은 내가 만든 새로운 진로의 이름, 만들게 된 동기, 하는 일, 수익 창출 방법, 사회에 끼치는 긍정적인 영향, 진로 체험 프로그램 사용법 등이 있다. 특히 진로명을 적을 때에는 직업 이름만 적는 것이 아니라 '동사형 꿈'으로 어떤 가치를 추구하는지 적도록 강조하는 것이 좋다.

> 주의 학생들이 안내 포스터를 만드는 경우에 많이 하는 실수가 발표하고자 하는 말을 줄글로 빼곡히 채우는 것이다. 보는 사람들에게 핵심을 전달할 수 있도록 간결하게 정리하고 자세한 설명은 발표 시에 구두로 할 수 있도록 지도한다.

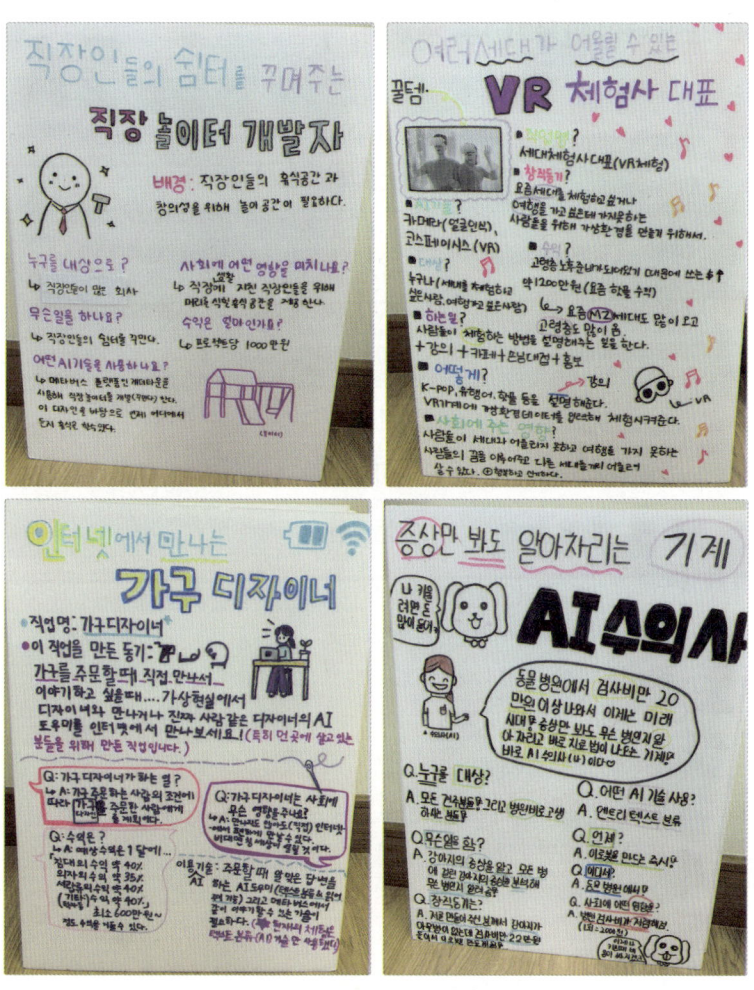

▲ [산출물] '진로 안내 포스터' 학생 작품

전개②~정리: 모둠 피드백 및 발표 준비하기

포스터 만들기가 끝나면, 모둠별로 서로의 안내 포스터를 보면서 추가할 점, 보완할 점을 피드백하고 수정하는 과정을 거친다. 이것까지 마친 학생들은 진로 체험 시 진로 부스에 찾아온 친구들에게 할 진로 소개 발표 연습을 하도록 지도하자. 발표의 처음과 끝 부분에 특색 있는 소개 문구를 넣거나 질문을 던져 분위기를 환기시키는 것도 좋으니, 이 점도 참고하도록 한다.

나의 미래 프로필 만들기 25~26차시

지도안 함께 보기

이번 시간에는 나의 미래 프로필을 만들어볼 것이다. 수업에서는 캔바를 사용하였으나 미리캔버스, 망고 등 다른 프로그램을 사용하여도 무방하다.

차시	25~26차시	준비물	스마트 기기
수업 주제	나만의 진로 아이디어 설계하기		
학습목표	나의 미래 프로필을 만들고 자신에 대한 긍정적인 태도를 기를 수 있다.		
활동 흐름			
도입(10분)	▶다양한 프로필 살펴보기		
전개(60분)	▶프로필에 들어가야 할 요소 살펴보기 -이름, 하는 일, 경력, 수상 등 고려하기 ▶나의 미래 프로필 만들기 -캔바(www.canva.com) 접속하기 -프로필에 들어갈 내용을 생각하며 나만의 인물 정보 만들기		
정리(10분)	▶친구와 프로필 교환하기 ▶느낀 점 나누기		

도입: 다양한 프로필 살펴보기

나의 프로필을 만들기 전에, 포털 사이트에 평소 관심 있었던 사람들의 프로필을 다양하게 검색하여 살펴보도록 한다. 프로필에 들어가야 할 요소로 무엇이 있는지 확인하도록 한다. 이름, 하는 일, 경력, 수상 내역 등이 있다.

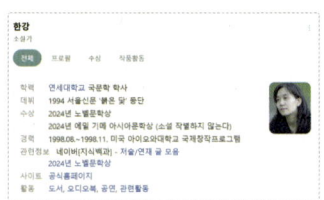

▲ [자료] 한강 작가의 포털 프로필

전개: 나의 미래 프로필 만들기

이제 디자인 앱 캔바로 미래의 나를 소개하는 프로필을 만들 차례다. 방법은 다음과 같다.

❶ 캔바에 접속한 다음, [템플릿] 탭의 검색창에 원하는 키워드를 검색하면 관련된 디자인을 참고할 수 있다. '프로필'을 검색해보자.

❷ 다양한 프로필 디자인 중 마음에 드는 것을 골라보자.

❸ 디자인을 그대로 사용하기보다 나의 진로를 잘 드러낼 수 있는 이미지를 검색하여 추가하고 폰트나 글씨 크기, 색깔 등도 선택하여 개성있는 미래 프로필을 만들어본다.

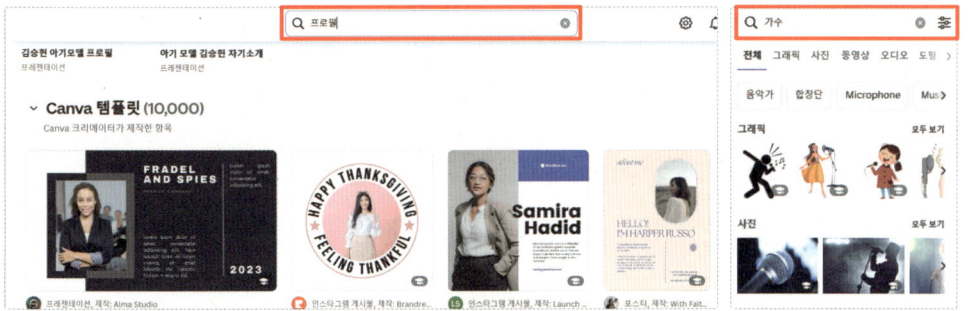

▲ [활동] 캔바에서 프로필 템플릿 검색하기

프로필은 간단하면서도 들어가야 하는 정보인 직업, 이름, 하는 일, 경력 등을 빠짐없이 포함해야 한다. 앞선 차시의 진로교육을 통해 알아낸, <u>내가 어떤 일을 하고 싶고 그 일을 통해 어떤 가치를 실현하고 싶은지</u>가 잘 드러나게끔 만들도록 지도한다. 이때 경력은 미래의 내가 어떤 일을 하고 있을지 상상하며 작성함으로써, 스스로에 대한 긍정적인 태도를 가질 수 있도록 하자.

▲ [산출물] '나의 미래 프로필' 학생작품

나의 동사형 꿈을 떠올리면 구체적인 프로필을 작성하기 수월할 것이다. 예를 들어 "사람들의 마음을 위로해주고 싶은 가수"가 꿈이었다면, 활동 이력에 사람들의 마음을 위로해주기 위해 가수로서 가능한 일들을 넣어보자. 전국 무료 콘서트 투어도 있겠고, 콘서트에 오기 힘든 환우들을 위해 병원에서 콘서트를 열 수도 있을 것이다.

정리: 친구와 프로필 교환하기

만족스러운 프로필을 완성했다면, 어른들이 명함을 주고받는 것처럼 내 프로필을 짝이나 친구들에게 전달해보자. 프로필에 동사형 꿈이 잘 표현되었는지 살펴보고, 서로의 꿈을 응원해주는 시간으로 이어가보는 것이다. 미래에 내가 사회에 어떤 좋은 영향력을 끼치며 나의 꿈을 이루고 있을지 학생들이 상상하도록 독려하자. 이러한 진로에 대한 상상의 씨앗이 어떻게 싹을 틔우고 미래에 실제로 결실을 맺게 될지 기대되지 않는가?

2.5 진로 체험: 미래 진로 부스 체험하기 27~32차시

27~32차시는 드디어 진로교육의 꽃이라고 볼 수 있는 '미래 진로 체험의 날'이다. 학교 상황에 맞게 진로 체험 주간이나 학교 행사와 연계하여 진행해도 무방하다.

1 미래 진로 체험하기 27~30차시

지도안 함께 보기

이번 차시에서는 학생들을 두 팀으로 나누어 실제 진로 체험을 해볼 것이다.

차시	27~30차시	준비물	활동지
수업 주제	미래 진로 부스 체험하기		
학습목표	새로운 진로 아이디어를 공유하고 자신의 미래를 주도적으로 탐색할 수 있다.		

활동 흐름	
도입(5분)	▶미래 진로 체험 주의사항 -진로 체험 시간, 동선, 진로 체험 태도 등 안내하기
전개(145분)	▶진로 체험 A팀 발표(65분) -활동지에 새로운 진로에 대해 알게 된 점 기록하기, 응원의 포스트잇 붙이기 ▶쉬는 시간 및 부스 교체 ▶진로 체험 B팀 발표(65분) -활동지에 새로운 진로에 대해 알게 된 점 기록하기, 응원의 포스트잇 붙이기
정리(10분)	▶인상 깊었던 진로 체험 부스 TOP3 선정 ▶느낀 점 나누기

도입: 미래 진로 체험 준비 및 주의사항 안내하기

책상을 교실을 따라 ㅁ자 모양으로 배치하고, 관람객이 책상에 앉아 활동지에 필요한 정보를 적을 수 있도록 의자와 책상을 준비한다. 미래 진로 체험 시작 전 쉬는 시간에 준비를 마칠 수 있도록 안내하는 것이 좋다. 학생들이 진로 체험에 몰입할 수 있도록 현수막이나 타이틀도 부착해보자.

전개: 진로 체험 진행하기

원활한 체험을 위해 반 전체를 A팀과 B팀으로 나누자. 팀을 나눌 때에는 각 팀에 비슷한 진로가 겹치지 않고 다양한 분야가 들어갈 수 있도록 유의해 배분하는 것이 좋다. 각 팀 체험이 처음 시작될 때 부스당 1~2명의 체험 학생들을 배정하고, 정해진 시간이 지나면 한 칸씩 오른쪽으로 이동하여 모든 진로 부스를 체험하는 방식으로 진행한다.

▲ [활동] '미래 진로 체험 부스' 활동 모습

학생이 20명이라면 20명 모두 조금씩 다른 자신만의 꿈이 있다. 꿈이 같더라도 추구하는 가치, 이 일을 통해 하고자 하는 바가 다르기 때문에 개성 있고 독특한 진로 체험이 가능하다. 활동지(QR코드)에 새로운 진로에 대해 알게 된 점을 정리하게 하면, 흥미 위주로만 체험이 끝나지 않게 도울 수 있다.

활동지 27_30차시
미래 진로 체험 부스

각 부스의 진로 발표가 끝날 때마다 응원의 한마디 포스트잇을 붙여 친구가 설계한 아이디어와 꿈을 격려해보자. 발표가 끝난 뒤 내 부스에 한가득 모인 포스트잇을 보며 그동안의 과정에 대한 보람과 성취감을 느낄 수 있고, 스스로에 대한 긍정적인 태도를 함양하는 데 도움이 될 것이다.

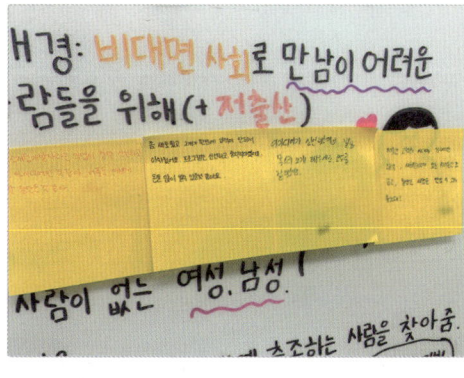 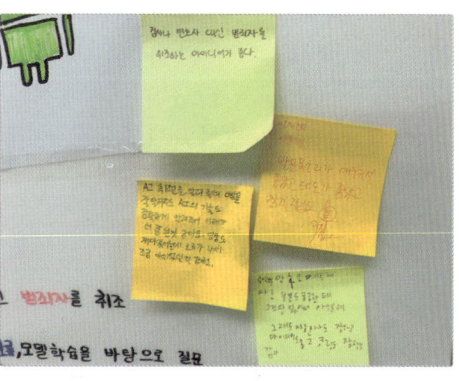

▲ [활동] 응원의 한마디 포스트잇

정리: 인상 깊었던 진로 체험 부스 TOP3 선정 및 느낀 점 나누기

두 팀의 진로 체험이 모두 마무리되면, 인상 깊었던 진로 체험 부스 TOP3를 꼽아보고, 느낀 점을 서로 공유하는 시간을 갖자. 학생들은 이 세상 어디에도 없던 새로운 미래 진로 체험을 하면서, 나의 진로를 더 뚜렷하게 고민하고 주도적으로 탐구하는 태도를 기를 수 있었을 것이다.

어떤 학생은 이번 진로 체험에서 친구를 통해 내가 생각하지 못한 분야를 경험하고 새로운 꿈을 가지게 될 수도 있다. 천편일률적인 꿈을 좇는 것이 아니라 나의 흥미와 적성에 맞는 나만의 진로를 만들고 그 속에서 보람과 가치를 얻을 수 있다면, 그것이 진정한 '맞춤형 진로교육'이 아닐까?

2 미래 진로 체험 되돌아보기 31~32차시

지도안 함께 보기

32차시의 진로교육 대장정이 마무리되는 시간이다. 진로교육을 마치며 자신의 진로와 스스로에 대한 긍정적인 가치관을 함양할 수 있도록 칭찬 샤워와 소감문 쓰는 시간을 마련한다.

차시	31~32차시	준비물	활동지
수업 주제	미래 진로 부스 체험하기		
학습목표	진로를 주도적으로 탐색하는 과정을 통해 나에 대한 긍정적인 태도를 가질 수 있다.		

활동 흐름	
도입(5분)	▶지난 활동 되돌아보기 -지금까지의 수업 중에서 인상 깊었던 순간 생각하기
전개(65분)	▶미래 진로 체험 칭찬 샤워 -서로의 꿈을 향해 고민하고 도전한 친구들에게 칭찬하기 ▶진로교육을 마치며 소감문 쓰기 -진로교육을 통해 나에 대해 새롭게 알게 된 점, 나의 진로에 대한 생각, 스스로에 대한 태도 등에 대한 소감문 적어보기 ▶소감 발표하기
정리(10분)	▶느낀 점 나누기

도입~전개①: 진로 교육 되돌아보기 & 칭찬 샤워하기

일과 진로의 의미와 가치에 대해 알아본 시간. 내가 무엇을 좋아하고 어떤 일을 할 때 행복한지 스스로에 대해 탐구한 시간. 내가 추구하는 가치와 하고 싶은 일을 담은 동사형 꿈을 만들고 그 꿈을 구체화하던 시간. 내가 새롭게 만든 진로에 대해 설명하고 공언하는 진로 체험에 참여한 모든 순간들을 통해 학생들은 한 단계 더 성장했을 것이다.

전체 진로교육을 마무리하며 학생들이 기억에 남는 활동을 돌이켜보고, 무엇을 배우고 성장했는지를 스스로 되짚어보고, 스스로를 격려할 수 있도록 활동지(QR코드)를 제공하였다.

활동지 31_32차시
미래 진로 프로젝트를 마치며

스스로를 격려했으니, 다음으로는 친구들과 큰 원을 만들어 자신의 꿈을 향해 포기하지 않고 노력한 서로를 응원하고 격려하는 칭찬 샤워를 해보자. 성취감과 뿌듯함을 느낄 수 있을 것이다. 이러한 경험은 앞으로 주도적으로 자신의 진로를 탐구하는 데 있어 귀한 자양분이 될 것이다.

전개②~정리: '진로교육을 마치며' 소감문 작성하기

끝으로는 진로교육을 마치며 진로교육을 통해 나에 대해 새롭게 알게 된 점, 앞으로 진로에 대한 생각, 스스로에 대한 태도 변화 등을 소감문으로 적어보자.

▲ [산출물] 학생들의 진로교육 종료 소감문

지금까지 내가 진정으로 하고 싶은 일에 대해 생각해본 적이 없는데 어떤 일을 하고 싶은지 알게 되었다는 학생. 꿈이 미래 사회 문제에 이바지할 수 있다는 것에 보람을 느낀다는 학생. 미래에 어떤 문제가 생겨도 지금처럼 아이디어를 내서 새로운 진로를 만들어 무엇이든 할 수 있다는 용기를 가지게 되었다는 학생. 소감문에는 스스로에 대한 보람과 성취감, 진로에 대한 자신감으로 빛나는 학생들의 진심이 가득 담겨 있었다.

기존의 직업에 나를 끼워맞추기 위해 노력하던 학생들이, 대신 내가 좋아하는 것을 찾았다. 그리고 미래에 긍정적인 영향을 끼칠 수 있는 자신만의 진로를 직접 그려보면서, 그 꿈의 주인이 되었다.

×××

미래 예측가인 피터 드러커는 이런 말을 했다. "미래를 예측하는 가장 좋은 방법은 미래를 창조하는 것이다." 알 수 없는 미래에 불안해하기보다 스스로를 이해하고 미래에 생길 수 있는 어려움을 찾아 유연한 사고를 하는 것. 내가 바라고 원하는 미래를 스스로 개척하고 만들어가는 것이 학생 맞춤형 진로교육이 아닐까? 성장하면서 좋아하는 것, 적성, 환경, 사회가 변화하더라도 본 학교자율시간에서 얻은 경험과 자신감이 이정표가 되어 학생들을 찬란한 꿈으로 안내하길 기대한다.

PART

초6 민주시민교육

함께 만드는 민주교실

01 수업 준비

1.1 활동 필요성 및 목표

활동 필요성

2022 개정 교육과정에서는 '공동체 의식을 바탕으로 다양성을 이해하고 서로 존중하는 민주시민'을 추구하는 인간상으로 제시하고 있다.[1] 이를 구현하기 위해서는 상대방의 관점을 존중하며 공동의 목적을 구현하는 협력적 소통 역량이 요구된다. 학생들은 공동체 생활과 관련된 여러 문제를 합리적으로 해결하는 과정 속에서 민주시민으로서의 자질을 갖출 수 있다.

하지만 학교에서 이루어지는 민주시민교육은 민주주의의 이념과 가치, 정치 제도 등과 같은 지적 영역 활동을 강조한다는 점에서 실제적인 민주시민 자질을 함양하기 어려운 측면이 있다.[2] 이를 보완하기 위해 학생들이 민주주의에 대한 이해를 바탕으로 학급의 문제를 인식하고, 이를 해결하기 위한 학급 자치활동에 참여하며 협력적 소통 역량을 함양할 수 있는 민주시민교육을 구성하였다.

이야기 속에 녹아 있는 법의 역할과 의미를 알아보고 생활 속에서 규칙을 지키며 준법 정신을 길러보자. 함께 더불어 사는 교실을 만들기 위해 필요한 규칙과 역할을 정하기도 하고, 구성원의 참여로 민주적으로 운영되는 교실도 경험해볼 것이다. 넛지 프로젝트로 학교의 문제 상황을 해결하고, 나아가 우리 지역 사회의 자치활동으로 확장되는 경험을 통해 살아 숨쉬는 민주시민교육을 체험할 수 있다.

목표

'함께 만드는 민주교실'의 목표는 학생들이 민주주의의 의미를 알고 상호 이해와 배려를 바탕으로 공동체 문제 해결에 주체적으로 참여하며 협력적 소통 역량을 기르는 데 있다.

1. 일상을 규율하는 다양한 법의 의미와 역할에 대해 이해하고 준법 정신을 기른다.
2. 학교의 다양한 자치 사례를 알아보고 학급 문제 해결에 참여하며 주체적인 삶의 태도를 함양한다.
3. 절차와 규칙을 준수하며 타인의 의견을 존중하고 나의 의견을 표현하는 과정을 통해 협력적 소통 역량을 가진다.

1.2 내용 체계 및 성취기준

내용 체계

범주	지식·이해	과정·기능	가치·태도
핵심 아이디어	-상호 이해와 배려를 바탕으로 사회 문제 해결에 참여하는 경험은 민주 사회 공동체를 이루는데 영향을 미친다. -인간은 법의 의미와 역할을 이해하고 자신의 삶을 성찰하는 과정을 통해 준법 정신을 기른다. -타인의 관점을 존중하며 민주적인 절차에 따라 자신의 생각을 효과적으로 표현함으로써 협력적 소통의 기초가 된다.		
내용 요소	-법의 의미와 역할 -민주주의의 의미 -학교 자치 사례	-절차와 규칙 준수하기 -자신의 생활 점검하여 성찰하기 -공동체 문제 해결에 참여하기	-준법 정신 -주체적인 삶의 태도 -협력적 소통

성취기준

- [6사민주- 01] 법의 의미와 역할에 대해 인식하고 일상 생활에서 준법 정신을 가진다.

- [6사민주- 02] 민주주의의 의미를 이해하고 절차와 규칙을 준수하여 협력적 소통의 가치를 함양한다.

- [6사민주- 03] 다양한 학교 자치 사례를 살펴보고 공동체 문제 해결에 참여한다.

- [6사민주- 04] 자신의 생활을 점검 및 성찰하며 내 삶에 주체적인 태도를 기른다.

1.3 교수학습 단계·평가·교육과정 편제

교수학습 단계

개념 이해	개념 적용	문제 인식	협력적 소통	실천·성찰
1~6차시	7~16차시	17~22차시	23~30차시	31~32차시
법의 의미와 역할 이해하기	우리 반 민주주의 씨앗 뿌리기	교실·학교·공동체 문제 찾기	협력적 소통으로 교내외 문제 해결하기	나의 생활 성찰하고 실천 다짐하기
[6사민주-01]	[6사민주-01] [6사민주-02]	[6사민주-03]	[6사민주-02] [6사민주-03]	[6사민주-04]

평가

성취기준	평가요소	수업·평가 방법	평가기준	평가시기
[6사민주-01] 법의 의미와 역할에 대해 이해하며 일상 생활에서 준법 정신을 가진다.	법의 의미와 역할에 대해 알아보고 일상 생활에서 준법 정신 가지고 실천하기	[지식 이해 중심 수업] 법의 의미와 역할에 대해 알아봄. 일상 생활에서 준법 정신을 가지고 실천함. (자기평가)	법의 의미와 역할에 대해 알아보고 일상 생활에서 지켜야 하는 규칙을 실천하여 준법 정신을 기른다.	4월
[6사민주-03] 다양한 학교 자치 사례를 살펴보며 공동체 문제 해결에 참여한다.	다양한 학교 자치 사례를 살펴보고 공동체 문제 해결에 협력적으로 참여하기	[문제 해결 수업] 다양한 학교 자치 사례를 살펴봄. 교내외 문제 해결을 위한 아이디어를 내고 실천하며 협력적으로 참여함. (산출물)	다양한 학교 자치 사례를 살펴보고 교내외 문제 해결을 위한 회의에서 아이디어를 내고 협력적으로 참여한다.	5월

교육과정 편제

구분			국가 기준	5-6학년군		
				5학년	6학년	계 (증감)
교과 (군)	공통 교과	국어	408	204	194	398 (-10)
		사회/도덕 - 사회	272	102	88	190 (-14)
		사회/도덕 - 학교자율시간		0	32	(+32)
		사회/도덕 - 도덕		34	26	60 (-8)
		수학	272	136	136	272
		과학/실과 - 과학	340	102	102	204
		과학/실과 - 실과		68	68	136
		체육	204	102	102	204
		예술 - 음악	272	68	68	136
		예술 - 미술		68	68	136
		영어	204	102	102	204
창의적 체험활동(자·동·진)			204	102	102	204
소계			2,176	1,088	1,088	2,176

※ 사회/도덕 국가기준: 사회 204, 도덕 68
※ 과학/실과 국가기준: 과학 204, 실과 136
※ 예술 국가기준: 음악 136, 미술 136

02 수업 운영

2.1 개념 이해: 법의 의미와 역할 이해하기 1~6차시

민주시민교육에서는 **학생들이 민주시민으로서 권리와 책임을 다하며, 실생활에서 공동체의 문제를 민주적으로 해결할 수 있는 역량을 기르는 데 중점**을 둔다. 그러려면 법을 꼭 이해해야 한다. 자신이 누려야 할 권리와 지켜야 할 책임에 대해 알게 해주기 때문이다. 법과 규칙 속에서 우리는 비로소 함께 더불어 사는 민주적인 사회를 만들 수 있다.

1 전래동화 속 법의 의미와 역할 알기 1~3차시

지도안 함께 보기

법과 규칙 안에서 민주사회가 이루어지는 만큼, 민주시민교육의 첫 장을 여는 본 차시 역시 법의 의미와 역할에 대해 이해하는 것으로 시작된다.

차시	1~3차시	준비물	활동지
수업 주제	법의 의미와 역할 이해하기		
학습목표	전래동화를 읽고 법의 의미와 역할에 대해 알 수 있다.		
활동 흐름			
도입(10분)	▶규칙이 없는 교실 -학교와 교실에 법과 규칙이 사라진다면 어떤 일이 생길지 생각해보기 -5분 동안 규칙이 없는 교실 체험하기		

전개(105분)	▶법과 규칙이 없을 때 불편한 점 이야기하기
	▶법의 의미와 역할 알아보기
	-교실 속 규칙 탐색하기(친구의 물건을 함부로 가져가지 않기, 쓰레기 버리기, 줄서서 밥먹기)
	-학교 속 규칙 탐색하기(오른쪽으로 걸어다니기, 시간표에 따라 수업하기, 큰 소리로 말하지 않기)
	-생활 속 법 탐색하기(신호에 맞춰 길 건너기, 돈을 내고 물건을 구입하기, 사람을 때리지 않기)
	▶이야기 속 법 찾아보기
	-전래동화 속에 숨은 법을 알아보고 어떤 역할을 하는지 찾아보기
	▶생활 속 법 찾아보기
	-이야기 속에서 알아본 법이 생활 속에서 어떻게 적용되는지 알아보기
정리(5분)	▶느낀 점 나누기

도입: 법과 규칙이 없는 교실 체험하기

법과 규칙은 우리 생활 어디에서나 공기처럼 존재한다. 이런 법이 없다면 당장 우리 교실에서는 어떤 일이 일어날지, 5분 동안 규칙 없는 교실 시간을 가지며 그 필요성을 환기한다. 이때 다른 친구를 때리거나 괴롭히는 폭력적인 일은 일어나지 않도록 주의한다. 친구의 물건을 함부로 빌린다거나, 수업 시간에 교실을 돌아다닌다거나, 손을 들지 않고 이야기를 하는 등 규칙을 지키지 않아 소란스럽고 불편해진 교실을 경험할 수 있을 것이다.

아예 여유를 두고 첫 차시 전에 반나절 정도 규칙 없는 교실을 경험해볼 수도 있다. 이는 학생들이 평소에는 생각하지 못했던 법의 의미와 역할에 대해 몸으로 느끼는 계기가 될 것이다.

전개①: 법의 의미와 역할 토의하기

이어서 우리를 둘러싸고 있는 교실, 학교, 생활 속 법에 대해 찾아보자. 개별 활동보다는 모둠끼리 토의를 통해 찾아보는 것을 추천한다. 법이 적용되는 범위가 방대하기 때문에 모둠별로 범위를 정해주면 더 생각하기 수월할 것이다.

여러 명이 함께 아이디어나 의견을 모을 때 유용한 〈창문열기〉 틀을 활용할 수도 있다. 각자의 생각을

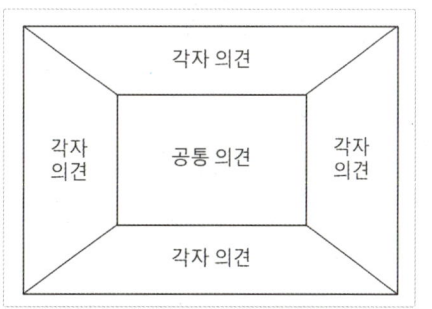

▲ [자료] 모둠 의견 수합 창문열기 틀 예시

자기 앞에 있는 칸에 자유롭게 메모하고 돌아가며 의견을 나눈다. 중복되는 아이디어는 지우고 가운데 칸에 공통의 의견을 정리하는 방법이다. 중앙 부분에는 법의 의미와 역할에 대해 한 문장으로 정리하도록 안내하자.

모둠활동이 끝나면 돌아가며 발표하고 마무리로는 교사가 다시 한번 법의 의미와 역할에 대해 개념적으로 안내한다.

전개②: 이야기 속 법 찾아보기

다음으로는 우리가 잘 아는 전래동화 속에 숨어 있는 법을 찾을 시간이다. 〈흥부전〉, 〈혹부리 영감〉, 〈심청전〉, 〈개와 고양이의 구슬 다툼〉까지, 친근한 이야기들이 던지는 질문 속에 어떤 법이 숨어 있을지 생각을 나누어보고 확인해보며 법에 대해 재미있게 이해할 수 있다. 다음 활동지를 참고해보자.

활동지 1_3차시(1)

이야기 속 법 찾아보기

1. 전래동화를 읽고 그 속에 숨겨진 법을 찾아봅시다. 이야기 속 인물들이 처한 상황에서 법은 어떤 역할을 할지 나의 의견을 적어보고 이야기 해봅시다.

이야기	법 토론	의견
▲ 흥부와 놀부(배효정 글·박문희 그림, 훈민출판사, 2024)	흥부와 놀부(흥부전) 속 흥부는 왜 집에서 쫓겨나 어렵게 살았을까요? 형 놀부에게 당당하게 부모님의 유산을 내놓으라고 할 수는 없었을까요?	예시) 흥부전 속에서 놀부와 흥부는 모두 같은 부모의 자식이기 때문에 동일하게 상속받을 권리가 있다. 법정상속분의 1/2까지는 유류분으로 법이 보호한다.[3]
▲ 혹부리 영감님(양돈규 글·김영희 그림, 지성사, 2024)	혹부리 영감은 도깨비로부터 벗어나고자 자신의 혹을 노래주머니라고 거짓말하며 혹을 떼어주고 도깨비방망이로 부자가 되었어요. 혹부리 영감은 사기죄로 처벌을 받을까요?	예시) 사기죄는 거짓말로 재물을 얻어냈을 때 성립한다. 할아버지의 거짓말은 살기 위해 한 거짓말이었을 뿐 도깨비방망이를 받기 위해 한 거짓말이 아니었다. 고의가 없으면 사기죄는 성립하지 않는다.

　▲ 심청전(쌈지글방 글·성은 그림, 오로라북스, 2015)	효녀 심청은 심봉사의 눈을 뜨게 하려고 공양미 300석을 받고 인당수에 몸을 내던지기로 했어요. 심청이는 꼭 약속을 지켜야 할까요?	예시) 계약이 법의 보호를 받으려면 계약목적이 사회질서에 어긋나면 안 된다. 또한 미성년자가 한 계약은 부모가 취소할 수 있으므로 심봉사가 심청이의 계약을 취소할 수도 있다.
　▲ 개와 고양이(강원희 글·유승옥 그림, 지경사, 2007)	할아버지의 푸른 구슬을 몰래 바꿔치기한 이웃 할머니네를 찾아가 다시 푸른 구슬을 되돌려놓은 개와 고양이. 법적으로 처벌을 받을까요?	예시) 비록 할머니가 푸른 구슬을 훔쳐가긴 했지만 이를 다시 훔치는 행위 역시 절도죄가 된다. 이럴 때는 경찰에 신고해서 마땅한 처벌을 받도록 하는 것이 바람직하다.

전개③~정리: 생활 속 법 실천하기

법에 대한 개념적인 이해가 완료되었다면 생활 속에서 지키고 싶은 규칙을 적고 매일 체크리스트를 확인하여 실천해보자. 매일 규칙을 지키기 위해 노력하는 과정 속에서 준법 정신을 기를 수 있을 것이다.

활동지 1_3차시(2)

생활 속 법 실천하기

1. 학교와 집 등 생활 속에서 지키고 싶은 규칙을 적고 매일 체크리스트를 실천해 봅시다. 일주일 동안 나의 행동을 되돌아보며 칭찬과 반성을 해 봅시다.

장소 / 날짜	15/수	16/목	17/금	18/토	19/일	20/월	21/화
학교							
집							
칭찬/반성							

📋 평가	이 차시는 평가 차시기도 하다. 두 활동지를 활용하여 4단계 평가기준을 확인해보자.
매우잘함	법의 의미와 역할에 대해 구체적으로 알아보고 일상 생활에서 지켜야 하는 규칙을 성실하게 실천하여 준법 정신을 기른다.
잘함	법의 의미와 역할에 대해 알아보고 일상 생활에서 지켜야 하는 규칙을 실천하여 준법 정신을 기른다.
보통	법의 의미와 역할에 대해 이해하고 규칙을 실천하기 위해 노력한다.
노력요함	법의 의미와 역할을 이해하지 못하고 규칙 실천에 어려움을 느낀다.

2 민주주의의 의미 이해하기 4~6차시

🔍 지도안 함께 보기

이번 차시에는 《우리들의 일그러진 영웅》 도서를 제재로 삼아 민주적인 교실에 대해 이야기 나누어보자. 등장인물 '한병태'의 행동을 옹호/비판하는 토론을 통해 민주주의의 의미를 이해할 수 있을 것이다.

차시	4~6차시	준비물	변호인·검사 카드, 활동지
수업 주제	법의 의미와 역할 이해하기		
학습목표	이야기 토론을 통해 민주주의의 의미를 이해하고 준법 정신을 기를 수 있다.		
활동 흐름			

도입(10분)	▶사전과제: 《우리들의 일그러진 영웅》 책 읽기 ▶《우리들의 일그러진 영웅》 요약 영상 보기 ▶한병태에 대한 나의 생각 이야기하기
전개(100분)	▶우리들의 일그러진 영웅 살펴보기 -한병태가 민주적인 교실을 위해 한 노력과 규칙 위반 사실 비교하기 ▶변호인 vs. 검사 토론 게임 -우리들의 일그러진 영웅 속 한병태의 행동에 대해 옹호하는 측: 변호인 -우리들의 일그러진 영웅 속 한병태의 행동을 비판하는 측: 검사 -변호인, 검사 카드를 들고 다니며 의견이 다른 친구를 만나 1:1로 토론하기

	▶내가 한병태였다면 뒷이야기 써보기 -내가 한병태였다면 더불어 사는 교실을 만들기 위해 어떤 노력을 했을지 상상하여 글쓰기
정리(10분)	▶민주적인 교실이란 무엇인지 릴레이 발표하기 ▶느낀 점 나누기

도입: '우리들의 일그러진 영웅' 이야기 살펴보기

《우리들의 일그러진 영웅(이문열 저, 다림, 1987)》은 권력을 휘두르던 반장 엄석대가 새로운 담임 선생님의 등장으로 몰락하는 과정을 통해 민주주의의 의미를 그리는 소설이다.

주인공인 전학생 한병태는 이야기 초반에는 엄석대의 권력에 맞서 싸우려 하지만 좌절을 맛보고, 결국 엄석대의 권력 아래서 편안함을 누리게 된다. 엄석대의 독재 교실 속에서 두 가지 입장을 모두 취한 한병태라는 인물을 통해 민주적인 교실을 만들기 위해 구성원들은 어떤 태도와 행동을 취해야 할지에 대해 생각해볼 수 있다.

사회 부조리를 우화적으로 비판하다, '우리들의 일그러진 영웅' [한국영화 걸작선]
(YTN korean)

《우리들의 일그러진 영웅》은 1992년 동명의 영화(박종원 감독)로도 만들어졌다. 하여 본 학교자율학습에서는 이 영화를 요약한 영상(QR코드)을 보여주며 수업을 시작하였다. 그렇지만 2주일 정도 기한을 두고 미리 책으로 읽어오도록 안내하길 권장한다.

전개①: 변호인 vs. 검사 토론 게임하기

활동에 앞서 《우리들의 일그러진 영웅》 속에서 한병태가 한 행동 중 민주적인 교실을 만들기 위해 한 노력과 반대로 규칙을 어긴 일을 각각 찾아보자. 한병태는 불공정한 엄석대의 반을 무너뜨리기 위해 선생님께 도움을 청하고, 반 친구들에게 엄석대의 잘못을 알리고, 반장 선거에 출마하는 등 여러 노력을 하였다. 하지만 그러한 노력이 좌절되고 결국 엄석대의 권력 아래서 그의 잘못을 묵인하게 된다. 한병태의 이러한 노력과 잘못을 비교한 뒤, 한병태의 행동을 두고 〈변호인 vs. 검사 토론 게임〉을 진행할 수 있다. 토론 게임 방법은 다음과 같다.

❶ 학생들에게 다음 그림과 같은 카드를 나누어준다. 카드의 한쪽 면은 변호인을, 다른 면은 검사를 나타낸다.

❷ 한병태의 행동이 잘못되긴 했지만 충분히 자신의 목소리를 내며 노력했다고 생각하는 학생들은 변호인 카드를 든다. 반대로 그럼에도 한병태는 여러 가지 규칙을 어기는 잘못을 했으므로 책임을 다하지 못했다고 생각하는 학생들은 검사 카드를 든다.

❸ 토론 게임이 시작되면, 나와 다른 카드를 든 학생과 만나 2분 동안 일대일 토론을 진행한다. 2분이 지나 종이 울리면 토론을 끝내고, 생각에 따라 카드를 유지하거나 카드를 뒤집어 들 수 있다.

❹ 다음에는 똑같이 나와 다른 카드를 든 학생을 찾아 다시 2분간 토론하면 된다. 총 5번 진행한다.

❺ 게임이 끝나면, 처음 토론을 시작할 때와 모든 토론을 마친 후에 변호인, 검사 카드를 든 학생 수가 각각 어떻게 변화했는지 살펴보자.

변호인   검사

▲ [자료] 변호인·검사 카드

 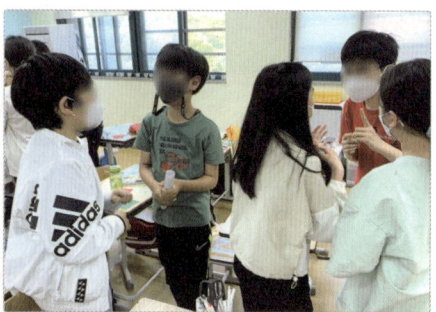

▲ [활동] '변호인 vs. 검사 토론 게임' 활동 모습

전개②: '내가 한병태였다면' 뒷이야기 쓰기

토론에 이어서 내가 한병태였다면 교실 민주주의를 지키기 위해 어떤 노력을 했을 것인지 상상하여 새로운 이야기를 써보도록 한다. 오른쪽 활동지(QR코드)를 제공하여 학생들의 글쓰기를 도울 수 있다. 끝까지 엄석대에 굴하지 않고 모두가 구성원으로서 목소리를 낼 수 있는 민주적인 교실을 만들 거라는 학생이 있는 반면, 한병태처럼 노력도 못 해보고 같이 침묵했을 것 같다는 학생도 있었다. 이야기 속 인물에 나를 대입해보며 민주적인 교실이란 어떤 것인지, 그 가치를 지키기 위해 구성원들은 어떤 노력을 해야 하는지 생각해볼 수 있다.

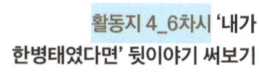 

활동지 4_6차시 '내가 한병태였다면' 뒷이야기 써보기

정리: 민주적인 교실이란? 릴레이 발표하기

마지막으로 내가 생각하는 민주적인 교실에 대해 짧은 릴레이 발표를 하며 마무리한다.

2.2 개념 적용: 우리 반 민주주의 씨앗 뿌리기 7~16차시

이전의 수업을 통해 법의 역할과 의미를 이해하고 민주주의를 위해 어떤 자세가 필요한지 알아보았다면, 이제 배운 것을 우리 교실에 적용해보자. 함께 더불어 살아가기 위한 건강하고 민주적인 교실을 만들기 위해 필요한 가치에 대해 이야기 나누어볼 것이다.

1 민주적인 교실을 위해 필요한 가치 탐색하기 7~10차시

지도안 함께 보기

이번 수업은 크게 두 가지 활동으로 나뉜다. 첫 번째는 모둠활동으로 여러 가지 가치 중 학교 생활에서 중요하다고 생각되는 가치에 투자해보는 가치 경매 놀이이다. 두 번째 활동은 우리 반 가치 사전 만들기이다. 두 활동을 통해 민주적인 교실에 필요한 가치를 반 전체가 주체적으로 탐색할 수 있도록 한다.

차시	7~10차시	준비물	활동지, 유성매직
수업 주제	우리 반 민주주의 씨앗 뿌리기		
학습목표	민주적인 교실을 만들기 위해 필요한 가치를 주체적으로 탐색할 수 있다.		

활동 흐름	
도입(10분)	▶'마음의 보따리' 노래 듣기 ▶내 마음의 보따리 이야기하기 　▶ [영상] 마음의보따리 창작동요 (노래하고그림해)
전개(140분)	▶가치 경매 참여하기 　-함께 살아가는 민주적인 교실을 위해 필요한 가치 경매에 참여하기 　-우리 모둠이 구매한 가치가 필요하다고 생각한 이유 소개하기 ▶우리 반 가치 사전 만들기 　-《아름다운 가치 사전》을 살펴보며 우리 반 가치 　 사전 만들기 　　▶ [도서] 아름다운 가치 사전 세트 　　(채인선 글·김은정 그림, 한울림어린이, 2015)
정리(10분)	▶우리 가족 가치 사전 발표하기 ▶느낀 점 나누기

도입~전개①: 가치 경매 참여하기

수업 시작에 앞서, '마음의 보따리' 창작동요(QR코드)를 들으며 학교 생활을 하는 내 마음 보따리에는 어떤 가치와 미덕들이 있는지 이야기 나누어본다.

마음의보따리[창작동요/ 마음동요] (노래하고그림해)

모둠을 꾸려 이 가치와 미덕들을 두고 가치 경매에 참여해보자. 규칙은 다음과 같다.

❶ 경매에 참가하는 모둠은 100포인트를 가진다.
❷ 모둠 토의를 통해 우리 반을 위해 필요하다고 생각하는 가치를 정하고 포인트를 분배한다.
❸ 가장 높은 포인트를 사용한 모둠이 가치를 획득한다.
❹ 가치를 얻지 못해도 사용한 포인트는 사라진다.
❺ 동점인 경우에 다음으로 높은 포인트를 쓴 모둠이 가치를 가진다.
❻ 가장 많은 가치를 얻은 모둠이 게임에서 승리한다.

경매에 나오는 가치는 총 10가지다. 이 중 우리 반에 꼭 필요한 가치가 무엇인지 상의를 통해 우선순위를 매긴다. 부여받은 100포인트를 10가지 가치에 분배하여 투자하면 된다. 가장 높은 포인트를 투자한 모둠이 가치를 획득하며, 동점인 경우에는 두 번째로 높게 투자한 모둠이 가치를 얻게 된다. 다음 예시 활동지를 활용해보자.

활동지 7_10차시

가치 경매 투자하기

1. 학교 생활에서 중요하다고 생각하는 가치에 투자해 봅시다. 모둠 단위로 100포인트가 주어지며, 상의를 통해 10가지 가치들의 포인트를 분배하여 투자합니다.

가치	사용 포인트	투자 이유	획득여부
배려			
신중			
책임			
소통			
자신감			
관용			
믿음			
유머			
감사			
정직			

가치 경매 활동에는 장점이 많다. 포인트를 분배하면서 모둠 친구들과 어떤 가치가 우선인지 이야기 나눌 수 있고, 경매에서는 우리 반 친구들이 공통적으로 중요하게 생각하는 가치가 무엇인지도 확인할 수 있다. 평소에는 발표하거나 의견 내기를 어려워하는 친구들도 놀이라고 생각하여 자신의 생각을 더 적극적으로 표현할 수 있을 것이다. 핵심은 가치를 많이 얻는 것이 아니라, 우리 교실에 정말 필요한 덕목이 무엇인지 생각하는 데 있음을 강조하여 지도하도록 한다.

전개②: 우리 반 가치 사전 만들기

《아름가운 가치 사전 1, 2(채인선 글·김은정 그림, 한울림어린이)》는 가치를 일상에 빗대 쉽고 재미있게 풀이하기로 이미 유명한 베스트셀러이다. 예를 들어 이해심은 "혼자 맛있는 것을 먹을 때 다 먹지 않고 동생 것을 남겨 두는 것"이라 설명한다. 한 번에 어떤 가치인지 공감할 수 있다. 학생들과 함께 《아름가운 가치 사전》 속 예시들을 살펴본 후 우리 반 가치 사전을 만들어보자. 다음 예시 가치 카드를 활용해도 좋다.

원하는 가치를 중복되지 않게 선택한 후 A4크기의 도화지에 나만의 가치 사전을 그려본다. 가치 카드는 도화지의 일정한 위치에 붙여 찾아보기 쉽게 한다. 모든 학생이 가치 사전을 완성하면 교사가 한글 순으로 모아 책으로 엮어주자. 학생들이 보기 좋게 학급 문고에 비치해두거나, 매일 돌아가며 가치 사전을 읽어보는 활동도 추천한다.

정직	용기	공평	관용	감사	존중
믿음	배려	보람	사랑	성실	책임
신중	소통	양심	예의	겸손	친절
유머	이해심	안내	자신감	긍정	행복

▲ [자료] 예시 가치 카드

▲ [산출물] 학생들이 그린 가치 사전 페이지 (왼쪽: 겸손, 오른쪽: 행복)

정리: 우리 가족 가치 사전 발표하기

이후 확장 활동으로 '우리 반 가치 사전'의 뒤편에 가족과 함께 우리 가족 가치 사전을 적어보도록 활동지를 추가하는 것은 어떨까? 매일 번호순으로 가치 사전을 집으로 가져가 가족과 함께 읽어보고, 우리 가족이 생각하는 중요한 가치를 골라 추가하는 것이다. 끝에는 부모님이 학급 친구들에게 보내는 격려의 메시지도 남길 수 있다면 금상첨화겠다.

▲ [산출물] '우리 가족 가치 사전' 작성 내용

이 활동을 통해 학교에서뿐 아니라 가정에서도 가치에 대해 이야기 나누며 그 의미를 깊이 생각할 수 있다. 또한 다른 가족들이 남긴 가치 사전을 읽어보며 민주적인 교실을 위해서는 다양한 가치가 필요함도 이해하게 된다. 더해서 가족들의 따뜻한 응원을 받으면 학생들이 더 책임감과 자부심을 가지고 활동할 수 있을 것이다.

2 더불어 사는 교실을 위한 우리 반 헌법 만들기 11~13차시

🔍 지도안 함께 보기

민주시민교육의 본격적인 첫 발을 내딛는 시간, 우리 반의 헌법을 만들어보는 시간이다. 앞서 민주적인 우리 반을 만들기 위해 필요한 가치를 알아보았다. 이제 이를 실천할 수 있는 우리 반 규칙인 학급헌법을 만들어보자. 헌법은 우리나라 국민의 권리·의무를 규율한 최상위 법을 일컫지만, 그만큼 중요한 우리 반 규칙이라는 의미에서 상징적으로 이름을 붙여보았다. 이 헌법은 뒷차시에 우리 반의 문제를 민주적으로 해결하는 학생자치법정과도 연계될 것이다.

차시	11~13차시	준비물	포스트잇
수업 주제	우리 반 민주주의 씨앗 뿌리기		
학습목표	절차와 규칙을 지켜 더불어 사는 교실을 위한 우리 반 헌법을 만들 수 있다.		

	활동 흐름
도입(10분)	▶《규칙을 싫어하는 렉스》그림책 살펴보기 -규칙이 중요한 이유 이야기하기 ▶ [도서] 규칙을 싫어하는 렉스(데이지 알베르토 글·김유정 번역·제리 스마스 그림, 한국가우스, 2016)
전개(105분)	▶규칙이 필요한 상황 5가지 뽑기 -수업시간, 쉬는시간, 학습태도, 생활태도, 학교폭력 등 큰 범주로 나누기 ▶의견 모으기 -각 상황별로 필요하다고 생각되는 규칙을 포스트잇에 써 붙이기 ▶우리 반 헌법 만들기 -친구들의 의견을 살펴보며 공통되는 의견을 모아 우리 반 헌법 만들기 -헌법마다 점수 매기기 ▶우리 반 실천헌법 만들기 -헌법을 어긴 경우에 실천하면 좋은 실천헌법 만들기 (예: 지각한 경우 - 친구에게 모닝콜하기 / 욕설한 경우 - 반 친구들에게 칭찬 한마디하기)
정리(5분)	▶느낀 점 나누기

도입: 규칙의 필요성 이야기하기

도입에서는 《규칙을 싫어하는 렉스(데이지 알베르토 글·김유정 번역·제리 스마스 그림, 한국가우스)》 책을 학생들에게 소개한다. 이 책은 규칙이 답답하고 필요 없다고 생각하는 렉스가, 가족과 함께 규칙이 없는 일주일을 보내면서 규칙의 필요성을 느끼게 되는 내용이다. 우리 생활에서, 교실에서 규칙이 왜 필요한지 이야기하며 헌법 만들기를 위한 마음가짐을 잡아본다.

전개①: 우리 반 헌법 만들기

규칙의 필요성을 이해했으니, 우리 반의 헌법을 만들어보자. 방법은 다양하다. 짝활동으로 초안을 만든 후 모둠 토의, 전체 토의로 논의를 확장해보자. 학교 생활과 관련된 그림책을 읽고 그 안에서 필요한 학급 헌법에 대해 토의하는 것도 방법이다. 본 학교자율시간에서는 학교에서 규칙이 필요한 상황을 먼저 정한 뒤, 각 상황의 세부적인 규칙을 만들기로 하였다. 진행 순서는 다음과 같다.

❶ 가장 먼저 학급 헌법이 필요한 상황을 토의한다. 필자의 학급에서는 수업시간, 쉬는시간, 생활태도, 학습태도, 학교폭력의 5가지 범주를 정하였다.

❷ 다음은 의견을 모을 차례다. 큰 도화지에 규칙이 필요한 상황 5가지를 각각 써 칠판에 붙였다. 학생들에게 포스트잇을 넉넉하게 나누어주고, 상황별로 필요하다고 생각하는 규칙을 적어 자유롭게 붙이도록 하였다.

▲ [활동] '학급 헌법 만들기' 활동 모습

❸ 의견이 충분히 모이면 다 함께 의논하여 중복되는 것을 가려내고 필요에 따라 더 큰 범주의 규칙으로 합쳐 정리한다. 이렇게 1차적으로 만든 학급헌법 초안은 이후 학급회의 안건으로 회부될 것이다.

전개②: 우리 반 실천헌법 만들기

한편 학급 헌법과 함께 만들면 좋은 것이 있으니, 바로 **학급 실천헌법**이다. 실천헌법이란, **학급 헌법을 어긴 학생들이 바른 생활 습관을 기르기 위해 실천할 수 있는 일들**을 말한다. 학급 실천헌법은 친구들의 긍정적인 행동 변화를 유도할 수 있는 일로, 처벌과는 달라야 함을 강조한다.

예를 들어 주기적으로 지각을 하는 학생이 있다면, '아침에 일어나서 친구에게 모닝콜하기'를 실천하게 하는 것이다. 아침 일찍 일어나는 연습이 될 것이다. 친구들에게 지속적으로 욕설을 하는 학생은, '반 친구들에게 칭찬의 한 마디'를 적게 하여 긍정적인 언행을 하도록 격려한다. 수업 시간에 늦게 들어오는 학생에게는 '수업 시간 1분 전에 친구들에게 알려주는 알리미' 역할을 준다. 수업을 미리 준비하는 습관을 기를 수 있다.

정리: 학급회의에서 우리 반 헌법 & 실천헌법 확정하기

충분한 토의를 거쳐 학급 헌법 및 실천헌법 초안을 마련했다면, 수업을 정리하고 이 헌법이 나중에 학급회의에서 논의될 것임을 안내하자. 학급회의에서 학생들과 함께 헌법을 다시 살펴보면서 필요한 것은 추가하고 보완하여 최종 학급헌법을 확정하게 된다. 학급회의 전에 초안을 읽어보고 수정하거나 추가할 부분을 적어 오도록 안내하면 더 심도 있는 학급회의가 가능하다.

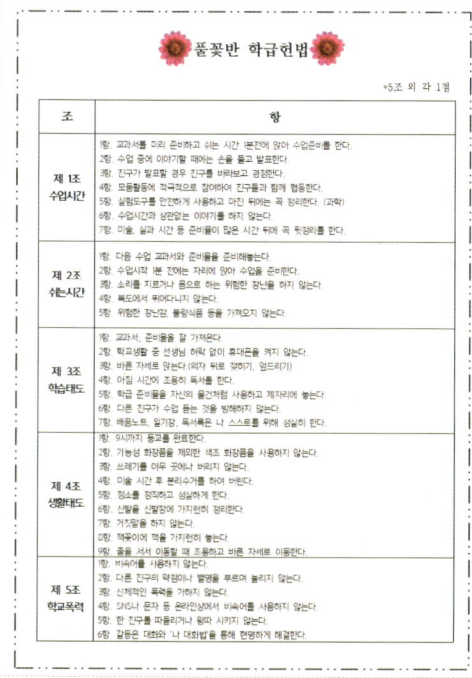

▲ [산출물] 학급 헌법, 실천헌법 예시

학급헌법은 필요에 따라 민주적인 절차에 의해 수정될 수 있도록 한다. 또 필자의 학급에서는 각 규칙마다 점수를 부여하도록 했는데, 학생들의 의견을 반영하여 학교폭력과 관련된 것은 2점, 다른 규칙은 1점으로 정하였다. 이 모든 과정은 학생들의 참여와 의견으로 이루어져야 함을 늘 기억하고 교사는 조력자로서 학생들이 방향을 잃지 않도록 도움을 주자.

3 우리 교실에 필요한 역할 정하기 14~16차시

지도안 함께 보기

민주시민이라면 모름지기 책임과 권리를 행사할 줄 알아야 한다. 학생들이 매일 생활하는 교실에서 필요한 역할을 나누어 일하면서, 학생들의 책임감을 기르고 주인의식을 함양할 수 있도록 이 차시를 구성하였다. 교실 내 생활 지도를 위한 1인 1역할과 연계할 수도 있을 것이다.

차시	14~16차시	준비물	직업 신청서
수업 주제	우리 반 민주주의 씨앗 뿌리기		

학습목표	학급 자치를 위해 필요한 역할을 만들고 책임감 있게 실천할 수 있다.
활동 흐름	
도입(5분)	▶우리 교실에 필요한 역할 알아보기 -우리 교실을 쾌적하고 편리하게 만들기 위해 어떤 역할이 필요할까요? ▶ [자료] 우리교실 1인 1직업 만들기 PPT 자료
전개(110분)	▶우리교실 1인 1직업 역할 만들기 -교실에 필요하다고 생각하는 역할과 그 이유를 적어 칠판에 붙이기 -학생 수만큼 직업 만들고 재미있는 직업명 만들어주기 ▶투표가 필요한 직업 선거하기 -우리 반 헌법 지키기를 담당하는 경찰관 선거하기 -간단한 후보자 토론회를 통해 질문하고 투표로 뽑기 ▶직업 정하고 부서장 뽑기 -관련된 영역의 직업을 묶어 부를 만들고 부서장 뽑기
정리(5분)	▶느낀 점 나누기

도입~전개①: 우리 교실 1인 1직업 역할 만들기

가장 먼저, 학생들이 즐겁고 설레는 마음으로 교실직업 활동에 참여할 수 있도록 특별한 타이틀 PPT(지도안 참조)나 현수막을 만들어 분위기를 고취시키는 것을 추천한다.

직업은 처음부터 끝까지 학생들이 의견을 내고 만들어 가도록 한다. 우선 교실에서 필요하다고 생각하는 역할과 이유를 적어 칠판에 붙인다. 포스트잇도 좋고, 허니보드 같은 자석 교구를 사용하면 한눈에 알아보고 비슷한 것끼리 묶어 배치하기 편리하다.

학생 수만큼 직업을 만들고, 재미있는 직업명도 정하도록 해보자. 학생들의 창의력과 상상력은 무궁무진하다. 여러 기발한 직업들이 마구 쏟아질 것이다. 예를 들어 학급의 냉난방기와 이동 수업 시 전등을 관리하는 직업 이름은 '한국전력'이었다. 오늘의 급식 식단을 칠판에 적어 알려주는 '냠냠이', 수업 시작 1분 전에 미리 수업할 과목과 페이지를 안내해주는 '아나운서' 등도 참신하다.

전개②: 투표가 필요한 직업 선거하기

어떤 직업은 그 책임이 막중하여 선거를 통해 뽑아야 한다. 가령 학생들의 헌법 준수 사항을 기록하고 관리하는 '경찰관'이 그렇다. 학급 헌법에 따르면, 2회의 경고 후에도 헌법을 어길 경우 벌점이 쌓이게 된다. 경찰관은 누가 언제 무엇 때문에 벌점을 받았는지 기록한다. 단연 많은 학생이 지원하는 인기 직업이다. 자칫 친구들의 항의가 있을지 모르니, 평소에 규칙을 잘 지키고 모범적인 학교생활을 하여 친구들에게 신뢰가 있는 학생이 맡는 것이 좋다.

직업 선거는 후보자를 등록하고 간단한 후보자 연설을 하는 일반적인 절차로 진행된다. 이때 후보자 토론회를 실시하면 조금 더 특별하고 민주적인 방식으로 투표가 이루어질 수 있다. 후보자들끼리 연설에 대해 질의응답을 하거나 유권자들이 질문을 할 수도 있기 때문이다. 교실 앞쪽에 둥그렇게 책상을 배치해서 진행하면 유권자와 후보자 모두 양방향으로 소통하기 수월할 것이다.

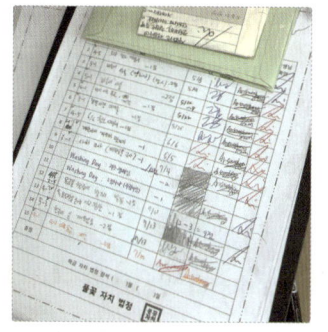
▲ [산출물] 경찰관 헌법 일지 예시

이렇게 토론회와 선거를 거쳤더니 학생들에게 직업에 대해 많이 고민하고 성실하게 실천할 수 있을 친구를 판별하는 안목이 생겼고, 실제로 직업이 정해진 후에 그 친구의 의견을 존중해주는 경향을 보였다.

▲ [활동] '경찰관 선거 후보자 토론회' 진행 모습

전개③~정리: 직업 정하고 교실 부서 꾸리기

선거가 끝난 후에는 남은 직업들도 정해보자. 이 직업을 선택하고 싶은 이유와 자신의 장점을 담은 지원서 제출을 통해 민주적인 절차로 결정하게 된다. 경쟁자가 없다면 지원서를 쓴 사람이 직업을 얻게 되며, 여러 명이 몰릴 경우 지원서를 보고 판단하여 정한다. 필자가 적용해보았을 때 두 달 정도의 주기로 직업을 바꾸면, 직업 수행의 노하우도 쌓이고 바꾸기에 소요되는 시간도 줄어들었다. 또한 학생들이 중복된 직업을 갖지 않도록 교사가 살짝 개입한다면, 다양한 역할을 경험할 수 있을 것이다.

모든 직업이 정해지면 비슷한 직업군을 모아 부서를 만들어보자. 부서를 이끌 부서장을 뽑아 매주 직업 운영상 힘든 일이나 필요한 것, 잘한 점과 반성하는 점을 의논하여 학급회의 시간에 공유하게 하자. 더 알찬 회의를 할 수 있다. 교실직업 활동은 학생들이 공동체에 기여하는 경험을 쌓고 민주적인 의사결정 절차를 경험하는 기회가 될 것이다.

2.3 문제 인식: 교실·학교·공동체 문제 찾기 17~22차시

본 학교자율시간에서 학생들이 민주시민 의식을 함양하기 위해 실천하는 활동은 크게 두 가지이다. 하나는 자치법정을 통해 민주적인 절차로 학급 안에서의 문제와 어려움을 해결하는 것이다. 다른 하나는 범위를 넓혀 학교와 지역사회의 문제를 찾고 이를 해결하기 위한 의견을 내며 자치활동에 참여하는 것이다.

1 학급 문제 해결을 위한 모의자치법정 열기 17~18차시

지도안 함께 보기

이번 차시는 학생자치법정의 기초를 다치는 시간으로 알라딘을 주인공으로 하는 모의자치법정에 참여하고 학생자치법정의 절차와 구성원의 역할에 대해 이해해볼 것이다. 이 활동은 뒤에 이어지는 실제 학급자치법정 활동의 기초가 된다.

차시	17~18차시	준비물	활동지
수업 주제	교실 학교 공동체 문제 찾기		
학습목표	학급 문제 해결을 위한 모의자치법정에 주체적으로 참여할 수 있다.		
활동 흐름			

도입(5분)	▶모의자치법정 영상 시청하기 ▶실제 재판과 자치법정의 차이 찾아보기
전개(70분)	▶학생자치법정의 의미와 역할 알아보기 -지각, 수업시간 떠들기 등 일상 속 규칙위반 사안에 대해 학생 스스로 법정을 구성하여 바른 생활 습관을 기르는 활동 해보기 -학생자치법정을 구성하는 규칙위반학생, 판사, 검사, 변호인, 배심원의 역할과 하는 일 알아보기 ▶알라딘 모의자치법정 열기 -알라딘의 모의자치법정에 참여하여 구성원의 역할과 학생자치법정의 의미 이해하기

역할	내용
규칙위반 학생	스스로 판사가 되어 자신의 규칙위반에 따른 실천 헌법을 다짐함
재판관	자치법정의 진행을 맡음
검사	규칙위반 학생이 바른생활 습관을 위해 실천해야 하는 실천헌법을 주장함

	변호인	규칙위반 학생의 어쩔 수 없었던 상황과 노력했던 점을 들어 이해를 도움
	배심원	검사, 변호인 진술을 듣고 배심원 토론을 통해 의견을 전달함
정리(5분)		▶모의자치법정에 참여한 소감 나누기

도입~전개①: 학생 자치법정 이해하기

먼저 학생 자치법정을 운영 중인 학교를 찾아 모의 자치법정에 참여하는 예능 프로그램 영상(QR코드)으로 친숙하고 재미있게 자치법정을 이해해보며 수업을 시작하자.

학생 자치 법정 개정, 노랑머리 '조권'의 최후?! / 학교 다녀오겠습니다 7회 (JTBC Entertainment)

이어서 학생자치법정의 의미와 역할에 대해 간단히 살펴본다. **학생자치법정**은 **교실에서 일어나는 일을 대상으로 학생 스스로가 판사, 검사, 변호인이 되어 법정을 구성하는 자치 프로그램**이다. 특히 법무부와 교육부에서 지원하는 프로그램이라 주목도가 높다.

학생자치법정이 일반 재판과 가장 다른 점은, 규칙위반학생 스스로가 판사가 되어 자신의 바른 생활 습관을 기르기 위해 필요한 실천헌법을 다짐한다는 것이다. 또 검사는 규칙위반학생이 학급 헌법을 어김으로써 어떤 불편이 생겼는지 알려주고 이를 개선할 수 있는 실천헌법을 요청하는 역할을 한다. 변호인은 규칙위반학생이 바른 생활 습관을 위해 노력했던 점이나 규칙을 위반할 수밖에 없었던 사정을 변론하며 학급 친구들이 규칙위반학생을 이해할 수 있는 연결다리가 되어준다. 배심원은 검사와 변호인의 이야기를 듣고 배심원 토론을 통해 규칙위반학생에게 적절한 실천헌법을 소개한다.

이렇게 자치법정의 구성원인 재판부, 검사, 변호인은 친구를 판단하고 평가하는 것이 아니라, 함께 더불어 지내기 위해 만들어진 규칙을 잘 실천할 수 있도록 격려하고 돕는 역할임을 강조하는 것이 중요하다. 규칙을 어긴 학생의 처벌보다는 학생 스스로 자신의 행동을 반성하고 개선할 수 있도록 한다는 특별한 점을 부각시켜 보자. 학생자치법정의 자세한 운영 절차와 구성원 역할이 궁금하다면, 법무부에서 운영하는 '이로운법' 유튜브 영상(QR코드)을 참고해보자.

2. 학생자치법정 가이드 (학생자치법정) (이로운법)

전개②: '알라딘' 학생 모의자치법정 개정하기

백문이불여일견. 백 번 듣는 것보다 한 번 보는 것이 이해가 더 빠르다. 동화 속 주인공 '알라딘'을 규칙위반학생으로 하는 모의자치법정을 열어 구성원들이 어떤 역할을 하는지, 어떤 과정을 통해 자치법정을 여는지 알아보자.

▲ [활동] '학생 모의자치법정' 진행 모습

모의자치법정은 말 그대로 자치법정을 알아보기 위해 모의로 하는 역할극이므로, 원하는 학생에게 자유롭게 배역을 주어도 무방하다. 극의 분위기를 잘 살릴 수 있는 학생이 연기한다면 더 효과적으로 이해할 수 있을 것이다. 다음 예시 대본을 참고해 진행해보자(전체 대본은 QR코드로 확인 가능하다).

활동지 17_18차시
학생 모의자치법정 전체 대본

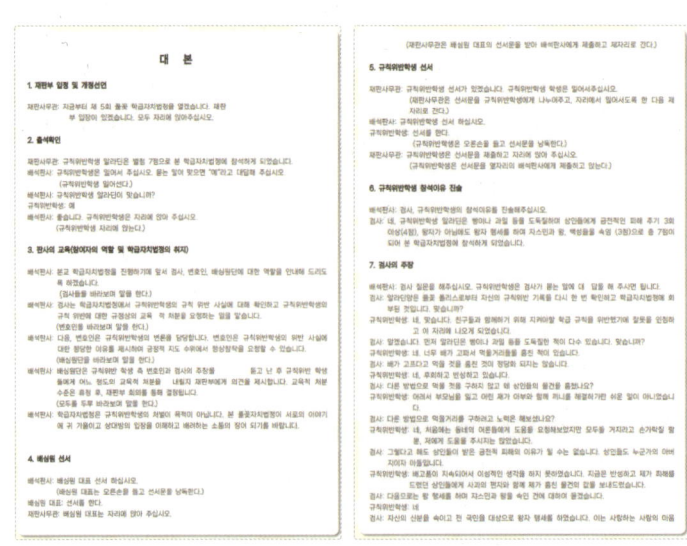

▲ [자료] 학생 모의자치법정 예시 대본

정리: 모의자치법정 소감 나누기

모의자치법정을 마치면 학생들과 소감과 앞으로의 다짐을 나누며 마무리한다. 법정이라고 해서 무서운 분위기를 생각했는데 친구를 이해하고 더 좋은 행동을 할 수 있도록 노력할 수 있는 기회라는 생각이 들었다는 학생, 우리 반 헌법을 잘 지켜서 자치법정이 열리지 않도록 해야겠다는 학생, 법조인이 꿈이었는데 이런 기회가 있어서 설렌다는 학생까지, 자치법정을 통해 학급 문제 해결에 주체적으로 참여하고자 하는 학생들의 다짐과 기대를 엿볼 수 있었다.

학생자치법정이 민주시민교육에서 갖는 장점은 다양하다.[4] 학생들이 스스로 학급 헌법을 정하고 문제를 해결하는 과정을 통해 자율성을 기르고, 자신의 행동이 공동체에 영향을 미친다는 점을 이해하여 책임감을 가질 수 있다. 더불어 직접 다양한 역할을 맡아 자치법정을 운영하는 과정 속에서는 생생한 민주적 절차를 경험할 수 있다. 또 친구를 면담하거나, 자신의 생각을 정리하여 표현하고 토론하는 경험을 통해 협력적 소통 능력을 함양한다. 법의 의미와 역할을 이해하고 준법 정신을 갖추며 나아가 주체적인 삶의 태도를 기를 수 있을 것이다.

2 우리 학급 문제 자치활동으로 민주적으로 해결하기 19~20차시

지도안 함께 보기

이번 차시는 우리 학급에서 일어나는 문제점을 찾아보는 시간이다. 교실의 문제를 민주적으로 해결할 수 있는 다양한 자치활동을 살펴보고 우리 반에 잘 맞는 방법을 선택하고 실천해보자. 참고할 수 있도록 지도안에는 다양한 자치활동을 적어두었으나 교실 상황에 맞게 선택적으로 활용하는 것을 권한다.

차시	19~20차시	준비물	학급일지, 활동지
수업 주제	교실 학교 공동체 문제 찾기		
학습목표	학급 문제를 해결하는 자치 사례를 탐색하여 학급 문제 해결에 참여할 수 있다.		

활동 흐름	
도입(10분)	▶영상 보며 이야기하기 -학생 스스로 학교 생활 속 문제를 해결할 수 있는 방법 이야기하기 ▶ [영상] 학교의 문제, 민주적으로 해결해요! (중앙선거관리위원회)

전개(65분)	▶다양한 학교자치 사례 살펴보기 　-학급회의, 칭찬 암행어사, 부서별 캠페인 활동, 비밀 우편함 등 자치 사례 살펴보기 ▶교실 속 문제 찾기 ▶학급회의 　-부서별 학급회의를 통해 우리 교실에서 잘 되고 있는 점과 문제점을 찾아 해결 방안 제시하기 ▶칭찬 암행어사 　-매주 칭찬 암행어사를 뽑아 학급의 규칙을 잘 지키는 친구들을 기록하고 칭찬하기 　-학급 규칙을 잘 지키는 학생들을 독려하는 활동을 통해 준법 정신 기르기 ▶'안녕하세요' 고민상담소 　- 교실에서 느끼는 어려운 점이나 고민을 사연으로 신청하면 함께 해결 방안 알려주기
정리(5분)	▶느낀 점 나누기

도입~전개①: 학교자치 사례 살펴보기

도입에서는 중앙선거관리위원회의 영상(QR코드)을 함께 시청한다. 영상에서는 학교에서 빈번히 일어나는 '학년별 운동장 사용 시간'이라는 문제 상황을 학급 회의와 전교 회의로 민주적으로 해결해 나가는 사례를 보여준다. 우리 주변에 해당 사례와 비슷한 상황이 있는지 살펴보고, 이를 해결할 수 있는 방법을 이야기해보자.

학교의 문제, 민주적으로 해결해요! (중앙선거관리위원회)

전개②: 교실 속 문제 해결 학급회의

먼저 학생들과 함께 일주일 혹은 한 달 동안 학교 생활을 하며 느꼈던 불편한 점이나 개선할 점에 대해 이야기 나누어보자. 학급회의 형식으로 학급 임원이 나와서 진행하는 것도 좋고 허니보드나 포스트잇을 통해 의견을 모으는 것도 추천한다.

이때 비슷한 직업군을 묶어 만든 부서를 활용해보면 좋다. 학급회의보다 적은 인원이 모인 부서회의에서 평소 일을 하면서 느낀 어려움이나 개선 사항을 나누고, 부서장이 의견을 취합해 학급회의에서 발표하는 것이다. 발표가 부담스러운 학생들의 의견도 골고루 반영할 수 있어 유익하다. 부서회의는 자율적으로 쉬는시간이나 점심시간에 열도록 하였다.

▲ [활동] 문제 해결을 위한 회의 진행 모습: 부서회의(왼쪽) | 학급회의(오른쪽)

학급 문제에 대한 의견이 모였다면 다양한 자치활동을 통해 해결 방안을 이야기하는 시간을 가져보자. 학생들에게 가장 친숙한 방법은 학급회의일 것이다. 학급회의 전 이 시간이 스스로 원하는 교실을 만들어갈 수 있는 귀중하고 중요한 시간임을 한 번 더 강조하면 좋다. 학생들이 임하는 태도에 변화가 생기는 것을 확인할 수 있을 것이다.

혹여 공개적으로 의견을 내기 어려운 상황에서는 무기명 비밀 우편함 등을 활용해 요청 사항이나 건의 사항을 표현할 수 있도록 하는 것도 추천한다. 간혹 학급 임원뿐 아니라 무작위로 선택된 학생들이 학급회의를 진행할 수 있도록 하였는데, 그러면 다양한 학생들이 더 흥미있게 참여할 수 있다는 반응이었다.

전개③: 칭찬 암행어사 제도

학급회의 외에 추천하는 학급 문제 해결 자치활동은 〈칭찬 암행어사 제도〉이다. 대부분의 학급 문제가 학급 규칙을 잘 준수하지 않는 데서 발생한다. 이 경우 해결 방법은 곧 학급 규칙을 잘 지키는 것인데, 이를 독려할 수 있는 재미있는 활동이다.

칭찬 암행어사는 일주일에 한 번 교사가 비밀리에 지정해주었다. 일주일 동안 친구들의 선행을 관찰하고 칭찬 암행어사 일지에 기록하는 우리 반의 마니또가 되는 것이다. 칭찬 암행어사는 자신의 존재를 들키지 않도록 노력하고 학생들은 암행어사를 추리하며 찾아내는 재미가 있다. 학급회의 자투리 시간이나 도덕 자투리 시간을 활용하여 정해진 시간에 운영하면 좋다.

학생들이 칭찬 암행어사의 정체를 밝히는 데 성공하면, 암행어사는 직접 나와서 암행어사 일지(활동지 참조)를 발표하지 못하게 된다. 끝까지 비밀을 들키지 않은 칭찬 암행어사는 마패를 들고 나와서 일주일 동안 기록한 학생들의 선행을 발표할 수 있다. 가장 많은 선행을 하거나 감동적인 선행을 한 친구는 명예의 전당에 올라 친구들에게 칭찬 샤워를 받게 된다.

활동지 19_20차시(1)

칭찬 암행어사 일지

1. 칭찬 암행어사가 된 것을 축하합니다. 일주일 동안 친구들의 선행을 관찰하여 칭찬 암행어사 일지에 꼼꼼하게 기록해 봅시다.

칭찬 암행어사		이름:
날짜	암행어사 일지	
월(/)	예시) 홍길동: 2교시 미술시간이 끝나고 자기 자리뿐 아니라 교실 앞, 뒤에 있는 종이조각들까지 깨끗하게 청소함.	
화(/)		
수(/)		
목(/)		
금(/)		
칭찬 암행어사를 하며 느낀 점		

이처럼 필자의 학급에서는 보상 체재보다는 내적 동기가 유지될 수 있는 칭찬과 격려의 기회를 구상하였음을 참고하자. 다른 친구의 착한 행동을 들으며 나를 되돌아보기도 하고, 학급 헌법을 잘 지키기 위해 노력하는 준법 정신을 기를 수 있다. 암행어사가 성실하게 친구들을 관찰하고 기록하는 것이 매우 중요하므로 특히 첫 번째 암행어사는 관찰력이 뛰어나고 성실한 학생을 임명하는 것을 추천한다. 학급 헌법만 잘 지켜져도 교실에서 일어나는 대부분의 문제가 해결될 것이다

전개④: '안녕하세요' 고민상담소

자치활동으로 추천하는 또 다른 활동은 바로 〈고민상담소〉다. 고민상담소는 고민이 있는 학생이 학급 생활의 어려운 점을 사연으로 신청하면, 친구들이 함께 그 문제를 해결하기 위해 고민하고 의견을 나누는 활동이다. 이때 신청서(QR코드)는 이름을 밝혀도 되고, 무기명으로 작성해도 된다.

활동지 19_20차시(2) 열세 살
최대 공감 Talk Talk

고민상담소는 문제를 이야기하고 해결 방안을 제시한다는 점에서는 학급회의와 비슷하지만, 절차가 뚜렷한 학급회의와 달리 친근한 분위기에서 편안하게 이야기를 나눌 수 있다. 조금 더 긴밀하게 소통하다 보니 친구의 고민이 내 문제처럼 와닿게 되고, 행동 실천이 더 잘 이루어진다는 것이 장점이다.

실제로 작은 키를 놀리는 친구들 때문에 속상했던 학생의 사연에는 비슷한 고민을 한 적이 있는 친구들이 자원하여 해결책을 알려주기도 했다. 또한 이후로는 해당 학생을 더 이상 키로 놀리지 않게 되었고, 반 전체에 서로의 약점을 언급하지 않는 분위기가 조성되었다. 학급 전체가 논의해야 하는 문제는 학급회의를 통해서 해결하는 것이 효율적이지만, 때에 따라 고민상담소와 같이 편안한 분위기에서 교실 속 문제를 해결하는 것도 추천한다.

▲ [활동] '고민상담소' 활동 모습

정리: 학급 자치활동 이후 느낀 점 나누기

학급회의, 칭찬 암행어사, 고민상담소처럼 자치활동은 준비와 시간이 조금 더 필요한 수업일 수 있다. 그래서 처음엔 망설였지만, 막상 해보니 교실의 작은 문제들이 훨씬 자연스럽고 깊이 있게 해결되는 걸 느낄 수 있었다. 별명 부르기, 청소 미루기처럼 사소하지만 반복되던 일들이 아이들 스스로 문제를 인식하고 해결책을 논의하면서 눈에 띄게 줄어들었고, 무엇보다 '우리가 함께 만든 약속'이라는 인식 덕분에 더 잘 지켜졌다. 교사가 이끄는 교실이 아니라, 학생 모두가 함께 책임지는 교실이 되는 과정. 그것이 자치활동의 진짜 의미가 아닐까?

3 우리 학교 문제 넛지 아이디어로 개선하기① 21~22차시

지도안 함께 보기

앞 차시에서 학급의 문제를 해결해 보았으니, 이번 차시에는 조금 더 범위를 넓혀 학교의 문제 개선에 참여해보자.

차시	21~22차시	준비물	활동지, 스마트 기기
수업 주제	교실 학교 공동체 문제 찾기		
학습목표	학교 생활 속 문제를 찾고 해결하기 위해 주체적으로 참여할 수 있다.		
활동 흐름			

도입(5분)	▶넛지 관련 영상 살펴보기 ▶ [영상] 세상의 모든 법칙 - 자연스럽게 선택을 유도하는 방법은?_#001 (EBSCulture)
전개(60분)	▶다양한 넛지 사례 살펴보기 (화장실 변기에 있는 파리 그림, 계단으로 유도하는 피아노 계단 등) ▶우리 학교에 적용할 수 있는 넛지 -불편하거나 개선하고 싶은 학교의 문제점 이야기하기 -스마트 기기를 사용하여 다양한 넛지 사례를 검색하고 아이디어 생각하기
정리(15분)	▶넛지 아이디어 투표하기 ▶느낀 점 나누기

도입~전개①: 넛지 효과 알아보기

이번에는 넛지 아이디어를 활용해서 문제를 해결해볼 것이다. **넛지**(Nudge)란 '팔꿈치로 쿡 찌르다'라는 뜻으로 **사람들이 더 좋은 선택을 할 수 있도록 부드럽게 유도하는 방법**이다. 문제 행위를 못하도록 막는 대신, 더 좋은 행동을 할 수 있도록 설계하는 방안인 셈이다. EBS 영상(QR코드)을 통해 넛지의 개념을 알아보자.

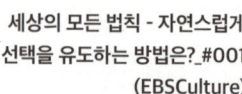
세상의 모든 법칙 - 자연스럽게
선택을 유도하는 방법은?_#001
(EBSCulture)

넛지의 유명한 예시로는 암스테르담 스키폴 공항의 남자 화장실 변기를 들 수 있다. 소변기에 파리 이미지를 그려 넣음으로써 소변기 밖으로 튀는 소변을 80% 가까이 줄일 수 있었다고 한다. 또는 계단에 한 칸마다 소모되는 칼로리를 적어둠으로써, 에스컬레이터보다 계단으로 걷는 건강한 행동을 유도하는 것도 그 예이다.

▲ [자료] 넛지 아이디어 적용 유명 사례들: 암스테르담 스키폴 공항 남자 화장실 변기(왼쪽)[5] | 소모 칼로리를 표시한 계단(오른쪽)[6]

전개②: 우리 학교 문제 해결을 위한 넛지 아이디어 설계하기

우리 학교에서 해결하고 싶은 문제를 생각해보자. 급식 남기기, 쓰레기 아무 데나 버리기, 우측보행 하지 않기, 큰 소리로 소리 치면서 뛰어다니기 등 여러 문제점이 있다.

모둠별로 해결하고 싶은 문제를 뽑아 넛지 아이디어로 해결할 방안을 설계해보자. 스마트 기기를 사용해 더 많은 넛지 사례를 참고해봐도 좋다. 예시 활동지를 활용하면 아이디어를 모으고 디자인을 설계하는 데 더 효과적일 것이다.

활동지 21_22차시

넛지 아이디어 설계하기	
1. 우리 학교에서 불편함을 느끼거나 해결하고 싶은 문제가 있나요? 모둠별로 해결하고 싶은 문제 상황을 토의하고 한 가지를 뽑아 넛지 아이디어로 해결 방안을 설계해 봅시다.	
해결하고 싶은 문제	유도하고 싶은 행동
넛지 아이디어 설계하기	
이를 통해 얻을 수 있는 효과	

정리: 넛지 아이디어 투표하기

마지막에는 모둠별로 만든 넛지 아이디어를 칠판에 붙여 전시하고, '가장 실현 가능하며 효과적인 아이디어'에 투표하는 시간을 가졌다. 스티커를 1인당 2개씩 주고, 속한 모둠에는 투표할 수 없도록 하면 공정하다. 꼼꼼히 친구들의 아이디어를 비교하며 어떤 접근이 더 자연스럽게 행동을 유도할 수 있을지를 고민하는 모습이 인상적이었다. 이 과정은 민주적 절차를 실천하면서 현실적인 해결책을 찾아가는 경험으로 연결된다.

본 차시를 거치며 학생들은 넛지 개념을 바탕으로 공동체 문제를 창의적으로 풀어보려는 태도를 보였다. "우리 아이디어가 실제로 적용되면 진짜 변화가 생길 것 같다."면서, 스스로 변화를 이끄는 주체라는 자각도 하였다. 넛지 아이디어를 설계하고 나눔으로써 민주시민으로서의 공동체 의식을 넘어 창의성까지도 자극할 수 있었다.

2.4 협력적 소통: 협력적 소통으로 교내외 문제 해결하기 23~30차시

협력적 소통이란 서로의 생각과 감정을 존중하면서 공동의 문제를 함께 해결해 나가는 소통 방식을 의미한다. 학급과 학교, 나아가서는 우리 지역 사회의 문제에까지 시야를 넓혀 공동체의 문제에 관심을 가져보자. 타인과 협력하며 해결책을 모색하는 경험들을 통해 민주시민으로 한 걸음 성장하게 될 것이다.

1 우리 학교 문제 넛지 아이디어로 개선하기② 23~25차시

지도안 함께 보기

이번 차시는 지난 시간 학교의 문제를 해결하기 위해 설계했던 넛지 아이디어를 산출물로 제작하는 시간이다. 실제적인 문제 해결을 위해 '협력적 소통' 단계로 구분하여 배치하였다. 전 차시에 많은 표를 획득한 아이디어 위주로 선택해 실제로 만들어볼 것이다.

차시	23~25차시	준비물	도화지, 유성매직, 가위, 풀
수업 주제	협력적 소통으로 교내외 문제 해결하기		
학습목표	학교 생활 속 문제를 해결할 수 있는 방안을 표현하고 제작할 수 있다.		
활동 흐름			
도입(5분)	▶지난 시간 설계한 넛지 아이디어 다시 살펴보기		
전개(105분)	▶넛지 아이디어 제작하기 -지난 시간에 설계한 넛지 아이디어를 참고하여 실제로 제작하기 -우드락, 도화지, 가위, 풀, 스마트 기기 등 다양한 재료를 사용하기 ▶제작한 아이디어 산출물 설치하기 -필요한 곳에 만든 넛지 산출물을 설치하고 문제가 해결되는지 일주일 동안 지켜보기		
정리(10분)	▶문제를 해결할 수 있을지 예상해보기		

도입~전개①: 넛지 아이디어 제작하기

지난 시간에 작성한 넛지 아이디어 설계 활동지를 다시 보고, 다양한 재료를 사용해 직접 제작하도록 한다. 실제로 현장에 설치하는 경우가 많으므로 튼튼하게 만들 수 있도록 지도한다. 혹시 직접 설치하는 것이 부담스럽다면 산출물을 프레젠테이션에 설계도로 남기고 발표하는 방식도 괜찮다.

학생들의 예시 작품을 살펴보자. 첫 번째 작품은 '오늘의 기분 투표 쓰레기통'이다. 복도에 쓰레기를 버리고 가는 문제를 해결하기 위해서 만든 아이디어 작품으로 쓰레기를 버리는 것을 투표에 참여하는 행위처럼 느끼게 하는 것이 핵심이다. 질문과 대답은 계속 바꿀 수 있으며 학생들이 좋아하는 아이돌이 누구인지 설문조사하는 질문을 붙였을 때는 복도에서 쓰레기를 주워 와서 버릴 정도로 효과가 좋았다.

▲ [산출물] 학생 넛지 아이디어 작품:
(왼쪽부터) '오늘의 기분 투표 쓰레기통', '좋아요', '다 듣고 있다'

두 번째 작품은 무더운 여름 과다한 에어컨 사용으로 학교가 정전되었던 것을 계기로 만들어졌다. 냉방기가 가동되는 교실의 문을 제대로 닫지 않아 에너지가 낭비된다는 점에 주목해 교실 문을 잘 닫도록 유도한 작품이다. 문 한쪽에는 어미새 그림, 다른 한쪽에는 어미새를 기다리는 둥지 속 아기새 그림을 붙여 문을 닫아야 어미새와 아기새들이 만날 수 있도록 유도한 점이 인상 깊다.

세 번째 작품 역시 직관적이면서도 흥미롭다. 복도에서 시끄럽게 소리치는 문제를 해결하기 위한 넛지 작품으로, 커다란 귀 그림이 천장에 붙어 있다면 어떨지 생각해본 것이다.

전개②~정리: 제작한 넛지 아이디어 산출물 설치 및 느낀 점 나누기

본 학교자율시간에서는 제작한 넛지 아이디어 산출물을 실제로 필요한 자리에 설치했다. 그리고 일주일 동안 설치한 넛지 아이디어 산출물이 문제 해결에 효과가 있는지 등하교 시간, 점심 시간, 쉬는 시간마다 가서 관찰하였다. 대부분의 경우 학생들이 흥미를 가지고 참여하여서인지, 문제 해결에 긍정적인 효과를 보였다.

스스로 좋은 선택을 하도록 유도하는 넛지 아이디어를 생각하고 실행하는 과정 속에서 학생들은 자율성과 문제해결력을 기를 수 있다. 또 문제를 찾아 함께 해결해보는 성공의 경험을 통해 성취감과 자신감을 느끼게 된다. 이는 앞으로도 공동체 문제에 관심을 갖고 적극적으로 해결하는 민주시민으로 성장하는 데 도움을 줄 것이다.

📋 **평가** 학생들이 설계하고 만든 넛지 산출물은 평가에 활용될 수 있다. 필요에 따라 앞 차시의 넛지 아이디어 설계하기부터 산출물까지 포트폴리오로 평가할 수도 있을 것이다. 4단계 평가기준을 참고해보자.

매우잘함	다양한 학교 자치 사례를 조사하여 살펴보고 교내외 문제 해결을 위한 회의에서 여러 아이디어를 내고 협력적으로 참여한다.
잘함	다양한 학교 자치 사례를 살펴보고 교내외 문제 해결을 위한 회의에서 아이디어를 내고 협력적으로 참여한다.
보통	학교 자치 사례를 살펴보고 교내외 문제 해결을 위한 회의에서 의견을 내며 참여한다.
노력요함	학교 자치 사례를 살펴보지 못하고 교내외 문제 해결을 위한 회의에 참여하는 데 어려움을 느낀다.

2 학생자치법정 참여하기 26~27차시

지도안 함께 보기

이번 시간은 우리 반 헌법을 기준 점수 이상 누적하여 어긴 학생이 있을 경우 열리는 학생자치법정에 참여하는 차시이다. 앞서 진행한 모의자치법정과는 다르게 실제 규칙위반 학생이 발생하여 필요한 경우 열리게 되므로 수업 시기는 학급 상황에 맞게 자유롭게 조정하면 된다.

차시	26~27차시	준비물	학생자치법정 자리배치
수업 주제	협력적 소통으로 교내외 문제 해결하기		
학습목표	민주적인 절차와 규칙에 따라 학생자치법정에 참여할 수 있다.		
활동 흐름			
도입(5분)	▶학생자치법정 준비 -학생자치법정 대형으로 책상 배치하기 -학생자치법정의 진정한 의미와 목적에 대해 안내하기 ▶ [자료] 학생자치법정 자리배치		
전개(70분)	▶재판부 입장 및 학생자치법정 개정 이유 진술 -판사(규칙위반학생)의 우리 반 헌법 위반 사항 안내하기		

	▶검사의 주장
	-우리 반 헌법을 지키지 않아서 생기는 문제와 어려움에 대해 서술하기
	-바른 생활 습관을 기를 수 있는 실천헌법 요청하기
	▶변호인의 변론
	-학생의 피치 못할 사정과 헌법을 지키기 위해 노력한 점 변론하기
	▶배심원 토론
	-검사와 변호인의 주장을 듣고 친구가 어떤 실천헌법을 이행하면 좋을지 토의하기
	▶판사의 실천헌법 다짐
	-검사, 변호인, 배심원의 의견을 참고하고 성찰하여 스스로 실천할 실천헌법 다짐하기
정리(5분)	▶학생자치법정을 마치며 소감 나누기

도입: 학생자치법정 준비하기

자치법정이 열리는 기준은 사전에 학생들이 정해두도록 하며, 너무 자주 열리지 않도록 적절한 협의점을 찾도록 한다. 필자의 학급에서는 벌점 10점이었다. 학생자치법정을 여는 경우 쉬는 시간에 미리 자리 배치(지도안 참조)를 하여 개정과 동시에 바로 시작할 수 있도록 한다. 학생자치법정은 더불어 살아가는 교실을 만들기 위해 스스로를 되돌아보고 함께 고민하는 자리임을 강조하며 시작한다.

자치법정의 큰 틀은 자치법정 대본을 따르고 역할에 따라 주어진 빈 칸을 채워 법정에 참여한다. 학생자치법정의 자세한 매뉴얼이 필요한 경우에는 법무부에서 운영하는 '이로운법' 사이트(www.lawnorder.go.kr)의 [법교육 자료실]을 참고하자. 자치법정의 절차에서부터 자치법정에 바로 활용할 수 있는 대본과 모의자치법정 대본, 학생자료 등이 소개되어 있어 바로 활용하기 유용하다.

▲ [자료] 이로운법 법교육 자료실(왼쪽) | 『학생자치법정 3.0 매뉴얼』 표지(오른쪽)

> **TIP** 학생자치법정이 열리지 않는 경우라면 《마당을 나온 암탉》의 족제비, 《옹고집전》의 옹고집처럼 입체적인 인물로 모의자치법정을 구성해보는 것도 좋다.

판사는 규칙위반학생 본인이 맡으며, 친구들의 이야기를 듣고 난 후 어떤 실천헌법을 이행할지를 스스로 결정한다. 그 외 자치법정 구성원인 검사, 변호인 등은 역할 신청서를 제출하여 선정되며, 역할 신청서를 제출하지 않은 경우 배심원으로 참여할 수 있다. 이때 변호인은 규칙위반학생이 직접 선임할 수 있다는 점이 특징이다.

선정된 검사와 변호인은 자치법정이 열리기 전 1~2주 동안 규칙위반학생을 만나 면담을 통해 자치법정을 준비하게 된다. 검사와 변호인은 서로 다른 역할인 것 같지만 사실은 공통의 목표를 추구한다. 바로 규칙위반학생의 건강한 학교 생활과 민주적인 교실 만들기이다.

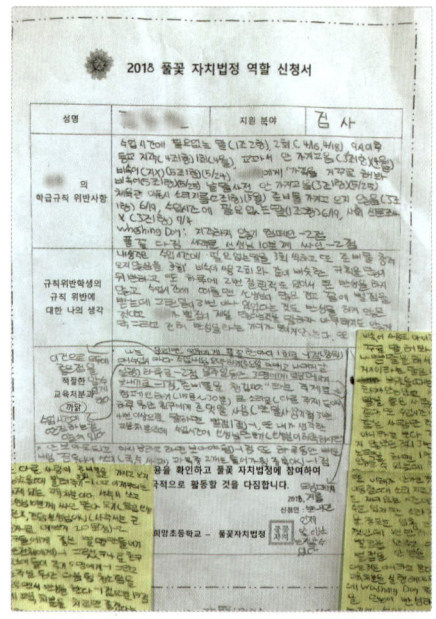

▲ [산출물] 자치법정 역할 신청서 예시

전개: 학생자치법정 참여하기

자치법정이 개정되면, 검사는 학급 헌법이 함께 생활하기 위해 민주적인 과정을 통해 만든 규칙임을 상기시키며, 자치법정에 선 친구가 이를 책임감 있게 지킬 수 있도록 하는 실천헌법을 소개하고 추천한다. 이때 실천헌법은 친구가 준수하지 못한 규칙을 실천하기 위한 캠페인 형식으로 진행된다.

예를 들어 친구가 싫어하는 별명을 부르며 놀린 경우에는 '친구들에게 칭찬 별명 지어주기'가 되는 식이다. 지속적으로 비속어를 쓴 경우에는 '고운말 명언을 필사해서 학급 게시판에 걸기'가 실천헌법이 될 수 있다. 벌을 주는 것이 아니라 규칙을 지키기 위해 필요한 습관을 기를 수 있는 행동을 권하는 것이다.

변호인 역시 적절한 실천헌법을 요청하는 것은 동일하나 검사와의 차이가 있다면, 면담을 통해 알게 된 규칙위반학생의 어쩔 수 없는 사정이나 노력한 점들을 변론한다는 점이다. 이러한 과정은 규칙을 어긴 친구에 대해 생길 수 있는 오해를 풀고 평소에는 알지 못했던 친구의 새로운 모습을 발견하는 계기가 되기도 한다.

▲ [활동] '학생자치법정' 진행 모습

정리: 자치법정 소감문 작성하고 공유하기

자치법정을 마친 후에는, 학생들에게 각자 소감문을 작성해 자치법정에서 생각하고 느낀바를 정리하도록 독려한다. 여기에서는 실제로 자치법정을 통해 서로를 이해하고 공감하며 학급이 180도 바뀌게 된 감동적인 사례를 소개해보려 한다.

> 저학년 때 친구 관계의 첫 단추를 잘못 끼운 것이 고학년까지 이어져 문제아로 굳어진 학생이 있었다. 규칙을 어기고 친구를 괴롭히는 행동이 지속되었다. 친구들 역시 그 학생에게는 더 예민할 수밖에 없었고 악순환이 반복되어 학급 분위기가 전쟁터 같았다. 결국엔 반복되는 규칙 위반으로 그 학생의 학생자치법정이 열리게 되었다.
>
> 그런데 평소에 편견과 선입견을 가지고 있던 친구들의 마음을 열리게 해준 일이 생겼다. 변호인이 면담을 통해 친구들은 몰랐던 규칙위반학생의 새로운 모습을 알려준 것이다. 친구들과 친하게 지내고 싶었지만 방법을 몰라 장난을 치며 관심을 끌게 되었다는 속마음을 처음으로 변호인에게 털어놓았다. 싸워서 사이가 틀어진 친구에게 거절당할까 겁이 나서 주지 못한 편지도 보여주었다.
>
> 반 학생들은 그 진심을 이해해주었다. 그동안 힘들었겠다며, 앞으로 학교 생활 즐겁게 할 수 있도록 같이 노력해보자고 한 배심원도 있었다. 아마 학교 생활 처음으로 친구들에게 따뜻한 말을 들어보았을 규칙위반학생은 고마움과 미안함의 눈물을 보였다. 그 자리에 있는 학급 학생들도, 교사인 필자도 같이 눈물이 날 정도로 그 진심이 전해졌다.
>
> 이후 그 학생은 실천헌법을 스스로 다짐하고 2주 동안 모두 실행하는 모습을 보여주었다. 기대 반 걱정 반이었던 반 친구들은 그 모습에 깜짝 놀라 칭찬 샤워날 아낌없이 칭찬하고 응원하는 편지를 보냈다. 서로가 이해하고 격려하고 노력하는 과정 속, 문제아로만 여겨졌던 학생은 완전히 달라진 모습으로 건강하고 밝은 학교 생활을 하게 된 것이다.

실제 소감문에서도 학생들에게 이 자치법정이 특별한 경험이었음을 알 수 있다. 작은 교실에서 다양한 학생들이 모여 생활을 한다. 학교 생활에서 일어나는 문제와 갈등은 어쩌면 자연스러운 일이다. 아무런 문제 없는 사회가 어디 있겠는가? 그러한 문제 상황을 어떤 방법으로 어떻게 개선하고 해결해 나가냐 하는 것이 중요함을 다시 한번 느꼈다.

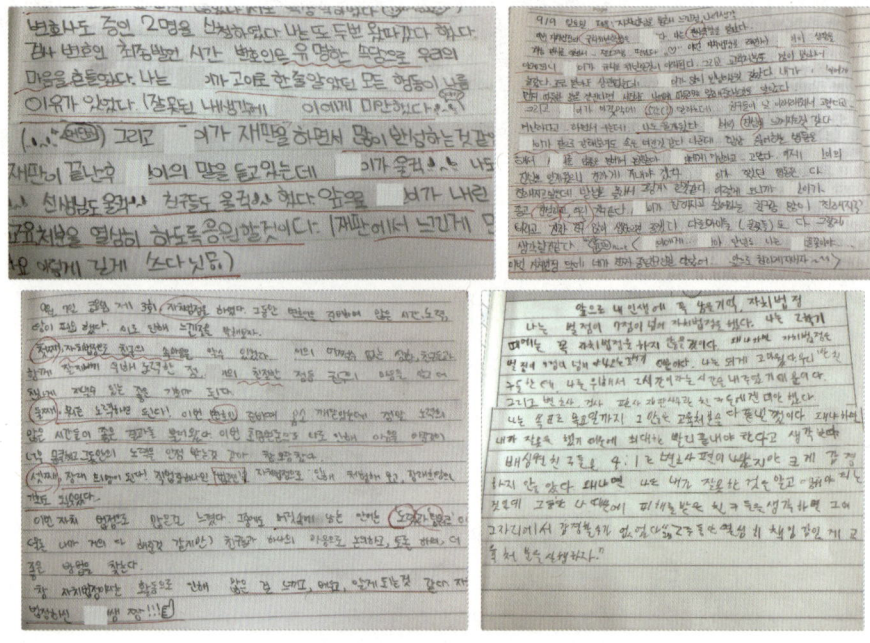

▲ [산출물] '학생자치법정을 마치며' 학생 소감문

자치법정은 함께 교실을 꾸미는 구성원들이 친구에 대해 이해할 수 있고, 나의 생활 습관을 스스로 돌아보고 바른 행동을 실천할 수 있는 협력적 소통의 장이다. 친구들과 함께 민주적인 방법으로 헌법을 만들고 이를 준수하기 위해 스스로 성찰하고 다짐을 실천하는 경험은 공동체의 문제를 주체적으로 해결하려는 민주시민의 첫 걸음이 될 것이다.

3 지역 문제 해결에 참여해보기 28~30차시

지도안 함께 보기

이번 차시는 학교 밖으로 범위를 확장하여 우리 마을의 공동체 문제 해결에 참여해보는 시간이다. 민주적인 의사결정을 통해 교내 문제를 해결한 경험으로 우리 지역 사회의 문제 해결에도 일조할 수 있을 것이다.

| 차시 | 28~30차시 | 준비물 | 온책읽기 도서 |

수업 주제	협력적 소통으로 교내외 문제 해결하기
학습목표	지역 문제 해결에 참여하는 과정을 통해 민주시민 의식을 기를 수 있다.

활동 흐름	
도입(15분)	▶《안전 지도로 우리 동네를 바꿨어요!》 책 내용 살펴보기 -학생들이 동네를 변화시킨 방법 이야기하기 ▶ [도서] 안전 지도로 우리 동네를 바꿨어요! (배성호 글·이유진 그림, 내가 바꾸는 세상 2, 초록개구리, 2017)
전개(90분)	▶우리 마을의 해결하고 싶은 문제 찾기 -포스트잇에 우리 마을, 지역에 필요한 시설이나 개선되었으면 하는 점 2개 적기 ▶피라미드 토론하기 -1:1, 2:2, 4:4, 8:8로 진행되는 피라미드 토론을 통해 지역 마을의 문제를 두 가지로 모으기 ▶문제 해결을 위한 방안 토의하기 -정책적으로 해결, 넛지 아이디어를 사용해 해결 등
정리(15분)	▶지역 공동체 문제 해결에 참여하기 -지역 누리집 소통광장에 글쓰기 -지역 공동체 문제 해결에 참여한 소감 나누기

도입: 《안전 지도로 우리 동네를 바꿨어요!》 책 읽기

제시 도서 《안전 지도로 우리 동네를 바꿨어요!(배성호 글·이유진 그림, 초록개구리)》는 동네의 변화를 이끌어 내기 위해 안전 지도를 제작한 4학년 학생들의 실제 이야기를 바탕으로 한 책이다. 아침 시간을 이용해

안전지도로 우리 동네를 바꿨어요 (초록개구리)

미리 책을 읽거나 5분 내외의 요약 영상(QR코드)으로 제시할 수도 있다. 살기 좋은 동네를 만들기 위해 학생들도 나설 수 있음을 알리고 동기를 유발해보자.

전개①: 피라미드 토론으로 우리 마을의 문제점 찾기

다음으로는 우리 지역과 마을에 개선되면 좋은 문제점을 찾아 포스트잇에 적어보자. 이때 '피라미드 토론'을 통해 학급 전체의 의견을 점증적으로 모을 수 있다. 피라미드 토론은 소규모의 토론을 점차 확장하여 전체 그룹의 의견을 나누는 토론 방식이다. 처음에는 짝과 1:1 토론을 통해서 총 4

개의 의견을 2개의 의견으로 모을 수 있다. 그 다음에는 짝과 짝이 만나 2:2 로 토론을 하고 다시 2개의 의견을 남긴다. 이런 식으로 4:4, 8:8 토론을 거쳐 학급 전체의 의견을 정리할 수 있을 것이다.

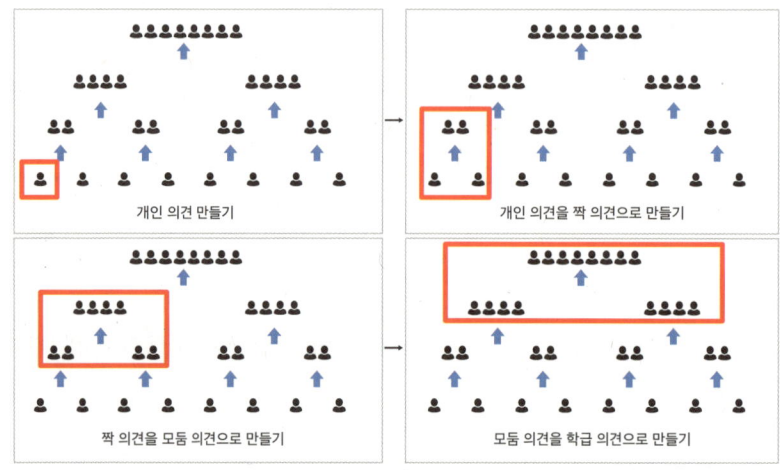

▲ [자료] 피라미드 토론 방식

피라미드 토론을 통해 우리 학급 친구들이 가장 중요하게 생각하는 우리 지역의 문제를 뽑아 공유해보자. 학생들은 이미 한 명 한 명의 꼬마 민주시민이다. 학급 생활에 필요한 규칙을 스스로 만들고, 학교의 문제를 부드럽게 해결하는 경험을 통해 공동체의 문제를 상호 연대하여 해결하는 능력을 길렀다. 이제 나와 우리 가족의 삶의 현장인 지역사회로 시야를 넓혀 공동체의 문제를 논의해볼 시간이다.

전개②: 문제 해결을 위한 방안 모색하기

비판적 사고를 통해 문제를 발견했다면 실현 가능한 구체적인 해결 방안을 모색해야 한다. 허니보드나 포스트잇을 활용하여 의견을 모으거나 패들렛 같은 플랫폼을 활용하여 실시간으로 의견을 받을 수 있다. 학생들이 학교 문제 해결에 활용해보았던 넛지 아이디어 발상법을 응용한다면 더 구체적으로 의견을 제시할 수 있을 것이다.

▲ [산출물] 학교 앞 안전한 횡단보호 해결책

필자의 학급에서는 학교 앞 인도가 좁고 차도와의 거리가 가까워서 건널목을 건널 때 위험할 수 있다는 문제가 제기되었다. 이에 횡단보도 앞 학생들이 서 있는 공간이 눈에 잘 띄도록 노란색 페인트를 바르는 방안과 고개를 숙여 스마트폰을 보는 학생들이 신호를 잘못 보고 건너지 않도록 신호등이 바닥에도 켜지는 방법을 고안했다.

정리: 지역 공동체 문제 해결에 참여하기

마지막으로 지역 누리집 소통광장에 우리 마을의 문제점과 그 해결 방안을 제시하는 글을 써보자. 동시에 여러 글이 올라가면 불편을 줄 수 있으므로 포스트잇 등으로 의견을 수합한 후 공통되는 내용을 모아 학급 임원이나 교사가 대표로 작성한다.

▲ [활동] 지역 누리집 소통광장

지역 누리집 소통광장에 올린 글에는 답변이 달리는데, 학생들의 의견에 피드백이 달리는 경험이 학생들로 하여금 사회 구성원으로 참여하고 역할을 하고 있다는 성취감을 느끼게 한다. 필자의 경우 학생들이 올린 글에 마침 학교 안전을 위한 페인팅 작업을 고안 중이라는 답변을 받았고, 그 해에 실제로 학교 앞에 세이브존이 설치되었다.

이렇게 자신의 의견이 마을 문제 해결에 반영된 경험을 한 학생들은 앞으로도 지역 사회와 내 주변의 문제에 꾸준히 관심을 가지고 주체적으로 해결하기 위해 노력하고 표현하는 민주시민이 되기 위해 노력할 것이다.

2.5 실천·성찰: 나의 생활 성찰하고 실천 다짐하기 31~32차시

이번 차시는 그동안의 민주시민교육 여정을 되돌아보며, 배운 것을 삶 속에서 어떻게 실천할 수 있을지 성찰하고 마무리하는 시간이다.

차시	31~32차시	준비물	활동지
수업 주제	나의 생활 성찰하고 실천 다짐하기		
학습목표	민주시민으로서 나의 생활을 성찰하고 실천을 위한 선언문을 쓸 수 있다.		
활동 흐름			
도입(10분)	▶민주시민교육 공모전 대상 작품 감상하기 -민주시민에 대해 배우면, 세상이 어떻게 바뀌나요? ▶ [영상] 민주시민교육 콘텐츠 공모전 대상 작품 '나의 변화, 세상의 변화'		
전개(60분)	▶나의 생활 성찰하기 -민주시민으로서 나는 우리 반 헌법을 잘 지켰는지 성찰하기 -사회 공동체의 문제에 관심을 가지고 적극적으로 해결하려 노력했는지 성찰하기 ▶민주시민 선언문 -앞으로의 행동을 다짐하는 민주시민 선언문 작성하기 ▶민주시민 선언문 낭독하기		
정리(10분)	▶민주시민교육을 마치며 소감 나누기		

도입~전개①: 민주시민으로서 나의 생활 성찰하기

가장 먼저 민주시민교육 공모전 대상 작품(QR코드)을 감상하며 민주시민에 대해 알고 실천하는 것이 세상을 어떻게 변화시키는지 이야기 나누어보자.

2016 민주시민교육 콘텐츠 공모전(대상) - 나의 변화, 세상의 변화 (중앙선거관리위원회)

그다음 작품의 메시지와 그동안의 활동을 되돌아보며, 민주시민으로서 법의 의미를 알고 잘 지키고 있는지, 민주적인 절차를 통해 공동체 문제 해결을 위해 노력하는지 나를 성찰해보도록 하자.

교실 가운데에 책상으로 큰 원을 만들고 둘러앉은 다음, 돌아가면서 이야기하는 방법도 추천한다. 이 과정에서 나를 돌아보고 동시에 민주시민으로서 책임을 다하기 위해 노력한 친구들에게 격려의 한마디도 표현해보자. 그동안의 노력이 주마등처럼 지나가며 보람과 주인의식을 느꼈다면 학교자율시간의 목표와 부합한 것 아닐까?

전개②: 민주시민 선언문 작성 및 공언하기

민주시민교육은 마무리되지만 진정한 민주시민은 지금부터 시작이다. 앞으로 민주시민으로서 어떤 행동을 할지 다짐하는 선언문을 작성하고 함께 공언해보자.

활동지 31_32차시

민주시민 선언문
나 (　　　　)은 공동체의 삶에 관심을 가지고 비판적 사고를 통해 사회 공동체의 문제를 해결해 나가는 민주시민입니다. 이를 위해 3가지 약속을 지킬 것을 선언합니다. 첫째. _____ 둘째. _____ 셋째. _____

너무 거창하고 실천하기 어려운 일보다 민주시민으로서 우리 교실, 학교, 지역사회를 위해 내가 할 수 있는 작은 일부터 찾아 적어보도록 지도한다. 실제로 학생들은 그동안의 프로젝트를 돌아보며 잘 지키지 못했던 학급 헌법 준수하기, 학급회의에 적극적으로 참여하기, 교실을 위해 봉사활동 하기 등의 다짐을 적어보았다. 선언문을 작성한 후에는 함께 일어나 민주시민 선언문을 낭독하며 실천을 다짐해보는 것도 의미 있겠다.

▲ [활동] 민주시민 선언문을 실천하는 학생들

정리: 민주시민교육을 마치며 소감 나누기

이번 차시를 통해 학생들은 민주시민으로서 자신의 역할을 돌아보고 앞으로 실천할 다짐을 세웠다. "우리 반 헌법을 잘 지키고, 더 책임감 있는 행동을 하겠다."는 소감이 많이 나왔으며, 작은 실천이 큰 변화를 만든다는 깨달음을 함께 나누기도 했다.

민주시민교육은 한 해를 마무리하며 돌아봤을 때 학생들에게도, 교사인 필자에게도 가장 인상 깊은 수업으로 남았다. 교실에서 배우는 모든 것이 실제 문제 해결에 활용되었으며, 학생들이 협력하며 토의하는 과정에서 살아있는 교육의 참된 의미를 느낄 수 있었다. 아이들이 책임감을 가지고 공동체 문제를 민감하게 발견하는 모습이 인상적이었으며, 함께 머리를 맞대 문제를 해결해 나가며 성취감을 맛보는 순간들이야말로 교육의 본질임을 다시금 확인할 수 있었다.

민주시민교육은 교실에서 끝나지 않고 학생들의 삶 속에서 발현될 때 진정한 의미가 있다. 32차시의 민주시민교육을 통해 학생들은 우리 교실 속 문제, 학교와 지역 사회의 불편함을 해결하는 경험을 하였다. 문제를 찾고 함께 해결 방안을 궁리하여 실천하는 것이 쉬운 일은 아니지만, 이를 해냈을 때의 성취감은 학생들 마음 속 깊이 자리잡을 것이다. 이러한 경험이 학생들의 삶의 동력이 되어 공동체 문제에 관심을 갖고 주체적으로 참여하는 민주시민으로 자라나기를 바라는 바이다. 실제로 민주시민교육이 끝난 후에도 플로깅, 교실 청소, 우리 반 헌법 지키기 등 실천을 위해 노력하고 실천한 우리 새싹 민주시민들이 이끌 미래가 기대된다.

PART

초6 통일교육

우리가 만드는 통일 이야기

01 수업 준비

1.1 활동 필요성 및 목표

활동 필요성

한반도는 세계 유일의 분단 국가로, 정치·경제·사회·문화 전반에 걸쳐 많은 차이가 존재한다. 그러나 남한과 북한은 역사적으로 깊은 연관성을 가지고 있으며, 통일은 미래 세대가 함께 해결해야 할 공동 과제다. 따라서 통일교육은 평화와 협력의 가치를 내면화하기 위해 남북한의 공통점과 차이점을 인식하고, 통일이 가져올 변화와 기회를 스스로 탐구하는 방향으로 이루어져야 할 것이다.[1]

현재 학교에서 이루어지는 통일교육은 주로 정보 전달 위주에 그치거나, 제한된 수업 시간으로 충분히 탐구하고 사고할 기회를 제공하지 못하는 경우가 많다. 학교 통일교육 실태조사 결과에 따르면 통일에 대한 관심도는 해마다 감소하고 있으며, 특히 통일의 필요성을 절감하는 학생의 비율이 낮아지고 있는 것으로 나타났다.[2] 이에 학생들이 토의하고 경험하며 통일 문제를 자신과 연결 지어 사고할 수 있는 학습이 필요하다.

본 학교자율시간에서는 **이야기에 담긴 역사적 사실을 바탕으로 미래의 통일 사회를 탐색하고, 다양한 체험을 통해 통일을 보다 현실적인 문제로 인식하도록 도와주는 노벨 엔지니어링**(Novel Engineering) **수업을 활용할 것**이다. 평화와 공존의 가치를 체득하여 넓은 시야로 세상을 바라볼 수 있는 통일교육의 여정을 떠나보자.

목표

'우리가 만드는 통일 이야기'를 통해 남북한의 역사와 문화를 탐구하고, 통일 이후 사회를 상상하며 다양한 표현 활동을 수행함으로써 평화와 공존의 가치를 내면화하고자 한다.

1. 남북한의 역사적 배경과 문화적 차이를 탐색하고, 통일에 대한 관심을 갖는다.
2. 통일 이후 사회의 모습을 상상하고 다양한 방법으로 표현하며 창의적 사고를 기른다.
3. 평화로운 미래를 위한 해결 방안을 고민하고, 공존과 협력을 실천하는 태도를 함양한다.

1.2 내용 체계 및 성취기준

내용 체계

핵심 아이디어	- 인간은 독서를 통해 분단과 공존의 의미를 이해하고, 평화적 사고를 함양한다. - 인류의 삶과 문화를 탐구하는 경험은 협력과 연대를 실천하는 평화 공동체를 형성한다. - 인간은 평화 실현의 주체로서 사회 문제를 해결하기 위한 인식과 변화를 이끈다.		
범주	지식·이해	과정·기능	가치·태도
내용 요소	-분단과 평화의 역사적 의미 -남북한 언어·문화의 차이와 공통점 -평화 통일을 위한 노력	-통일 이후 사회 탐색하기 -문학 속 남북한 문화 비교하기 -평화와 공존을 위한 해결 방안 모색하기 -통일을 주제로 창작하고 표현하기	-통일 이야기에 대한 관심 -통일을 추구하는 태도와 의지 함양 -공존과 협력의 가치 인식

성취기준

- [6도통일-01] 통일 이야기에 관심을 가지고 통일 이후 사회의 모습을 탐색한다.
- [6도통일-02] 분단과 평화의 역사적 의미를 이해하고, 평화 통일을 위해 우리가 할 수 있는 일을 탐색한다.
- [6도통일-03] 이야기에 담긴 남북한의 문화를 비교·분석하며 공존과 협력의 가치를 인식한다.
- [6도통일-04] 남북한의 언어와 문화 차이를 파악하고, 이를 반영한 창작 활동을 수행한다.
- [6도통일-05] 평화 통일을 위한 노력을 살펴보고, 통일을 추구하는 태도와 의지를 함양한다.

1.3 교수학습 단계·평가·교육과정 편제

교수학습 단계

책 읽기	문제 인식	해결책 설계	창작물 만들기	이야기 바꾸어 쓰기
1~3차시	4~7차시	8~16차시	17~27차시	28~32차시
《남북 공동 초등학교》 읽기	우리의 역사, 통일이 필요할까?	미래 통일 한반도 체험하기	남북이 함께하는 우리 학교	통일 신문 만들기
[6도통일-01] [6도통일-03]	[6도통일-02] [6도통일-05]	[6도통일-03]	[6도통일-04]	[6도통일-01] [6도통일-05]

평가

성취기준	평가요소	수업·평가 방법	평가기준	평가 시기
[6도통일-02] 분단과 평화의 역사적 의미를 이해하고, 평화 통일을 위해 우리가 할 수 있는 일을 탐색한다.	통일의 필요성을 이해하고, 통일 이후 발생될 어려움을 해결하기 위한 방안 토의하기	[토의 토론 수업] 통일이 필요한 이유를 알아봄. 통일 이후 발생될 어려움이 무엇일지 이야기함. 나의 의견을 뒷받침할 자료를 조사함. 토의 절차에 따라 주제에 맞는 해결 방안에 대해 토의함. (토의·토론)	통일의 필요성을 이해하고, 통일 이후 발생될 어려움을 해결하기 위해 필요한 자료를 찾아 주제에 어울리는 방안을 이야기한다.	9월
[6도통일-04] 남북한의 언어와 문화 차이를 파악하고, 이를 반영한 창작 활동을 수행한다.	남북한의 문화 차이를 파악하고, 남한과 북한의 대표 음식을 조리하기	[실습 중심 수업] 남한과 북한의 요리 문화를 조사함. 조사 내용을 바탕으로 남한과 북한의 대표 음식을 조리함. (실기)	남북한의 식생활 문화 차이를 조사하고, 이를 바탕으로 남한과 북한의 대표 음식을 조리한다.	12월

교육과정 편제

구분			국가 기준	5-6학년군		
				5학년	6학년	계 (증감)
교과 (군)	공통 교과	국어	408	204	196	400 (-8)
		사회/도덕 사회	272	204	102	96	198 (-6)
		사회/도덕 도덕		68	34	26	60 (-8)
		학교자율시간			0	32	(+32)
		수학	272	136	136	272
		과학/실과 과학	340	204	102	102	204
		과학/실과 실과		136	68	66	134 (-2)
		체육	204	102	102	204
		예술 음악	272	136	68	68	136
		예술 미술		136	68	68	136
		영어	204	102	102	204
창의적 체험활동(자·동·진)			204	102	94	196 (-8)
소계			2,176	1,088	1,088	2,176

02 수업 운영

2.1 책 읽기:《남북 공동 초등학교》읽기 1~3차시

본 학교자율시간에서 활용한 도서는《남북 공동 초등학교》다. 모두에게 익숙한 '학교'라는 공간에서 벌어지는 일을 소재로 하며, 학생들에게 실재감을 부여할 수 있어 선정하였다. 총 200쪽 분량으로 글밥이 적당하여 초등학교 5~6학년 기준 읽기 시간이 1~2차시 내외 소요된다. 해당 도서가 아니더라도 우리나라의 분단과 통일 문제를 다룬 책이라면 얼마든지 활용 가능하다는 점을 참고하자.

지도안 함께 보기

차시	1~3차시	준비물	온책읽기 도서, 활동지
수업 주제	《남북 공동 초등학교》읽기		
학습목표	남북 문제를 다룬 이야기를 읽고, 남북한의 차이를 비교할 수 있다.		

활동 흐름	
도입(10분)	▶통일에 대한 인식 관련 영상 시청하기 -통일에 대한 자신의 생각 이야기하기
전개(100분)	▶책 표지 탐구하기 -책 표지 속 제목과 그림을 살펴보며 내용 예상하기 ▶《남북 공동 초등학교》책 읽기 -남북 공동 초등학교에서 벌어진 일 정리하기

▶ [도서] **남북 공동 초등학교**(신천희 글·이장미 그림, 파랑새어린이, 2017)

	(반장 선거, 운동회, 서울 놀이공원 견학, 남북 호상간 방문 생활, 통일꽃 텃밭 만들기 등) ▶남북 학교생활의 공통점과 차이점 탐색하기 -남한, 북한 학교생활 모습의 공통점과 차이점을 비교와 대조 구조로 나타내기
정리(10분)	▶내가 남북 공동 초등학교에 다니게 된다면? -남북 공동 초등학교 학생이 된다면 하고 싶은 행사나 활동 떠올리기

도입: 통일에 대한 인식 영상 시청하기

책을 읽기 전, 통일에 대한 현 세대의 인식을 다룬 뉴스 영상(QR코드)을 시청할 것이다. 세대를 거듭할수록 학생들이 통일의 필요성을 느끼지 못한다는 사실을 확인할 수 있다.

식어가는 '통일'… "학생 39% 통일 필요 없어" (YTN)

영상 시청 후 실제 우리 반 학생들이 통일에 대해 가지고 있는 생각을 이유와 함께 말하도록 안내해 보자. 필자의 학급에서는 많은 학생이 통일에 대해 부정적 혹은 중립적 입장을 가지고 있었다. 앞으로의 활동을 통해 통일의 유의미함을 느끼고 포용의 가치를 내면화함으로써 인식의 변화를 이끌어낼 수 있도록 꾀할 것이다.

전개~정리: 《남북 공동 초등학교》 책 읽기

이제 《남북 공동 초등학교(신천희 글·이장미 그림/파랑새어린이)》 책 읽기를 시작해보자. 먼저 책의 표지를 살펴보며 어떤 내용이 펼쳐질지 예상한다. 표지에서 보이는 것을 자유롭게 발표하거나 공책 등에 적어봐도 좋다. 이후 실제 책을 읽으며 예상했던 내용과 일치하는지 확인해보는 것도 재미있겠다.

책 속에 등장하는 '남북 공동 초등학교'는 돌아오지 않는 다리 근처에 있는 통일 시범 학교로, 남북한 어린이가 함께 생활하며 통일 후 교육적인 문제점을 분석하기 위해 만들어진 곳이다. 생긴 모습은 비슷하지만 사용하는 언어, 생활 모습, 관심 분야가 각기 다른 학생들이 하나의 교실에서 좌충우돌하며 서로를 진정으로 이해하고 아끼게 되는 모습을 그려냈다.

책을 읽으며 남북 공동 초등학교에서 어떤 일이 벌어졌는지 정리해보자. 반장 선거부터 운동회, 서울 놀이공원 견학, 방학 중 남북 호상간 방문 생활, 통일꽃 텃밭 가꾸기까지 일련의 사건을 거치며 성숙해지는 등장인물의 모습을 확인할 수 있다. 그 과정에서 남북한 학교생활의 공통점과 차이점을 곳곳에서 발견할 수 있을 것이다. 이를 비교와 대조 구조로 시각화해보자.

| 활동지 1_3차시 |

남북 학교생활의 공통점과 차이점 탐색하기

1. 남북 공동 초등학교에서 벌어진 일을 정리해 봅시다.

2. 남북한 학교생활 모습의 공통점과 차이점을 비교와 대조 구조로 나타내 봅시다.

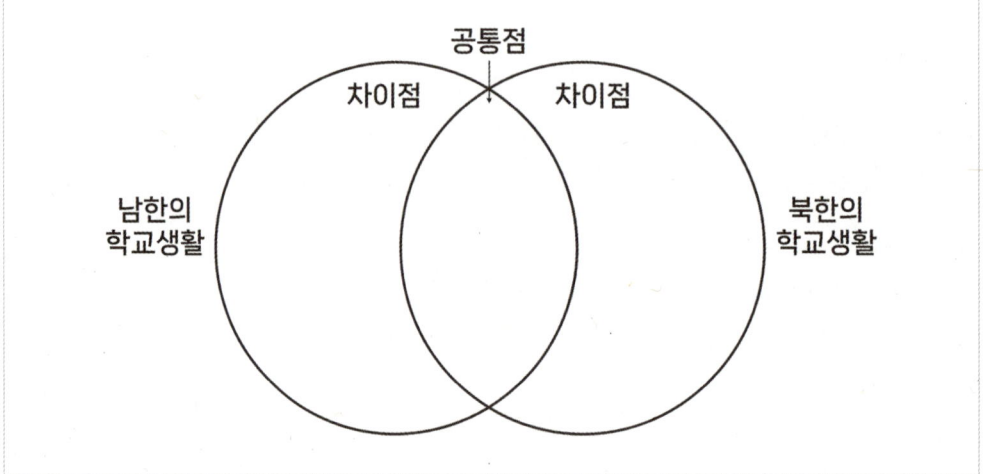

남북한 학교생활의 공통점과 차이점을 찾는 과정에서 서로의 학교생활에 대해 자연스레 흥미를 갖게 된다. 〈남북 학교생활의 공통점과 차이점 탐색하기〉 활동지에 작성한 내용을 바탕으로 남북 공동 초등학교의 학생이 된다면 어떤 행사나 활동을 해보고 싶을지 떠올려보자. 학생들은 상상의 나래를 펼치며 통일에 한 걸음 더 가까이 다가설 수 있을 것이다.

2.2 문제 인식: 우리의 역사, 통일이 필요할까? 4~7차시

4~7차시는 우리나라의 역사를 되돌아보며 통일의 필요성에 대해 깊이 고민해볼 수 있는 활동이다. 역사 속 교훈을 바탕으로 '통일'이라는 공동 과제를 어떻게 풀어나갈지 탐구해보면 어떨까?

1 남북한의 역사적 배경 탐구하기 4~5차시

지도안 함께 보기

올바른 미래로 나아가기 위해서는 과거에 대해 제대로 파악하는 것이 중요하다. 이번 차시에서는 우리나라 분단의 역사를 살펴봄으로써 평화가 지닌 역사적 의미를 알아볼 것이다.

차시	4~5차시	준비물	스마트 기기, 활동지
수업 주제	우리의 역사, 통일이 필요할까?		
학습목표	남북한의 역사적 배경을 이해하고, 평화로운 미래가 지닌 의미를 탐구할 수 있다.		

활동 흐름	
도입(5분)	▶ 평화에 대한 자신의 생각 이야기하기
전개(70분)	▶ 과거로 떠나는 여행 - 우리나라 분단의 역사를 다룬 영상 시청하기 - 통일여정지도 제작하기 ▶ 평화가 지니고 있는 역사적 의미 탐구하기
정리(5분)	▶ 느낀 점 나누기

▲ [영상] '분단'의 역사부터 '통일'까지
(통일부UNITV)

도입~전개①: 분단의 역사 살펴보기

우리나라는 현재 6·25 전쟁 이후 휴전 상태로, 언제든지 전쟁이 다시 재개될 수 있는 형국이다. 과연 지금 상황은 평화롭다고 할 수 있을까? '평화'의 의미를 생각하며 우리나라 분단의 역사를 다룬 유튜브 영상(QR코드)을 시청할 것이다. 시청하는 데 30분 정도 소요되며, 광복 직후부터 지금까지의 역사를 세세하게 짚어주고 있으므로 활용하기를 추천한다.

영상의 길이가 긴 관계로 중간중간 멈춰서 교사가 부가적인 설명을 더해주거나 학생들이 중요한 키워드를 직접 정리할 수 있도록 안내해도 좋겠다. (본 영상이 아니더라도 교사가 알맞은 영상 자료를 제공하여 6·25 전쟁 이후 현대사를 이해할 수 있도록 도와줄 수 있다.) 해당 내용은 초등학교 5~6학년군 사회 교과의 현대사 파트에서 이미 다룬 적이 있으므로 이를 떠올릴 수 있도록 주지시켜주자.

'분단'의 역사부터 '통일'까지
| 통일클라스 ep1. 역사학자
심용환 (통일부UNITV)

전개②: 통일여정지도 제작하기

우리나라 분단의 역사를 살펴보았으니, 이를 바탕으로 통일여정지도를 제작할 것이다. 본 활동은 디자인 사고 기법 중 '고객여정지도'를 재구성하여 활용하였다. 고객여정지도는 고객이 제품이나 서비스를 경험할 때 느끼는 감정을 단계별로 시각화하여 요구사항을 발견하고 문제점과 해결 방법을 찾아내는 방법이다. 시시각각 변해 왔던 남북한 관계를 3단계의 감정상태로 표현함으로써 전체적인 변화를 한눈에 살펴보고, 평화를 이루기 위해 우리가 어떤 선택을 해야 할지 고민해보자.

활동지 4_5차시

통일여정지도								
1. 남북한 관계를 조사하여, 통일여정지도를 완성해 봅시다.									
연도								
사건								
감정 상태	☺							
	😐							
	☹							

통일여정지도를 만들기 위해서는 남북한 관계에 대한 조사가 필요하다. 기존에 시청한 영상에도 많은 정보가 있기 때문에 이를 활용하거나 다음에 제시된 영상(QR코드)을 제공할 수 있다. 해당 자료는 남한과 북한 사이에 있었던 긍정적, 부정적 사건을 모두 다루고 있으므로 남북한 관계 조사 활동에 적합하다.

190710 시사토크쇼 강냉이
"남북교류 50년의 역사 정리"
(KBS강원)

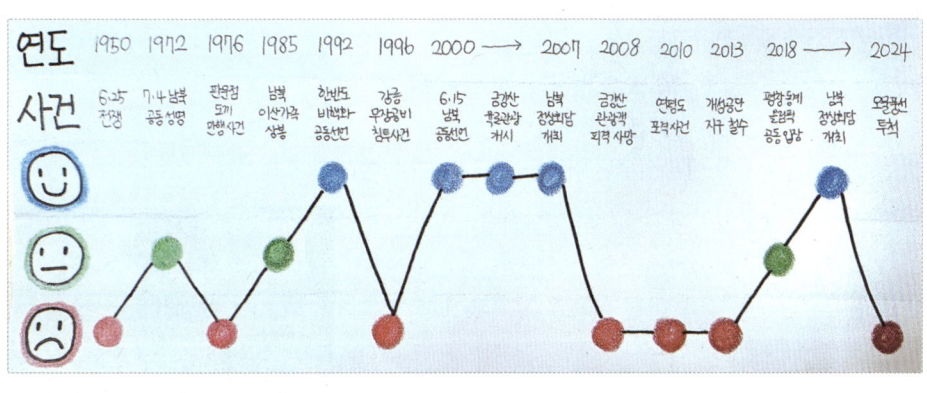

▲ [산출물] '통일여정지도' 완성 예시

전개③~정리: 평화가 지니고 있는 역사적 의미 탐구하기

완성된 통일여정지도를 살펴보면 남북한 관계가 연도별로 시시각각 변화하는 모습이 한눈에 들어온다. 학생들은 우리나라 분단의 역사를 공부하며 통일을 위해 다방면으로 노력하는 사람들의 모습을 확인하였다. 평화를 유지하기 위해 어떤 선택을 해야 할까? 여러 국가가 갈라지고 통일된 지난 역사를 되돌아봤을 때, 지금 우리의 선택이 어떤 방향으로 나아가야 할지는 자명할 것이다.

2 통일 이후 발생할 어려움 토의하기 6~7차시

🔍 지도안 함께 보기

이번 차시에는 통일의 장단점을 비교하며 관심을 갖고, 통일 이후에 발생할 문제를 해결하기 위한 토의를 해본다.

차시	6~7차시	준비물	스마트 기기, 활동지
수업 주제	우리의 역사, 통일이 필요할까?		
학습목표	통일에 대한 관심을 바탕으로 통일 이후 발생될 어려움을 해결하기 위한 방안을 토의할 수 있다.		
활동 흐름			

도입(10분) ▶다른 나라의 통일 과정 살펴보기

▶ [영상] 통일선배 독일 이야기 (국립통일교육원)

전개(60분)	▶통일이 필요한 이유 탐구하기 -통일 한국의 모습 상상하기(6학년 도덕 교과 연계) -통일의 장단점 파악하기 ▶통일 이후 발생될 어려움을 해결하기 위한 방안 토의하기
정리(10분)	▶통일이 불러올 미래 상상하기 ▶ [영상] 뜻밖의 유산 통일채널e (EBSCulture)

도입: 다른 나라의 통일 과정 살펴보기

세계에는 분단되었다가 통일된 여러 나라들이 있다. 그중 평화통일의 대표적 사례로 손꼽히는 독일의 통일 과정을 살펴보자. 제시 자료는 국립통일교육원에서 제공하는 영상(QR코드)으로 통일을 위해 노력했던 과정과 이후의 갈등, 함께 해결해 나가는 이야기가 담겨 있다. 베를린 장벽이 무너지는 감동적인 순간, 통일세 등 경제적인 부담, 통일 비용을 통일 이익으로 전환하여 강대국으로 성장한 독일의 모습을 통해 우리가 어떤 시각으로 통일을 바라봐야 할지 생각해볼 수 있도록 도울 것이다.

[클립영상] 통일선배 독일 이야기(초등 도덕, 국어) (국립통일교육원)

전개①: 통일이 필요한 이유 탐구하기

이제 통일이 필요한 이유를 탐구해볼 차례다. 6학년 도덕 교과 중 '통일' 단원에 제시된 활동을 활용하고자 한다. 〈통일 한국의 모습 상상하기〉에서, 통일이 되었을 때의 장점을 생각해보자.

통일 한국의 모습 상상하기

휴전선이 사라지고 (전쟁의 위험이 없어진다.)	그동안 만날 수 없었던 (이산가족을 만날 수 있다.)	남북한 주민이 (자유롭게 왕래할 수 있다.)

국토가 넓어지고 (인구가 증가하여 국가 경쟁력이 높아진다.) 우수한 전통문화를 (교류하며 발전시킬 수 있다.) 육지를 통해 (아시아, 유럽으로 빠르게 이동할 수 있다.)

반대로 통일이 되면 생길 수 있는 단점을 생각해보자. 도입에서 시청한 독일의 통일 영상으로 미루어 봤을 때, 막대한 통일 비용이 발생할 것이며 다르게 살아온 환경으로 인해 언어나 문화의 차이도 존재할 것이다. 하지만 막대한 통일 비용을 넘어서는 통일 이익이 있지 않은가? 북한의 다양한 자원을 활용하여 다방면의 산업 추진도 가능하고, 국방비도 많이 절약할 수 있다. 이처럼 통일은 미래까지 고려했을 때 남북한이 함께 해결해야 할 공동의 과제이다.

전개②: 통일 후 예상되는 어려움 토의하기

그렇기에 통일 이후 예상되는 어려움에 대해서 우리는 미리 고민해봐야 한다. 브레인스토밍 과정을 통해 어떤 어려움이 생길지 의견을 모아보자. 다음 제시된 주제는 필자의 학급에서 나왔던 내용을 정리한 것이다.

통일에 들어가는 비용, 이념과 가치관 갈등, 언어와 문화 차이, 경제 수준의 차이 등

다음으로 통일 이후 발생될 어려움을 해결하기 위한 토의를 진행할 것이다. 먼저 각 모둠에서 브레인스토밍한 어려움 가운데 토의할 주제를 하나씩 정한다. 이때 겹치는 내용 없이 고르게 주제를 선정할 수 있도록 한다. 모둠 내에서 주제별 토의를 진행하여 해결 방안을 2개 이상 생각하여 다음 쪽 활동지에 적는다. 해결 방안을 생각할 때는 우리가 할 수 있는 일에서부터 시작하여 시민단체, 기업, 국가 등 다양한 주체가 어떻게 행동할 수 있을지 고민해보도록 안내하자.

모둠별 토의가 끝났다면, 각 주제별로 해결 방안을 공유할 차례다. 돌아가며 주제에 따른 해결 방안을 발표한 후 해당 내용을 활동지에 정리할 것이다. 친구들의 발표를 들으며 더 나은 해결 방안이 떠오른다면 서로 아이디어를 제시하여 보강하는 활동도 유익하다.

활동지 6_7차시

통일 후 예상되는 어려움 토의하기

1. 통일 이후 예상되는 어려움과 그에 대한 해결 방안을 생각해 봅시다.

주제	
해결 방안	

2. 주제별로 나온 최종 해결 방안을 정리하며 통일 한국의 미래를 상상해 봅시다.

주제	해결 방안	주제	해결 방안

▶ 통일 한국의 미래는

(   )

정리: 통일이 불러올 미래 상상하기

토의와 발표를 마친 다음에는, 통일 이후 예상되는 어려움이 해결된다면 통일 한국의 미래는 어떤 모습일지 상상하도록 유도한다. 수업의 마무리로는 EBS 교양 채널에서 제작한 통일채널e 영상(QR코드)을 보여주며 통일의 필요성을 체감하도록 도와주자. 제시한 영상이 아니어도 통일의 가치를 다루는 영상이라면 얼마든지 대체 가능하다.

통일채널e - 3부 뜻밖의 유산
(EBSCulture)

평가 본 차시에서는 다음과 같은 성취기준을 활용하여 평가를 진행할 수 있다.

매우잘함	통일의 필요성을 이해하고, 통일 이후 발생될 어려움을 해결하기 위해 필요한 자료를 정확하게 찾아 주제에 어울리는 방안을 자신감 있게 이야기한다.
잘함	통일의 필요성을 이해하고, 통일 이후 발생될 어려움을 해결하기 위해 필요한 자료를 정확하게 찾아 주제에 어울리는 방안을 이야기한다.
보통	통일의 필요성을 이해하고, 통일 이후 발생될 어려움을 해결하기 위해 필요한 자료를 찾아 주제에 어울리는 방안을 이야기한다.
노력요함	통일의 필요성을 이해하였으나 통일 이후 발생될 어려움을 해결하기 위해 필요한 자료를 찾아 주제에 어울리는 방안을 이야기하기 어려워한다.

2.3 해결책 설계: 미래 통일 한반도 체험하기 8~16차시

아직 우리나라는 통일이 이루어지지 않았기 때문에 통일이 된 미래는 머릿속으로 상상하는 수밖에 없다. 8~16차시는 경험해보지 못한 통일 한반도를 다양한 방법으로 체험하며 북한과의 미래를 그려 나갈 수 있도록 안내할 것이다.

1 북한에 대한 관심 가지기 8~9차시

지도안 함께 보기

학생들에게 있어 북한은 미지의 공간으로, 뉴스나 SNS를 통해 접한 내용을 바탕으로 어떤 곳일지 막연하게 예상하는 정도일 것이다. 이번 차시에서는 메타버스 플랫폼 중 하나인 '로블록스'로 북한의 대표 지역을 탐험하며 북한에 대해 탐구해보도록 하겠다.

차시	8~9차시	준비물	스마트 기기
수업 주제	미래 통일 한반도 체험하기		
학습목표	통일 한반도의 모습을 탐색하여 북한에 대한 관심을 가질 수 있다.		
활동 흐름			
도입(5분)	▶북한에 가면 하고 싶은 일 이야기하기		
전개(70분)	▶로블록스(www.roblox.com/ko) 접속하기 ▶'통일 한반도 또 하나의 세계' 체험하기 ▲ [자료] 통일 한반도 또 하나의 세계(uniedu/국립통일교육원) -평양, 개성, 신의주, 원산, 나선의 다섯 개 지역 탐험하기 -NPC를 클릭하고 미션을 수행하며 각 지역에 대한 정보 얻기 -다양한 공간을 탐험하며 북한에 대한 지식 쌓기		
정리(5분)	▶느낀 점 나누기		

도입~전개①: 북한에 가면 하고 싶은 일 이야기하고 로블록스 준비하기

수업을 시작하며, 북한에 가게 된다면 하고 싶었던 일을 자유롭게 발표하도록 하자. 학생들은 평양 시내 구경하기, 평양 냉면 먹기, 백두산과 금강산 다녀오기, 북한의 역사 유적(문화재) 구경하기 등 다양한 답변들을 쏟아냈다.

그럼 통일 한반도를 직접 체험해보자. 로블록스는 사용자가 직접 게임을 프로그래밍하거나, 다른 사용자가 만든 게임을 경험하는 온라인 메타버스 플랫폼이다. 실제로 가기 어려운 장소를 가상 세계에서 게임 형식으로 흥미진진하게 탐험한다는 점에서 통일 한반도의 모습을 탐색하기 적합하여 추천하는 바이다. 물론 학교 상황에 맞게 통일 한반도를 체험할 수 있는 다른 자료를 선택하여 활용해도 좋다. 로블록스 사이트(www.roblox.com/ko)에 접속하자. 로블록스를 시작하기 위해서는 회원가입이 선행되어야 한다. 생년월일과 사용자 이름(아이디), 비밀번호를 입력하면 쉽게 회원가입이 가능하다. 이미 계정이 있다면 우측 상단의 [로그인] 버튼을 클릭하자.

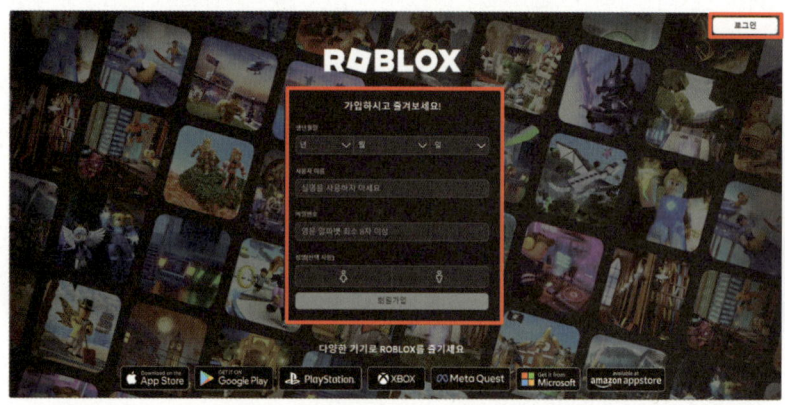

▲ [활동] 로블록스 시작하기

> **TIP** 로블록스는 공식적으로 사용 연령에 제한을 두지 않았으나 기본적으로 7세 이상의 어린이가 사용하기를 권장하며 12세 미만의 경우 보호자가 자녀 보호 기능을 활용할 수 있도록 안내하고 있다.

본 학교자율시간에는 국립통일교육원에서 제공하는 '통일 한반도 또 하나의 세계' 게임을 체험하고자 한다. 스마트폰, 태블릿, PC 등 다양한 스마트 기기에서 사용할 수 있으나, 공간을 제대로 탐험하기 위해서 PC 환경을 권장한다. 상단의 검색창에 'uniedu'를 입력하면 '통일 한반도 또 하나의 세계_uniedu'를 확인할 수 있다. [플레이] 버튼을 클릭하고, 해당 프로그램에 접속해보자. 로블록스 플레이어가 없다면 별도로 설치해야 한다. 플레이어가 설치되면 게임이 자동으로 실행될 것이다.

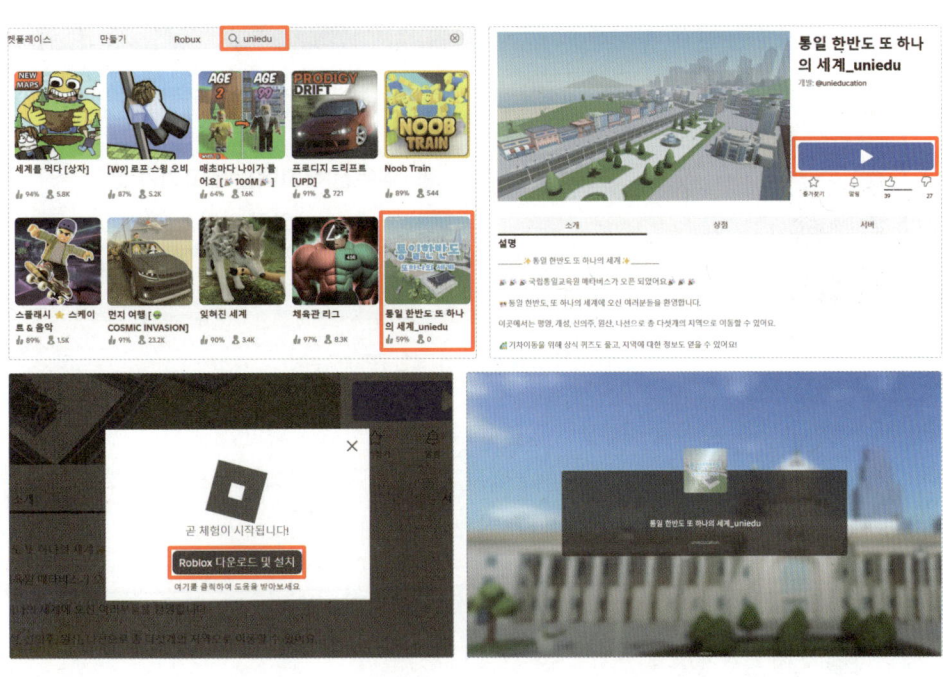

▲ [활동] '통일 한반도 또 하나의 세계' 프로그램 실행하기

전개②~정리: '통일 한반도 또 하나의 세계' 게임하기

서울역 안에서 모험이 시작되었다. 로블록스 조작 및 게임에 대한 상세한 안내는 통일교육원 메타버스 매뉴얼에서 확인할 수 있다.[4]

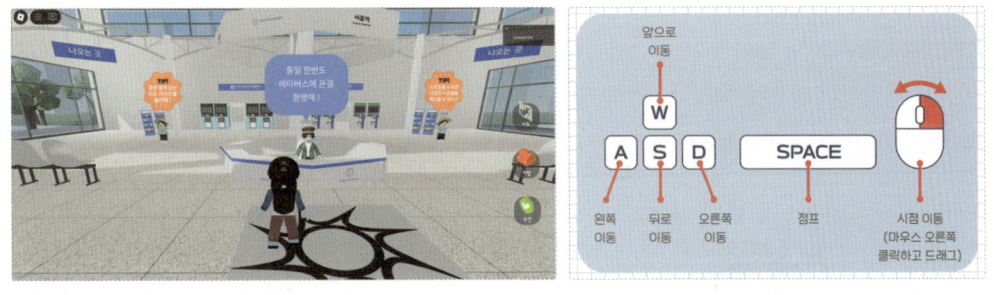

▲ [활동] '통일 한반도 또 하나의 세계' 시작 화면(왼쪽) | 기초 조작 방법 안내(오른쪽)

우측 메뉴를 하나씩 살펴보자. [지도] 메뉴를 클릭하면, 전체, 개성, 평양, 신의주, 나선 지역을 각각 둘러볼 수 있다. 처음 가는 지역에 가려면 기차역으로 반드시 이동해야 하며, 기차를 출발시키기 위해서는 북한에 대한 퀴즈를 풀어야 한다. 정답을 맞히면 자동으로 기차가 출발하게 된다.

 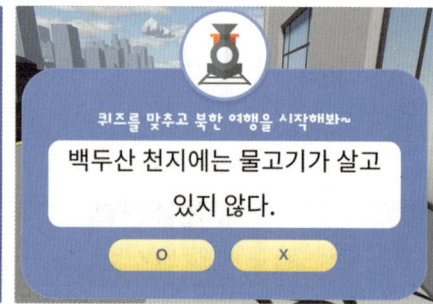

▲ [활동] [지도] 화면(왼쪽) | [북한 퀴즈](오른쪽)

[가방] 메뉴에서는 게임 내에서 미션을 수행한 후 획득한 아이템을 확인할 수 있다. 아이템은 사용자가 원하는 대로 착용 가능하다. [도전] 메뉴에는 각 지역에서 해결해야 하는 미션 목록이 제공된다. 이미 성공한 미션은 '참여완료'로 표시되어 있음에 유의하자.

▲ [활동] [가방] 화면(왼쪽) | [도전] 화면(오른쪽)

이렇게 로블록스 내의 다양한 공간을 탐험하며 북한에 대한 지식을 쌓아보면 어떨까? 각 지역의 미션을 해결하며 중요 문화재나 사람들의 생활 모습 등을 만날 수 있을 것이다. 쉽게 가볼 수 없는 북한을 메타버스로 체험함으로써 생동감 넘치는 학습을 시작해보자.

▲ [활동] '통일 한반도 또 하나의 세계' 체험 화면

2 북한 여행 계획 세우기 10~12차시

지도안 함께 보기

지난 시간 로블록스 체험 활동을 통해 북한의 대표 도시와 주요 문화재, 음식 등을 파악하고 구경도 해보았다. 이어서 실제 세계에서 언젠가 떠날 북한 여행 계획을 세워보면 어떨까? 주체적으로 북한의 정보와 역사를 찾아보며 통일 한반도를 그려볼 수 있다.

차시	10~12차시	준비물	스마트 기기, 활동지, 백지도
수업 주제	미래 통일 한반도 체험하기		
학습목표	북한으로 떠나는 여행 계획을 세울 수 있다.		
활동 흐름			
도입(10분)	▶전시 학습 상기 -'통일 한반도 또 하나의 세계' 로블록스 체험에서 기억에 남는 장소 이야기하기		
전개(80분)	▶북한의 관광 명소 조사하기 -유튜브 활용하여 북한 관광 추천지 검색하기 ▶북한으로 떠나는 여행 계획 세우기		
정리(30분)	▶여행 계획 발표 및 우수 계획 투표하기 ▶느낀 점 나누기		

도입~전개①: 북한의 관광 명소 조사하기

여행 계획을 세우기 앞서 '통일 한반도 또 하나의 세계'를 되짚어보자. 다시 로블록스 프로그램을 실행한 후 [지도] 메뉴에서 개성, 평양, 신의주, 나선 등의 위치를 확인하며 어떤 볼거리가 있었는지 살펴보도록 한다. 하지만 이 정도로 여행 계획을 짜기에는 정보가 부족할 수 있다. 이에 학생들이 직접 스마트 기기를 활용하여 북한의 관광 명소를 조사할 수 있도록 활동을 구성하였다.

이번 조사에서는 유튜브 플랫폼을 활용할 것이다. 텍스트보다 동영상으로 조

▲ [자료] 유튜브 검색 결과: '북한 여행지 추천'

사했을 때 실재감을 느낄 수 있기 때문이다. 그림과 같이 '북한 여행지 추천', '북한 관광명소' 등의 검색어를 활용할 것을 추천한다.

> **주의** 북한과 관련된 검색어는 자칫하면 북한 지도자 관련 딥페이크 등 시청하기에 부적절한 영상이 나올 소지가 다분하므로, 이 점에 유의하며 키워드에 꼭 '여행지', '관광명소'를 붙여 검색할 수 있도록 사전에 잘 안내하자.

조사한 내용을 정리할 수 있도록 지역(도시), 관광 명소 이름, 관광 명소의 특징 등의 항목이 있는 활동지(QR코드)를 활용해보아도 좋겠다.

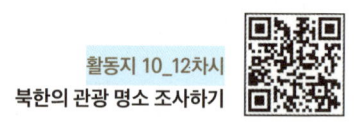

활동지 10_12차시
북한의 관광 명소 조사하기

전개②: 북한 여행 계획 세우기

정리한 내용을 바탕으로 북한으로 떠나는 여행 계획을 세워보자. 글로 표현해도 좋지만 한반도 백지도 위에 나타내면 이동 경로 등 다양한 요소를 한눈에 알아보기 편리하므로 백지도를 활용한 방식을 권한다. 백지도는 국토지리정보원 사이트(QR코드)에서 무료로 내려받을 수 있으며, 학생들은 북한의 지역 명칭이 익숙하지 않으므로 명칭표기지도를 사용해보아도 좋겠다.

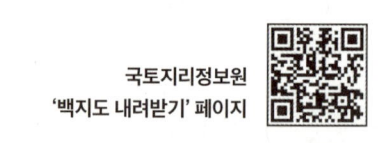

국토지리정보원
'백지도 내려받기' 페이지

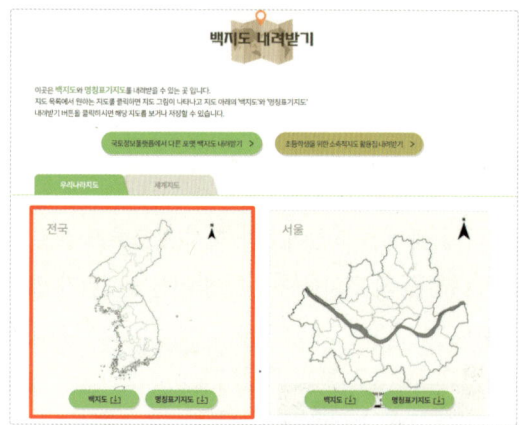

▲ [자료] 국토지리정보원 백지도 내려받기 화면(왼쪽) | 명칭표기지도(오른쪽)

출발 위치는 서울역으로 해도 좋고, 본인의 학교로 설정해도 무방하다. 가상의 여행 계획일지라도 무리하게 구성하지 않도록 반드시 안내해주자. 실제 친구들과 함께 여행을 떠난다고 가정하고 이동 거리나 관광 명소를 둘러보는 시간 등을 고려할 필요가 있다. 필자의 학급에서는 여행 기간을 2박 3일로 잡고, 관광 명소는 5개 이상 둘러보는 일정으로 설정하였다.

여행 기간이나 관광 명소의 개수, 이동 수단 등은 학급에서 자유롭게 정하도록 하자. 학생들이 주로 가고 싶어 하는 곳으로는 옥류관(평양냉면), 백두산 또는 금강산, 개성 한옥마을 등이 있었다.

 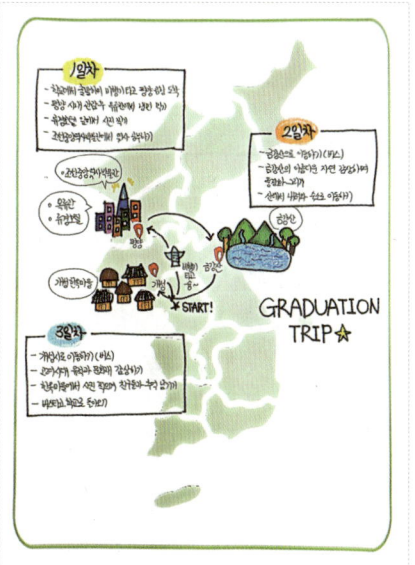

▲ [산출물] 학생들의 '북한 여행 계획' 예시

정리: 여행 계획 발표 및 우수 계획 선정하기

완성된 여행 계획을 전시한 후 기준을 정해서 우수 여행 계획을 선정하는 투표를 진행해보아도 좋겠다. 본 차시의 활동 소감으로 실제 북한에 가서 계획을 실천해보고 싶다는 의견이 많이 나왔다. 이번 활동을 통해 한반도에 사는 한민족으로서 북한에 대한 마음의 거리를 좁힐 수 있는 계기가 되었기를 바란다.

3 남북한 민속놀이 체험하기 13~16차시

지도안 함께 보기

이번 차시의 핵심은 남북의 공통 민속놀이를 함께 체험하면서 협력의 중요성과 공존의 가치를 체득하는 것에 있다. 《남북 공동 초등학교》에서도 체육 활동으로 올림픽을 진행하는 장면이 등장한다. 책 속 등장인물도 처음에는 남한 팀과 북한 팀으로 나누어져 자신의 팀을 위해서만 경기를 운영했다면, 나중에는 남북한 어린이들이 한데 섞여서 서로 존중하고 인정하는 분위기로 나아갈 수 있었다.

차시	13~16차시	준비물	연 만들기 재료, 채색 도구, 구슬, 줄다리기 줄, 활동지
수업 주제		미래 통일 한반도 체험하기	
학습목표		남북한의 민속놀이를 체험하며 문화를 탐구하고, 공존과 협력의 가치를 인식할 수 있다.	

활동 흐름

도입(5분)	▶우리나라의 전통 민속놀이 떠올리기
전개(150분)	▶남북의 민속놀이 영상 시청하기 -남북의 민속놀이 유래 이해하기 -민속놀이별 경기 방법 알기 ①구슬치기(알치기), ②연날리기(연띄우기), ③줄다리기(바줄당기기), ④닭싸움(무릎싸움) ▶연날리기에 사용할 연 만들기 ▶통일 올림픽 경기하기
정리(5분)	▶경기 소감 나누기

▲ [영상] 남북의 민속놀이 (겨레말TV)

도입~전개①: 우리나라의 전통 민속놀이 알아보기

먼저 학생들이 알고 있는 우리나라의 전통 민속놀이를 떠올려보도록 하자. 연날리기, 구슬치기, 팽이치기, 닭싸움, 윷놀이 등 종류가 매우 다양하다. 〈남북의 민속놀이〉 영상(QR코드)에서는 대표 민속놀이 4개의 유래를 이해하기 쉽게 안내하고 있으므로 활용하기를 권장한다. 이후 진행할 통일 올림픽 활동에서도 해당 영상에 등장한 4개의 민속놀이를 체험하고자 한다.

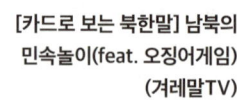

[카드로 보는 북한말] 남북의 민속놀이(feat. 오징어게임) (겨레말TV)

전개②: 전통 연 만들기

경기를 진행하기에 앞서 연날리기에 사용할 연을 직접 만들어보겠다. 연 만들기에 필요한 재료는 아이스크림몰 등 온라인 사이트에서 학급에 배정된 예산에 맞게 사전에 구입해놓도록 하자. 연에 통일을 기원하는 마음을 담아 문구를 작성해도 좋다.

▲ [자료] 연만들기 재료 키트 예시 (아이스크림몰 검색)

각자의 연이 완성되었다면 바람이 잘 부는 날 야외에 나가 바람을 등지고 서서 연날리기를 충분히 연습해보자. 이때 연줄을 한 번에 확 풀어버리면 공중으로 뜨지 않기 때문에 서서히 줄을 풀도록 안내한다.

전개③~정리: 통일 올림픽 경기하기

이제 통일 올림픽 경기를 진행할 것이다. 먼저, 팀을 적절히 나누도록 한다. 필자의 학급은 4인 1조로 편성하였으며, '통일' 키워드를 고려, 남북한 대표 지역 및 문화재로 이름을 정하였다.

다음으로 종목에 출전할 인원을 결정하는 시간을 준다. 여기서 모든 조원이 1~2개 이상의 경기에 고르게 참여할 수 있도록 반드시 안내하자. 종목별 출전 인원은 다음과 같이 구성할 수 있으며, 학급 상황에 따라 자유로이 변형해도 좋다.

활동지 13_16차시

통일 올림픽		
1. 통일 올림픽을 위한 사전 계획을 세워봅시다.		
[통일 올림픽 출전 명단]		( )조
민속놀이 이름	출전 인원 수	출전 선수 이름
구슬치기(알치기)	1명	
연날리기(연띄우기)	1명	
닭싸움(무릎싸움)	2명	
줄다리기(바줄당기기)	단체 경기(전원 참석)	

경기 시작 전, 모두가 가져야 할 마음가짐에 대해 명확하게 설명해 두도록 하자. 통일 올림픽의 목적은 공존과 협력의 가치를 함양하는 데 있기 때문에 모두가 함께 배려하고 즐기는 분위기 속에서 경기가 운영될 수 있도록 지도한다. 따라서 경기 결과를 집계하더라도 승자와 패자를 나누기보다 학급 구성원이 공유할 수 있는 하나의 추억을 쌓는 활동임을 주지시켜주자.

▲ [활동] '통일 올림픽' 중 줄다리기 종목 경기 모습

2.4 창작물 만들기: 남북이 함께하는 우리 학교 17~27차시

17~27차시는 학생 각자가 남북 공동 초등학교의 일원이 되어 다양한 창작 활동을 수행하며, 남북한을 아우르는 하나의 평화 공동체를 형성하는 데 목적이 있다.

1 남북표준대사전 만들기 17~19차시

지도안 함께 보기

《남북 공동 초등학교》에는 서로 다른 언어를 사용해서 의사소통에 어려움을 겪는 학생들의 장면이 등장한다. 이번 차시는 '언어'를 주제로 하여 남북 공동 초등학교 도서관에 비치할 남북표준대사전을 제작할 것이다.

차시	17~19차시	준비물	온책읽기 도서, 스마트 기기, 활동지, 도화지
수업 주제	남북이 함께하는 우리 학교			
학습목표	남북한의 언어를 조사하여 문화적 차이를 이해하고, 남북표준대사전을 만들 수 있다.			

활동 흐름	
도입(15분)	▶책 속에 등장하는 남북한 언어 차이 조사하기 ▶남북 언어 차이 관련 영상 시청하기
전개(90분)	▶남북한 언어 조사하기 -실생활에서 자주 사용되는 언어를 주제별로 정리하기 -통일부 북한정보포털(nkinfo.unikorea.go.kr) 접속하기 ▲ [자료] 북한정보포털 메인 화면 -남북표준대사전에 싣고 싶은 북한말 조사하기 ▶남북표준대사전 만들기
정리(15분)	▶남북표준대사전 전시하기

도입: 남북한 언어 차이 알아보기

먼저 책에 등장하는 남북한의 다른 언어가 무엇인지 찾아보자. '방조하며'는 '도와가며', '인민학교'는 '초등학교', '어방치기하다'는 '어림짐작하다', '반장'은 '최고 열성자' 등 비슷하면서도 다른 남북한 언어를 확인할 수 있다. 이어서 최근 남북한 언어 차이의 동향에 대해 설명하는 뉴스 영상(QR코드)을 시청하며 각 나라에서 언어를 사용함에 있어 어떤 점을 중요시 여기는지 알아보자.

남북 언어 차이…평양말 보호 속내는? [클로즈업 북한]
(KBS News)

전개①: 수록할 단어 조사하기

남북표준대사전을 만들기 위해서는 어떤 단어를 수록할지 먼저 결정해야 한다. 초등학생을 대상으로 하고 있기 때문에 우리 주변의 실생활에서 주로 사용되는 단어들을 주제별로 정리할 것이다. 예시를 참고하여 주제별로 친숙한 단어들을 정리하도록 한다.

- 학교생활 (교실 용어, 수업, 친구 관계 등) | 음식 (음식 종류, 식사 도구 등)
- 가정생활 (집안 장소, 가정 활동, 가족 구성원 명칭 등)
- 감정표현 (기분을 나타내는 단어, 성격을 나타내는 단어, 관계를 나타내는 단어 등)
- 동식물과 자연 (동물, 식물, 날씨, 환경 등)
- 교통 (교통수단의 종류, 표지판, 교통신호 등)

수록할 단어 목록이 정해졌다면, 다음으로 스마트 기기를 활용하여 통일부에서 제공하는 북한정보포털(nkinfo.unikorea.go.kr)에 접속해보자. [북한테마] - [남북한 언어 비교]에 들어가면 남한말과 북한말에 대한 검색 서비스를 제공하고 있다. 단어를 차례대로 검색하여 남한말과 북한말의 차이를 조사하고, 활동지에 정리하도록 한다.

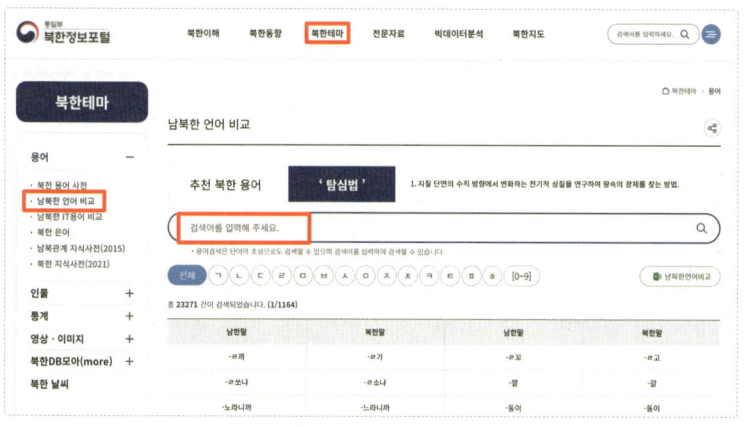

▲ [자료] 북한정보포털 남북한 언어 비교 검색 화면

활동지 17_19차시

남북표준대사전

1. 남북표준대사전에 들어갈 단어를 주제별로 정리해 봅시다.

주제: 예시) 학교생활	주제:
단어: 예시) 칠판, 필통, 책받침, 표지, 학생, 짝꿍 등	단어:
주제:	주제:
단어:	단어:

2. 스마트 기기를 활용하여 남한말과 북한말의 차이를 조사해 봅시다.

주제:		주제:	
남한말	북한말	남한말	북한말

전개②~정리: 남북표준대사전 만들고 전시하기

지금까지 조사한 내용을 종합하여 남북표준대사전을 만들어볼 차례다. 4절지나 8절지에 구역을 나누어 주제별로 정리하거나 책 형태로 만들어 한글순으로 나열하는 방법을 활용할 수 있다. 또한, 스마트 기기로 구글 프레젠테이션을 활용한 동시 작업 방식도 추천한다.

주제: 학교생활

북한	남한	의미
인민학교	초등학교	아동들에게 기본적인 교육을 실시하기 위한 학교
최고 열성자	반장	교육 기관에서 교실을 한 단위로 하는 반을 대표하여 일을 맡아보던 학생
짝동무	단짝	서로 뜻이 맞거나 매우 친하여 늘 함께 어울리는 사이. 또는 그러한 친구
연필곽	필통	연필이나 볼펜, 지우개 따위를 넣어 가지고 다니는 작은 상자 모양의 물건

ㄱ으로 시작하는 단어

북한	남한	의미
가락지빵	도넛	밀가루에 베이킹파우더, 설탕, 달걀 따위를 섞어 이겨서 경단이나 고리 모양으로 만들어 기름에 튀긴 과자
가위주먹	가위바위보	손을 내밀어 그 모양에 따라 순서나 승부를 정하는 방법
과일단물	주스	과일이나 야채를 짜낸 즙
곽밥	도시락	밥을 담는 작은 그릇에 반찬을 곁들여 담는 밥

▲ [산출물] '남북표준대사전' 학생 산출물 예시 (왼쪽: 주제별, 오른쪽: 한글순)

완성된 남북표준대사전은 다른 학급/학년 학생들이 잘 볼 수 있는 곳에 비치하거나 홈페이지 등에 게시하여 우리 학교 친구들에게 다양한 북한말을 소개해보는 것은 어떨까? 나아가 남한말과 북한말의 장점을 살려 우리 학교만의 단어를 새롭게 만들어보는 것도 재미있겠다.

2 남북 공동 초등학교 교가 만들기 20~21차시

지도안 함께 보기

노래는 가사와 아름다운 멜로디로 사람의 마음을 효과적으로 표현하는 수단이다. 앞선 활동으로 학생들은 북한에 대해 많이 이해하고, 통일의 필요성을 인식하게 되었다. 이번 차시에는 이러한 마음을 담아 남북 공동 초등학교의 교가를 만들어볼 것이다.

차시	20~21차시	준비물	스마트 기기, 활동지
수업 주제	남북이 함께하는 우리 학교		
학습목표	통일 이후 사회의 모습을 상상하여 교가로 만들 수 있다.		

활동 흐름	
도입(15분)	▶통일 창작 동요 감상하기 ▶가사의 의미 되새기기
전개(60분)	▶교가로 사용할 노래 선정하기 ▶남북 공동 초등학교 교가 가사 만들기 -통일에 대한 염원을 담아 노래 가사를 알맞게 개사하기 ▶새롭게 만든 교가 가사에 맞추어 노래 연습하기
정리(5분)	▶남북 공동 초등학교 교가 제창하기 ▶느낀 점 나누기

▲ [자료] 2024 어린이 창작 통일 동요제 수상작 목록

도입: 통일 창작 동요 감상하기

통일부에서는 매년 청소년 통일 문화 경연 대회를 주최하여 '어린이 창작 통일 동요제'를 열고 있다. 다양한 통일 창작 동요 수상작을 감상하고, 사용된 가사를 살펴보며 노래에 담긴 통일에 대한 염원을 느껴보도록 하자. 해당 동요가 아니더라도 통일을 주제로 한 창작 동요는 다양하게 있으므로 학급 상황에 맞게 골라서 감상하면 된다.

2024 어린이 창작 통일 동요제 수상작 (제12회 청소년 통일문화 경연대회)

전개~정리: 남북 공동 초등학교 교가 가사 만들어 노래 부르기

이제 남북 공동 초등학교의 교가로 사용될 노래를 선정할 차례다. 우리 학교의 교가가 될 수도 있고, 음악 시간에 배운 동요도 괜찮다. '교가'는 학교를 상징하는 노래이면서도 여러 학생이 쉽게 부를 수 있어야 하기 때문에, 간단한 구성의 노래 중 하나를 선정하도록 안내한다.

다음 활동지를 활용하여 남북 공동 초등학교의 교가 가사를 만들어보자. 개인별로 만든 후 좋은 가사를 투표해서 하나로 선정하거나 처음부터 모둠/학급 단위로 의견을 모으는 것도 의미가 있다. 학급 상황에 맞게 원하는 방법을 골라보자.

활동지 20_21차시

남북 공동 초등학교 교가 만들기	
1. 남북 공동 초등학교의 상징물을 정해 봅시다.	
▶교훈:	
▶교화:	
▶교목:	
2. 남북 공동 초등학교의 교가 가사를 만들어 봅시다.	
▶내가 고른 노래 제목:	
원래 가사	바꾼 가사
	예시) 한라에서 백두까지 꿈을 안고 달려가네
	다른 길을 걸어와도 마음속엔 같은 꿈이
	웃음 가득 통일꽃이 여기저기 피어나리
	황금 잎이 수놓은 길 평화 속에 빛나리

마지막으로 새롭게 만든 가사에 맞추어 교가 부르기 연습을 해보자. 노래를 부를 때에는 가사의 의미를 느끼며 진심을 담아 가창할 수 있도록 지도한다. 남북 공동 초등학교의 교가를 한 목소리로 제창하며 통일이 이루어진 미래 학교의 모습을 상상해보면 어떨까?

③ 남북 공동 초등학교 교표 디자인하기 22~23차시

🔍 **지도안 함께 보기**

이번 차시는 남북 공동 초등학교에서 사용할 학교의 상징, 교표를 학생 스스로 디자인하는 활동으로 구성하였다.

차시	22~23차시	준비물	스마트 기기, 활동지
수업 주제	남북이 함께하는 우리 학교		
학습목표	평화와 공존의 가치를 담은 교표를 디자인할 수 있다.		

활동 흐름	
도입(15분)	▶좋은 로고의 특징 이해하기 -좋은 로고의 특징: 변하지 않는 로고, 심플한 로고, 아이덴티티가 잘 전달되는 로고 ▶ [영상] 내노라 하는 브랜드로고 이렇게 만들어졌다! 좋은 로고의 법칙! (어린이날이브의 디자인이야기)
전개(60분)	▶우리 학교 교표 분석하기 -교표에 들어가는 요소 조사하기 (학교이름(한글, 영어), 설립 연도, 도식, 색 등) ▶남북 공동 초등학교 교표 디자인하기 -교표 디자인 계획서 작성하기 -로고ai로 교표 제작하기
정리(5분)	▶남북 공동 초등학교 교표 전시하기 ▶감상평 남기기

도입~전개①: 좋은 로고의 특징과 우리 학교 교표 특징 알기

학교를 상징하는 것이 '교표'라면, 기업을 상징하는 것은 '로고'이다. 제시 영상(QR코드)을 시청하며 좋은 로고의 특징에 대해 알아보자. 해당 영상에서는 변하지 않는 로고, 심플한 로고, 아이덴티티가 잘 전달되는 로고를 꼽고 있다. 학교의 교표를 만들 때에도 이 점에 유념하여 디자인할 수 있도록 안내한다.

내로라 하는 브랜드로고 이렇게 만들어졌다! 좋은 로고의 법칙! (어린이날이브의 디자인이야기)

교표 디자인에 앞서 우리 학교에서 사용되는 교표를 분석해볼 것이다. 교표에 공통적으로 들어가는 요소들을 살펴보면 학교 이름, 학교의 구성원을 상징하는 색이나 도식, 설립 연도 등이 있다. 이를 바탕으로 남북 공동 초등학교에 쓰일 교표의 디자인 계획서를 작성해보자.

활동지 22_23차시

남북 공동 초등학교 교표 디자인하기

1. 남북 공동 초등학교의 교표 디자인 계획서를 작성해 봅시다.

(1) 학교 이름(한글/영어)	[한글]
	[영어]
(2) 교표에 들어갈 색상	
(3) 기타 구성 요소	

전개②: 남북 공동 초등학교 교표 제작하기

디자인 계획서의 내용을 참고하여 남북 공동 초등학교의 교표를 제작해보자. 본 학교자율시간에서는 생성형 AI 플랫폼 '**로고ai**'를 사용할 것이다. 로고ai의 경우, 직관적인 UI를 가지고 있어 초보자도 쉽게 로고를 제작할 수 있으며, 산출물의 안정성이 뛰어나 다양한 수업에 활용하기에 좋다. 또 생성형 AI 산출물에 본인의 아이디어를 덧붙여 종이에 직접 그리는 협업을 해봐도 재미있다.

> 📢 **주의** 경기도교육청의 생성형 인공지능 활용 교육 교사용 가이드라인에 따르면, 생성형 AI가 제공하는 자료는 수업 전에 미리 검토하여 수업과의 적합성을 확인해야 하고, 생성형 AI의 산출물을 비판적으로 분석하고 학생의 아이디어를 추가하는 수업 설계가 이루어지도록 권고하고 있다.[5]

❶ 로고ai(www.logoai.com)에 접속하자. 회원가입이 필요한데, 필자는 쉽게 발급 가능한 교육용 구글 계정을 추천한다. 우측 상단의 [LOGIN]을 눌러 로그인하고, [Let's make a logo] 버튼을 클릭해보자.

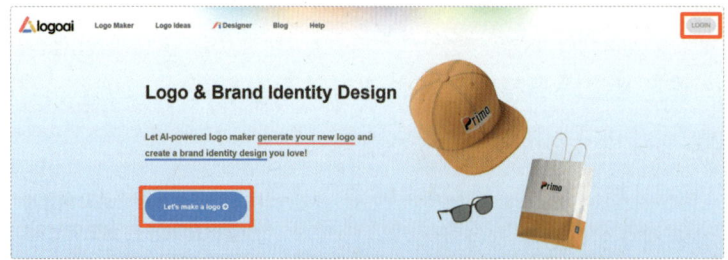

▲ [활동] 로고ai 시작하기

❷ [Logo Name]에는 학교 이름을, [Slogan]에는 학교를 상징하는 주요 단어를 적는다. 영어로만 입력해야 하며, [Logo Name]은 필수, [Slogan]은 선택사항이다. [Continue]를 눌러 다음 단계로 넘어간다.

▲ [활동] 로고ai 기본 정보 입력하기

❸ 분야, 색상, 스타일을 결정하는 단계이다. 필자의 경우, 교표인 점을 감안하여 분야로 [Education]을 선택하였다. 나머지 색상과 스타일은 취향에 맞게 적절하게 골라주면 된다.

▲ [활동] 로고ai 디자인 요소 결정하기

❹ 모든 디자인 요소가 결정되면 단시간 내에 로고가 생성된다. 마음에 드는 것을 골라 [Edit]를 클릭하면 세세한 편집이 가능하다. 편집 화면에서 색상이나 도식 디자인, 글씨 위치 등을 원하는 대로 수정해주자.

▲ [활동] 생성된 로고ai 편집하기

❺ 수정을 완료했다면 [Save]를 눌러 저장한다. [Share]로 버튼이 변경되며, 만든 로고를 공유할 수 있다.

▲ [활동] 로고ai 저장 및 공유하기

정리: 남북 공동 초등학교 교표 전시 및 감상하기

완성된 교표는 학급 공유 플랫폼 등에 전시해보자. 친구들의 교표를 살펴보고 감상평을 남기거나, 서로의 아이디어를 참고하여 더 정교한 교표를 만들어보는 것도 좋겠다.

4. 남북한 대표 음식 조리해보기 24~27차시

지도안 함께 보기

17차시부터 23차시에 이르기까지, 남북한의 다양한 언어와 문화 차이에 대해 체험해 왔다. 이번 차시는 남북한 식생활 문화의 차이를 알아본 후 팀을 나누어 남한의 대표 음식과 북한의 대표 음식을 조리해보는 활동으로 구성하였다.

차시	24~27차시	준비물	스마트 기기, 활동지, 음식 재료, 조리 도구
수업 주제	남북이 함께하는 우리 학교		
학습목표	남북한의 문화적 차이를 탐색하고, 대표하는 음식을 조리할 수 있다.		
활동 흐름				
도입(15분)	▶이북 음식 알아보기 ▶ [영상] 평양냉면이 다가 아냐!!! 오묘하고 심심한 맛의 '이북 음식' (Olive)		
전개(120분)	▶남한과 북한의 대표 음식 조사하기 ▶남북요리사 준비하기 -만들고 싶은 음식 결정하기 (남한 음식&북한 음식) -필요한 재료 나누기 -조리 순서 정리하기 ▶남북요리사 대결하기 -남북요리사 대결하기 -뒷정리하기		
정리(25분)	▶남북요리사 시식회 진행하기		

도입~전개①: 남한과 북한(이북)의 대표 음식 조사 및 요리 준비하기

이북 음식은 북한 고유의 전통 음식을 이르는 말이다. 우리가 대표적으로 알고 있는 이북 음식으로는 평양냉면이 있다. 그 밖에 어떤 음식이 있는지 영상(QR코드)을 통해 알아보자. 이북식 김치밥, 어복쟁반, 평양 만둣국 등 다양한 음식이 존재한다.

평양냉면이 다가 아냐!!! 오묘하고 심심한 맛의 '이북 음식'! | 수요미식회 (Olive)

다음으로 남북한 식생활 문화 차이를 더 상세히 알아보기 위해 남한과 북한의 대표 음식을 조사할 것이다. 검색엔진에서 '남북한 대표음식' 키워드로 검색하거나, 국립통일교육원 누리집(www.unie-du.go.kr) [자료마당]의 '청소년 통일사전'에서 찾아 볼 수도 있다. 같은 기관의 북한 음식 소개 영상(QR 코드)을 참고해보아도 좋겠다.

[평화 통일교육 동영상]
유튜버에게 듣는 북한 음식
(국립통일교육원)

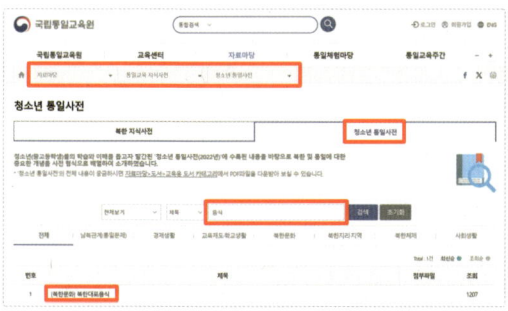 

▲ [자료] 국립통일교육원의 청소년 통일사전(왼쪽) | 평화·통일교육 동영상: 유튜버에게 듣는 북한 음식(오른쪽)

조사한 남북한의 대표 음식 중 원하는 음식을 1가지씩 골라보자. 이후 모둠별로 남한 음식 1가지와 북한 음식 1가지씩을 조리할 것이다. 모둠원과 논의하여 음식 이름, 필요한 음식 재료, 조리 순서 등을 사전에 정해 요리 준비를 하도록 한다. 다음 활동지를 제공하여 체계적인 준비를 돕자.

활동지 24_27차시

남북요리사

1. 남한과 북한의 대표 음식을 조사해 봅시다.

남한의 대표 음식		북한의 대표 음식	
음식 이름	특징	음식 이름	특징

2. 남북요리사 계획서를 작성해 봅시다.

모둠원 이름	
음식 이름	
필요한 음식 재료	
준비물	예시) 음식을 담을 그릇, 조리도구, 개인 수저, 앞치마, 일회용 비닐장갑, …

조리 순서	1) 2) 3)
조리 시 유의점	-손을 깨끗이 씻고 앞치마와 비닐장갑을 착용하여 위생적으로 조리하기 -조리도구의 안전한 사용 방법을 이해하고, 안전에 유의하여 사용하기 -상대방을 배려하고 협력하며 즐겁게 요리하기

> **주의** 학교에서의 조리 실습은 가열 기구 사용에 제한이 있는 경우가 많기 때문에 이 점을 고려해야 한다. 가급적 가열 기구를 사용하지 않는 요리를 선정하도록 권하고, 부득이하게 사용해야 한다면 가정에서 부모님의 지도 아래 기초적인 조리를 완료한 재료를 준비해 올 수 있도록 안내해야 할 것이다.

> **TIP** 다음은 가열 기구를 사용하지 않는 남북한의 요리와 레시피이다. 학생들이 요리 선정에 어려움을 겪는다면 다음 내용을 안내해주어도 좋겠다.

남한 대표요리 '김밥' 레시피	북한 대표요리 '두부밥' 레시피
①각종 야채, 햄, 단무지 등을 가늘게 채썬다. 재료의 특성에 따라 살짝 볶아주거나 데쳐준다. ②밥에 소금과 깨를 골고루 뿌려주고, 참기름을 뿌려준 후 잘 섞는다. ③김에 밥을 얇게 편 후, 그 위에 준비한 재료를 차례대로 올려준다. ④김발이를 활용하여 동그랗게 말아준다. ⑤먹기 적당한 크기로 썰어서 완성한다.	①두부를 삼각형으로 자르고 물기를 뺀 후 전자레인지에 돌려준다. ②밥에 참기름을 둘러 간을 하고, 채소나 감자 등 다른 재료를 섞어준다. ③두부의 가운데를 유부초밥처럼 칼집 내주고, 속을 밥으로 채워 모양을 잡아준다. ④위에 양념장 또는 원하는 재료를 올려 완성한다.
남북한 공통요리 '비빔밥' 레시피	
①각종 야채를 채썰어 준비한다. (당근, 호박, 버섯, 시금치 등) ②밥 위에 준비한 야채를 먹고 싶은 만큼 올려준다. ③참기름을 둘러준 뒤 원하는 정도의 맵기가 될 수 있도록 고추장을 넣어준다. ④계란프라이를 위에 얹어 완성한다.	

전개②~정리: 남북요리사 요리 대결 및 시식회 열기

이제 본격적으로 남북요리사 대결을 시작해보자. 요리 대결에서 중요한 것은 승패가 아니다. 남북한의 대표 음식을 조리하며 식생활 문화에 대해 이해하고, 모둠원과 협력하여 요리하는 것의 즐거움을 깨우치는 과정이 유의미한 배움으로 남을 것이다.

▲ [활동] '남북요리사' 요리 대결 모습

📋 **평가**   본 활동은 평가가 포함된 차시로, 성취기준에 따라 다음의 4단계 평가기준을 참고하여 평가를 진행할 수 있다.

매우잘함	남북한의 식생활 문화 차이를 구체적으로 조사하고, 이를 바탕으로 남한과 북한의 대표 음식을 맛을 살려 안전하게 조리한다.
잘함	남북한의 식생활 문화 차이를 조사하고, 이를 바탕으로 남한과 북한의 대표 음식을 맛을 살려 안전하게 조리한다.
보통	남북한의 식생활 문화 차이를 조사하고, 이를 바탕으로 남한과 북한의 대표 음식을 안전하게 조리한다.
노력요함	남북한의 식생활 문화 차이를 조사하였으나 이를 바탕으로 남한과 북한의 대표 음식을 조리하는 데 어려움을 겪는다.

모둠별로 남북한의 대표 음식을 맛깔나게 완성했는가? 만든 음식을 나누어 먹으며 남북 요리사 시식회로 활동을 마무리할 것이다. 시식회에서 맛 자체를 평가하기보다는 음식에 대해 공부하고 정성을 들여 조리하는 과정 자체가 중요함을 주지시켜주자.

2.5 이야기 바꾸어 쓰기: 통일 신문 만들기 28~32차시

28~32차시는 학교자율시간 전체 프로젝트를 되돌아보고, 그간의 과정을 통일 신문으로 펴낼 것이다. 총 5차시의 활동으로, 사건 정리 및 기사 작성에 2차시, 통일 신문 제작에 2차시, 공유 및 감상에 1차시를 배분할 것을 추천한다.

지도안 함께 보기

차시	28~32차시	준비물	스마트 기기, 활동지
수업 주제	통일 신문 만들기		
학습목표	평화로운 미래를 위한 마음을 바탕으로 통일 신문을 제작할 수 있다.		

활동 흐름	
도입(20분)	▶학교자율시간 프로젝트 되돌아보기 -남북 공동 초등학교에서 있었던 일 떠올리기 (메타버스로 체험하는 통일 한반도, 북한으로 떠나는 여행 계획 세우기, 통일 올림픽, 남북 표준대사전 만들기, 남북 공동 초등학교 교가 제작하기, 남북 공동 초등학교 상징 교표 만들기, 남북요리사 대결하기)
전개(140분)	▶육하원칙에 따라 통일 신문에서 다룰 사건 정리하기 ▶기사 개요 작성하기 ▶남북 공동 초등학교 통일 신문 만들기 -개요를 바탕으로 신문 기사 완성하기 -생성형 AI로 신문 기사 내용에 어울리는 이미지 추가하기
정리(40분)	▶남북 공동 초등학교 통일 신문 공유하기 ▶통일에 대한 인식의 변화 이야기하기 ▶학교자율시간을 통해 새롭게 알게 된 점과 느낀 점 나누기

도입~전개①: 기사화하고 싶은 사건 정리 및 개요 작성하기

학교자율시간 초반 학생들의 통일에 대한 인식은 부정적 혹은 중립적인 경우가 대부분이었다. 하지만 여러 활동을 거치며 학생들은 통일이 가져올 미래에 대해 상상하고, 북한에 대해 이해하며 평화와 공존의 가치를 내면화할 수 있게 되었다.

통일 한반도를 로블록스로 체험했던 경험, 북한으로 떠나는 여행, 통일 올림픽과 남북요리사 대결에 이르기까지 있었던 일을 나누어 신문 기사로 작성해보자. 신문 기사 작성의 기본은 육하원칙이다. 원하는 활동을 하나 고른 후 육하원칙에 따라 사건을 정리해보자.

활동지 28_32차시

통일 신문 만들기

1. 학교자율시간 프로젝트를 되돌아보고, 신문 기사로 작성하고 싶은 사건을 골라 육하원칙에 따라 정리해 봅시다.

▶어떤 활동이 인상깊었나요? 이유와 함께 적어 봅시다.

-인상 깊은 활동:
-이유:

언제	어디에서	누구와
무엇을	어떻게	왜

2. 통일 신문 기사의 개요를 작성해 봅시다.

제목	
전문	
본문	
결론	

육하원칙에 따라 정리한 내용을 바탕으로 신문 기사 개요를 작성할 것이다. 얼굴인 제목은 물론, 기사의 첫 문단이자 중요한 사실을 담은 전문, 상세한 정보를 전달하는 본문, 핵심을 요약하는 결론의 기사 구성요소를 알려주고, 각 요소를 충실히 작성하도록 한다. 제시한 활동지를 활용하면 좋다.

전개②: 남북 공동 초등학교 신문 기사 완성하기

다음으로 개요에 따라 남북 공동 초등학교 신문 기사를 작성해보자. 8절지에 신문 기사를 직접 수기로 적을 수도 있으나, 본 학교자율시간에서는 패들렛을 활용하여 신문 기사를 한데 모았다. 학급 상황에 맞게 자유롭게 방법을 선택하면 된다.

▲ [활동] '남북 공동 초등학교 통일 신문' 패들렛 작성 화면

한편 패들렛은 텍스트 프롬프트를 이미지로 변환해주는 'AI 이미지' 기능을 지원한다. 신문 기사의 제목 혹은 핵심 내용을 프롬프트로 작성하여 기사에 어울리는 이미지를 추가해보면 어떨까?

❶ 먼저, 작성한 기사를 더블 클릭하여 편집창을 열고, [+13] - [AI 이미지]를 차례대로 클릭한다.

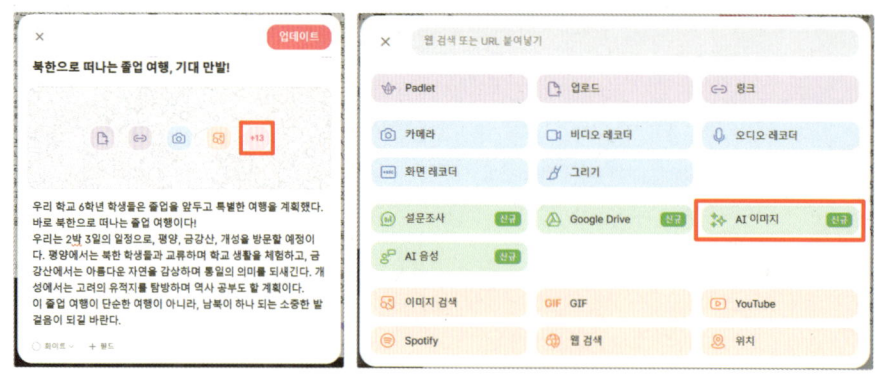

▲ [활동] 패들렛 - [AI 이미지] 들어가기

❷ 상단의 [프롬프트 창]에 이미지로 표현하고자 하는 신문 기사의 핵심 내용을 작성한다. 프롬프트를 자세히 작성할수록 원하는 이미지가 생성될 확률이 높아지며, 한글보다 영어가 더 정확한 이미지를 만들어 낸다.

📢 주의) 이 기능 역시 22~23차시에서 언급한 경기도교육청의 생성형 인공지능 활용 교육 교사용 가이드라인을 준수하여 수업에 활용하기를 당부하는 바이다. 프롬프트의 내용에 따라 부적절하거나 편향적인 이미지가 생성될 수 있으므로, 표현을 신중하게 생각하여 작성하도록 안내할 필요가 있다.

❸ 프롬프트 입력 후 엔터 키를 누르거나 우측의 화살표를 클릭하면 4장의 이미지가 생성된다. 원하는 이미지가 있다면 선택하면 되고, 이미지가 마음에 들지 않는다면 새롭게 프롬프트를 수정해서 다시 이미지를 재생성해보자.

▲ [활동] 패들렛 AI 이미지 기능으로 신문 기사에 어울리는 이미지 생성하기

정리: 통일 신문 공유 및 감상하기

완성된 통일 신문을 공유하여 서로의 신문 기사를 읽고 '좋아요'를 누르거나 댓글을 게시하는 감상 활동을 진행할 수 있다. 통일 신문에 담긴 내용을 감상하고, 남북 공동 초등학교의 다양한 일을 떠올리며 통일에 대해 변화된 생각을 이야기해 보아도 좋겠다.

▲ [활동] '통일 신문' 공유 및 감상 활동

※ ※ ※

이로써 한 학기 동안의 학교자율시간이 마무리되었다. 32차시의 통일교육을 통해 학생들은 통일에 대한 전반적인 인식의 변화를 이루어냈다. 책 속 등장인물의 성장 과정을 따라가며 학생들도 자연스럽게 평화의 가치를 내면화하고, 통일을 추구하는 태도와 의지를 함양하였다. 이제는 '북한', '통일'을 떠올렸을 때 단편적인 시각이 아닌, 통일 비용과 이익을 비교하고 그 필요성을 인지하여 주체적으로 사고할 수 있는 능력을 갖추게 된 것이다. 본 학교자율시간이 학생들에게 통일을 위한 발걸음을 내딛을 수 있는 발판이 되었기를 바란다.

PART

초6 다문화교육

다름을 넘어 함께하는 세상

수업 준비

1.1 활동 필요성 및 목표

활동 필요성

우리 주변을 살펴보면 다문화 가정의 비율이 높아지고 있다는 사실을 쉽게 체감할 수 있다. 과거부터 우리나라는 '단일민족'이라는 단어를 종종 사용해왔으나 이제는 필연적으로 다양한 문화권의 사람과 함께 살아가야 하는 시대에 도래한 것이다.

실제로 통계청에 따르면 우리나라 초·중등학교에 재학 중인 다문화 학생 수는 지속적으로 증가하는 것으로 집계되었으며, 앞으로도 더욱 늘어날 것으로 전망된다.[1] 해당 추세는 교육 현장에서 다양한 문화적 배경이 가진 학생들이 함께 생활하는 환경이 보편화되고 있다는 방증이다.

이에 교육부는 다문화교육 지원계획(2023)을 통해 모든 학생의 문화적 다양성을 존중하고 다문화 감수성을 함양할 것을 강조하였다.[2] 그러나 우리나라 현 교육과정에서 **'다문화교육'은 범교과학습 주제로만 제시되고 있을 뿐 별도의 독립된 교과목으로 편성되지 않아 학교 간 교육과정 운영의 편차가 큰 편이다.**[3]

따라서 학교자율시간으로 다문화교육을 진행하여 **학생들이 다양한 문화적 배경을 이해하고 존중하며, 세계 시민으로서 필요한 공동체 의식을 함양**하고자 한다. **노벨 엔지니어링**(Novel Engineering) 수업 모델을 기반으로 이야기와 창작 활동을 결합하여 실생활에서 다양한 문화를 자연스럽게 경험함으로써 다문화 감수성을 기를 수 있도록 도울 것이다. 기초 조작에서부터 매체 활용까지 폭넓은 활동을 담은 다문화교육으로 세계 시민이 되기 위한 준비를 시작해보자.

목표

'다름을 넘어 함께하는 세상'에서는 문화다양성을 이해하고, 다양한 문화권의 음악과 놀이를 경험하며 다문화 감수성을 함양한다. 또한, 창작 활동을 통해 문화적 요소를 표현함으로써 세계 시민으로 성장하기 위한 역량을 기르고자 한다.

1. 문화다양성과 인간 생활의 관계를 이해하고, 다양한 문화적 요소를 탐색하며 문화에 대한 관심을 갖는다.
2. 음악과 놀이를 활용하여 다문화적 특성을 체험하고, 창작 활동을 통해 문화적 다양성을 표현한다.
3. 세계 시민으로서 문화적 공존과 소통의 가치를 성찰하며 다양한 문화를 존중하는 태도를 기른다.

1.2 내용 체계 및 성취기준

내용 체계

핵심 아이디어	\- 독서와 창작 활동은 일상생활에서 문화다양성을 경험하고 타인과 소통하는 과정이다. \- 다양한 문화를 탐색하고 표현하는 과정은 공동체 속에서 다양성을 인식하는 기반이 된다. \- 인간은 다양한 문화를 존중하고 갈등을 평화적으로 해결함으로써 포용과 연대의 가치를 만들어 간다.		
범주	지식·이해	과정·기능	가치·태도
내용 요소	-문화다양성과 인간 생활 -문화적 차이를 존중해야 하는 이유 -세계 시민으로서의 역할	-문화적 편견과 차별 탐구하기 -다양한 문화권의 음악과 놀이 체험하기 -창작으로 문화다양성 표현하기 -독서와 삶 연결하기	-문화다양성을 수용하는 태도 -다문화 감수성 -문학을 통한 자아 성찰

성취기준

- [6사다문화-01] 독서를 통해 문화적 차이를 존중해야 하는 이유를 파악하고, 이를 자신의 삶과 연결할 수 있다.
- [6사다문화-02] 문화적 편견과 차별을 탐구하여 문화다양성을 수용하는 태도를 기른다.
- [6사다문화-03] 다양한 문화권의 생활을 이해하고, 음악과 놀이를 통해 그 특징을 경험할 수 있다.

- [6사다문화-04] 창작 활동을 통해 문화적 다양성을 표현하며 다문화 감수성을 함양한다.
- [6사다문화-05] 이야기를 바탕으로 세계 시민으로서의 역할을 이해하고 자아를 성찰한다.

1.3 교수학습 단계·평가·교육과정 편제

교수학습 단계

책 읽기 →	문제 인식 →	해결책 설계 →	창작물 만들기 →	이야기 바꾸어 쓰기
1~3차시	4~7차시	8~15차시	16~29차시	30~32차시
《다문화 친구 민이가 뿔났다》 읽기	세상을 바라보는 다양한 시선 탐구하기	다양한 문화를 보고, 듣고, 즐기기	함께 어울리는 다문화 세상	세계 시민으로 하나 되는 우리
[6사다문화-01]	[6사다문화-02]	[6사다문화-03]	[6사다문화-04]	[6사다문화-05]

평가

성취기준	평가요소	수업·평가 방법	평가기준	평가시기
[6사다문화-03] 다양한 문화권의 생활을 이해하고, 음악과 놀이를 통해 그 특징을 경험할 수 있다.	다양한 문화권의 생활 모습을 조사하여 문화적 차이 이해하기	[탐구 수업] 다양한 문화권의 생활 모습을 조사함. 문화권별 생활 모습 비교를 통해 문화적 차이를 발견하고 보고서를 작성함. (보고서)	다양한 문화권의 생활 모습을 조사하고, 이를 비교하여 알게 된 문화적 차이를 보고서로 작성한다.	10월
[6사다문화-04] 창작 활동을 통해 문화적 다양성을 표현하며 다문화 감수성을 함양한다.	창작 활동을 통해 문화적 다양성을 표현하며 다양한 문화를 존중하는 태도 기르기	[창의성 계발 수업] 다양한 문화를 탐색함. 문화적 다양성을 표현하는 창작 활동을 수행함. 산출물 제작을 통해 다양한 문화를 존중하는 태도를 함양함. (프로젝트, 정의적 능력 평가)	다양한 문화를 탐색하고, 창작 활동을 통해 문화적 다양성을 표현함으로써 다양한 문화를 존중하는 태도를 기른다.	11월

교육과정 편제

구분			국가 기준	5-6학년군		
				5학년	6학년	계 (증감)
교과 (군)	공통 교과	국어	408	204	196	400 (-8)
		사회/도덕 — 사회	272 — 204	102	86	188 (-16)
		사회/도덕 — 학교자율시간	272 — 204	0	32	(+32)
		사회/도덕 — 도덕	272 — 68	34	30	64 (-4)
		수학	272	136	136	272
		과학/실과 — 과학	340 — 204	102	102	204
		과학/실과 — 실과	340 — 136	68	68	136
		체육	204	102	102	204
		예술 — 음악	272 — 136	68	68	136
		예술 — 미술	272 — 136	68	68	136
		영어	204	102	102	204
창의적 체험활동(자·동·진)			204	102	98	200 (-4)
소계			2,176	1,088	1,088	2,176

02 수업 운영

2.1 책 읽기: 《다문화 친구 민이가 뿔났다》 읽기 1~3차시

본 학교자율시간에서는 《다문화 친구 민이가 뿔났다》라는 도서를 활용하여 노벨 엔지니어링 기반의 다문화교육을 진행하고자 한다. 해당 도서는 초등학교 교실 안에서 벌어질 수 있는 현실적인 다문화 갈등 상황을 다루고 있으며, 주인공이 갈등을 극복하며 점차 성장해 나가는 이야기 전체의 맥락이 학생들에게 교육적 시사점을 제공할 수 있어 추천하는 바이다. 다문화 가정의 학생이 등장하거나 문화적 편견과 차별의 상황이 드러나는 이야기책으로 대체하여 활용할 수 있다.

지도안 함께 보기

차시	1~3차시	준비물	온책읽기 도서, 활동지
수업 주제	《다문화 친구 민이가 뿔났다》 읽기		
학습목표	다문화 관련 이야기를 읽고, 다양한 문화적 요소를 탐색하여 공감할 수 있다.		

활동 흐름	
도입(15분)	▶ 나는 O일까, X일까? - 유튜브 영상 〈O이야기〉 시청하기 - 주변 사람들과 내가 다르다고 느낀 경험 이야기하기 ▶ [영상] 다이아프로젝트 'O이야기' (경기문화재단)

전개(100분)	▶책 내용 예상하기 -책 제목의 의미 탐구하기: 민이가 뿔이 난 이유는 무엇일까? -책에서 펼쳐질 이야기 예상하기 ▶《다문화 친구 민이가 뿔났다》 책 읽기 ▶감정 온도계 만들기 -등장인물 중 1명 선택하기 (예) 민이, 준호 -장면별로 달라지는 등장인물의 감정을 감정 온도계로 표현하기
정리(5분)	▶내가 책 속 등장인물이라면?

▶ [도서] 다문화 친구 민이가 뿔났다(한화주 글·안경희 그림, 팜파스, 2013)

도입: 주변과 다르다고 느낀 경험 이야기하기

〈O이야기〉(QR코드)를 시청하며 나는 O와 X 중 어떤 사람에 해당하는지 고민해보자. X가 가득한 세상에 살고 있는 O는 X처럼 보이기 위해 노력하지만 다른 점을 감추기에는 역부족이다. 하지만 X라고 해서 모두 같은 사람일까? 비슷하게 보이더라도 사실은 저마다 다른 특징을 가지고 있다.

[문화다양성 교육영상]
다이아프로젝트 'O이야기'
(경기문화재단)

이 지점에서 학생들에게 주변 사람과 자기 자신이 다르다고 느낀 경험이 있는지 말해보도록 하자. '다르다'에 관해 학생들이 가지고 있는 정의는 상이하다. 필자의 학급에서는 성별, 키, 체형, 나이, 성적, 집의 위치까지 다양한 답변을 들을 수 있었다. '다름'은 '틀림' 또는 '이상함'이 아니며, 그 자체로 존중하고 포용해야 함을 본 학교자율시간을 통해 깨우쳐 나갈 것이다.

전개①: 《다문화 친구 민이가 뿔났다》 책 읽기

이제 《다문화 친구 민이가 뿔났다(한화주 글·안경희 그림, 팜파스)》 책을 살펴보자. 책 읽기를 시작하기 전 제목의 의미에 대해 생각해보면 어떨까? 많은 학생이 '다문화 친구'라는 단어가 있기 때문에 민이가 같은 반 친구에게 따돌림을 당해서 혹은 차별받는다고 느껴 뿔이 났을 것이라고 대답하였다. 실제 책을 읽으며 예상한 이야기의 흐름이 맞는지, 민이에게 어떤 사건이 벌어지는지 확인해보도록 하자.

민이는 베트남 다문화 학생으로 올해 초등학교 3학년이다. 한국어도 매우 유창하고, 생김새도 친구들과 비슷하기에 민이는 친구들과 사이좋게 지내는 편이었다. 어느 날 같은 반에 인도 다문화 학생인 '준호'가 전학을 오게 된다. 피부도 까무잡잡하고 한국어도 어눌한 준호. 학급 내에 다문화 학생을 차별하는 분위기가 만들어지기 시작하는데, 민이와 준호는 현명하게 이 상황을 헤쳐나갈 수 있을까? 책 속 등장하는 다문화 친구에 대한 여러 가지 편견은 학생들에게 '나도 이런 편견을 가지고 있지 않았나?'와 같은 고민거리를 던져줄 것이다.

전개②: 감정 온도계 만들기

다음으로 책 속 등장인물의 상황에 공감하기 위한 〈감정 온도계〉 활동을 진행해보자. 민이나 준호 중 한 명을 골라 주요 장면별로 느끼는 감정의 온도를 색으로 표시하고, 그때 느끼는 감정을 단어로 서술해보는 것이다. 학생들은 해당 인물이 느끼는 감정을 이해하기 위해 자연스레 편견과 차별 상황에 몰입하게 된다.

깊은 공감을 위해 민이와 준호의 입장에서 감정 온도계를 만드는 것을 권장하나, 다른 등장인물을 골라도 좋다. 교실에서 벌어지는 다양한 편견과 차별의 상황에 몰입하는 것 자체가 중요하기 때문이다. 감정 온도계 활동을 위해 다음 활동지를 활용할 수 있다.

활동지 1_3차시

감정 온도계		
1. 책《다문화 친구 민이가 뿔났다》에서 인상 깊었던 등장인물을 골라 봅시다.		
민이	준호	( )
2. 책 속 주요 장면을 요약하여 정리해 봅시다.		
① 예시) 새 학년 새 학기, 민이가 베트남 사람이라는 것에 대해 친구들과 이야기 나누는 장면		
②		
③		
④		
⑤		
3. 2번에서 정리한 주요 장면을 감정 온도계로 표현하고, 등장인물이 느꼈을 감정과 그 이유를 적어 봅시다.		
작성 방법	-온도계 눈금 위에 색칠합니다. -온도가 낮을수록 차분하고, 높을수록 화남의 감정을 나타냅니다.	
감정 예시	화남, 속상함, 억울함, 당황스러움, 외로움, 슬픔, 걱정됨, 불안함, 기분 좋음, 신남 등	

	①번 장면	②번 장면	③번 장면	④번 장면	⑤번 장면
감 정 온 도 계	100℃ 90℃ 80℃ 70℃ 60℃ 50℃ 40℃ 30℃ 20℃ 10℃	100℃ 90℃ 80℃ 70℃ 60℃ 50℃ 40℃ 30℃ 20℃ 10℃	100℃ 90℃ 80℃ 70℃ 60℃ 50℃ 40℃ 30℃ 20℃ 10℃	100℃ 90℃ 80℃ 70℃ 60℃ 50℃ 40℃ 30℃ 20℃ 10℃	100℃ 90℃ 80℃ 70℃ 60℃ 50℃ 40℃ 30℃ 20℃ 10℃
감정 적기					
이유 적기					

완성된 감정 온도계를 친구들 앞에서 발표해보자. 마치 등장인물이 된 것처럼 해당 장면에서 느꼈던 감정과 이유를 감정 온도로 설명할 수 있도록 지도한다.

정리: 내가 책 속 등장인물이라면?

마지막으로 내가 책 속 등장인물이라면 차별이 벌어지고 있는 상황에서 어떤 감정을 느꼈을지 이야기 나눌 것이다. 학생들은 앞선 활동으로 등장인물이 느낀 감정에 깊이 공감하였기 때문에 진짜 그 사건을 겪은 것처럼 슬퍼하기도 하고, 차별에 분노하는 모습도 보였다. 이번 차시의 활동을 통해 다양한 문화적 상황에 공감하고, 세상을 바라보는 여러 가지 시선이 존재함을 느낄 수 있을 것이다.

2.2 문제 인식: 세상을 바라보는 다양한 시선 탐구하기 4~7차시

4~7차시는 문화적 편견과 차별 사례를 탐구하고, 다양한 문화를 역할극을 통해 체험하는 활동으로 구성되어 있다. 기존에 가지고 있던 문화적 편견에서 벗어나 세상에 존재하는 여러 문화가 그 자체로 존중되어야 함을 인식하는 것이 목적이다.

1 문화적 편견 및 차별 사례 조사 4~5차시

지도안 함께 보기

이번 차시는 사회에 만연하게 퍼져 있는 문화적 편견과 차별을 조사하며 문화적 공존과 소통의 중요성을 인식하기 위한 기반을 조성할 것이다.

차시	4~5차시	준비물	스마트 기기, 활동지
수업 주제	세상을 바라보는 다양한 시선 탐구하기		
학습목표	문화적 편견과 차별 사례를 조사하며 문화적 공존과 소통의 중요성을 인식할 수 있다.		
활동 흐름			
도입(15분)	▶'문화다양성 감수성 테스트' 진행하기		
	 ▲ [자료] 올리볼리 문화다양성 감수성 테스트 -나의 문화다양성 지수 확인하기		
전개(60분)	▶차이와 차별 구분하기 -다문화 인식개선 캠페인 영상 시청하기 -영상 속 등장하는 편견 찾기 -차이와 차별, 어떻게 다를까?	 ▲ [영상] 편견에서 시작된 친절은 편견이 될 수 있습니다. (현대차 정몽구 재단)	

	▶문화적 편견과 차별 조사하기 -내가 가지고 있는 문화적 편견 이야기하기 -유튜브 활용하여 문화적 편견과 차별 사례 조사하기 -조사 결과 발표하기
정리(5분)	▶새롭게 알게 된 점 나누기

도입: 문화다양성 테스트 진행하기

먼저 학생들이 가지고 있는 다문화 감수성을 테스트해보면 어떨까? 테스트를 위해 '올리볼리' 사이트(test.ollybolly.org)를 추천한다. 메인 화면에서 [초등학생용]을 클릭한 후 테스트를 시작해보자. 총 10문제로 구성되어 있으며, 테스트가 끝나면 성별, 나이를 입력하여 결과 확인이 가능하다.

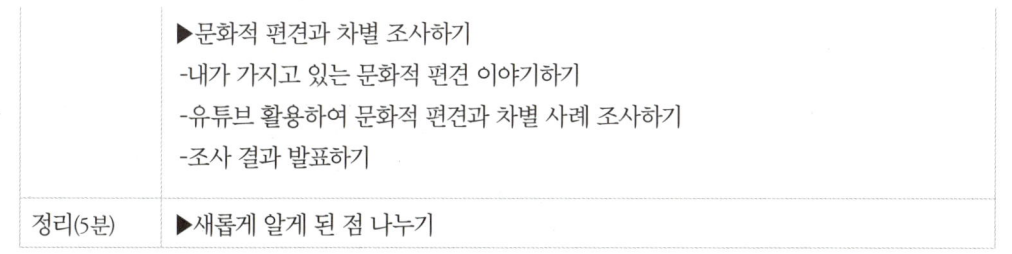

▲ [활동] 문화다양성 감수성 테스트하기

결과 화면에서는 학생들이 가지고 있는 문화다양성 지수에 대한 설명을 확인할 수 있다. 하단의 [문항해설보기]나 [실천과제보기]를 클릭하여 추가적인 심화 학습이 가능함을 참고하자. 문화다양성 지수가 다소 낮게 나왔더라도 걱정할 필요가 없다. 앞으로의 학교자율시간 수업을 통해 문화다양성 지수를 높여 나가면 되기 때문이다. 해당 테스트는 문화다양성 지수를 수치화하는 대신 따뜻한 언어로 친절하게 설명해주고 있기 때문에 현재 내가 가지고 있는 가치관을 학생들이 잘 받아들일 수 있도록 도와줄 것이다.

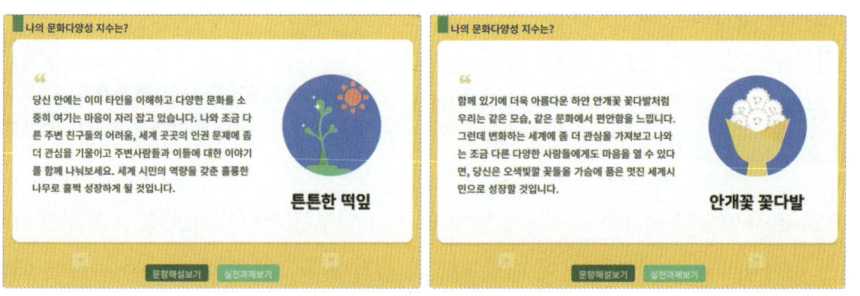

▲ [활동] 문화다양성 감수성 테스트 결과 화면 예시

전개①: 차이와 차별 구분하기

'차이'와 '차별'은 무엇이 다를까? 다문화 인식개선 캠페인 영상(QR코드)을 시청하며 영상 속 등장하는 편견을 찾아보자. 해당 영상에서는 친절하다고 생
각했던 말과 행동이 상대방에 대한 편견으로 비춰질 수 있음을 경고하고 있다. 생김새가 외국인과 비슷하다고 하여 매운 음식을 먹기 힘들어하고, 한글을 이해하기 어려울 것이라는 생각이 곧 편견으로 느껴질 수 있는 것이다.

영상은 사람의 특징이 그 친구가 다문화 학생이라서가 아니라, 각자 가지고 있는 고유의 성향 때문에 나타난다고 말한다. 그것이 바로 '차이'이다. 여기서 차이를 나쁜 것으로 생각하고, 다른 특징을 가진 사람을 공정하지 않게 대우하는 것이 '차별'이다.[4] 차이와 차별은 분명 다르다. 우리는 다름을 인정하고, 공존을 위해 그 자체로 받아들일 수 있어야 한다.

전개②~정리: 문화적 편견과 차별 사례 조사 및 발표하기

하지만 세상에는 다양한 사람을 편파적인 시선으로 바라보는 경우가 종종 있다. 실제로 어떤 문화적 편견과 차별 사례가 존재하는지 스마트 기기를 활용하여 조사해보자. 조사를 시작하기 전, 나도 모르게 가지고 있던 문화적 편견은 없었는지 돌이켜볼 것이다. 필자의 학급에서는 "외국인은 범죄를 많이 일으킨다.", "피부색이 다른 친구들은 한국어가 어눌하다.", "외국에서 들어온 노동자가 우리나라 사람의 일자리를 전부 빼앗아갈 것이다."와 같은 편견에 대한 이야기가 주로 다루어졌다.

▲ [자료] 유튜브 검색 결과: '문화적 편견과 차별 뉴스'

내가, 우리 반 친구가, 우리 사회가 가지고 있는 문화적 편견을 유튜브에서 찾아보며 편파적인 시선을 바로잡기 위한 필요성을 인식하도록 도와주자. 검색 키워드로는 '문화적 편견과 차별', '문화적 편견과 차별 뉴스' 등을 추천한다. (조사한 내용을 정리하기 위해 QR코드 활동지를 활용할 수 있다.)

마지막으로 조사 결과를 발표하고 새롭게 알게 된 점을 친구들과 나누어보자. 단순히 조사 결과를 나열하는 것이 아니라 조사한 내용에 대한 자신의 생각이나 그로 인한 가치관 변화에 대해 함께

이야기할 수 있도록 안내한다. 이번 차시를 통해 학생들은 다문화 가정이 우리나라 사회 구성원으로서 존재한다는 사실을 이해하고, 문화적으로 공존하며 올바르게 소통하는 과정이 얼마나 중요한지 깨달을 수 있을 것이다.

2 다양한 문화적 상황 체험 6~7차시

지도안 함께 보기

6~7차시는 지난 시간 조사한 편견과 차별 사례를 통해 다양한 문화적 배경을 가진 사람의 입장에 공감하는 활동으로 구성하였다. 이미 사례 조사만으로도 학생들은 다문화에 대한 인식의 변화가 일어나기 시작했다. 한 단계 나아가 차별 상황을 간접적으로 체험하는 과정에서 문화다양성을 존중해야 하는 이유를 내면화할 수 있을 것이다.

차시	6~7차시	준비물	다문화 인물 카드, 활동지
수업 주제	세상을 바라보는 다양한 시선 탐구하기		
학습목표	다양한 문화적 배경을 가진 사람의 입장을 느껴 보며 문화 존중의 필요성을 인식할 수 있다.		
활동 흐름			
도입(5분)	▶전시 학습 상기 -지난 시간에 조사한 문화적 편견과 차별 사례 떠올리기		
전개(65분)	▶나는 누구일까요? -다문화 인물 카드 살펴보기 ▶내가 카드 속 인물이라면? -다문화 인물 카드 1장 선정하기 -나라면 어떻게 행동할 것인지 생각하고 발표하기		
정리(10분)	▶문화다양성 관련 영상 시청하기 ▶다양한 문화를 존중해야 하는 이유 알기 ▶ [영상] 오색 빛깔 지구촌의 문화다양성을 존중해요 (경기온나눔콘텐츠)		

도입: 문화적 편견과 차별 사례 떠올리기

본 차시 수업 진행에 앞서 4~5차시에 사용한 활동지를 미리 준비하도록 안내한다. 직접 조사한 문화적 편견과 차별 사례를 떠올려 친구들과 이야기 나누어보자. 그 상황에 내가 있었다면 어떤 생각이 들지, 무슨 행동을 할 수 있을지 생각해보는 활동도 유의미하다.

전개: 다문화 인물 카드 탐구하기

이어서 여러 가지 문화적 상황을 인물 카드로 시각화할 것이다. 다음 자료를 활용하여 해당 인물과 주변 사람의 입장을 모두 살펴볼 수 있다. 지난 시간 조사한 다양한 문화적 사례를 바탕으로 새롭게 인물 카드를 만들어보아도 좋겠다.

다문화 인물 카드 예시		
-이름: 사라 -배경: 중동에서 온 친구로, 히잡을 쓰고 있어요. -상황: 급식 시간에 먹을 수 있는 음식이 많지 않아요.	-이름: 준하 -배경: 베트남 엄마와 한국 아빠를 둔 다문화 가정의 학생이에요. -상황: 집에서 베트남어와 한국어를 모두 쓰고 있어요.	-이름: 리에 -배경: 이번에 일본에서 새로 전학 온 친구예요. 아직 한국이 낯설어요. -상황: 한국어가 서툴러서 친구들과 이야기하는 데 어려움을 겪어요.
-이름: 수미 -배경: 한국에서 태어난 인도계 친구예요. -상황: 외모가 다르다는 이유로 친구들이 종종 놀려요.	-이름: 다니엘 -배경: 필리핀 혼혈 가정의 학생이에요. -상황: 영어는 매우 유창하지만 한국어는 조금 어려워해요.	-이름: 엘리나 -배경: 몽골에서 온 이주 노동자 가정의 학생이에요. -상황: 부모님이 학교 행사에 잘 못 오시고, 친구들이 부모님의 직업을 놀려요.
-이름: ( ) -배경: -상황:	-이름: ( ) -배경: -상황:	-이름: ( ) -배경: -상황:

다음으로 다문화 인물 카드에서 제시하는 상황을 깊이 있게 탐구해보자. 카드 속 인물이 어떤 어려운 점을 겪고 있는지 이해하고, **내가 주인공이라면 혹은 주인공의 주변 인물이라면 어떻게 행동해야 좋을지 고민해보는 것**이다.

한 예로, 중동에서 온 사라는 종교적인 이유로 급식 시간에 돼지고기 등 먹을 수 없는 음식이 많아 곤란한 경우가 대부분이다. 놀리고 무시하는 친구들도 있지만, 도움을 주려는 친구들도 분명 있을 것이다. 학교 영양선생님께 건의해서 '다문화 이해의 날'을 만들어 사라도 먹을 수 있는 급식 식단을 추천하거나, 대체식이 가능한지 문의해보는 방법도 있다.

이와 같이 카드 속 인물이 되었다고 가정하고, 일상생활 속 겪는 어려움이나 차별의 상황에 대해 탐구하는 과정에서 해당 문화에 대한 공감을 높여 보자. (QR코드 활동지를 통해 다문화 인물 카드 탐구나 공감 방향을 보조할 수 있다.)

활동지 6_7차시
다문화 인물 카드 탐구하기

서로의 생각을 공유하기 위해 친구들 앞에서 작성한 내용을 발표해보자. 여기서 핵심은 우리가 다양한 문화를 어떤 시선으로 바라봐야 할지 그 관점을 주지시켜주어야 한다는 점이다. 학생들은 직접 카드 속 인물이 되어보며 여러 가지 문화적 상황에 공감하고, 이를 대하는 태도가 중요함을 인식할 수 있었다.

정리: 문화다양성 영상 시청하기

활동을 정리하며 문화다양성을 설명하는 영상(QR코드)을 시청해보자. 영상에서는 문화다양성, 차이, 차별에 대한 개념 설명과 함께 다양한 문화를 존중해야 하는 이유를 설명하고 있으므로 활용하기를 추천한다.

(다문화이해교육) 오색 빛깔
지구촌의 문화다양성을
존중해요 (경기온나눔콘텐츠)

우리는 왜 문화다양성을 이해하고 존중해야 할까? 지구촌에는 서로 다른 모습의 사람들이 함께 살아가고 있다. 이 '다름'은 특별한 것도 아니고, 차별당해야 할 대상도 아니다. 서로 다름을 인정하고 받아들였을 때, 다양한 문화를 존중하는 태도로 한 걸음 나아갈 수 있을 것이다.

2.3 해결책 설계: 다양한 문화를 보고, 듣고, 즐기기 8~15차시

8~15차시는 다양한 문화권의 생활을 탐구하고 체험함으로써 지구촌이 가진 문화다양성을 직접적으로 경험해볼 것이다.

1 다양한 문화권의 생활 모습 탐구 8~9차시

지도안 함께 보기

본 차시는 2022 개정 5~6학년 사회 교과 교육과정에 있는 내용 요소 중 '자료를 바탕으로 다양한 자연환경과 생활 모습 조사하기'를 기반으로 하고 있다. 가보고 싶은 나라의 생활 모습을 조사하고 이해하는 시간을 가져보자.

차시	8~9차시	준비물	스마트 기기, 활동지
수업 주제	다양한 문화를 보고, 듣고, 즐기기		
학습목표	다양한 문화권의 생활 모습을 탐구하며 문화다양성과 인간 생활의 관계를 이해할 수 있다.		

활동 흐름	
도입(10분)	▶세계 여러 나라 사람들의 생활 모습이 다양한 까닭 생각해보기
전개(60분)	▶세계 여러 나라 사람들의 생활 모습 조사하기(5~6학년 사회 교과 연계) -조사 계획 세우기 -스마트 기기를 활용하여 세계 여러 나라 사람들의 생활 모습 조사하기 (조사 항목: 국가, 위치, 이름, 자연생활, 인문생활, 우리나라와의 관계 등) -조사 결과 공유하기
정리(10분)	▶정리 영상 시청하기 ▶새롭게 알게 된 점 나누기 ▶ [영상] 세계 여러 나라 사람들의 생활 모습을 이해하고 존중하는 태도 알아보기(클래스로그)

도입: 여러 나라 사람들의 생활 모습이 다양한 까닭 알기

도입에서는 세계 여러 나라 사람들의 생활 모습이 다양한 까닭이 무엇인지 이야기 나누어보자. 기후나 자연환경이 다양해서, 살아온 문화가 전부 달라서 등 다양한 이유가 존재할 것이다.

질문에 대한 갈피를 잡기 어려워한다면 사람들이 해외 여행을 떠나는 이유가 무엇인지 떠올려보도록 안내한다. 해외 여행을 통해 우리나라에서 경험할 수 없는 그 나라 고유의 문화, 의식주, 자연환경 등을 만날 수 있다. 모든 나라의 생활 모습이 같다면 해외 여행을 갈 만한 이유가 없지 않겠는가? 나라마다 생활 모습은 다양하고 이를 경험하는 것 자체가 매우 유의미한 과정이다.

전개: 세계 여러 나라 사람들의 생활 모습 조사하기

이에 따라 가보고 싶은 대륙, 국가의 생활 모습을 스마트 기기를 활용하여 조사할 것이다. 먼저 조사 계획을 세워보자. 어떤 나라를 알아볼 것인지, 또 조사 항목은 무엇으로 할지 생각한다. 필자의 학급에서는 구글 독스 동시 작업을 통해 조사하고 싶은 나라에 본인 이름을 적었으며, 한 나라에 두 명 이상의 이름이 적힌 경우 협의를 통해 조정하여 서로 겹치지 않도록 진행하였다.

활동지 8_9차시

다양한 문화권의 생활 모습 탐구하기	
1. 내가 조사하고 싶은 나라를 정해 봅시다.	
대륙	아시아 / 아프리카 / 유럽 / 북아메리카 / 남아메리카 / 오세아니아
나라 이름	
2. 조사하고 싶은 항목에 O 표시해 봅시다.	
조사 항목	국기 / 위치 / 이름 / 자연생활 / 인문생활 / 우리나라와의 관계 기타 ( )

조사 내용 정리는 활동지나 공책 등에도 가능하나, 사진이나 영상 자료를 첨부하기 용이한 온라인 활동지도 추천하는 바이다. 각 나라에 대한 최신 정보는 국가별 대사관 홈페이지에서 확인 가능하므로 사전에 학생들에게 안내해주도록 한다. 조사 활동이 끝나면 결과를 공유하여 다양한 나라의 생활 모습을 살펴볼 것이다. 온라인의 경우 패들렛, 띵커벨 보드 등을 활용할 수 있으며, 인상 깊었던 내용이나 새롭게 알게 된 사실을 '좋아요' 표시와 함께 댓글로 적어보는 것도 좋겠다.

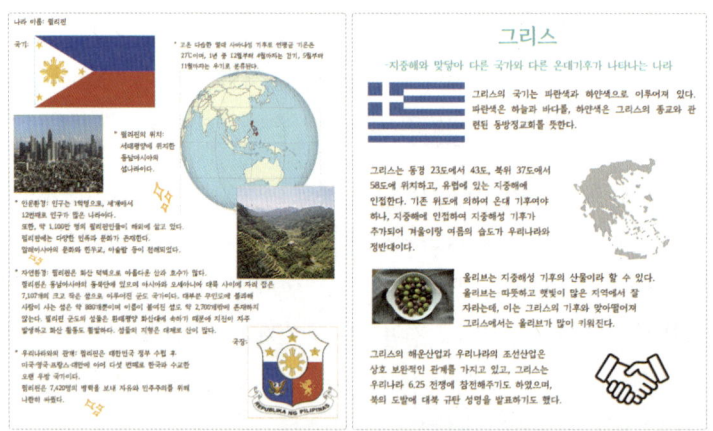

▲ [산출물] '가보고 싶은 나라' 학생 조사 보고서

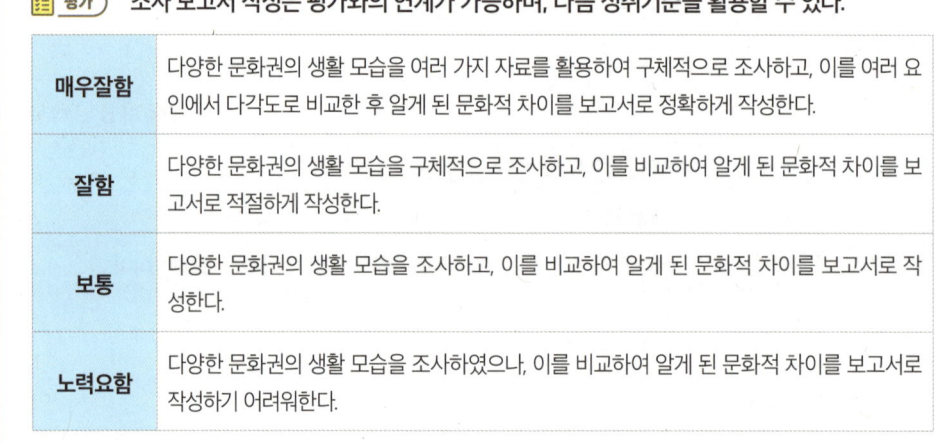

정리: 다양한 문화 존중하는 마음 내면화하기

마지막으로 제시된 정리 영상(QR코드)을 시청하며 이번 차시에서 배워야 할 마음가짐을 내면화해 보자. (이 외에도 학교 교과서 출판사의 정리 영상이나 동일 주제의 다른 영상을 활용할 수 있다.) 해당 영상에는 아프리카의 장례식 문화에 대한 설명이 등장한다. 우리나라의 장례식은 대체로 슬프고 엄숙한 분위기인 반면, 아프리카는 춤을 추며 즐거운 분위기 속에서 장례식이 진행된다. 죽은 사람의 명복을 빌어준다는 같은 목적이지만 문화에 따라 다양한 형태로 나타나는 것이다.

[초등 사회 6-2] ② 세계의 다양한 삶의 모습 - 15차시 세계 여러 나라 사람들의 생활 모습을 이해하고 존중하는 태도 알아보기 (클래스로그)

이번 차시의 핵심은 다양한 문화권의 생활 모습을 조사하며 문화와 인간 생활의 관계를 이해하는 데 있다. 비슷하기도, 다르기도 한 세계의 여러 문화. 인간 생활에서 나타나는 문화의 다양성을 이해하고, 올바른 시선으로 바라볼 수 있는 자가 바로 세계 시민이 아닐까?

2 다양한 문화권의 음악 10~13차시

지도안 함께 보기

본 차시는 다양한 문화권의 음악을 감상하고 여러 가지 방법으로 향유하는 활동으로, 2022 개정 5~6학년 음악 교과 교육과정에 있는 내용 요소 중 '다양한 종류와 문화권의 음악'을 기반으로 구성하였다.

차시	10~13차시	준비물	나라별 민요 음원, 리듬 악기
수업 주제	다양한 문화를 보고, 듣고, 즐기기		
학습목표	다양한 문화권의 음악을 감상하고, 음악에 담긴 문화적 요소와 다문화적 특성을 체험할 수 있다.		

활동 흐름		

도입(5분)	▶노래로 배우는 세계 문화
	-노래를 따라 부르며 노래에 담긴 문화 찾기:
	  다양한 인사말, 전통 의상 등
	▶ [영상] 세계 인사송
	  (주니토니 동요동화-키즈캐슬)	

전개(130분)	▶다양한 문화권의 노래 익히기(5~6학년 음악 교과 연계) [활용 노래 목록] ①모리화(아시아), ②잠보 브와나(아프리카), ③피노키오(유럽), ④체키 모레나(아메리카), ⑤포카레카레 아나(오세아니아) -가사의 의미를 파악하고, 우리말과 원어로 부르기 -노래에 어울리는 리듬 반주하기 -노래에 맞추어 신체 표현하기	
정리(25분)	▶음악을 통해 다양한 문화 이해하기 ▶여러 나라의 전통 악기 감상하기 ▶ [영상] 꾸러미 별별 톡톡: 악기편 (다문화꾸러미/국립민속박물관)	

도입: '세계 인사송' 부르기

도입 활동으로 〈세계 인사송〉 영상(QR코드)을 시청하고, 다 같이 불러보자. 노래를 따라 부르며 가사 속 담겨 있는 문화를 찾아보면 어떨까? 해당 영상에서는 국가별 전통 의상을 입은 캐릭터가 그 나라의 인사말을 알려준다. 가벼운 마음으로 노래를 즐기는 과정에서 음악에는 그 나라의 고유한 전통 문화가 깃들어 있음을 인식하게 될 것이다.

세계 인사송 | Hello Around the World | 15개 언어로 인사해요 | 세계 여러 나라 배우기 | 세계여행동요 (주니토니 동요동화 - 키즈캐슬)

전개①: 다양한 문화권의 음악 배우기 (가사)

본격적으로 다양한 문화권의 음악을 배워보자. 본 학교자율시간에는 범용성을 위해 3곳 이상의 출판사에서 다루어진 대륙별 민요를 1개씩 제시하였으나, 각 학교에서 사용하고 있는 음악 교과서 속 다문화 음악을 활용해도 괜찮다.

대륙	국가	노래제목	대륙	국가	노래제목
아시아	중국	모리화	아메리카	푸에르토리코	체키 모레나
아프리카	케냐	잠보 브와나	오세아니아	뉴질랜드	포카레카레 아나
유럽	프랑스	피노키오			

▲ [표] 대륙별 민요 예시

가사의 의미를 이해하기 위해 우리말로 된 음악을 먼저 감상한 후 원어로 된 음악을 들으며 특유의 분위기를 느껴볼 것이다. 우리말과 원어로 각각 불러보며 가사에 담긴 문화적 특성을 이해해보자.

모리화 (중국)	한 송이 아름다운 모리-화 (하오이두어 메이리디 모리-화) 가지마다- 넘치는 (펀팡 메이리- 만즈야) 그윽한 향기의 하얀-꽃 (요샹- 요바이 런런-콰) 아름다운 꽃을 친구에게 (랑-워- 라이장 니자이시아) 한 송이 보내련-다 모리화- 모리-화 (송게이 비에런-지아 모리화- 모리-화-)
잠보 브와나 (케냐)	안녕 안녕하세요 잘 지내나요 저는 잘 있죠 (잠보 잠보 브와나 하바리가니 은주리사나) 모두들 환영합니다 우리 케냐 다 잘될 거예요 (와게니 와카리비슈아 케냐예투 하쿠나마타타) 케냐 좋은 나라 다 잘될 거예요 (케냐인치주리 하쿠나마타타) 기쁨 가득한 나라 다 잘될 거예요 (인치야쿠펜데자 하쿠나마타타) 환영합니다 다 잘될 거예요 (와카리비슈와 하쿠나마타타)

피노키오 (프랑스)	가을바람 결에 떨어지는 잎새 세상에 흩날리면	(쥬쉬정쁘 뜨리스트 몽퀘헝쁘리 손느 디뜨므와무 슈로똔)
	작은 내 마음도 조용히 흩어져 외롭고 쓸쓸하죠 피노키오처럼	(쥬쉬정쁘 뜨리스트 쎄뿌꽈정 시스뜨 디뜨므와무 슈로똔 수레페이 바가봉드)
	앙쁘띠 쁘띠쁘띠쁘띠쁘띠 피노키오-	(앙쁘띠 쁘띠쁘띠쁘띠쁘띠 피노키오-)
	데자데자 데자데자 띠끌레-	(데자데자 데자데자 띠끌레-)
	앙삐에앙삐에 앙삐에앙삐에 뚜뚱오- 엘라 떼뜨흐꼴레	(앙삐에앙삐에 앙삐에앙삐에 뚜뚱오- 엘라 떼뜨흐꼴레)
체키 모레나 (푸에르토 리코)	두 손을 흔들면서 두 발을 구르며	(체키모레나 체키 체키모레나 헤이)
	저 아름다운 음악에 맞춰 춤을 춰보자	(케이 돈데스타시 릿모카람바 텔메이 레쿰베이)
	하나 둘 셋 넷 앞으로 둘 둘 셋 넷 뒤로	(운파시토아 란-테이 이오트로파라 트라스-)
	저 음악에 맞춰 신나게 돌며 춤을 춰보자 헤이!	(이 단도라브엘타 단도라브엘타 키엔시케이다라 헤이!)
포카레카 레 아나 (뉴질랜드)	비바람이 치던 바다 잔잔해-져- 오면	(포-카레카레 아나 은가-와이오와이- 아푸)
	오늘 그대 오시려나 저-바다 건너서	(휘티 아투코에- 히네 마-리노아나에)
	그대만을 기다리리 내 사랑 영원히 기-다리리	(에히네에 호키마이라 카마테 아우이 테아로하에)

▲ [표] 여러 민요의 가사 예시 (한국어 번역과 원어 발음)

전개②: 다양한 문화권의 음악 배우기 (리듬 반주&신체 표현)

노래의 멜로디에 익숙해졌다면, 어울리는 리듬 반주를 곁들여볼 차례다. 문화권에 따라 주로 사용되는 박자가 다르기 때문에 마라카스, 캐스터네츠, 북과 같은 리듬 악기를 활용하여 박자감을 익힐 것이다. 2/4박자(강-약), 4/4박자(강-약-중강-약)의 기본박에 맞추어 악기를 연주해보면 어떨까? 음악을 들으며 좋아하는 가사나 반복되는 멜로디에만 리듬 악기 연주를 해보는 것도 재미있겠다. 해당 활동은 박자의 정확성이 우선 순위가 아니므로 음악 그 자체를 즐기는 행위 자체에 초점을 맞추면 된다.

나아가 가사에 어울리는 신체 표현 동작을 해볼 수 있다. 앞서 리듬 반주 활동을 진행했기 때문에 학생들은 음악의 리듬에 이미 익숙해진 상태다. 박자에 맞추어 기본 동작을 만들고, 그것을 계속 반복하거나 가사의 의미를 살려 동작을 창작해보기를 권장한다.

필자의 학급에서 수업했던 '잠보 브와나'를 예시로 살펴보자. 스와힐리어로 '잠보'는 "안녕!"이라는 인사말이다. 학생들은 가사에 '잠보'가 등장할 때마다 상대방을 바라보며 손을 흔드는 동작을 수행했다. 또, '하쿠나마타타'는 "모두 다 잘될 것이다."라는 응원의 메시지이기 때문에 파이팅 동작으로 표현하고 싶다는 의견을 제시하였다. 여기서 모든 가사에 신체 표현 동작을 구성하지 않아도 괜찮다. 학생들이 보다 중요하게 생각하는 가사나 자주 반복되는 단어에 중점을 두어 표현하기만 해도 음악을 몸으로 느끼는 신체 표현 활동의 목적을 충족시킬 수 있을 것이다.

정리: 여러 나라의 문화와 전통 악기 감상하기

음악은 그 자체로 문화를 담고 있다. 어떤 노래를 들었을 때 '어? 이거 ○○ 나라 음악 아닐까?' 예상할 수 있는 이유도 가사, 악기, 음계 등 다양한 요소가 모여 그 나라의 문화를 표현하기 때문이다. 이처럼 음악 속에 담긴 여러 나라의 재미있고 신기한 문화를 탐색하는 활동도 추천한다.

이번 차시를 마무리하며 국립민속박물관에서 제공하는 여러 나라의 전통 악기 영상(QR코드)을 시청해보자. 해당 영상에서는 중국, 인도, 태국, 인도네시아의 전통 악기에 대해 소개한다. 실제 교육 현장에서 여러 나라의 전통 악기를 고루 살펴보기에는 한계가 있는데, 이러한 인터넷 저작물을 통해 간접 체험을 진행할 수 있다.

[다문화꾸러미] 꾸러미 별별 톡톡:악기편 (국립민속박물관)

그 나라의 전통 악기로 민속 음악을 연주한다면 고유의 분위기가 바로 되살아날 것이다. 전통 악기의 연주 소리를 듣는 것만으로도 마치 그 나라에 도착한 것과 같은 느낌을 줄 수 있지 않을까?

3 다양한 문화권의 놀이 14~15차시

지도안 함께 보기

이번 차시의 핵심은 세계 여러 나라의 전통 놀이를 체험하는 데 있다. 먼저 우리나라의 전통 놀이에는 어떤 것이 있는지 떠올릴 것이다. 탈춤, 강강술래, 윷놀이, 투호, 제기차기 등 우리나라에도 재미있게 즐길 수 있는 놀이가 한가득이다. 그렇다면 다른 나라의 전통 놀이에는 어떤 것이 있을까? 놀이에 담긴 다문화적 요소와 특성을 직접 체험해보자.

차시	14~15차시	준비물	다문화 놀이에 필요한 교구/키트
수업 주제	다양한 문화를 보고, 듣고, 즐기기		
학습목표	다양한 문화권의 놀이를 이해하고, 놀이에 담긴 문화적 요소와 다문화적 특성을 체험할 수 있다.		
활동 흐름			
도입(5분)	▶우리나라의 전통 놀이 떠올리기		
전개(70분)	▶다양한 문화권의 전통 놀이 체험하기 -다문화 놀이 설명 영상 시청하며 놀이 종류와 방법 익히기		

	  ▲ [영상] [원곡클라스] 온라인으로 떠나는 세계여행 1편 세계놀이체험(왼쪽) 어서와 이런 놀이는 처음이지?(오른쪽) -세계 여러 나라의 전통 놀이 체험하기 [중국] 중국 제기, 팔각건 / [일본] 켄다마 / [베트남] 냐이 예이, 쭈온쭈온
정리(5분)	▶느낀 점 나누기

도입~전개①: 다양한 문화권의 전통 놀이 알아보기

유튜브에서 다문화 놀이를 소개하는 영상들(QR코드)을 시청해보자. 지도안에 제시된 것이 아니더라도 세계 여러 나라의 전통 놀이를 설명하는 영상은 다양하므로 학급 상황에 맞게 자유롭게 고르면 된다.

[원곡클라스] 온라인으로 떠나는 세계여행 1편 세계놀이체험 (놀러와 다문화마을특구)

어서와 이런 놀이는 처음이지? (sangsang TV)

본 학교자율시간에서 체험할 다양한 문화권의 놀이는 다음 5가지이다. 교구를 쉽게 준비할 수 있으며, 일선 학교에서 다문화 교육 시 가장 많이 활용되는 것으로 선별하였다. 놀이에 대한 안내는 앞서 제시한 유튜브 영상을 참고할 수 있다. 주로 중국, 일본, 베트남의 전통 놀이를 다루고 있으며, 학생들과 함께 영상을 시청하며 하고 싶은 전통 놀이를 고르는 방법도 추천한다.

나라 이름	놀이 이름	놀이 방법
중국	중국 제기	발의 안쪽 면으로 제기를 계속해서 찬다.
	팔각건	중간에 있는 동그라미에 검지 손가락을 놓고 빙글빙글 돌려준다.
일본	켄다마	공을 던져서 오목한 부분(컵)에 받는다.
베트남	냐이 예이	고무줄을 서로 엮어 길이가 긴 고무줄을 만들고, 다양한 줄넘기에 활용한다.
	쭈온쭈온	잠자리 장난감을 손가락 위에 올려 균형을 유지한다.

▲ [표] 다양한 문화권의 놀이 이름과 놀이 방법

놀이를 위한 교구는 아이스크림몰, 티처몰 등 인터넷 사이트에서 구입 가능하며 가격대는 그림처럼 다양하다. '다문화 놀이' 혹은 놀이 이름을 직접 입력하여 검색할 수 있으며, 다양한 놀이를 동시에 체험하기 때문에 1인 1교구로 구비하지 않아도 무방하다. 학교 예산에 맞게 사전에 적절한 수량을 구입하는 것을 권장한다.

▲ [자료] 다문화 전통 놀이 준비물 예시 (아이스크림몰 검색)

전개②~정리: 다양한 문화권의 전통 놀이 체험하기

준비가 끝났다면 본격적으로 세계 여러 나라의 전통 놀이를 체험해보자. '중국 제기', '팔각건', '켄다마'의 경우 교구가 완제품인 경우가 대부분이므로 놀이 방법을 익혀 바로 실행하면 된다. '냐이 예이'나 '쭈온쭈온'은 고무줄을 엮거나 잠자리를 만드는 과정이 별도로 필요하다.

놀이에 따라 방법은 다소 차이가 있지만 개별적으로 연습할 시간을 준 후 친구들과 함께 대결하는 방식으로 수업을 진행할 수 있다. 제기를 누가 더 많이 차는지, 팔각건을 얼마나 오래 돌리는지, 켄다마를 컵에 몇 번이나 받아내는지 등 단계별 미션을 부여해도 재미있겠다.

▲ [활동] 외부 기관 연계 '다문화 놀이 체험' 활동 모습

> **TIP** 필자의 학교에서는 외부 기관과 연계하여 다채로운 다문화 놀이를 경험할 수 있도록 다문화 세계시민교육 프로그램을 운영한 적이 있다. 체육관과 같이 넓은 장소에서 학년 전체가 모인 후 그 나라 사람의 설명을 직접 들으며 다문화 놀이를 즐겁게 체험하였다. 따라서, 운영의 편의성을 위해 찾아가는 다문화 놀이 체험 프로그램을 신청하는 방법도 추천한다.

2.4 창작물 만들기: 함께 어울리는 다문화 세상 16~29차시

16~29차시는 다방면의 창작 활동을 통해 문화적 다양성을 표현함으로써 다문화 감수성을 함양하는 데 목적이 있다. 따라서 활동 순서를 변경하여 진행해도 무방하다.

1 다양한 문화권의 전통 민속 무용 16~20차시

지도안 함께 보기

본 차시는 교육부(2024)의 2022 개정 교육과정에 따른 범교과 학습 주제 적용 안내자료에서 추천하는 활동을 제시하고자 한다.[5] 총 5차시로 세계 여러 나라 전통 민속 무용 익히기 2차시, 전통 무용의 특징 조사 및 창작 무용 만들기 2차시, 창작 무용 발표회 1차시로 구성할 것을 권장한다.

차시	16~20차시	준비물	세계 여러 나라의 민속 무용 음원, 스마트 기기, 활동지
수업 주제	함께 어울리는 다문화 세상		
학습목표	다양한 문화권의 전통 민속 무용을 체험하고, 창작 무용을 통해 문화적 다양성을 표현할 수 있다.		
활동 흐름			

도입(10분)	▶우리나라 전통 민속 무용 감상하기 -우리나라 전통 민속 무용에 담긴 문화적 요소 탐색하기 -전통 민속 무용과 문화 사이의 관계 이해하기 ▶ [영상] 어린이를 위한 국악 동영상 (국립국악원)
전개(185분)	▶세계 여러 나라의 전통 민속 무용 탐색하기 -세계 여러 나라 민속춤 배우기(유래, 기본 동작 등) ▶ [영상] 세계 여러 나라 민속춤 (놀이가 밥이다, 놀밥!) -모둠별로 표현하고 싶은 나라 선정하기 -스마트 기기를 활용하여 해당 나라 전통 무용의 특징, 그 속에 담긴 문화적 요소 조사하기

	▶창작 무용으로 문화적 다양성 표현하기 -무용에 담고 싶은 문화적 메시지 생각하기 -나라별 문화적 특징이 드러날 수 있는 무용 창작하기 ▶창작 무용 발표하기
정리(5분)	▶새롭게 알게 된 점과 느낀 점 나누기

도입: 우리나라 전통 민속 무용 감상하기

세계 여러 나라의 전통 민속 무용을 알아보기에 앞서, 우리에게 친숙한 한국 전통 민속 무용을 떠올려보자. 학생들에게 우리나라의 전통 춤에는 무엇이 있을지 질문하면, 강강술래, 탈춤, 부채춤 등 다양한 대답이 나올 것이다. 국립국악원에서는 다양한 전통 무용을 유래와 함께 시연하며 설명하는 영상(QR코드)을 제공하므로, 활용해보아도 좋겠다. 영상을 시청하며 춤에 어떤 문화적 요소가 있는지 찾아보면 어떨까?

어린이를 위한 국악 동영상 - 강강술래
Ganggangsullae (A circle dance)
(국립국악원[National Gugak Center])

한 예로 강강술래는 추석 즈음 밝은 달 아래에서 여러 사람이 손을 잡고 원을 그리며 노래를 부르고 놀이를 한다는 특징을 가지고 있다. 강강술래의 유래로 여러 가지 설이 있으나 가장 유명한 것 중 하나로 이순신 장군이 우리 병사의 숫자가 왜군에 비해 많아 보이도록 위장하기 위해 부녀자에게 남자 복장을 입혀 산을 돌게 했다는 이야기가 전해져 내려온다. 이 점만 보더라도 이순신 장군이 활약했던 조선 시대의 역사적 배경, '추석'이라는 우리나라 대표 명절에 대해서 알아볼 수 있다.

또한, 강강술래를 할 때 입는 한복 의상이나 반주로 사용된 국악기(장구, 가야금, 해금 등)를 찾아보는 것도 가능하다. 이처럼 민속 무용에는 그 나라의 역사가 깃들어 있기도 하고, 의상이나 반주로 사용된 악기에 각 나라의 특색이 담겨 있는 경우가 많다. 이를 살펴보며 전통 민속 무용과 문화 사이에 밀접한 관계가 있음을 이해할 수 있을 것이다.

전개①: 세계 여러 나라의 전통 민속 무용 탐색하기

이제 세계 여러 나라의 전통 민속 무용을 탐색할 차례다. 본 학교자율시간에서 활용한 영상 시리즈 '춤으로 세계속으로'(QR코드)는 나라별 민속춤의 유래와 기본 동작을 자세하게 안내하고 있다. 물론 민속춤의 종류에 따라 다른 학습자료로 대체해도 된다.

춤으로 세계속으로 시즌2 1편! 티니클링!|
학생들을 위한 신나는 체육시간 | 표현활동!
| Philippines Tinikling Excercise |
온라인체육수업! (놀이가 밥이다, 놀밥!)

이번 차시의 핵심은 문화적 다양성을 표현하는 창작 무용을 만드는 것에 있으므로, 하나 하나를 깊게 다루기보다는 해당 민속춤의 특징, 기본 동작 정도로 다루도록 한다. 학생들이 직접 배우고 싶은 춤을 선택해도 좋고, 교사가 학생 수준을 고려하여 춤을 선별해도 된다. 세계 여러 나라의 민속 무용 예시는 다음 표와 같다. 모든 민속 무용을 배울 필요는 없기 때문에 학급 상황에 맞게 몇 가지 선택하여 춤 동작을 익혀보자. 필자의 학급에서는 QR코드로도 제시한 필리핀의 '티니클링' 위주로 활동을 진행하였다.

세계 여러 나라의 민속 무용 예시		
필리핀(아시아)-티니클링	이스라엘(아시아)-마임	러시아(아시아)-트로이카
프랑스(유럽)-캉캉	스웨덴(유럽)-구스타프스 스콜	미국(아메리카)-패티케이크 폴카
하와이(아메리카)-훌라	부르키나파소(아프리카)-만딩고	뉴질랜드(오세아니아)-하카

▲ [표] 세계 여러 나라의 민속 무용(나라-무용)

전개②: 창작 무용 만들고 발표하기

이제 창작 무용 준비를 시작하자. 먼저 모둠별로 표현하고 싶은 나라의 민속 무용을 선정한다. 스마트 기기를 활용하여 해당 나라 전통 민속 무용의 특징과 그 속에 담긴 문화적 요소를 추가로 조사해도 된다. 조사한 내용을 바탕으로 무용에 담고 싶은 문화적 메시지를 떠올려보면 어떨까? 기본 동작에 우리 모둠이 전하고자 하는 문화적 메시지가 특정 동작, 대형, 대사 등으로 반영된다면 다채로운 창작 무용이 탄생할 수 있다.

예를 들어 뉴질랜드의 '하카' 춤을 골랐다면, 마오리족의 강렬한 전사 문화와 부족 정신을 담아 가로 일렬 대형에서 같은 박자에 발 구르기를 반복하며 에너지를 높일 수 있는 구호를 함께 외쳐보는 것이다. 동작을 새롭게 만드는 것은 결코 쉬운 과정이 아니기 때문에, 새로운 춤을 만드는 것에 집중하지 않아도 괜찮다. 기본 동작을 바탕으로 대형이나 일부 동작을 변경할 수도 있고, 문화적 메시지를 담은 새로운 가사나 구호를 덧붙여도 된다. QR 코드의 활동지를 제공해 창작을 보조할 수 있다.

활동지 16_20차시 창작 무용으로 문화적 다양성 표현하기

창작 무용이 완성되었다면 친구들 앞에서 발표해보자. 창작 무용을 발표하기 전 표현 의도를 간단하게 설명하도록 안내하면 좋다. 서로의 창작 무용을 감상하며 그 속에 담긴 문화적 요소(메시지)를 찾아보는 활동도 재미있다. 본 학교자율시간에서는 체육 교과와 연계하여 필리핀 전통 민속 무용 '티니클링'으로 수업을 진행하였다. 티니클링의 핵심은 여러 사람이 하나처럼 움직이는 '협동'과 '공동체'의 정신이다. 처음에는 점프 밴드와 발 동작의 호흡을 맞추기 어려워하였으나, 좋아하는 노래에 맞추어 발동작을 창작해 나가는 과정에 즐거움과 보람을 느끼는 모습이었다.

▲ [활동] '창작 무용 발표회' 모습

정리: 새롭게 알게 된 점과 느낀 점 공유하기

수업을 마무리하며 다양한 문화를 춤으로 표현하는 과정에서 새롭게 알게 된 점이나 느낀 점을 공유해볼 것이다. 학생들은 처음 보는 동작이 낯설었지만 문화적 배경을 알고 나니 이해가 되었다고 답하기도 하였으며, 춤에도 이야기를 담아 소통할 수 있다는 사실을 인식하였다. 이번 차시를 통해 창작 무용을 만들며 타인과 문화적으로 상호작용하는 과정의 즐거움을 느낄 수 있었다.

2 지구촌 마을 21~24차시

지도안 함께 보기

21~24차시는 문화에 대한 자신의 가치를 담아 세계 여러 나라 사람들이 함께 모여 사는 지구촌 마을을 만들어보는 활동으로 구성하였다. 세계 여러 나라의 의식주 문화를 기초 조작 활동을 통해 구현하는 것이 핵심이며, 8~9차시의 조사 활동과 연계해서 진행할 수 있다.

차시	21~24차시	준비물	스마트 기기, 활동지, 지구촌 마을 꾸밈 재료 또는 키트 (클레이, 도화지, 채색 도구 등)
수업 주제	함께 어울리는 다문화 세상			
학습목표	다양한 문화적 요소를 창의적으로 표현하여 문화 공존의 가치를 실천할 수 있다.			

활동 흐름	
도입(5분)	▶다문화 공익 광고 영상 시청하기 ▶ [영상] 다문화입니다. 다, 문화입니다! (여성가족부)

전개(130분)	▶지구촌 마을 제작 계획 세우기 -내가 원하는 지구촌 마을의 모습 상상하기 -지구촌 마을 조감도 스케치하기 -지구촌 마을을 제작하기 위한 자료 조사하기(의식주 문화 등) ▶모두 함께 어울리는 지구촌 마을 제작하기
정리(25분)	▶지구촌 마을 발표회 개최하기 -지구촌 마을 전시 및 제작 의도 설명하기 -감상평 나누기

도입: 다문화 공익 광고 영상 시청하기

학생들의 사고를 열어주기 위해 수업의 도입에서 다문화를 주제로 한 공익 광고 영상(QR코드)을 함께 감상하고, 이야기를 나누어볼 것이다. 영상 속 "다름을 존중할 때, 그만큼 세상도 넓어집니다."라는 광고 카피 문구의 의미를 생각해보면 어떨까?

다문화입니다. 다, 문화입니다!
(여성가족부)

책 《다문화 친구 민이가 뿔났다》에서 민이는 학급 친구들을 향해 다음과 같이 외쳤다.

> "세상에 똑같은 사람은 아무도 없어. 생김새랑 집안 사정이 모두 다르단 말이야."

다름이 당연하다는 사실을 받아들일 수 있을 때 비로소 넓은 시야로 세상을 바라볼 수 있지 않겠는가? 편견이 잘못되었음을 알고, 다양한 문화권의 음악과 놀이를 체험한 학생들은 다름이 그 자체로 존중되어야 함을 몸과 마음으로 느꼈을 것이다.

전개①: 지구촌 마을 제작 계획 세우기

이러한 마음을 담아 지구촌 마을을 제작하기 위한 계획을 세워보자. 개별적으로 지구촌 마을을 만드는 것도 가능하나, 본 학교자율시간에서는 '다름을 넘어 함께하는 세상'이라는 대주제의 의미를 살려 모둠별로 하나의 지구촌 마을을 완성할 것이다.

지구촌 마을에는 우리나라 사람도 살고 있고, 민이와 같은 베트남 친구, 준호와 같은 인도 친구, 내가 조사한 나라의 사람들도 모두 함께 살고 있다. 이렇듯 여러 나라의 사람이 하나의 마을에 함께 모여 살게 된다면 그 마을은 어떤 모습을 지향해야 할까? 이 지점을 고민해보고, 활동지에 적어보도록 안내하자. 학생들은 중요시 여겨야 할 가치로 다양한 문화에 대한 존중, 배려, 조화, 어울림, 행복 등을 꼽았다.

다음으로 어떤 나라를 지구촌 마을에 담을 것인지 결정할 차례다. 다양한 문화권의 생활 모습을 조사한 후 서로 공유한 적이 있기 때문에 이를 다시 읽어보며 원하는 나라를 선정할 수 있도록 안내해보아도 좋겠다. 본인이 좋아하는 나라를 고르기도 하고, 대륙별로 대표 나라를 하나씩 선정하는 학생도 있었다.

나라가 결정되면 그림으로 지구촌 마을의 대략적인 조감도를 그려볼 것이다. 조감도를 스케치할 때 활동지 2~3번에 적은 내용이 반영될 수 있도록 사전에 안내하자. 다음 제시된 활동지를 활용해도 좋고, 별도의 종이나 도화지를 제공하여 큼직한 공간에 마을의 모습을 표현하는 것도 가능하다. 본 활동은 단순한 미술 수업이 아니기 때문에 스케치의 정교성보다 지구촌 마을로 보여주고 싶은 가치를 계속 생각하며 전체적인 그림을 구상해야 함에 유의한다.

활동지 21_24차시

지구촌 마을

1. 세계 여러 나라 사람들이 모여 사는 지구촌 마을에서 가장 중요시되는 가치는 무엇일지 떠오르는 대로 적어 봅시다.
   ▶

2. 1번에 적은 내용을 바탕으로 내가 원하는 지구촌 마을의 모습을 적어 봅시다.
   ▶

3. 지구촌 마을에 담고 싶은 나라를 적어 봅시다.
   ▶

4. 지구촌 마을의 모습을 상상하며 전체적인 조감도를 스케치해 봅시다.

   [조건] ☐ 2번에 적은 지구촌 마을의 모습 반영하기
   ☐ 3번에 적은 나라가 모두 들어갈 수 있도록 구성하기

집의 모양, 사람들이 입는 옷이나 먹는 음식 등 추가적인 자료 조사가 필요한 부분이 있다면 스마트 기기를 활용하여 조사할 수 있다. 인터넷 포털이나 유튜브에서 다음과 같은 키워드로 검색하기를 추천한다.
- [의] 전통 의상, 전통 의복 등   • [식] 전통 음식, 대표음식, 음식 문화 등   • [주] 전통 가옥, 주거형태 등

전개②: 모둠별 지구촌 마을 만들기

자료 조사까지 끝났다면 모두 함께 어울리는 지구촌 마을을 만들어 볼 것이다. 모둠 내에서 적절히 역할을 나누어 협동할 수 있도록 안내한다. 나라별로 나누어서 작업해도 좋고, 옷/음식/집 등 분야별로 파트를 전담하는 것도 가능하다. 도화지, 채색 도구, 우드락, 클레이 등 다양한 만들기 재료를 활용해서 학생들의 창의성을 마음껏 펼쳐보자. 학급 내 사용 가능한 예산이 있는 경우, 다음과 같은 만들기 키트를 제공할 수도 있다.

▲ [자료] 지구촌 마을 제작을 위한 만들기 키트 예시 (아이스크림몰)

이로써 다채로운 지구촌 마을이 완성되었다. 식탁에 여러 나라의 음식이 차려진 모습, 다른 나라 친구에게 집과 전통 의상을 소개하는 모습 등 다양한 문화가 한데 어우러져 공존과 조화를 이룬 지구촌 마을이었다.

▲ [산출물] '지구촌 마을' 학생 작품

정리: 지구촌 마을 발표회 개최하기

많은 사람이 감상할 수 있도록 복도 한 켠에 지구촌 마을을 전시해보자. 어떤 지구촌 마을을 표현하고자 했는지 제작 의도를 간단하게 적어두거나 친구들에게 직접 설명하는 방식 모두 괜찮다.

▲ [활동] '지구촌 마을 발표회' 모습

학생들은 서로 다른 문화를 존중하고 함께 살아가는 것이 중요하다고 생각하기 때문에 우리가 만든 지구촌 마을에서는 누구나 차별 없이 행복하게 지낼 수 있었으면 좋겠다고 말하였다. 이번 차시를 통해 문화적 다양성을 지구촌 마을로 표현하며 미래의 우리 사회가 진정으로 나아가야 할 방향성에 대해 고민하는 시간이 되었기를 바란다.

3 다문화 음악극 25~29차시

지도안 함께 보기

25~29차시는 다문화 음악극을 창작 및 발표하며 문화 소통의 가치를 실천하는 것이 핵심이다. 총 5차시의 활동으로, 스토리보드 및 극본 구성에 2차시, 극음악 및 소품 만들기, 음악극 연습에 2차시, 다문화 음악극 발표에 1차시를 배분하기를 권한다.

차시	25~29차시	준비물	스마트 기기, 활동지, 악기 또는 다문화 음악 음원, 연극에 필요한 다양한 소품
수업 주제	함께 어울리는 다문화 세상		
학습목표	다문화 음악극으로 문화적 다양성을 표현하여 문화 소통의 가치를 실천할 수 있다.		
활동 흐름			
도입(30분)	▶다문화 어린이 뮤지컬 감상하기 -다문화 뮤지컬에서 인상 깊은 장면 이야기하기 ▶ [영상] 2020 다문화 어린이 뮤지컬 '복작복작 이상한 나라' (예술융합연구소새론)		

전개(160분)	▶다문화 음악극 준비하기 -주제 선정하기 -문화다양성을 표현하기 위한 스토리보드 구성하기 ▶다문화 음악극 창작하기 -극에 추가하고 싶은 음악 만들기(장면 효과음, 뮤지컬 넘버 등) -극본 작성하기(5~6학년 국어 교과 연계) -극에 필요한 소품 제작하기 -다문화 음악극 연습하기 ▶다문화 음악극 발표하기 -다문화 음악극 발표 및 평가하기
정리(10분)	▶다문화 음악극 제작 과정 되돌아보기

도입: 다문화 뮤지컬 어린이 감상하기

양질의 다문화 음악극을 만들기 위해서는 이미 잘 만들어진 작품을 감상하여 모델링하는 것도 좋은 방안이다. 유튜브에 '다문화 뮤지컬', '다문화 음악극'이라고 검색하면 다양한 예시 작품을 확인할 수 있다. 필자의 학급에서는 그중 문화다양성을 잘 나타내면서 뮤지컬 전체를 감상할 수 있는 〈복작복작 이상한 나라〉 작품(QR코드)을 학생들과 함께 시청하였는데, 줄거리는 다음과 같다.

2020 다문화 어린이 뮤지컬
'복작복작 이상한 나라'
(예술융합연구소새론)

> 주인공은 국가의 대통령으로서 다른 나라의 문화를 받아들이는 행동은 있을 수 없는 일이라고 항상 주장해왔다. 이를 안타깝게 여긴 하늘에 있는 천사가 내려와 대통령에게 다양성을 인정하고 받아들이라고 계속해서 이야기하지만, 주인공에게는 쓸데없는 말로 느껴질 뿐이다. 그러자 시간의 정령이 주인공을 미래로 데려가 처참해진 국가의 모습을 확인시켜 준다. 여기서 다양성, 배려, 소통의 중요성을 깨닫고, 현재로 돌아와 기자회견장에서 세계의 다양한 문화를 이해하고 소통할 수 있는 정책을 시행하겠다고 발표하는데……. "우리는 하나다!"

감상 후, 작품에서 인상 깊은 장면을 이야기 나누어보자. 독단적인 주인공이 점점 긍정적인 방향으로 변화하는 모습, 문화의 다양성을 인정하지 않아 처참해진 미래 국가의 모습 등 다양한 이야기가 오고 갔다. "다양성을 인정하고 받아들이자."라는 주제를 표현하기 위한 스토리의 진행 과정, 등장인물의 구성 등을 함께 학생들과 한 번씩 짚고 넘어가는 것도 좋겠다.

전개①: 다문화 음악극 스토리보드 구성하기

이제 다문화 음악극을 만들기 위한 준비를 시작할 것이다. 먼저 어떤 주제를 표현하고 싶은지 결정해야 한다. 필자의 학급에서는 문화적 편견과 차별을 극복해 나가는 모습을 다룬 모둠, 다문화 국제학교를 배경으로 여러 국적의 학생들이 서로를 이해하며 성장하는 내용을 다룬 모둠 등 다양하고 참신한 주제들이 나왔다. 주제의 표현 방식은 다양할 수 있으나, 문화를 올바른 시선으로 바라보고 존중하는 태도로 나아가야 한다는 방향성은 분명히 짚고 갈 수 있도록 안내해야 한다.

결정된 주제를 바탕으로 문화다양성을 표현하기 위한 스토리보드를 구성해보자. 작품의 제목, 등장인물, 시·공간적 배경 등 여러 가지 요소를 고려할 수 있도록 안내한다. 이를 위해 다음 활동지를 활용해보면 어떨까?

활동지 25_29차시(1)

다문화 음악극 스토리보드

1. 다문화 음악극으로 표현하고자 하는 주제를 정해 봅시다.

▶주제:

2. 문화다양성을 표현하기 위한 스토리보드를 구성해 봅시다.

작품 제목			
등장인물			
시간적 배경		공간적 배경	
전체적인 줄거리			
핵심 장면 나타내기 (글/그림)			
◎대사/행동:		◎대사/행동:	

물론 활동지는 예시일 뿐, 스토리보드 작성 방법은 글/그림 등 다양하게 열어줄 수 있다. 교사는 학생들이 작성한 스토리보드에서 문화다양성이라는 주제가 잘 드러나는지, 실제로 표현 가능한 장면을 구성하였는지, 모둠 인원과 등장인물의 수가 적절한지 등에 대한 피드백을 제공하면 된다.

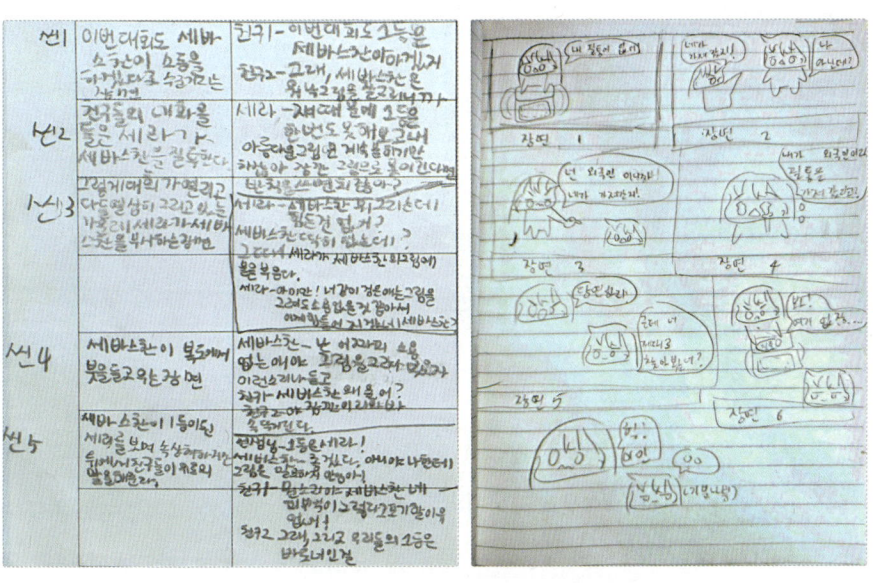

▲ [산출물] '다문화 음악극' 스토리보드 예시

전개②: 다문화 음악극 음악 만들기

다음으로 극에 추가하고 싶은 음악을 만들어보자. 장면 전환, 핵심 대사, 극의 하이라이트에 다양한 악기를 활용하여 효과음을 넣어보면 어떨까? 도입에서 감상한 다문화 뮤지컬처럼 이미 배운 다양한 문화권의 음악 가사를 개사하여 뮤지컬 넘버를 극에 배치할 수도 있다.

뮤지컬 넘버는 극의 몰입을 위해 뮤지컬에서 사용되는 음악으로 극의 상황을 표현하거나 인물의 감정을 전달하기 위해 사용한다. 주인공이 관중에게 전하고 싶은 생각이나 독백을 노래로 표현한다면, 극을 감상하는 사람의 마음에 큰 울림을 줄 수 있을 것이다. 극음악 만들기를 위해 다음 활동지를 제공할 수 있다.

활동지 25_29차시(2)

다문화 음악극 음악 창작하기			
1. 극에 추가하고 싶은 음악의 종류를 선택하고, 극음악을 만들기 위한 계획을 세워 봅시다.			
□ 극에 들어갈 효과음 창작하기			
사용 악기		사용 악기	
사용하고 싶은 상황		사용하고 싶은 상황	
□ 뮤지컬 넘버(뮤지컬에서 사용되는 노래나 음악) 만들기 - 기존에 알고 있는 음악의 가사를 개사해서 활용할 수 있습니다.			

사용하고 싶은 상황			
활용할 노래 제목		새롭게 개사한 노래 제목	
활용할 노래 가사		새롭게 개사한 노래 가사	

전개③: 다문화 음악극 극본 작성하기

이제 스토리보드를 정교화하여 극본을 작성할 차례다. 해당 활동은 2022 개정 5~6학년 국어 교과 교육과정(연극 단원)에 있는 문학 영역 내용 요소 중 '극', '갈래 특성에 따라 표현하기'를 기반으로 구성하였다. 다음 활동지를 참고하여 우리 모둠의 다문화 음악극 극본을 완성해보자.

활동지 25_29차시(3)

다문화 음악극 극본 창작하기

1. 앞서 작성한 스토리보드를 정교화하여 다문화 음악극 대본을 작성해 봅시다.

[조건] ☐ 극본의 구성 요소 지켜서 작성하기(해설, 지문, 대사)
　　　☐ 극음악(효과음, 뮤지컬 넘버 등) 넣기

작품 제목 (　　　　　　　　　　)

▶때:
▶곳:
▶나오는 사람들:

　　　　　　　　　　　　-해설-
(　　　　　　　　　　　　　　　　　　　　　　　　　　　　　　　　　　　　　　)

(등장인물 이름): 대사/지문 적기

(등장인물 이름): 대사/지문 적기

전개④~정리: 다문화 음악극 무대 준비 및 발표하기

마지막으로 음악극을 무대에 올리기 위해 의상과 소품을 준비하고, 연습할 차례다. 우선 극본을 살펴보며 필요한 소품을 확인하자. 학급에 있는 여러 가지 물품을 활용하거나 집에서 본인의 물건을 가져와도 좋다. 마땅한 소품이 없는 경우에는 직접 소품을 제작해보면 어떨까? 관객의 이해를 돕기 위해 등장인물의 역할 이름표나 상징물을 만들어 두기를 권장한다.

다문화 음악극을 발표하기 위해 완성된 대본을 바탕으로 연습할 수 있는 시간을 제공한다. 자신이 맡은 등장인물의 대사를 암기하고, 등장 및 퇴장, 소품 사용 등을 충분히 연습해보자. 수업 차시 내 시간이 부족하다면 다음에 이어질 발표회 활동과 수업 간의 텀을 두어 쉬는 시간, 점심시간, 방과후 시간 등을 활용할 수 있겠다.

▲ [활동] '다문화 음악극 발표회' 모습

지금까지 열심히 준비한 다문화 음악극을 친구들 앞에서 발표할 것이다. 발표 시 응원과 격려의 분위기를 형성하여 부담 없이 열연을 펼칠 수 있는 환경을 조성해준다.

발표회를 마친 뒤, 지금까지 진행해온 다문화 음악극 스토리 구상, 극본 및 음악 제작, 연습, 공연 등 전체 과정을 뒤돌아보고 느낀 점을 나누어보자. 다문화 음악극을 창작하고 발표하는 과정에서 학생들은 문화적 다양성을 받아들이고, 타인과 소통하며 조화를 이룰 수 있게 되었다. 이번 차시를 통해 다문화 감수성을 함양하여 지구촌에 사는 세계 시민으로 거듭나 보자.

📋 **평가** 본 학교자율시간의 창작물 만들기 단계에서는 창작 무용, 지구촌 마을, 다문화 음악극을 만들어보았다. 평가는 16~29차시의 창작 활동 중 한 가지를 골라 진행할 수 있으며, 다음의 성취기준을 참고하자.

매우잘함	다양한 문화를 깊이 있게 탐색하고, 창의적인 창작 활동을 통해 문화적 다양성을 풍부하게 표현함으로써 다양한 문화를 존중하는 태도를 기를 수 있다.
잘함	다양한 문화를 알맞게 탐색하고, 창작 활동을 통해 문화적 다양성을 적절히 표현함으로써 다양한 문화를 존중하는 태도를 기를 수 있다.
보통	다양한 문화를 탐색하고, 창작 활동을 통해 문화적 다양성을 일부 표현함으로써 다양한 문화를 존중하는 태도를 점차 기를 수 있다.
노력요함	다양한 문화를 탐색하거나 창작 활동으로 문화적 다양성을 표현하는 데 다소 어려움이 있으며, 다양한 문화를 존중하는 태도를 기르기 위해 지속적인 노력이 필요하다.

2.5 이야기 바꾸어 쓰기: 세계 시민으로 하나 되는 우리 30~32차시

마지막 30~32차시는 지금까지의 학교자율시간을 총 정리하는 이야기 바꾸어 쓰기 단계이다. 책 속 내용을 기반으로 프로젝트의 경험을 되새기며 세계 시민으로서 가져야 할 마음가짐을 일깨워보면 어떨까?

지도안 함께 보기

차시	30~32차시	준비물	온책읽기 도서, 스마트 기기, 활동지
수업 주제	세계 시민으로 하나 되는 우리		
학습목표	세계 시민으로서 다양한 문화를 성찰하고 존중하는 태도를 기를 수 있다.		

활동 흐름	
도입(15분)	▶책 내용 되돌아보기 -《다문화 친구 민이가 뿔났다》에서 민이와 친구들의 변화 떠올리기
전개(90분)	▶세계 시민 포스터 만들기 -세계 시민 교육 영상 시청하기 -세계 시민으로서 가져야 할 태도 고민하기 -세계 시민이 되기 위해 우리가 실천할 수 있는 일을 담아 캔바로 포스터 제작하기 ▶세계 시민 포스터 전시하기 -감상평 나누기 ▶ [영상] [청소년을 위한 다문화이해교육] 6화. 우리는 세계시민 (다문화가족지원포털다누리)
정리(15분)	▶학교자율시간을 통한 자신의 변화(새롭게 알게 된 점과 느낀 점) 이야기하기

도입: 책 내용 되돌아보기

처음으로 돌아가《다문화 친구 민이가 뿔났다》의 내용을 다시 떠올려보자. 민이는 준호와 자신을 향한 친구들의 시선이 다르다는 것을 느끼고, 엄마에게 질문한다.

"그럼 엄마, 다르다는 건 나쁜 게 아니라 좋은 거야?"
"그건 좋은 것도 나쁜 것도 아니야. 그냥 다른 것일 뿐이지. 눈동자가 까만색이면 좋고, 파란색이면 나쁠까? 한국말은 좋고, 베트남 말은 나쁠까? 한국의 김치는 좋고, 인도의 카레는 나쁠까?"

민이의 어머니는 '다름'이 좋음과 나쁨으로 정의할 수 없다고 말해주었다. 여기서 깨달음을 얻은 민이는 다문화 친구들을 무시하는 같은 반 학생에게 다른 것은 당연하다고 이야기한다. 그 결과 민이의 말에 공감을 표했던 학생들이 행동을 바꾸지 않고 계속해서 차별하는 다른 친구들에게 다음과 같이 한 목소리로 외치는 모습을 보여주었다.

"민이의 말이 맞아. 다른 게 당연한데, 왜 다르다는 이유로 준호와 민이를 놀리냐? 왜 날 무시해? 알면서도 그랬다는 건 심보가 못됐다는 건가?"

점차 민이네 반 친구들은 모든 사람이 다르다는 사실을 받아들여 더 이상 서로를 무시하거나 차별하지 않는 분위기로 변모해 나갔다. 이번 프로젝트를 통해 학생들이 겪은 인식의 변화도 이와 같은 방향으로 이루어지지 않았는가? 여기서 더 나아가 창작 무용, 지구촌 마을, 다문화 음악극으로 문화적 다양성을 다채롭게 표현함으로써 공존과 소통의 가치를 실천하였다.

전개①: 세계 시민으로서 실천할 일 생각하기

우리는 세계 시민으로서 어떤 모습을 가져야 할까? 우리가 실천할 수 있는 일이 무엇일지 고민해보자. 지도안에 제시한 영상(QR코드)은 교실에서 벌어지는 다문화 전학생의 고민을 통해 세계 시민으로서 가져야 할 자세를 생각해보도록 안내하고 있다. 그 밖에 다문화 교육 관점에서 세계 시민의 의미와 가치를 다루고 있는 영상이라면 수업 상황에 맞게 대체해서 활용해도 무방하다.

[청소년을 위한 다문화이해교육]
6화. 우리는 세계시민
(다문화가족지원포털다누리)

세계 시민은 국적, 인종, 언어의 차이를 넘어 모든 사람이 존중받으며 조화를 이루는 공존의 가치가 내면화된 사람이다. 과거와 현재의 나를 성찰하고, 세계 시민으로서 올바른 가치관을 정립하기 위해 앞으로 어떤 일을 실천해야 할지 생각한 후 활동지(QR코드)에 적어보자.

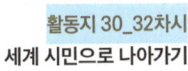

전개②: 세계 시민 포스터 만들기

생각한 것을 바탕으로 세계 시민의 가치를 널리 알릴 수 있는 포스터를 제작할 것이다. 도화지와 매직 등의 채색 도구를 활용하여 완성하는 방법도 있지만, 본 학교자율시간에서는 다채로운 디자인 설계가 가능한 '캔바'를 활용하여 세계 시민 포스터를 만들고자 한다.

캔바(Canva)는 프레젠테이션, 동영상, 인포그래픽, 포스터 등 다양한 디자인을 손쉽게 창작할 수 있는 플랫폼이다. 다양한 종류의 템플릿이 지원되며, UI가 직관적이어서 초보자도 쉽게 사용 가능하다는 장점이 있다. 교사가 교육용 계정 인증을 받고, 학생 계정을 초대하면 캔바의 모든 기능을 자유롭게 사용할 수 있다. 단, 13세 미만의 아동의 경우 부모의 사전 동의가 필요하다는 점을 알아두자.

❶ 먼저, 캔바 메인 화면 좌측 상단의 [+디자인 만들기]를 클릭한다.

▲ [활동] 캔바 시작하기

❷ [디자인 만들기] 팝업창에서는 산출물의 형식을 지정할 수 있다. 디자인의 개수가 매우 많으므로, 상단의 검색 기능을 활용하여 찾아보아도 좋겠다. 필자 학급의 경우 [⋯더 보기] 메뉴의 [캠페인 포스터(세로형)]을 활용하도록 안내하였다.

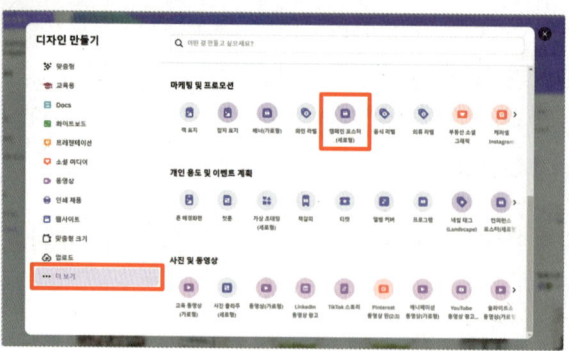

▲ [활동] 캔바 디자인 형식 지정하기

❸ 편집 화면에서는 템플릿, 요소, 텍스트, 애니메이션 등 산출물을 만들기 위한 다양한 조작이 가능하다. 원하는 템플릿을 검색을 통해 찾으면 보다 편리한 디자인 작업을 할 수 있다. 캔바에서 제공하는 템플릿을 그대로 활용해도 좋고, 여러 개의 템플릿에서 마음에 드는 요소를 조합하여 디자인을 하는 방법도 추천한다.

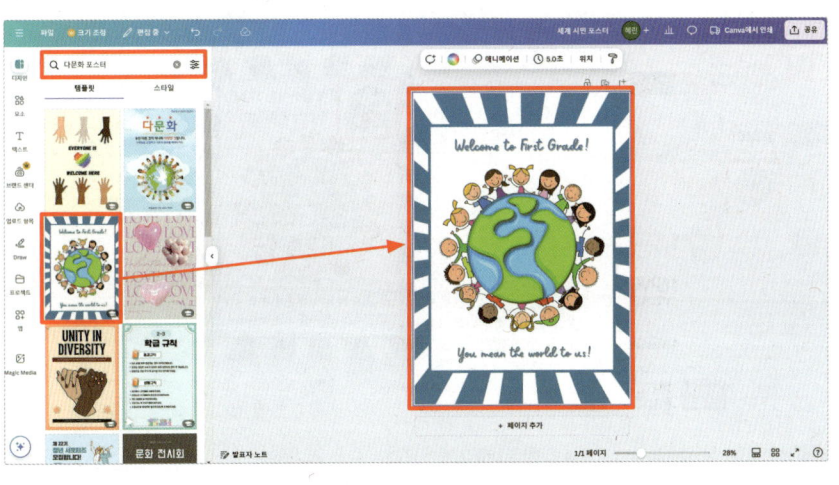

▲ [활동] 포스터 디자인을 위한 템플릿 선정하기

❹ 템플릿을 정하고 나면, 세계 시민 포스터에 담고 싶은 내용으로 텍스트를 변경한다. 텍스트 혹은 이미지 개체를 클릭하면 상단에 편집 툴이 활성화될 것이다. 편집 툴에서는 글꼴의 종류 및 크기, 설정, 정렬, 효과 등에 대한 수정이 가능하며, 원하는 기능을 클릭하면 좌측에 세부 설정 화면이 나타난다.

▲ [활동] 편집 툴을 활용하여 포스터 완성하기

❺ [요소]에서는 도형, 그래픽, 스티커, 사진, 동영상, 오디오 등 다양한 개체를 삽입할 수 있다. 기본 템플릿 디자인으로도 포스터를 완성할 수 있지만, 강조하고자 하는 부분에 스티커나 도형 등을 추가해보면 어떨까?

▲ [활동] 캔바에 어울리는 요소 추가하기

❻ 세계 시민 포스터가 완성되었다면, 우측 상단의 [공유]를 눌러 이미지 파일로 저장해 볼 것이다. [공유]-[다운로드]-[파일 형식 지정]-[다운로드]를 차례로 클릭해보자. 파일 형식은 기본적으로 'JPG', 'PNG'를 권장하며, 포스터에 동영상 등 움직이는 개체가 포함된 경우 MP4 동영상으로 저장할 수도 있다.

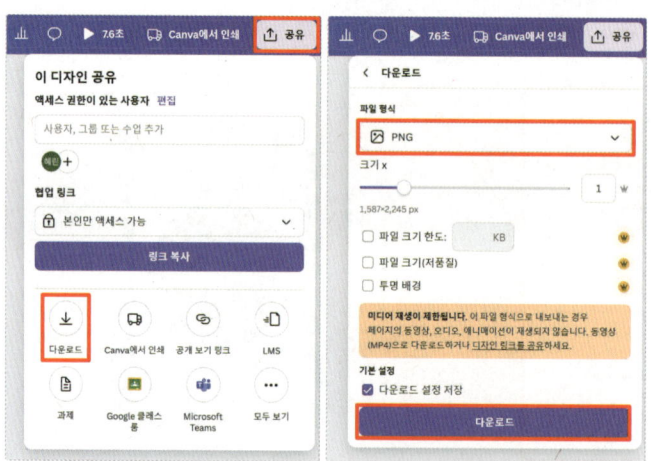

▲ [활동] 캔바로 만든 포스터 저장하기

전개③~정리: 세계 시민 포스터 전시 및 감상하기

패들렛, 띵커벨 보드 등을 활용하여 완성한 세계 시민 포스터를 한데 모아 전시해보자. 포스터의 취지를 고려하여 학교 전체가 볼 수 있는 웹사이트에 게시하는 활동도 추천한다. 친구들의 작품을 감상하며 세계 시민으로서의 역할을 인지하고, 우리가 실천할 수 있는 일을 다짐해보면 어떨까?

▲ [산출물] '세계 시민 포스터' 학생 작품

32차시의 학교자율시간에서 학생들은 다양한 문화에 대한 이해를 넓히고, 존중과 포용의 태도를 함양하는 의미 있는 경험을 할 수 있었다. 책 속에서 문제를 인식하고 문화적 차이를 단순히 이해하는 것을 넘어, 이를 창의적으로 표현하고 나누며 세계 시민으로서의 역량을 키워주고자 하였다. 처음에는 낯설게만 여겨졌던 문화도 이제는 더 가깝고 흥미롭게 느낄 수 있을 것이다. 본 학교자율시간을 통해 학생들이 다양한 문화를 열린 마음으로 수용하고, 공존과 협력의 가치를 실천하는 세계 시민으로 성장해 나가길 바란다.